U0451232

国家哲学社会科学成果文库
NATIONAL ACHIEVEMENTS LIBRARY
OF PHILOSOPHY AND SOCIAL SCIENCES

国家金融风险评估及安全防范体系研究

董小君 著

商务印书馆

图书在版编目(CIP)数据

国家金融风险评估及安全防范体系研究/董小君著.—北京:商务印书馆,2023
（国家哲学社会科学成果文库）
ISBN 978-7-100-22168-9

Ⅰ.①国… Ⅱ.①董… Ⅲ.①金融风险—风险管理—研究—中国 Ⅳ.①F832.1

中国国家版本馆CIP数据核字(2023)第047352号

权利保留,侵权必究。

国家金融风险评估及安全防范体系研究
董小君　著

商 务 印 书 馆 出 版
(北京王府井大街36号　邮政编码100710)
商 务 印 书 馆 发 行
北京市十月印刷有限公司印刷
ISBN 978-7-100-22168-9

2023年4月第1版　　开本710×1000　1/16
2023年4月北京第1次印刷　印张26　插页2
定价:188.00元

《国家哲学社会科学成果文库》
出版说明

为充分发挥哲学社会科学优秀成果和优秀人才的示范引领作用，促进我国哲学社会科学繁荣发展，自 2010 年始设立《国家哲学社会科学成果文库》。入选成果经同行专家严格评审，反映新时代中国特色社会主义理论和实践创新，代表当前相关学科领域前沿水平。按照"统一标识、统一风格、统一版式、统一标准"的总体要求组织出版。

全国哲学社会科学工作办公室
2023 年 3 月

序

习近平总书记强调"坚持总体国家安全观"以及"健全国家安全体系","金融安全是国家安全的重要组成部分,是经济平稳健康发展的重要基础。维护金融安全,是关系我国经济社会发展全局的一件带有战略性、根本性的大事。金融活,经济活;金融稳,经济稳。必须充分认识金融在经济发展和社会生活中的重要地位和作用,切实把维护金融安全作为治国理政的一件大事,扎扎实实把金融工作做好"。维护国家金融安全,就是要"守住不发生系统性金融风险的底线",作为三大攻坚战之首,防范化解系统性金融风险是未来金融安全工作的重中之重。本书以系统性金融风险为切入点,分别评估国家金融安全大小、建立国家金融安全预警机制、设计国家金融安全体系,具体来说,有四个方面的特点:

第一,构建国家金融安全的分析框架。传统的国家金融安全分析框架聚焦于系统性金融风险的定义、特征、原因、传导机制等,或聚焦于系统性金融与宏观审慎的关系,重点大多在于"提出问题—分析问题"。本书将国家金融安全这一问题作为已知前提,直接构建"分析问题—解决问题"的框架,运用四种基本均衡(货币供求均衡、资金借贷均衡、资产均衡、国际收支均衡)推导出四大风险(货币风险、资产泡沫破灭风险、债务风险、金融机构风险)。一是四大均衡的内在关系方面,金融领域的稳定需要货币供求、资金借贷、资产和收支结构四种基本均衡,货币供求均衡是四大均衡的基本前提,收支均衡是四大均衡的重要基础,资金借贷均衡是四大均衡的重要纽带，资产均衡是四大均衡的关键支点。二是四大均衡与四大危机的内在关联方面，一旦均衡状态被破坏到一定程度将爆发金融风险或危机，货币危机是货币供需失衡的直接表现，银行危机是资金借贷及资产双失衡的直接后果，债务危机是收支结构与资产双失衡的现实结果，资产危机是多重失衡的结果。三是失衡到金融危机的微观机制方面，四大失衡到四大危机，有其微观机制，货币失衡到金融危机的微观机制在于第一代货币危机理论下的贸易失衡，收支失衡到债务危机的微观机制在以地方政府为主的主体收支失衡导致违约风险时产生的危机，资金借贷失衡到信贷危机的微观机制在于企业、银行两部门的金融加速模型下的信贷危机，资产失衡到金融风险的微观机制在于以房地产为重点的失衡。四是四大危机的内在逻辑方面，资产危机是四大危机的起点，银行危机是四大危机的关键环节，债务危机是四大危机的重要原因，货币危机是四大危机的加速源。

第二，评估与预测"十四五"期间金融风险。在国家金融安全的分析框架基础上，充分运用指标体系进行定量分析，从货币风险、资产泡沫风险、债务风险和银行风险这四个角度，评估国家金融安全的程度，进一步地预测"十四五"期间这四大风险的演变情况。基于评估与预测的结果，整体剖析国家金融安全。一是货币风险方面，从指标评估看我国不会爆发货币危机，不过货币领域潜藏着人民币汇率变动、经常项目收窄、长期通胀压力的风险；"十四五"期间，存在外汇资产缩水、输入型通胀和成本推动型通胀的风险。二是资产泡沫风险方面，房地产市场引发泡沫危机的内在特性在于"顺周期效应"与"风险传染性"、供给端与需求端的"双向杠杆性"，实体经济需求不足和投机性需求增长是触发房地产泡沫的因素，目前区域性的房地产泡沫已形成；从指标看，我国股票市场处于振荡熊市，不存在泡沫问题；"十四五"期间，房地产市场仍然面临着严峻的泡沫风险，经济新常态下的经济下行压力、房地产企业杠杆与投资仍较高以及房地产市场高存量问题等状况将在未来加剧中国房地产市场的脆弱性威胁。三是债务风险方面，从外债负债率、外债债务率、外债偿债率、短期外债/外汇储备以及外汇储备/外债余额等指标看，我国外债根本不存在偿债风险，更不可能出现债务危机；从国债负担率、国债借债率、居民应债率、赤字率、国债依存度、国债偿债率等指标看，国债偿债压力不会影响我国政府债务总体安全，但仍需警惕主权债务存在的中央财政的国债依存度过高、国债偿债率过高的潜在风险；我国地方政府负债水平总体可控，地方政府债务及融资平台快速发展的成因，短期无需过分夸大地方政府债务风险，中长期需防范地方政府债务危机；"十四五"期间，我国短期外债的风险突出，国债依存度和国债偿债率仍将超过警戒线，地方政府债务总体风险可能降低，个别省区市风险需要警惕。四是银行风险方面，银行资产质量逐步改善，银行盈利水平不高，银行抗风险能力较强，总的来看盈利水平不高不会导致银行危机；我国银行仍面临房地产和地方政府融资平台的双重威胁，房地产调控将影响房地产行业利润率，我国政府债务依赖银行贷款，政府融资平台对贷款需求较大，都会给银行带来风险；"十四五"期间，我国将设立系统重要性银行名单，依据国际标准衡量的我国系统重要性银行资产质量分优质、盈利能力持续改善、抗风险能力极强，在偿付能力宏观情景、偿付能力敏感性和流动性方面进行的压力测试也表明，银行出现风险的可能性不大。

第三，研究重大突发公共卫生事件对经济金融的冲击。始于2019年末的新冠疫情对全球经济金融产生了巨大冲击，加剧了金融风险。以总需求—总供给原理为基础，构建重大突发公共卫生事件对经济金融冲击的理论分析框架。宏观层面的需求侧受到不同程度的短期冲击，消费方面，跨境人员流动受到明显冲击；投资方面，积极的政策可以加速投资，但也可能失效；进出口方面，一定程度刺激进口，更可能抑制出口。宏观层面的供给侧既有冲击又有机遇，劳动力方面，失业率攀升；资本流动方面，国际资本流入和流出大多下滑；供应链方面，新冠疫情可能促使全球价值链重构，全球价值链呈区域化、本土化和可控化、产业集群化、微笑曲线"倒 U 型"化四个特点；创新方面，重大突发公共卫生事件促进卫生产业发展与业态创新。从四个部门来看，以非金融企业部门为中心，重大突发公共卫生事件对各部门都产生冲击。非金融企业部门面临停工停产引起的资金链断裂风险，家庭部门面临有效需求减少的风险，金融机构部门面临呆账坏账的风险，政府部门面临财政不可持续的风险。从主要国家应对的经验看，积极的财政和货币政策以及产业就业政策都很有必要。对中国而言，要从国际国内两个层面作出政策选择，国际层面，要加强全球政策协调与合作，建立全球公共卫生产品的成本分担机制；国内层面，要积极应对全球价值链重构，建立财政支出的成本分担机制，精准帮扶民营和中小微企业，防控中小银行风险。

第四，设计国家金融安全防范指标体系。研究国家金融安全，重要的是能够建立安全防范体系。首先，设计防范国家金融安全的预警体系。自 2008 年金融危机以来，各国都加强了关于宏观经济层面的监测和预警，因此我国必须建立健全国家金融安全预警体系，为防范与化解金融风险提供必要的信息支持与反馈。金融风险预警体系主要涉及风险识别机制、信息监测系统、金融风险综合评价、风险监管与处置机制四个方面。美国金融监管制度存在多头监管主体，各机构共同负责金融机构的监管，但各自既有监管重点又有业务交叉，形成既自成体系又相互联系的预警系统；英国主要是采用非现场监测的方式；欧盟从宏观审慎监管角度，强化对系统性金融风险的防范、预警、处置机制的改革，完善欧洲系统性风险预警制度。我国可以从微观、中观和宏观三个层次构建金融风险预警指标体系，并结合国内外评价分析方法与模型旨在为我国金融安全的预警体系提供借鉴经验。反映银行内在稳定性子系统的微观指标包括资本充足性（资本充足率、核心资本充足率、资本与总资产比例)、资产质量(不良贷款比率、银行不良资产结构、贷款展期率、贷款欠息率、贷款集中程度)、盈利能力(资产利润率、资本收益率)、流动性风险(备付金比率、存贷款比例、资产流动性、中长期存贷比)、管理质量(难量化)五个方面17个指标;反映宏观经济环境稳定性子系统的宏观指标包括GDP增长率、失业率、通货膨胀率、货币化程度、国际收支平衡(经常项目差额、外汇储备所能支持进口额月份数、短期外汇储备占短期外债之比、短期外债比重、外债负债率、外债偿债率、外债债务率)等五个方面的11个指标;反映市场风险子系统的中间指标包括利率风险(利率敏感性、利率期限)、汇率风险、股价指数、股票市盈率、证券化率等五个方面6个指标。

第五,设计防范国家金融安全的微观机制。除了预警体系,防范系统性金融风险还需要设计微观机制。一是把握美元变动规律。美元是美国国家金融战略的载体。作为国际贸易的主要结算货币与最重要的储备资产,美元走势对全球经济产生着重要影响。美元历次升值都给新兴经济体带来灾难性打击,美元是商品波动的"指挥棒",美元指数是观察市场风险的风向标,每次美元贬值都给世界某些角落带来泡沫。二是建立让美国独自承担美债风险的特殊机制。在化解美债风险问题上,中国要为美元的长期贬值做好准备。汇率风险和通胀风险是持有美债的两大系统性风险,要求美国发行"总统债券"以对抗汇率风险,将存量美债置换成"通胀联动国债"以规避通胀风险。三是以制度建设铲除地方债务风险的土壤。地方债务风险源于两种"不合格的"债务人与债权人坚固的"错配",重新构建中央政府和地方政府之间的政府收入分配模式,加强地方债务制度建设,对"地方政府发行债务"要谨慎行事。

第六,设计防范国家金融安全的中观机制。2008年金融危机表明,不能只关注单个金融机构或单个行业的风险防范,还必须从系统性角度防范金融风险。一是健全国家金融安全网系统。金融安全网是一个保护金融体系安全的一系列精密机构的体制系统，它是设置在金融危机发展过程中的不同环节，阻碍危机蔓延的一系列保护措施。按照国际标准，建立金融系统内部的安全网，建立金融风险评估体系，强化风险识别与评估能力，建立快速预警纠偏机制，实现金融问题的及时纠正，建立反应灵敏、反馈及时、渠道畅通的预警信息系统，建立健全预警信息的共享、传递机制与监管协调机制，加强审慎的监管体系，构建复合型金融监管体制。二是加强系统性金融风险监管区域合作。随着经济全球化的推进，"风险"或"问题"也在全球化。一个国家单靠本国的宏观经济管理，已不足以维持本国经济的稳定，既无法防止"风险""问题"从境外"传导"过来，也无法制止本国出现的金融风险或问题会向其他国家或地区"传导"。因此，需要加强区域间宏观经济政策合作，探索区域间金融预警制度实施的最佳运作模式，建立国际信息交流制度，加强区域间的信息共享。三是建立合理的国际金融体系。一个理想的国际金融体系能够促进国际金融运行的协调和稳定，促进国际贸易和国际资本流动的顺利发展，并使各国公平合理地享受国际经济交往的利益；反之，则成为国际经济发展的阻碍因素。因此需要通过改革国际金融组织体系，建立专门的国际金融监管机构，建立国际金融行为准则，改革国际汇率体系，建立国际金融危机救援机制等来建立合理的国际金融体系。

第七，设计防范国家金融安全的宏观机制。加快推进中国金融治理体系和治理能力现代化，是关系到新时代金融市场稳定性、金融体系建设、金融事业发展的长期性、全局性、根本性的问题。一是完善金融监管体系建设。要不断创新金融监管思维，强化底线思维，规范金融监管框架，加快补齐金融科技监管领域的短板，将金融产品、金融业务、金融机构都完整地纳入宏观审慎监管框架之内，进一步提高金融监管的系统性、科学性、专业性、完整性、高效性，进一步加强金融监管的深度，扩大金融监管的广度。二是以金融体系改革带动中国经济改革全局。全局来看，金融体系的改革开放不仅顺应着新时代的需要，还是我国全面深化改革的重中之重。要进一步发挥好金融的"天职"，与政治、经济、文化、社会、生态的"五位一体"建设相结合，引导金融更好地服务实体经济，更有效地规避金融风险。同时，加大金融开放要积极为中国的经济转型服务，尤其是长期将人民币汇率基本稳定在均衡汇率水平附近。三是完善金融领域基础设施和制度建设。要进一步完善金融业基础设施的硬件铺设，积极构建金融市场的信息传导机制，将区块链、云计算、人工智能等与金融创新有机结合，不断创新金融服务的模式与机制，积极争取全球数字货币发展的主动权，加强金融市场标准化、高质量架构。四是完善党对金融工作的集中领导。应同以习近平同志为核心的党中央保持鲜明的一致性，正确处理好政府与市场之间的关系，坚守我党对金融领域工作统揽全局的地位，完善"三会一层"的充分履职。五是坚持金融服务实体经济和发展普惠金融。深刻认识普惠金融的内涵和本质，完善有关普惠金融的政策设计，优化金融服务的结构、提高金融服务的质量，创新金融服务的机制模式，加大对薄弱环节的攻坚克难以及对重点领域的持续关注。六是持续深化金融供给侧结构性改革。要持续开展金融领域的供给侧结构性改革，在金融监管的范围内继续鼓励金融市场的创新发展，聚焦于现阶段所存在的金融市场中的主要结构性矛盾，不断健全金融市场基础性制度。七是深化金融开放及全球金融治理。不断完善相关制度，完善准入前国民待遇加负面清单管理制度，不断深化金融领域对外开放的系统性和制度性，激发金融市场的自身活力，防控国外金融风险倒灌，维护好国家金融安全。同时，不断优化金融领域对外开放的监管政策，不断地提升开放条件之下的金融管理能力，积极推动人民币国际化，积极参与全球金融治理，推动全球金融治理体系的不断改革和完善。

感谢本课题组成员王学凯、石涛、郭贝贝、郭晓婧、蒋伟、宋玉茹等博士参与了课题资料搜集与部分书稿的整理工作，商务印书馆宋伟和王艺博同志在书稿编辑与出版过程中付出了大量的辛勤劳动，在此表示深深的感谢！

由于时间仓促，本书难免有疏漏之处，敬请读者批评指正！

董小君

2021 年 10 月 28 日

目　录

第一章　绪论
　　第一节　研究背景　/ 002
　　第二节　文献综述　/ 007
　　第三节　研究内容　/ 017

第二章　国家金融安全的理论基础
　　第一节　四大均衡及其内在关系　/ 019
　　第二节　四大均衡与四大危机的内在关联　/ 022
　　第三节　经济失衡到金融危机的微观机制　/ 027
　　第四节　四大危机的宏观逻辑　/ 042

第三章　货币风险的评估与预测
　　第一节　货币风险的综合评估　/ 047
　　第二节　货币领域潜在风险分析　/ 058
　　第三节　潜在货币风险预测　/ 084

第四章　资产风险的评估与预测
　　第一节　房地产泡沫风险评估　/ 098

第二节　股票市场泡沫风险评估 / 112

第三节　"十四五"期间房地产泡沫风险预测 / 116

第五章　债务风险的评估与预测

第一节　外债风险评估 / 126

第二节　国债风险综合评估 / 132

第三节　地方政府债务风险综合评估 / 142

第四节　"十四五"期间债务风险预测 / 149

第六章　银行风险的评估与预测

第一节　银行风险综合评估 / 161

第二节　银行面临的双重风险分析 / 167

第三节　系统重要性银行的风险分析 / 171

第四节　"十四五"期间我国银行风险预测 / 177

第七章　重大突发公共卫生事件引发的金融风险

第一节　重大突发公共卫生事件冲击的共性与特性 / 182

第二节　重大突发公共卫生事件与金融风险内在联系的理论分析框架 / 186

第三节　重大突发公共卫生事件对国家资产负债表四个部门的冲击 / 202

第四节　主要国家应对经验 / 208

第五节　应对不确定性的政策选择 / 212

第八章　国家金融安全防范体系设计：预警体系

第一节　建立国家金融安全预警体系的必要性与可行性 / 223

第二节 国家金融安全预警体系框架的理论分析 / 225
第三节 发达国家金融安全预警体系经验借鉴 / 228
第四节 我国金融安全的预警指标体系构建 / 243

第九章 国家金融安全防范体系设计：微观机制
第一节 从美元指数波动识别外部性冲击风险 / 253
第二节 建立让美国独自承担美债风险的特殊机制 / 270
第三节 开征短期资本交易税 / 276
第四节 将资产价格稳定目标纳入系统性金融风险监管框架 / 284
第五节 建立科学的房地产政策框架和调控机制 / 293
第六节 以制度建设铲除地方债务风险土壤 / 299

第十章 国家金融安全防范体系设计：中观机制
第一节 形成防范系统性金融风险的"补短板"监管理念 / 309
第二节 健全国家金融安全网系统 / 320
第三节 加强系统性金融风险监管区域合作 / 325
第四节 建立合理的国际金融体系 / 328

第十一章 国家金融安全防范体系设计：宏观机制
第一节 加强金融治理 / 339
第二节 金融治理的全球经验 / 345
第三节 我国金融治理水平的测度与影响因素分析 / 352
第四节 新时代应加快推进我国金融治理水平与治理能力现代化 / 366

参考文献 / 376

CONTENTS

CHAPTER 1 INTRODUCTION
    1.1 Research Background / 002
    1.2 Literature Reviews / 007
    1.3 The Research Content / 017

CHAPTER 2 THE THEORETICAL BASEMENT OF NATIONAL FINANCIAL SECURITY
    2.1 Four Balances and Its' Endogenous Relationship / 019
    2.2 The Endogenous Relationship Between Four Balances and Four Risks / 022
    2.3 The Micro Mechanism from Economic Unbalance to Financial Risk / 027
    2.4 The Macro Logic from Economic Unbalance to Financial Risk / 042

CHAPTER 3 THE ASSESSMENT AND PREDICTION OF CURRENCY RISK
    3.1 The Comprehensive Assessment of Currency Risk / 047
    3.2 The Potential Risk Analysis of Currency Field / 058
    3.3 The Potential Risk Prediction of Currency / 084

CHAPTER 4 THE ASSESSMENT AND PREDICTION OF ASSET RISK
    4.1 The Foam Risk Assessment of Real Estat / 098

4.2　The Foam Risk Assessment of Stock Market　/ 112
4.3　The Risk Prediction of Real Estate Market in the 14th Five-Plan Period　/ 116

CHAPTER 5　THE ASSESSMENT AND PREDICTION OF DEBT RISK
5.1　The Foam Risk Assessment of Foreign Debt　/ 126
5.2　The Comprehensive Risk Assessment of National Debt　/ 132
5.3　The Comprehensive Risk Assessment of Local Goverment Debt　/ 142
5.4　The Prediction of Debt Risk In The 14Th Five-Plan Period　/ 149

CHAPTER 6　THE ASSESSMENT OF PREDICTION OF BANK RISK
6.1　The Comprehensive Assessment of Bank Risk　/ 161
6.2　The Dual Risk of Bank　/ 167
6.3　The Risk Analysis of Syetemetical Important Bank　/ 171
6.4　The Prediction Of Bank Risk In The 14Th Five-Plan Period　/ 177

CHAPTER 7　THE FINANCIAL RISK TRIGGERER BY THE MAJOR PUBLIC HEALTH EMERGENCE
7.1　The Common and Special Shocking Characteristics of Major Public Health Emergence　/ 182
7.2　The Theoretical Analysis Framework of the Inherent Relationship Between Major Public Health Emergence and Financial Risk　/ 186
7.3　The Shock of Major Public Health Emergence on Four Sectors of National Balance Sheet　/ 202
7.4　The Response Experiences of Major Countries　/ 208
7.5　The Policy Chooses to Deal with the Uncertainty　/ 212

CHAPTER 8　THE DESIGN OF NATIONAL FINANCIAL SECURITY PREVENTION SYSTEM: THE WARNING SYSTEM
8.1　The Necessity and Feasibility of Establishing the National

Financial Security Warning System   / 223

8.2   The Theoretical Analysis of the Framework of the National Financial Security Warning System   / 225

8.3   The International Experiences of Financial Security Warning System of Advanced Countries   / 228

8.4   The Construction of Warning Index System of Financial Security in China   / 243

CHAPTER 9   THE DESIGN OF NATIONAL FINANCIAL SECURITY PREVENTION SYSTEM: THE MICRO MECHANISM

9.1   Identified the External Shocking Risk from the Dollar Index   / 253

9.2   Establishing a Special Mechanism to Let the US Bear the Risk of US Debt Alone   / 270

9.3   Impose the Short-Term Capital Transaction Tax   / 276

9.4   Incorporate the Objective of Asset Price Stability into the Regulatory Framework of Systemic Financial Risk   / 284

9.5   Established a Scientific Policy Framework and Regulation Mechanism of Real Estate   / 293

9.6   Eradicate the Risk Soil of Local Debt by Institutional Construction   / 299

CHAPTER 10   THE DESIGN OF NATIONAL FINANCIAL SECURITY PREVENTION SYSTEM: THE MIDDLE MECHANISM

10.1   Form a Regulatory Concept of "Complementing Weaknesses" to Prevent Systemic Financial Risks   / 309

10.2   Improve the National Financial Safety Net System   / 320

10.3   Strengthen Regional Cooperation in Systemic Financial Risk Supervision   / 325

10.4   Establish the Reasonable International Financial System   / 328

CHAPTER 11　THE DESIGN OF NATIONAL FINANCIAL SECURITY PREVENTION SYSTEM: THE MACOR MECHANISM

11.1　Strengthen Financial Governance　/ 339

11.2　The Global Experience of Financial Governance　/ 345

11.3　The Assessemnt and Influent Factor Analysis of China's Financial Governance Level　/ 352

11.4　Accelerating the Modernization of China's Financial Governance Level and Governance Capacity in the New Era　/ 366

REFERENCE　/ 376

表目录

表 2-1	相关参数校准	037
表 3-1	单位根检验结果	063
表 3-2	一阶差分的检验结果	064
表 3-3	LR 检验法	064
表 3-4	Johansen 协整检验结果	065
表 3-5	VAR 模型检验结果	065
表 3-6	格兰杰因果检验结果	067
表 3-7	方差分解结果	069
表 3-8	单位根检验结果	078
表 3-9	单位根一阶差分结果	079
表 3-10	LR 检验法结果	079
表 3-11	Johansen 协整检验结果	079
表 3-12	VAR 模型检验结果	080
表 3-13	格兰杰因果检验	081
表 3-14	方差分解结果	083
表 3-15	2025 年各指标基准情景预测值	088
表 3-16	2025 年各指标悲观情景预测值	089
表 3-17	2025 年各指标乐观情景预测值	090
表 3-18	2025 年各指标基准情景预测值	094

表 3-19	2025年各指标悲观情景预测值	095
表 3-20	2025年各指标乐观情景预测值	095
表 4-1	从国际经验角度判断中国地产泡沫程度	112
表 4-2	房地产泡沫风险指数的初始指标集	117
表 4-3	主要变量描述性统计结果	117
表 4-4	特征值与方差贡献表	118
表 4-5	因子权重表	118
表 4-6	因子载荷矩阵	119
表 4-7	情景设定方案	122
表 4-8	不同情景方案下各个评价指标2025年的预测值	123
表 4-9	2025年房地产泡沫风险指数预测结果	124
表 5-1	我国外债风险状况综合评估	130
表 5-2	我国国债风险状况综合评估	140
表 5-3	我国2019年度国有资产管理情况	148
表 6-1	我国银行风险综合评估	166
表 6-2	基于指标的全球系统重要性银行评估方法	172
表 6-3	我国"四大行"抗风险能力（2020年）	176
表 6-4	我国20家银行资本充足率压力测试	178
表 6-5	我国20家银行受重度冲击下的资本充足率压力测试	180
表 7-1	各国公布的财政政策规模及占GDP比重	208
表 8-1	引发金融危机的主要量化指标前置期	225
表 8-2	EPS对外资银行实施四档监管要求	232
表 8-3	微观指标组下预警指标、计算公式、预警"阈值"	248
表 8-4	宏观指标组下预警指标、计算公式、预警"阈值"	250
表 8-5	中观指标组下的预警指标、计算公式以及预警"阈值"	252

表9-1	债务需求控制主要指标	304
表9-2	哥伦比亚地方政府债务预警指标体系	305
表10-1	宏观审慎监管与微观审慎监管的不同特点	313
表10-2	审慎监管与行为监管的不同特点	316
表10-3	功能监管与机构监管的不同特点	318
表11-1	全球主要金融机构成立以及中国加入时间	349
表11-2	中国金融治理能力评价指标体系	352
表11-3	中国金融稳定性评价指标	353
表11-4	各个指标起止年月时间表	355
表11-5	各段主成分相关结果表	356

图目录

图 2-1　四大均衡的逻辑框架 …………………………………………… 020

图 2-2　风险溢价与杠杆、存贷款利差以及企业期望投资回报率之间的
　　　　关系 ……………………………………………………………… 038

图 2-3　四大危机的逻辑框架 …………………………………………… 042

图 3-1　1994—2022 年人民币有效汇率指数 …………………………… 048

图 3-2　近 10 年上半年人民币有效汇率指数变动幅度 ………………… 050

图 3-3　经常账户差额与占 GDP 比重 …………………………………… 051

图 3-4　2000—2021 年我国资本与金融账户情况 ……………………… 053

图 3-5　2005—2021 年中国外商直接投资流入与流出流量 …………… 053

图 3-6　2020—2021 年全球外商直接投资流入最多的 20 个国家 …… 054

图 3-7　1950—2021 年我国外汇储备规模 ……………………………… 055

图 3-8　1987—2021 年我国 CPI 与实际利率变动情况 ………………… 057

图 3-9　VAR 模型系统稳定性判别图 …………………………………… 068

图 3-10　脉冲响应效果 …………………………………………………… 069

图 3-11　1994—2022 年美元与人民币实际有效汇率变动 ……………… 071

图 3-12　1998—2021 年经常项目顺差占 GDP 比重 …………………… 072

图 3-13　1990—2020 年全球外商直接投资流入流量 …………………… 074

图 3-14　VAR 模型系统稳定性判别图 …………………………………… 082

图 3-15　VAR 模型脉冲效应图 …………………………………………… 082

图目录　005

图 3-16　大宗商品价格指数及美元实际有效汇率指数走势 ……………… 092
图 4-1　中国经济发展的基本面实体经济需求规模变化 ………………… 100
图 4-2　中国经济发展的基本面实体经济需求增速变化 ………………… 101
图 4-3　中国 M1 货币供给、GDP 与居民收入的名义季度增速的
　　　　对比 …………………………………………………………………… 102
图 4-4　中国房价指数与货币月度增速的对比 …………………………… 103
图 4-5　70 个大中城市新建商品住宅价格指数 / CPI 的同步率 ………… 104
图 4-6　2009—2018 年全球主要大城市房价收入比 ……………………… 106
图 4-7　2009—2018 年全球主要大城市房价租金比 ……………………… 107
图 4-8　1987—2021 年我国房产开发投资占固定资产投资与 GDP 的
　　　　比重 …………………………………………………………………… 108
图 4-9　中国主要金融机构的房地产贷款规模和同比增速 ……………… 109
图 4-10　2005—2018 年我国房地产开发企业银行支持力度 …………… 109
图 4-11　2000—2021 年房地产开发企业的负债规模与资产负债率变化
　　　　趋势 …………………………………………………………………… 110
图 4-12　2011—2019 年 3 月沪深两市静态市盈率与滚动市盈率 ……… 114
图 4-13　2011—2019 年 3 月沪深两市市净率 …………………………… 115
图 4-14　1999—2018 年三类主成分因子的波动情况 …………………… 120
图 4-15　1999—2018 年房地产泡沫风险指数 …………………………… 120
图 5-1　1985—2020 年我国外债负债率、债务率及偿债率 ……………… 127
图 5-2　短期外债 / 外汇储备与外汇储备 / 外债余额 …………………… 129
图 5-3　外汇余额期限结构 …………………………………………………… 131
图 5-4　国债负担率 …………………………………………………………… 134
图 5-5　赤字率 ………………………………………………………………… 135
图 5-6　国债借债率与居民应债率 …………………………………………… 136

图 5-7	国债依存度	138
图 5-8	国债偿债率	139
图 5-9	全球主要经济体政府部门负债率	141
图 5-10	2012—2020年地方政府债务余额与负债率	143
图 5-11	2020年分区域地方政府债务余额与负债率	143
图 5-12	我国土地使用权出让收入	146
图 5-13	1780—2050年世界经济长周期演变情况	151
图 5-14	1953年以来中国经济周期变化	152
图 5-15	潜在的外债风险预测	155
图 5-16	潜在的国债风险预测	157
图 5-17	潜在的地方政府债务风险预测	159
图 6-1	我国商业银行不良贷款余额与不良贷款率	162
图 6-2	我国商业银行资本与资产利润率	163
图 6-3	我国商业银行拨备覆盖率	165
图 6-4	我国商业银行资本充足率	165
图 6-5	房地产贷款占贷款总额的比重	168
图 6-6	房地产开发企业利润率	169
图 6-7	我国地方政府债务来源	170
图 6-8	政府融资平台的贷款需求指数（湖南省）	171
图 6-9	"四大行"不良贷款率	174
图 6-10	"四大行"成本收入比	175
图 6-11	我国银行偿付能力宏观情景压力测试	178
图 6-12	信贷风险敏感性压力测试	180
图 7-1	GDP增速下的全球百年来重大突发公共卫生事业梳理	184
图 7-2	总需求-总供给（AD-AS）	187

图 7-3	跨境旅游入境人数增速	188
图 7-4	投资增速	191
图 7-5	商品和服务进口增速	192
图 7-6	商品和服务出口增速	192
图 7-7	失业率	194
图 7-8	外商直接投资增速	196
图 7-9	对外直接投资增速	197
图 7-10	四个部门之间的关系图	203
图 7-11	主要国家政府部门杠杆率	207
图 8-1	金融风险预警系统的运作程序	226
图 8-2	风险测评下的四大监控类别	239
图 9-1	美元指数（USDX）的"货币篮子"	256
图 9-2	美元价格与价值关系图	257
图 9-3	美元指数与美国及世界经济增长关系图（1973—2020）	259
图 9-4	美元升值与新兴经济体金融危机	261
图 9-5	美元指数与中国大宗商品价格指数	264
图 9-6	国际油价与美元走势呈负相关关系	264
图 9-7	黄金价格与美元走势	265
图 9-8	美元指数与美国标准普尔500指数收盘价关系	266
图 9-9	美元指数与恒生指数关系	267
图 9-10	美元指数与上证综合指数关系	267
图 9-11	美元波动呈周期性特点	268
图 9-12	美元呈政治经济周期	269
图 9-13	美国通胀周期中"股价涨—房价涨—物价涨"三部曲	291
图 10-1	中国金融监管体系的基本框架	319
图 11-1	中国金融治理水平与金融稳定性总得分走势图	357

第一章
绪 论

在党的十九大报告中,习近平强调"坚持总体国家安全观"以及"健全国家安全体系",并明确指出"深化金融体制改革,增强金融服务实体经济的能力,提高直接融资比重,促进多层次资本市场健康发展。健全货币政策和宏观审慎政策双支柱调控框架,深化利率和汇率市场化改革。健全金融监管体系,守住不发生系统性金融风险的底线"。[1]同时,习近平也曾多次强调要维护国家金融安全的相关性问题。2017年7月,习近平在北京召开全国金融工作会议时指出,"防止发生系统性金融风险是金融工作的永恒主题"。因此,金融与实体经济就如鸟之两翼,必须要做到协调发展。金融能够为实体经济的发展提供动力,而实体经济则是金融发展的基础,因而实体经济的失衡,很容易导致系统性金融风险,危及国家金融安全。金融安全与金融风险、金融危机是紧密相关的概念,可以说,历史上多次金融风险的冲击、金融危机的爆发,引起了各界对金融安全的重视。

党的十九届五中全会,再次强调防范金融风险,维护国家金融安全,从金融安全的研究角度来说,系统性金融风险是很好的切入点。作为"三大攻坚战"之首,防止发生系统性金融风险是金融工作亘古不变的主题,是健全国家金融安全体系的重要抓手。

---

[1] 习近平:"决胜全面建成小康社会 夺取新时代中国特色社会主义伟大胜利",《人民日报》2017年10月28日第1版,第1—20页。

第一节　研究背景

在经济运行周期中，金融危机是始终存在的现象。这种周期性的危机，对于全球经济发展具有不同的坐标意义。有的标志着新的减速和减速后新的加速，有的标志着阶段性调整，即只是"程度"意义上的变化，有的则标志着方向性变化，即是"类别"意义上的变化。20世纪30年代的大萧条、70年代的"滞胀"危机，以及2008年的金融危机，均属此类具有坐标意义的重大危机。2008年国际金融危机的坐标意义在于，世界经济正在发生"类别"的变化，而不只是"程度"的变化。这种"程度"的变化，源于世界矩形经济结构的失衡。

一、平稳的世界矩形经济结构是国家金融安全的基础

自20世纪90年代以来，各国基于"比较优势"的基础上，形成了全球大分工格局，世界逐渐形成了"宏观经济矩形结构"，为全球经济增长做出了巨大贡献。总体来看，世界经济体由以下四类国家组成[1]。

消费国——主要以消费为主、金融业发展出现膨胀的模式。属于该种模式的经济体有英、美以及部分西欧国家。消费及金融资产在整个GDP中占比较高，如英、美等国的消费超过了GDP的70%。一国的高消费模式必定会驱动经济增长，同时也能激发对各种金融产品的需求。但与此同时，该模式也会导致储蓄的减少、实体经济所占比重降低。

中低端生产国——主要是指通过生产低端制造业产品的模式。属于低端生产国的国家有中国、印度及印尼等。这些国家通过利用劳动力和资源的低

---

[1] 中国银行国际金融研究所："G-20四种经济发展模式在金融危机中的表现及未来趋势展望"，《全球经济金融问题研究》2009年第23期（总第34期）。

成本优势，引进发达国家的成熟技术和直接投资，为消费国生产消费品。从出口结构来看，中国、印度等国的工业品出口占其出口商品的 90% 左右，并占据了全球主要工业产品出口市场份额，但产品结构偏低端。

高端制造国——高端制造业产品生产模式。属于高端制造国的有日本、德国、韩国等。这些国家通过其产业技术优势，为全球生产技术含量高的资本品及消费品。例如，日本和德国的工业品出口也占其出口商品的 90% 左右，但其版税和专利费用出口在全球市场中的占比则明显高于中国和印度，反映出其制造业处于较高水平。

资源国——主要是指提供初级产品的模式。表现为该模式的经济体有俄罗斯、南非、阿根廷、巴西、澳大利亚等。此类经济体凭借其资源禀赋优势，为全球尤其是生产国提供了农产品、铁矿石、石油等初级生产资料。这类经济体对外资和外贸依赖度较高，因而也容易受国际市场需求波动的影响。

这四个角色缺掉任何一种，世界经济体就可能失衡。相互依赖的"宏观经济矩形"，产生了四个极（消费国、工厂国、资源国、资本-货物出口国）和三个登场人物（即消费国、生产国、资源国），形成了高度关联的"消费国→生产国→资源国"全球价值链贸易模式。在这种模式下，全球市场联动性达 70%—80%，全球实体经济联动性达 60%。过去几十年全球贸易增长建立在消费国家庭和政府过度负债消费、生产国企业过度负债生产、资源国资源过度负债消耗的基础上。

二、世界矩形经济结构失衡与世界"新常态"

2008 年爆发的金融危机，打破了世界"宏观经济矩形结构"的平衡。世界经济失衡是从消费国开始的。危机爆发后，消费国资产价格下降，虚拟财富大幅缩水，此类国家的居民不得不降低消费。在全球经济高度一体化的时代，金融危机迅速向世界各国传递。消费国降低消费，对于生产国来说，就是表现为外需萎缩、出口下降、国内产能过剩。生产国经济基本面不景气，资源需求减少，资源价格就下跌，资源国陷入危机，甚至出现"资源诅咒"陷阱。

西方用"新常态"一词，表达了此次金融危机的"标示"意义。在2009年，美国的太平洋基金管理公司（Pacific Fund Management）CIO格罗斯及董事长依莲娜曾用"New Normal"（这里将"New Normal"解释为"新常态"）表述金融危机过后，全球经济在遭受重创后面临的缓慢、痛苦的恢复过程。国际货币基金组织总裁拉加德用"新平庸期"来形容西方的经济增长状况。因此，原创意义上的"新常态"，本质上是指让人们对于危机过后经济的恢复降低期望值，其基调表现为"悲观"和"无奈"。

全球也呈现为"新常态"——从"大稳定周期"到"长期结构调整期"转变，即世界经济正在发生"类别"的变化。在爆发2008年的国际金融危机之前，西方资本主义呈现出20—30年的持续性增长的"旧常态"时期。该时期的主要特征是全球经济持续增长、低通胀与低失业率并存。随着2008年金融危机的爆发，终结了"大稳定周期"的旧常态，全球经济进入低迷的"新常态"。从经济长周期看，世界"新常态"表现为以下几个"类别"变化。

"类别"变化一：技术创新处于"前技弱化、后技不足"的矛盾中。

技术创新周期能够判断经济增长是否具有长期动力。1925年，苏联经济学家康德拉季耶夫运用历史资料、经济理论与统计学分析相结合的方法，对长达140年的资本主义经济运行统计数据进行分析，提出了在资本主义经济中"存在着平均50年长期波动"的理论假设。该理论认为，每个长周期又分为上升阶段与下降阶段，各持续20—30年。一般情况，上升期繁荣年份比较多，下降期以萧条年份为主。

历史规律表明，经济长周期与技术创新周期有关：当新一轮技术创新启动时，巨大的技术变革能够强有力地转化为生产力，推动经济长周期的繁荣。

当上一轮技术开始弱化，边际效益递减，而新一轮创新技术又没有充分发挥作用时，经济会呈衰退趋势。工业革命以来，世界经济已经历了五个长周期波动，1929—1933年的"大萧条"正好落在第三次长波的衰落期。当时，电气和重化工业等技术处于弱化阶段，而汽车制造、半导体、计算机等新的技术尚处研发阶段。2008—2020年，正好落在第五个长周期的下行阶段，全球经济再次面临"前技弱化（信息技术）、后技不足（人工智能）"的新矛盾，经济增长缺乏长期持久的动力。当然，危机启动了创新周期的开始。德国经济学家格哈特·门施利用现代统计方法，在《技术的僵局》一书中，深入研究了全球百余项科技含量高的技术及发明，并得出在经济萧条时期，会更能激发重大基础的创新性。从而经济繁荣周期与技术创新的周期有着高度的相关性，主要呈"逆相关"。这也是为什么在危机期间，世界主要经济体，美国、德国、日本、英国以及中国都通过新一轮工业革命和新能源革命来寻找新的经济增长点。

"类别"变化二：固定资产投资处于下降周期，判断企业利润率是否处于长期下降过程。

固定资产投资周期能够判断企业利润率是否处于长期下降过程。1862年法国经济学家朱格拉（Juglar）在《法国、英国及美国的商业危机及其周期》一书中提出了资本主义经济存在着9至10年的周期波动，一般称为"朱格拉周期"。朱格拉周期表明，经济增长与固定资产投资有关。而企业利润水平恰恰是企业产业投资抉择的重要依据。当企业利润下降时，企业倾向于加大对成本端的调整，同时缩减投资规模来应对，由此造成的结果就是企业投资水平的下降。

马克思在研究资本主义发展的过程中，也发现利润率的下降趋势往往伴随着具有规律性的经济周期。以美国为例，大萧条前40年美国企业利润率经历了一个长期的下降过程，1880至1920年大约下降了40%。这次新冠疫情暴发前，主要发达经济体的固定资产投资和企业利润率也长期处于下降阶段。2012—2019年，美国私人固定资产投资由10.0%降至1.3%，企业利润率由14.60%下降至10.88%。受疫情隔离措施的影响，预计2020年企业利润率与产业投资将呈现大幅下降，经济衰退不可避免。

"类别"变化三：债务处于攀升阶段。

债务周期能够观察"杠杆率"是否长期高企不下。经济理论告诉我们，经济周期是由债务周期主导的。美国经济学家卡门·莱因哈特在《这次不一样——八百年金融危机史》一书中，对全球66个国家和地区金融危机史的研究发现，历次金融危机都是因为债务过高而导致，没有哪一次是真正不一样的。自20世纪初以来，全球共经历了两波债务长周期，1929年的"大萧条"与这次新冠疫情，分别处于第一波和第二波债务长周期攀升阶段。

具体分析，每个债务周期又由几个小的债务周期构成：（1）第一波债务长周期（1910—1980年）由三个小债务周期构成："一战"和"西班牙大流感"推动1916—1921年小的债务周期，5年间债务率由18.8%涨至44.67%；1929—1933年"大萧条"，4年间债务率由31.94%涨至72.74%；"二战"前后，1942—1946年5年间债务率由59.36%涨至126.16%。（2）第二波债务长周期（1980—2020年），共经历了四波债务增长潮，前三波分别发生在1981—1989年（8年间债务率由42.37%涨至65.0%，导致日本地产泡沫危机）、1990—1996年（6年间债务率由68.19%涨至78.67%，导致亚洲金融危机）、2001—2008年（7年间债务率由69.18%涨至85.3%，导致美国次贷危机）；第四波发生在2010—2019年，9年间债务率由109.21%涨至120.6%，达到历史新高，是第二轮债务长周期中规模最大、速度最快、范围最广的一次。

因此，在未来的近30年，资本主义会由"旧常态"转为以"长期结构调整"为特征的"新常态"时期。

第二节 文献综述

金融活则经济活，金融稳则经济稳，金融在经济社会发展中发挥着举足轻重的作用"。一直以来，金融风险是金融领域研究的热点和难点，不同学者围绕系统金融风险的定义等多个方面进行了深入的研究，为健全国家金融安全体系提供了良好的研究基础。为此，本节将从系统性金融风险的定义、理论基础、影响系统性金融风险的要素以及风险评测体系等多个角度阐释国家金融安全方面相关的研究前沿。

一、国家金融风险的定义

金融风险指的是金融单位或经济主体在金融活动过程中可能遭受损失大小的不确定性与不可预见性[1]，由此可以看出，国家金融风险只是将主体定为"国家"，是一个国家面临的金融风险，具体来说包括三方面内容：一是金融风险可能导致国家遭受损失；二是金融风险具有不确定性与不可预见性；三是任何参与者都同时是受益方和风险的承担者。在经济全球化的时代，国家金融风险并非以国别或地区的地域划分而独立存在，而是在全球范围内形成了广泛交织、密切关联的系统，即所谓的国家"系统性金融风险"。

早在 20 世纪 80 年代"系统性金融风险"一词就已经引入经济金融领域。当时的《牛津大辞典》曾经将"系统性"一词解释为"of or pertaining to a system"，用中文表达可译为"系统的或者是与系统性相关的"含义，但是这也仅仅停留在对"系统性"的研究上。对于国家系统性风险相关性专题的研究始于 20 世纪 90 年代，由于金融系统性风险会产生一系列的后续影响，因此多国政府机构以及多个国际组织对金融体系产生的"多米诺骨牌效应"关

---

[1] 杨琰："我国金融风险的成因与防范对策研究"，《金融经济》2012 年第 12 期，第 46—47 页。

注度很高。然而，迄今为止也并无一个统一的被大众所接受的概念，同时，对系统性风险的概念、由来，及采取何种方式对系统性风险进行合理、有效的防控展开了激烈的讨论[1]。

从官方机构的定义看，欧洲中央银行（ECB）在2009年的年报中认为系统性风险具有的风险特点应是"金融的不稳定性在金融系统内扩散，并且危害到金融体系的运转，进而会损害到经济的增长、使福利蒙受巨额损失"。英格兰银行（Bank of England）在2009年的年报中认为引起系统性风险的起源可以分成两类：第一类是大型的金融机构之间金融业务的相互关联性以及由机构行为的协同性所带来的风险，即命名为空间维度的网络风险（Network Risk）；第二类是金融业务的长期累积失衡所带来的风险，即时间维度的总体风险（Aggregate Risk）。系统性金融风险是由于经济发展的不稳定性，以及公司运作发生的一系列失误事件而造成了给经济发展带来负面效应的风险，并且这种负面效应所引发的后果严重时会出现"多米诺骨牌效应"。

从学者研究的定义看，伯南克指出，系统性金融风险绝非只会引起金融机构动荡性的一两个事件，而是会给整个金融系统和宏观经济的稳定性带来严重的负面影响[2]。哈特和津加莱斯认为，系统性金融风险是指会在组织机构之间传递的风险。它指一个组织机构的崩溃会借由组织机构间的关联性而传导至系统中的其他机构，并对与虚拟经济密不可分的实体经济产生负面效应的风险[3]。其他很多研究系统性金融风险的学者们会专注于一点去限定，如金融的不平衡性，相互有关联性的风险敞口，风险对实体经济的溢出效应以及

---

[1] Bhabra, H. S., Liu, T. and D. Tirtiroglu, 2008, "Capital Structure Choice in a Nascent Market: Evidence from Listed Firms in China", *Financial Management*, Vol. 37, No. 2, 2008, pp. 341–364.

[2] Bernanke IMF, "BIS and FSB.Macroprudential Policy Tools and Frameworks", *Report to the G20*, 2011.

[3] Charles Goodhart, "The Definition and Control of Systemic Financial Risk", *DNB Working Paper*, September, 2009.

信息传导受阻[1]，反馈效应、资产泡沫和负外部性[2]等。金融市场中的个体风险是指一家组织机构发生的金融风险，而系统性金融风险则指的是这种金融风险在组织机构间具有传递性，即风险从一个组织机构传递到其他多个组织机构，从单一市场蔓延到其他多个市场。这种金融风险的负面效应不只是破坏金融体系安全与金融体系的稳定性，同时致使金融不能有效地服务于实体经济。张晓朴认为，微观层面上的系统性金融风险（Systematic Risk）与宏观层面上的有所不同，因而需要从两个方面来加以区别[3]。宏观层面上讲"系统性"有两点含义：第一点是指所发生的事件会对整个系统的功能有所影响；第二点是所发生的事件不仅会让看似相关的组织机构受到影响，同时也会让看似与事件无关的第三方受到负面影响。马勇指出，系统性金融风险体现为金融系统无法在巨大的冲击下实现合理运转。这些巨大的冲击通常表现出的特点为一部分金融机构陷入倒闭或支付困境、金融市场的崩溃以及价格信号不能发挥其应有的作用，与此同时还有货币的缩水和资本的外流等[4]。李涛认为可从字面上来理解系统性风险的含义，即一些金融机构在进行金融活动或者交易时可能会受到来自外部因素、内部因素的冲击影响，在多重因素的影响下会产生严重的危机、波动进而致使系统无法正常运行。[5]杨子晖、周颖刚在研究系统性金融风险的溢出与外部效应时从两个方面给系统性金融风险下了定义：一是系统性金融风险是指在金融系统内发生的危机事件会影响到人

---

[1] Giannetti M., "Financial Liberalization and Banking Crises: The Role of Capital Inflows and Lack of Transparency", *Journal of Financial Intermediation*, Vol. 16, No. 1, 2007, pp. 32–63.

[2] IMF, BIS and FSB, "Guidance to Assess the Systemic Importance of Financial Institutions, Markets and Instruments: Initial Considerations-Background Paper", *Report to the G20 Finance Ministers and Central Bank Governors*, 2009.

[3] 张晓朴："系统性金融风险研究：演进、成因与监管"，《国际金融研究》2010年第7期，第58—67页。

[4] 马勇："基于金融稳定的货币政策框架：理论与实证分析"，《国际金融研究》2013年第11期，第4—15页。

[5] 李涛："新常态下系统性金融风险度量与防范研究"，《现代经济信息》2017年第24期，第313页。

们对于整个金融系统的信心；二是系统性金融风险是指系统内发生的危机事件会对相关的金融组织机构或金融市场产生严重的负面影响，进而破坏金融系统的运作，与此同时也会阻碍经济增长并且福利效应减弱[1]。

从上述不同视角对于国家系统性金融风险的相关性研究可以得出，虽然国内外对于国家系统性金融风险定义研究的侧重点有所不同，但是他们研究的内容仍存在很多共同点，比如所研究的对象皆为金融体系的全部或者重要部分，并且将风险的溢出效应（系统性金融风险对实体经济所带来的负面影响）也作为研究的一部分内容。这对研究国家系统性金融风险有着重要的启示作用。

二、国家金融风险的理论基础

系统性金融风险理论建立在金融风险与金融危机理论的基础之上，因而国家系统性金融风险的理论也源于金融危机理论。

（一）金融脆弱性理论

费雪（Fisher）指出，1929年发生的经济大萧条主要是由"负债-通货紧缩"引发的[2]。在经济发展处于繁荣阶段时，企业为扩大生产规模会从银行机构等处大量借款。到了经济衰退阶段，企业不能及时偿还给银行的贷款就会被银行记为坏账。为降低坏账发生概率，银行会收缩对企业的信贷规模，企业会面临更严重的资金紧缺问题，由此会造成企业破产并恶化为金融危机。明斯基（Minsky）在其著作《金融关系中的长波：更严重萧条中的金融因素》中首次提出"金融脆弱性假说"。明斯基认为，银行脆弱性—银行陷入危机—经济周期，是一个具有内在逻辑性的链条关系[3]。他在对新兴经济体研

---

[1] 杨子晖、周颖刚："全球系统性金融风险溢出与外部冲击"，《中国社会科学》2018年第12期，第69—90页，第200—201页。

[2] Fisher, I., "The Debt-deflation Theory of Great Depression", *Econometrica*, Vol. 1, 1933, pp. 337—357.

[3] Minsky, H. P., "Longer Waves in Financial Relations: Financial Factors in the More Severe Depressions", *American Economic Review*, Vol. 54, 1964, pp. 324-335.

究时，得出一个企业的生产净值会因为利率升高、汇率降低、无法预测的通货膨胀而降低。此时，若有道德违约风险及逆向选择的情形，某一经济体金融体系所存在的脆弱性问题便会暴露出来。

（二）银行挤兑理论

戴蒙德和戴威格指出，储蓄者会对银行机构是否存在挤兑现象而实施干预。当储蓄者预期到银行可能存在挤兑现象时，会选择尽快到银行提现。否则，选择不提现。而是否会出现银行挤兑现象取决于外部"太阳黑子"何时出现[1]。阿伦和盖尔进一步完善了银行挤兑理论。其假设仅有少数储蓄者预知银行贷款收益，且贷款收益属随机变量。当银行存在大量提款现象时，多数储蓄者并不知其真实原因。因此，当因为贷款质量出现问题时，极有可能发生银行挤兑现象[2]。

（三）信息不对称理论

斯蒂格利茨和魏斯指出，宏观金融体系缺乏稳定性的主要原因是，基于信息不对称的逆向选择及信贷配给[3]。因为存在信息不对称的现象，所以当有违约的道德风险出现时，美国的储蓄、贷款出现危机。此时，存款保险制度却未能发挥其保险职能，反而会推迟银行出现危机的时间。但推迟得越久，一旦发生银行危机时所导致的破坏性更强。米什金在文章"全球金融不稳定：框架、事件、问题"中指出，由于信息不对称而出现的逆向选择及道德风险问题，是导致金融不稳定性出现的重要因素。比如，墨西哥（1994年12月）及亚洲（1997年7月）发生的金融危机都是由此因素引发的[4]。

---

[1] Diamond, D.W., Dybvig, P. H., "Bank Runs, Deposit Insurance, and Liquidity", *Journal of Political Economy*, Vol. 91, 1983, pp. 401-419.

[2] Allen F., Gale D.,"Optimal Financial Crises", *The Journal of Finance*, Vol. 53, No. 4 ,1998, pp. 1245-1284.

[3] Stiglitz J. E., Weiss A., "Credit Rationing in Markets with Imperfect Information", *The American Economic Review*, Vol. 71, No. 3, 1981, pp. 393-410.

[4] Mishkin F. S., "Global Financial Instability: Framework, Events, Issues", *Journal of Economic Perspectives*, 1999, Vol. 13, No. 4, pp. 3-20.

（四）金融安全网理论

为了实现防范化解金融风险及金融危机，并达到维护一国金融安全的目的，就需要构建完善、系统的金融安全网。默顿首次得出存款保险制度虽然可以维护存款人利益，但也存在一定的弊端，即该制度存在委托－代理问题。同时，该制度也存在金融风险积累问题[1][2][3]。考夫曼认为最后贷款人制度理论同样会出现债务违约、储蓄者的监督积极性降低等情况[4]。存款保险制度与最后贷款人制度的提出是为降低金融风险、维护金融安全，但实际效果可能与之相反。

（五）其他理论

卡尔沃则是从税收制度视角解释该问题。卡尔沃认为当政府支出达到一定额度时，贸易条件再细微的改变都会导致经济发展的突然停滞，从而导致金融危机[5]。莫里森则是从监管视角进行研究，其认为当银行监管当局有较好的声誉时，可以使银行有效防范道德风险[6]。詹内蒂则是从金融开放的角度对该问题进行研究，认为当资本市场越开放时，银行的系统的脆弱性也会随之增加[7]。

三、国家金融风险的影响因素

影响国家系统性金融风险的因素有很多，主要可分为以下三类。

---

[1] Kane E. J., "The Unending Deposit Insurance Mess", *Science*, Vol. 246, No. 4929, pp. 451–456.

[2] Diamond D. W., Dybvig P. H., "Banking Theory, Deposit Insurance, and Bank Regulation", *The Journal of Business*, Vol. 59, No. 1, 1986, pp. 55–68.

[3] Demirgüç-Kunt A., Detragiache E., "Does Deposit Insurance Increase Banking System Stability? An Empirical Investigation", Journal of Monetary Economics, Vol. 49, No. 7, 2002, pp. 1373—1406.

[4] Kaufman G. G., "Lender of Last Resort: A Contemporary Perspective", *Journal of Financial Services Research*, Vol. 5, No. 2, 1991, pp: 95–110.

[5] Calvo G. A., "Explaining Sudden Stop, Growth Collapse, and BOP Crisis: the Case of Distortionary Output Taxes", *IMF Staff papers*, Vol. 50, No. 1, 2003, pp. 1–20.

[6] Morrison A. D., White L. "Crises and Capital Requirements in Banking", *American Economic Review*, Vol. 95, No. 5, 2005, pp. 1548–1572.

[7] Giannetti M., "Financial Liberalization and Banking Crises: The Role of Capital Inflows and Lack of Transparency", *Journal of Financial Intermediation*, Vol. 16, No. 1, 2007, pp. 32–63.

（一）国内因素

国内因素具体包括：(1) 宏观经济环境。金融是经济的核心，经济则是金融的基础，爆发金融危机的基础原因可能就是国内宏观经济环境的恶化。[1] (2) 金融运行体系。金融体系本身可能存在缺陷，比如金融市场体系不完善、金融工具不健全、运行体制与机制不通畅、金融监管当局的监管能力与手段不足、金融机构改革进程缓慢等等，都可能导致金融风险的爆发。[2] (3) 价格机制。金融安全中最为重要的价格机制就是利率与汇率的形成机制，价格是"风向标"，价格变动会引领资金流动，资金的流出与流入过程中，都可能产生巨大波动，从而影响金融安全。

（二）国际因素

与国内因素类似，国际上同样存在一些影响国家系统性金融风险的因素，包括：(1) 世界经济金融发展。发达国家与发展中国家的经济金融发展不平衡，发展中国家的金融安全常常受到发达国家的影响，1929年大萧条以来的历次经济、金融危机，很多都源自发达国家，但发展中国家都遭受到更大的损失。(2) 国际金融体系。国际金融体系存在缺陷和无序，就会影响国家金融安全。[3] 比如，当前尚未确立国际性最后贷款人制度，国际货币基金组织和世界银行都不具备此功能。再比如，国际资本流动没有受到统一有效监管，因而各国无法监测本国资本的流出和流入情况，在维护国家金融安全中处于不利地位。(3) 国际金融话语权。一国的国际金融话语权，对维护本国金融安全起着至关重要的作用。西方主要发达国家在国际上具有较大主导权，因而不论发生什么样的经济、金融危机，都可以利用国际金融话语权，推行一些符合自身利益但可能损害他国利益的政策和对策。

---

1 王元龙："关于金融安全的若干理论问题"，《国际金融研究》2004年第5期，第11—18页。

2 王楚明："影响我国金融安全的国内外因素分析"，《金融理论与实践》2006年第1期，第14—17页。

3 郑联盛、张明："国际货币体系改革与全球金融安全机制构建：关联与问题"，《国际安全研究》2015年第6期，第3—23页，第151—152页。

（三）由国内向国际开放因素

从国内向国际开放，主要包括：（1）经济开放。在经济对外开放中，有几个因素会直接产生金融风险[1]，比如资本的非法流入、外商直接投资的负效应、外债运行的潜在风险、金融体制改革的非均衡性等等。（2）金融开放。金融的国际化，是一国金融安全面临的最大的影响因素。有的学者认为金融开放与金融安全没有负面联系，比如金融国际化可提高资源配置效率[2]，可以分散风险，还可以提升金融市场运行效率[3]。但也有学者认为金融开放会对国家金融安全产生负面效应，比如卡普里奥等认为金融自由化初始条件不同可能带来新的金融风险[4]，戴志敏和王海伦认为，非传统金融业务可能产生新型风险[5]，刘辉煌认为金融开放会加大金融局部失衡的传递效应，进而演化为金融动荡[6]。

四、国家金融风险的指标体系

最早学者研究的是经济景气预警指数，后逐步延伸到金融风险领域。国际国内很多学者从不同视角提出国家系统性金融风险的指标体系，这些指标体系大概可分为三类[7][8]。

---

[1] 谢婷婷：" 经济全球化的中国金融安全的思考"，《特区经济》2007 年第 1 期，第 64—65 页。

[2] Mitton, T., "Stock Market Liberalization and Operating Performances at the Firm Level", *Journal of Financial Economics*, Vol. 20, No. 1, 2006, pp. 15-34.

[3] 程定华：" 金融的国际化现象及其本质"，《社会科学》1996 年第 7 期，第 19—23 页。

[4] Caprio G., P. Honohan, "Restoring Banking Stability: Beyond Supervised Capital Requirements", *Journal of Economic Perspectives*, Vol.13, 1999, pp, 43-64.

[5] 戴志敏、王海伦：" 外资参股国内银行及其对金融安全的影响"，《浙江大学学报（人文社会科学版）》2008 年第 2 期，第 108—115 页。

[6] 刘辉煌：" 内在货币竞争均衡与时间不一致问题分析"，《财经理论与实践》2006 年第 1 期，第 13—17 页。

[7] 顾海兵、夏梦：" 基于国家经济安全的金融安全指标的选取研究"，《国家行政学院学报》2011 年第 5 期，第 52—56 页。

[8] 顾海兵、张安军、李彬：" 中国金融安全指数动态监测比较分析"，《福建论坛（人文社会科学版）》2012 年第 3 期，第 11—17 页。

（一）金融功能视角下的国家系统性金融风险指标体系

国际货币基金组织于1999年决定实施"金融部门评估计划"，用单个金融机构健康状况的微观审慎性指标和金融体系稳健型有关的宏观经济变量，来衡量金融脆弱性。何建雄认为金融风险指标体系应包括微观审慎指标（基础指标）、宏观审慎指标（先行指标）和市场指标（中间指标）[1]。在实践中，美国银行曾监管部门采用"骆驼"（CAMEL）评级体系，监测金融机构的安全状况，后来又用以资本充足率为核心的《巴塞尔协议》的规定来评估金融机构的风险。

（二）金融子系统视角下的国家系统性金融风险指标体系

戈德斯坦等在总结前人研究的六大类指标并提取出16个预警指标[2]。张元萍和孙刚从宏观经济发展指标，金融机构资产质量、经营稳健型和信贷增长率等指标，利用外资、外债规模和投向等指标，分别研究各子系统下的金融风险[3]。沈悦和张珍则设计出包含国内外环境、货币、银行、对外、股市和房地产等几个子系统的安全指标体系[4]。蒋海和苏立维结合中国实际，选择微观、宏观和国际市场三大子系统共17个金融经济指标，作为衡量国家金融安全的指标体系[5]。

（三）更大范围视角下的国家系统性金融风险指标体系

除了功能和子系统视角下的系统性金融风险指标体系，还有包含更多因

---

[1] 何建雄："建立金融安全预警系统：指标框架与运作机制"，《金融研究》2001年第1期，第105—111页。

[2] Goldstein, M. Kaminsky, G., Reinhart, C., "Assessing Financial Vulnerability: An Early Warning System for Emerging Markets", *Washington: Institute for International Economics*, 2000.

[3] 张元萍、孙刚："金融危机预警系统的理论透析与实证分析"，《国际金融研究》2003年第10期，第32—38页。

[4] 沈悦、张珍："中国金融安全预警指标体系设置研究"，《山西财经大学学报》2007年第10期，第89—94页。

[5] 蒋海、苏立维："中国金融安全指数的估算与实证分析：1998—2007"，《当代财经》2009年第10期，第47—53页。

子、更大范围的指标，富兰德指数（也称为国家风险预测指数）就是典型的代表。富兰德指数包括评估外债偿付能力的定量评级体系（包括外汇收入、外债数量、外汇储备状况及政府融资能力等，占比50%）、定性评级体系（包含经济管理能力、外债结构、外汇管制状况、政府贪污渎职程度以及政府应付外债困难的措施等，占比25%）、环境评估体系（涵盖政府风险指数、商业环境指数及社会政治环境指数，占比25%）。

五、国家金融风险的重点领域

国家系统性金融风险涉及的领域有很多，包括债务、银行、房地产、汇率等等，其中比较突出的有两个方面。

一方面是银行领域。美国的银行业有完善的维护金融安全的法律规制，包括《外资银行监管加强法》《金融服务现代化法案》《外国投资与国家安全法案》等。这些法案不断完善法律规则，严格控制外资银行股权比例，对内外资银行实行"双重标准"，提高监管者的能力，以维护国家金融安全。外资参股银行虽然可能改善本国银行的盈利能力和安全状况，但也给国家金融安全带来诸多隐患，包括侵蚀本国银行控制权、控制本国银行管理权、传导国际金融风险、恶化本国银行竞争环境和危害信息安全等[1]。

另一方面是资本项目自由化。以美国为首的发达国家，在维护国家金融安全时，即使面临"三元悖论"，也有更多空间。相比较而言，由于实施资本项目自由化，在亚洲金融危机期间，泰国、印度尼西亚、韩国以及俄罗斯既无法选择固定汇率，也无法维护货币政策的自主性，危及金融安全[2]。中外资金融机构的加入、逐渐增强资本项目的自由化程度等措施都会改善国内金

---

[1] 刘家松："外资参股银行业与金融安全的新兴市场国家比较研究"，《宏观经济研究》2013年第9期，第39—45，第56页。

[2] 黄琪轩："资本项目自由化与金融安全的政治"，《东北亚论坛》2016年第5期，第28—39，第127页。

融行业所处的困境，但与此同时这一系列措施所带来的弊端则是会影响我国经济结构的发展、加大了对金融宏观调控以及金融监管的难度，并且也会危害到金融系统的安全性。

第三节 研究内容

遵循"提出问题—分析问题—解决问题"的基本思路，基于现有研究成果，本书首先构建了国家金融安全的分析框架，然后评估与预测货币风险、资产泡沫风险、债务风险和银行风险，最后设计国家金融安全防范体系。

一是构建国家金融安全的分析框架。传统的国家金融安全分析框架聚焦于系统性金融风险的定义、特征、原因、传导机制等，或聚焦于系统性金融与宏观审慎的关系，重点大多在于"提出问题—分析问题"。本书将国家金融安全这一问题作为已知前提，直接构建"分析问题—解决问题"的框架，运用四种基本均衡（货币供求均衡、资金借贷均衡、资产均衡、国际收支均衡）推导出四大风险（货币风险、资产泡沫破灭风险、债务风险、金融机构风险）。

二是评估与预测四大风险。在国家金融安全的分析框架基础上，充分运用指标体系进行定量分析，从货币风险、资产泡沫风险、债务风险和银行风险这四个角度，评估国家金融安全的程度。进一步地，预测"十四五"期间这四大风险的演变情况，基于评估与预测的结果，整体剖析国家金融安全。

三是设计国家金融安全防范体系。研究国家金融安全，重要的是能够建立预警机制，本书通过比较发达国家金融风险预警制度，构建适合我国的国家金融安全预警指标体系。除了预警体系，维护国家金融安全还需要设计微观机制，包括把握美元变动规律、建立美国独自承担美债风险的特殊机制、开征短期资本交易税、将资产价格稳定目标纳入系统性金融风险监管框架、建立科学合理长效的房地产政策框架和调控机制、以制度建设铲除地方债务风险的土壤等。此外，还需要设计维护国家金融安全的宏观机制，包括形成防范系统性金融风险的"补短板"监管理念、健全国家金融安全网系统、加强系统性金融风险监管区域合作、建立合理的国际金融体系等。

第二章
国家金融安全的理论基础

研究系统性金融风险需要有一个科学合理的分析框架。本书的基本出发点在于四种基本均衡与四大金融危机。实际上,四大均衡不同程度的失衡将导致四大金融危机,危机的不同程度及其传导性有导致系统性金融风险的可能,因而,研究系统性金融风险的逻辑起点和理论具有现实必要性。本章将以四大均衡为出发点,详细论述系统金融风险的逻辑起点,同时,探讨四大均衡的微观机制,为本书的研究提供理论基础。

第一节 四大均衡及其内在关系

根据金融学原理,金融领域的稳定,建立在某些均衡稳定状态基础上。一般来说,它需要四种基本均衡:即货币供求均衡、资金借贷均衡、资产均衡和收支结构均衡。基于不同的要素点,四者之间实现相互均衡,详细如图2-1所示。

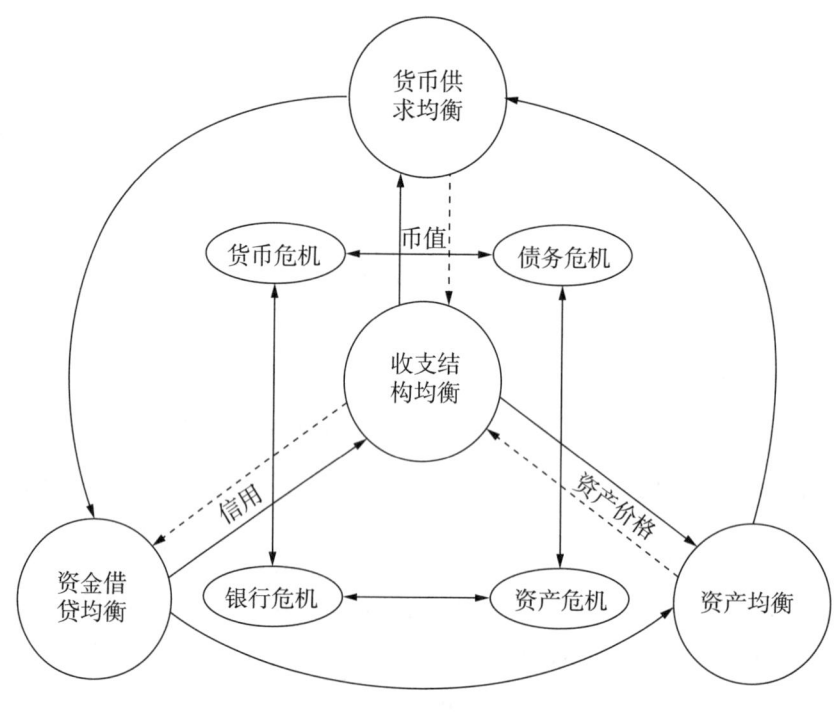

图 2-1　四大均衡的逻辑框架

一、货币供求均衡是四大均衡的基本前提

货币供求均衡维系着币值的稳定，币值稳定实际包括汇率以及本地货币实际购买力的稳定，能够为金融系统稳定提供稳健的发展环境。本地货币实际购买力的稳定，实际上反映了本地个人、企业、政府收支的稳定，一旦货币实际购买力发生变化，那么个人、企业、政府的收支结构将失衡，不利于形成健康的信用机制。而汇率的稳定，有利于企业进行合理的财务安排而实现收支的稳定，以及政府避免汇率波动导致的债务及权益波动，实现国际收支的稳定，即使是实体经济发展到一定阶段后，汇率波动对内币值波动和货币惯性的影响依然明显[1]。同时，货币供求的失衡，也使得借贷资金的成本以

1　赵然："汇率波动对货币国际化有显著影响吗？"，《国际金融研究》2012年第11期，第55—64页。

及可获得性产生波动，只有在货币供需均衡实现币值稳定的前提下，通过构建稳健的信用机制，形成健康的借贷关系，才利于实现个人、企业及政府借贷资金的均衡。此外，稳定的币值也有利于维系资产价格的稳定。因而，货币供求均衡是收支结构均衡、资金借贷均衡以及资产价格均衡的基本前提。

二、收支均衡是四大均衡的重要基础

收支均衡维系着政府收支、国际收支以及企业收支的稳定，进而影响到政府信用、企业信用以及汇价和国际资金流动的稳定，是一个经济综合层面的均衡[1]。其中，国际收支的变化，直接影响本国汇率以及国际资金流动，尤其是对币值的影响，直接影响本国货币供给与需求关系。2017年以后，中国金融市场和产品市场渠道作用逐渐大于外汇储备市场渠道作用。人民币利率与汇率存在显著的反向联动关系，人民币汇率对利率的影响较强，利率对汇率的影响较弱。汇率的金融市场传导渠道在即期反应迅速、影响较大，但利率的金融市场传导渠道受阻。利率与汇率的产品市场传导渠道较为复杂，短期与中期的影响方向相反[2]。同时，政府、企业收支的变化，反映政府、企业的可持续发展能力，影响企业可投资价值以及区域经济综合实力，对股票、房地产等资产的价格产生重要影响，进而影响资产价格与现实经济发展程度的均衡。同时，政府、企业收支的变化，也反映政府、企业的信用，在良好的信用基础上也实现了资金借贷的均衡。

三、资金借贷均衡是四大均衡的重要纽带

信用是社会经济发展的重要纽带，资金借贷均衡建立在信用基础上，维

---

[1] 李若愚："我国国际收支新阶段、新问题及对策建议"，《宏观经济管理》2019年第09期，第32—37页。

[2] 孙少岩、王奕璇、王笑音："基于国际收支视角的人民币汇率与利率联动机制分析"，《经济纵横》2019年第07期，第101—112页。

系着信用关系的稳定。资金借贷行为主体包括个人、企业（含银行等金融机构）、政府，不同行为主体借贷均衡有利于形成社会经济发展的信用机制，从而推进社会以信用为基础实现高质量发展[1]。另一方面，资金借贷均衡实现借贷市场出清，反映出借贷需求得到有效满足，借贷供给者的投资需求也得到满足，实现信贷均衡，某种程度上反映了国内货币市场供需均衡。尤其是地方融资平台、房地产等资产投资者能够有效地获得相应的信贷资源，来维持资产投资实现资产增值；同时，过度的资产投资也导致资产泡沫，反向产生借贷失衡，最终实现达到资产均衡与借贷均衡之间的平衡。

四、资产均衡是四大均衡的关键支点

资产均衡维系着资产价格的稳定。从投资的角度看，资产价格的稳定主要取决于不同资产间的未来收益率，资产的未来收益率直接影响投资者的投资分配，对应的是投资者可能存在的投资风险收益组合，通过不同风险收益组合，最终实现资产价格的均衡。正是因为投资未来收益率以及相应的风险存在，使得收支结构以及借贷关系存在失衡的可能[2]，进一步地也会导致货币需求的急剧变动而产生货币失衡，因而，资产均衡是四大均衡的重要支撑。

第二节　四大均衡与四大危机的内在关联

四大均衡维系着经济系统以稳态值高质量发展，一旦均衡状态被破坏到一定程度将爆发金融风险，并随不同失衡原因而产生不同形式的金融危机，详见图2-1所示。

---

1 何其春、邹恒甫："信用膨胀、虚拟经济、资源配置与经济增长"，《经济研究》2015年第50（04）期，第36—49页。

2 张涛、龚六堂、卜永祥："资产回报、住房按揭贷款与房地产均衡价格"，《金融研究》2006年第02期，第1—11页。

一、货币供需失衡是货币危机的直接表现

理论上，货币危机概念有广义和狭义之分：广义上，泛指在一定时期内汇率变动幅度超过了本国可承受范围的现象；狭义上，是指固定汇率制度国家汇率机制由固定转向浮动，浮动后的汇率远高于官方承受范围的现象，可见，汇率波动是引发货币危机的关键。

引发汇率波动的直接原因是货币供需失衡[1]。货币供给与货币需求的失衡，会产生货币数量超发或者货币数量不足，引发通货膨胀或通货紧缩，以致货币贬值或升值至经济发展不可承受的范围，直接导致货币危机。货币失衡引发货币危机的具体原因包括外债负担过重、外汇储备不足、汇率政策不当、政府信任危机、金融市场开放过快等[2,3,4]，同时，还包括财政赤字危机、经济基础薄弱、银行系统脆弱等收支结构、资金借贷失衡以及资产失衡产生的问题，此外，引发货币危机的原因包括危机跨国传播及基金组织政策不当等原因[5,6,7,8]。

二、资金借贷及资产双失衡是银行危机的直接后果

银行危机是指银行将贷款等金融资源过度投放至高风险行业（如股票、房

---

[1] 王道平、范小云、陈雷："可置信政策、汇率制度与货币危机：国际经验与人民币汇率市场化改革启示"，《经济研究》2017年第52（12）期，第119—133页。

[2] 黄晓龙："全球失衡、流动性过剩与货币危机——基于非均衡国际货币体系的分析视角"，《金融研究》2007年第08期，第31—46页。

[3] 昌忠泽："流动性冲击、货币政策失误与金融危机——对美国金融危机的反思"，《金融研究》2010年第7期，第18—34页。

[4] Tarishi Matsuoka, Makoto Watanabe, Banking Crises and Liquidity in a Monetary Economy, *Journal of Economic Dynamics and Control*, Vol. 108, 2019, 103724.

[5] 刘莉亚："主权评级、债务困境与货币危机：对新兴市场国家的经验研究"，《世界经济》2006年第12期，第18—27页，第96页。

[6] 何德旭、郑联盛："金融危机：演进、冲击与政府应对"，《世界经济》2009年第09期，第82—96页。

[7] Sylvester C.W. Eijffinger, Bilge Karataş., "Together or Apart? The Relationship between Currency and Banking Crises", *Journal of Banking and Finance*, Vol.119, 2020, 105631.

[8] 李雪松、罗朝阳："金融周期、美联储加息与金融危机"，《财贸经济》2019年第40（10）期，第66—80页。

地产等），导致资产负债严重失衡，呆账、坏账等风险资产增加导致运营停滞而倒闭的危机。因此，借贷关系以及资产价格是引发银行危机的重要因素。

资金借贷失衡是导致银行危机的首要原因。本质上，商业银行以营利为目的且追求可持续的利差收益，导致商业银行授信的优先群体是国有企业、民营上市企业及地方政府等，使得中小企业、小微企业等金融弱势群体受到信贷排挤而难以获得授信，尤其是处于创新创业初期的企业难以获得银行的贷款支持，产生较大的借贷群体失衡[1]。同时，商业银行投资领域多为房地产、基础设施建设等热门领域，而对投资周期长、风险高的科技创新项目，以及文化、"三农"、外贸等项目涉足得相对较少，产生较大的借贷领域失衡。金融资源过多地集中于某一种群体或领域，使得银行自身的借贷结构不符合银行风险控制管理的实际需要，一旦过度涉足的领域出现资不抵债等经营恶化的现象，极易出现坏账、呆账，而面临倒闭危险[2]。更为重要的是，借贷群体、借贷领域的失衡，扰乱了社会正常的借贷关系，加大了建立健康、可持续的信用关系的难度，导致部分企业、个人为了满足银行的借贷条件而采取违法式的"虚假"包装，在恶化社会资金借贷失衡状态的同时，减弱了银行抵抗借贷坏账风险的能力，极易爆发螺旋式的货币危机[3]。

此外，由于资金规模、风险控制能力以及社会资源配置能力等的差异，传统大中型银行在借贷关系中相对处于较优位置，而城商行等区域性中小银行则相对处于劣势，产生较大的借贷主体失衡[4]。在同业竞争日趋激烈的现实

---

1 田利辉："制度变迁、银企关系和扭曲的杠杆治理"，《经济学（季刊）》2005年第1期，第119—134页。

2 钱崇秀、宋光辉、许林："信贷扩张、资产多元化与商业银行流动性风险"，《管理评论》2018年第30（12）期，第13—22页。

3 马九杰、郭宇辉、朱勇："县域中小企业贷款违约行为与信用风险实证分析"，《管理世界》2004年第05期，第58—66页，第87页。

4 王擎、吴玮、黄娟："城市商业银行跨区域经营：信贷扩张、风险水平及银行绩效"，《金融研究》2012年第01期，第141—153页。

下，部分商业银行，尤其是中小型商业银行会为了追逐利润而将资金过度授信至具备一定资质的企业（如上市公司）或政府，其中，部分企业投资的内在价值并不能与其投资收益相匹配，尤其是盲目地扩大生产规模、涉足不擅长的行业领域等，前期盲目投资已经积累了较大风险，同时，部分地方政府由于所辖区域经济发展空间受限，所贷资金及其抵押品已经难以满足偿还需要，均给中小银行带来了巨大的经营风险。2019年，中国包商银行已经被银保监会接管，成为中国银保监会接管商业银行的第一例。

资产失衡是导致银行危机的加速要素。资产价格的上涨，调高银行贷款的收益预期，加快银行向此类资产进行配资的速度，加速借贷关系的失衡[1]。资产价格下跌，降低银行贷款标的实际价值，如钢铁、房地产等重资产行业，在经济下行等外部经济环境的约束下，使得银行难以收回贷款而形成坏账、呆账，银行运营周转难度加大而倒闭，由中小银行通过经济系统逐步蔓延至银行系统，进而产生货币危机。

三、收支结构与资产双失衡是债务危机的现实结果

债务危机是指在国际借贷领域中大量负债超过了借款者自身的清偿能力，造成无力还债或必须延期还债的现象。因此，债务关系以及自身清偿能力成为影响债务危机的关键。

收支结构失衡是引发债务危机的直接原因。当企业、个人收入小于支出时，一方面，企业、个人偿还债务能力降低，因资不抵债而直接导致大量倒闭、破产现象，尤其是处于初创阶段的小微型企业等债务抵抗能力弱的企业，极易成为引发债务危机的主体[2]。另一方面，企业（个人）因债务导致的收益

---

[1] 孙艳霞、鲍勤、汪寿阳："房地产贷款损失与银行间市场风险传染——基于金融网络方法的研究"，《管理评论》2015年第27（03）期，第3—15页。

[2] Luísa Farinha, Marina-Eliza Spaliara, Serafeim Tsoukas, "Bank Shocks and Firm Performance: New Evidence from the Sovereign Debt Crisis, *Journal of Financial Intermediation*, Vol. 40, 2019, 100818.

下降也使得可缴纳税收的减少，导致地方财税收入的减少，但政府对此类企业（个人）的经营辅导、技能培训等公共财政支出却逐步增加，也即，降低地方财政收入，增加政府的财政支出，引起政府财税收支失衡。而当政府收入低于支出，则还包括外债增加、国际储备减少，引发主权信用评价下降，进一步引发政府债务危机。

资产失衡是债务危机的加速器。正如上文所指出的，资产价格波动，会引发资产收益预期的波动，尤其是资产价格下降，资产收益随之下降，导致预期投资收入减少，加速市场经济主体收支结构失衡的速度，收入大幅、快速下降而产生借贷资金断裂，引发债务危机。

四、资产危机是多重失衡的结果

资产危机，是指由于房地产、股票等资产的价格急剧暴跌，而造成的资产急剧贬值的现象。因此，资产价格是引发资产危机的重要因素。

资产失衡是引发资产危机的直接原因。资产价格波动是引发资产失衡的主要原因，尤其是资产价格下行，更是引发资产危机的直接原因。在资产价格上行时，尤其是资产快速上涨阶段，会引发羊群效应，加快资产标的价格远离其内在价值，而加速累积资产风险。在资产价格下行时，资产价格的快速暴跌，缩短了投资者化解风险的响应时间，强化了市场负向投资情绪，形成多米诺骨牌效应，加速资产价格的贬值，在一定时间内大量、快速地增加市场主体的风险资产[1]。徐珊则认为金融资产持有对企业绩效的影响并不是单纯的挤出或拉动效应，而是取决于企业持有金融资产的类型。投资性金融资产持有对企业短期或长期绩效普遍表现为拉动效应，货币性金融资产持有虽然正向影响企业盈利能力与投资价值，但会抑制企业整体资本回报率和长期

---

[1] JunJie Wu, Steven Sexton, David Zilberman, "Energy Price Shocks, Household Location Patterns and Housing Crises: Theory and Implications", *Energy Economics*, Vol. 80, 2019, pp. 691-706.

绩效的提升[1]。

货币失衡是资产危机的关键原因。当货币供给不足时，市场的交易性、预防性、流动性得不到满足，存款利率高、投资利率低，资产投资的动机偏弱，在一定程度上导致资产的市场经济价值难以实现，更为重要的是在很长一段时间内导致资产价值难以实现，引发资产失衡。在货币供给过足时，一方面是货币超发，极易引发通货膨胀，导致资产价格严重偏离其真实价值；另一方面，是过多的货币追逐有限的资产标的，导致资产价格加速上移，而偏离其内在价值，引发资产泡沫，造成资产失衡。李世美和沈丽利用向量自回归模型实证分析，认为金融业对货币产生的"脱实向虚"作用强于房地产业；货币"脱实向虚"对金融业的作用力度比房地产业更大，提高利率对房地产业具有一定抑制效应，但对金融业效果不显著[2]。

资金借贷失衡是资产危机的加速要素。资产借贷失衡的直接表现是信贷失衡，突出表现为银行借贷风险上升，产生有针对性的"惜贷"，导致部分市场投资者在资产价格下跌时，难以继续获得银行的授信而产生资金链断裂，引发资产危机。此外，收支失衡是资产危机的双向加速原因。资产价格快速暴跌，直接导致投资者收入下降，引发收支失衡，尤其是资不抵债，产生信用评级下降而难以继续获得授信以平减风险。

第三节 经济失衡到金融危机的微观机制

前文已经对四大均衡到四大危机的内在关联进行了阐述，四大危机之间存在相互关联又存在一定的差异。但值得注意的是，在不考虑政府部门的情

---

[1] 徐珊："金融资产持有对非金融企业经营绩效的影响"，《山西财经大学学报》2019年第41（11）期，第27—39页。
[2] 李世美、沈丽："货币'脱实向虚'与虚拟经济繁荣：基于金融业与房地产业的实证"，《西南金融》2019年第11期，第32—41页。

况下，收支结构失衡贯穿于不同危机的不同环节。由此，本节将从微观角度出发，探索不同危机形成金融风险的机制机理[1]。

一、货币失衡到金融危机

相对于第二代和第三代货币危机理论，第一代货币危机理论能够相对稳定地解释不同国家之间货币危机的产生与传播[2][3]，由此，基于第一代货币危机理论来分析货币失衡导致货币危机的生产与传染机理。在一个开放经济体中，假定存在 A、B 及 C 三个经济体，不同经济体之间的贸易条件存在差异，但是贸易的初始情况是相同的，满足购买力和利率平价条件，有 $A_0=B_0=C_0$，同时，不同经济体之间生产的产品具有一定的替代性。进一步地，设定 A 与 B 两个经济体实行固定汇率制，均盯住经济体 C 的汇率。依据凯恩斯传统货币数量论的货币均衡条件，那么经济体 A 和 B 的货币均衡条件为：

$$\frac{M_i}{P_i}=L(r_i^*+\pi_i^e, Y_i) \tag{2.1}$$

式（2.1）中，$i=A$、B；名义利率 r_i 是真实利率 r_i^* 与实际通货膨胀 π_i^e 之和，M_i、P_i 分别表示货币量和价格水平。进一步地，对式（2.1）两边取对数，有：

$$\ln M_i - \ln P_i = \ln L(r_i^*+\pi_i^e, Y_i) \tag{2.2}$$

令 $m_i=\ln M_i$，$p_i=\ln P_i$，$y_i=\ln Y_i$，$r_i=\ln r_i$，则式（2.2），有：

$$m_i - p_i = k y_i - h r_i \tag{2.3}$$

式（2.3）中，k、h 分别表示收入和名义利率的系数。依据利率平价理

---

[1] 现有学者对地方债等政府收支失衡等对金融风险的生成及传染的机制进行了大量的分析，本文将不再赘述，外债失衡将在第一部分阐述。

[2] 李雪、王文举："货币金融危机发生与传播机制模型分析与应用"，《经济与管理研究》2009 年第 02 期，第 95—101 页。

[3] Partha, G. "A. New & Simple Model of Currency Crisis: Bifurcations and the Emergence of a Bad Equilibrium", *Physica A: Statistical Mechanics and Its Applications*, Vol. 538, 2020, 122860.

论，当一国名义利率下降时，信贷扩张，国内需求上升，对国外的需求也上升，进口增加，导致他国汇率上升，本币贬值，经济体之间利率与汇率之间存在明显的联动关系。因而，设定经济体 A、B 的汇率为 ex_i，经济体 C 的名义利率为 r_c，则，经济体 A、B 的名义利率可以表示为：$r_i=r_c+ex_i$。假定不同经济体所生产的产品仅受本地区工资水平 wv_i 决定，而本国的工资水平仅受到产出缺口和通货膨胀率的影响，那么，本地区工资水平 wv_i 决定的菲利普斯曲线可以表示为：

$$wv_i=r_i+\sigma_i(y_i-\bar{y}) \tag{2.4}$$

式（2.4）中，$(y_i-\bar{y})$ 表示产出缺口，σ_i 是工资水平对超额货币需求的反应系数。当超额货币需求反应系数趋向于无穷大时，产出缺口将为 0，经济系统处于饱和状态，任何政策将处于无效状态。此时，潜在产出能力将等于实际产出水平，名义工资变化率 w_i、核心通货膨胀率 π_i 以及实际通胀率 π_i^e 相等。进一步地，依据绝对购买力平价理论[2]，任何一种商品一价定律成立，经济体 i 的物价指数 p_i 可以由贸易国之间的商品交易占比来表示。设定经济体 A、B 占三个经济体之间贸易总额的比重分别为 a、b，同时，给定经济体 C 的价格水平为 p_c，那么，经济体 A、B 的物价指数 p_i 分别表示为：

$$p_i=awv_i+b(wv_j+ex_i-ex_j)+(1-a-b)(ex_i+p_c) \tag{2.5}$$

由于经济体 A、B 的产品具有一定的替代性，国内商品总需求越高，进口需求也随之增加，外币的需求增加，本国货币实际汇率下降，同时本国的实际工资收入也相应下降。那么，不同经济体 i 的需求函数可以表示为：

$$y_i=\eta(wv_i+ex_i-ex_j-wv_j) \tag{2.6}$$

式（2.7）中，η 表示 A 与 B 的替代性弹性系数。在开放经济中，一国货

---

1 陈梦根、牛华："购买力平价变动影响因素研究：国际视角"，《金融研究》2016 年第 09 期，第 82—98 页。

2 刘阳："相对购买力平价与人民币均衡汇率"，《管理评论》2004 年第 06 期，第 28—33 页，第 15—64 页。

币总持有量 TF_i 包括对内资产和对外资产两个部分，其中对内资产包括央行持有的国内金融资产 FD_i，相应比重为 q_i；对外主要是以本币计量的外汇储备 FE_i，相应比重为 $1-q_i$，有：$TF_i=q_iFD_i+(1-q_i)FE_i$。为了简化分析，假定一国的信用是外生的，$FD_i=ct_i$，在完美预期下，汇率预期趋于一个固定值 $\overline{ex}_i$。进一步地，令经济体 C 的价格指数 $p_c=0$，那么式（2.5）可以表示外贸中的货币需求量；同时，由式（2.3）可知经济体 i 的货币供需均衡的货币需求量为 ky_i-hr_i。那么，货币总供给与总需求相等时，有：

$$q_iFD_i+(1-q_i)FE_i=awv_i+b(wv_j-ex_j)+(1-a)ex_i+ky_i-hr_i \quad (2.7)$$

对式（2.7）求解，有：

$$FE_i(t)=\frac{-q_i(FD_{0,t}+ct_i)+(1-\alpha)e\overline{x}_i}{1-q_i}+\frac{\alpha}{1-q_i}wv_{i,t}+\frac{\beta}{1-q_i}(wv_{i,t}-\overline{s}_j)+\frac{ky_{i,t}-hr_{i,t}}{1-q_i} \quad (2.8)$$

上式（2.8）中，可以看出影响外汇储备的要素包括：国内信用水平 ct_i、汇率水平 ex_i、国内产出 $y_i(t)$ 以及物价水平 wv_i。假定 A 国受到投机攻击，A 国的货币将会贬值，A 国的商品价格在 B 国将会下降，B 国的物价水平也会随之下降，货币需求下降，外汇储备下降，发挥出物价变动的水平效应。值得注意的是，A 国货币贬值，将会相对增加本国外债和主权债务，导致本国的外部债务失衡，而外部债务失衡又会加速本国货币贬值，进一步加剧本国货币受攻击后的贬值效应。同时，由于工资黏性，在 A 国受到攻击时，B 国的综合竞争力也是随之下降，B 国的产出下降，难以继续维持原有的工资水平，国内货币需求下降，出现资本外逃和外汇储备流失问题，产生真实收入效应。可见，A 国货币受到冲击，减少了 B 国的货币需求，通过物价水平效应和真实收入效应使得来自 A 国的货币冲击效应传染至 B 国，并加速了 B 国外汇贬值和外汇储备流失。尤其是在固定汇率制国家，政府需要运用大量的外汇储备来维持汇率的稳定，加速了国家外汇储备的损失，从而导致 B 国固定汇率制体制的崩溃。同时，B国汇率制崩溃也传染至A国，导致全球性的货币危机。

实际上，货币失衡还是贸易失衡的关键原因[1]，国际货币失衡与全球经济失衡之间存在长期均衡关系[2]。在不考虑金融加速器效应的情况下，货币升值能够显著降低贸易顺差，但如果考虑了金融加速器效应和持有大量外币资产的情形，货币升值就会使得企业投资和投资品的进口大幅下降，由此，带来进口量的减少超过出口量的减少，可能使得贸易顺差进一步扩大，经济陷入衰退[3]。

二、收支失衡到债务危机

政府、企业和居民的收支失衡，是导致债务及信贷风险的重要因素。在当前央地财政分配制度等约束下，地方政府收支失衡导致的债务问题更为严重[4][5]。由此，本部分将以地方政府为例，构建一个央地财政博弈下地方政府收支失衡导致债务危机的微观机制。

（一）地方政府

参考程宇丹和龚六堂[6]、余应敏和杨野[7]、柯魑[8]等学者的研究成果，设定地方政府可以在ι_1、ι_2两种税率基础上进行举债，债务规模为d，相应地政府债

---

1 Dominick Salvatore., "U.S. Trade Deficits, Structural Imbalances, and Global Monetary Stability, *Journal of Policy Modeling*, Vol. 29, No. 5, 2007, pp. 697–704.

2 王芳、李霄阳："全球经济失衡：来自国际货币失衡的解释"，《中国软科学》2016年第05期，第143—153页。

3 梅冬州、杨友才、龚六堂："货币升值与贸易顺差：基于金融加速器效应的研究"，《世界经济》2013年第36（04）期，第3—21页。

4 毛锐、刘楠楠、刘蓉："地方政府债务扩张与系统性金融风险的触发机制"，《中国工业经济》2018年第4期，第19—38页。

5 郑洁、刘盼盼："地方政府债务规模、新型城镇化与区域经济增长"，《统计与决策》2022年第38（7）期，第142—145页。

6 程宇丹、龚六堂："财政分权下的政府债务与经济增长"，《世界经济》2015年第3811期，第3—28页。

7 余应敏、杨野、陈文川："财政分权、审计监督与地方政府债务风险——基于2008—2013年中国省级面板数据的实证检验"，《财政研究》2018年第7期，第53—65页。

8 柯魑："中国地方政府债务增长机制及成因研究"，中国财政科学研究院博士论文，2020年。

务违约的概率为 ρ。那么，地方政府目标为特定债务下的效用最大化，有：

$$f(l)=\max_{\iota_1,\iota_2,d,\rho} w(\iota_1,\iota_2,\iota^c,g) \tag{2.9}$$

一般而言，地方政府的公共财政支出包括税收收入和债务收入两种，考虑地方政府通过两次发债获得债务收入。其中，在第一期，地方政府可以在税率 ι_1^i 的条件下获得税收收入，其他全部通过举债获得债务收入 d^i，那么，地方政府在第一期面临的约束为：

$$g=\iota_1\times n(\iota_1)+d \tag{2.10}$$

进一步地，当地方政府第一期发债收入难以维持现有公共财政支出时，地方政府将进行第二次发债，用于偿还第一次举债的本息部分 $(1-\rho)Rd$。同时，地方政府在遇到债务问题时，还可以获得中央政府以税率 ι^c 的转移支付资金 T，那么，此时地方政府面临的预算约束为：

$$(1-\rho)Rd=\iota_2\times n(\iota_2,\iota^c)+T \tag{2.11}$$

（二）中央政府

中央政府会在地方政府发生债务危机时，选择中央税率 ι^c 对地方政府进行转移支付资金 T，来弥补地方政府的损失 $\rho\xi$，来实现效用最大化，则有：

$$f(r)=\max_{\iota^c,T} v(z(\iota_2,\iota^c)-\rho\xi) \tag{2.12}$$

但是，中央政府的转移支付主要来源于各地上交的中央税，因此，对地方政府的转移救助是一个在公共资金池的风险共担机制。如果地方政府过度举债，且过度依赖于中央财政转移救助，将会使得地方政府膨胀式举债，引发债务风险。因此，中央政府的转移支付也面临如下约束：

$$T=\iota^c(\rho,z(\iota_2,\iota^c)) \tag{2.13}$$

（三）均衡求解与推论

考虑地方政府和中央政府同时实现效用最大化的情况下，达到系统的均衡，得到关于地方政府债务规模的一阶均衡条件有：

$$d' = \frac{1}{(g'-1)R}[(1-\rho)-w'a+v'] \qquad (2.14)$$

式（2.14）中，a 表示常数算子，w'、g'、v' 分别表示关于借贷违约率的一阶导数。从式（2.14）中可以看出，债务规模在一定程度上取决于债务风险违约率的大小，当债务违约率较低时，由于守信的正向激励会使得借贷规模逐步扩大，当债务违约率较高时，将会直接导致借贷规模缩减为负数，也即 $g'<1$，从而引发地方政府难以获得授信而不能满足公共财政支出规模的需要，导致债务危机。实际上，大部分政府会保持较好的信用而使得自己能够顺利地获得连续贷款而保证政府公共支出的连续性。

三、借贷失衡到信贷危机

资金借贷均衡维系着信用关系的稳定。假定家庭不考虑投资，仅从银行处收到无风险收益，企业从银行获得贷款，并进行投资活动。引入一个随机波动因素，考虑一个包含企业、银行两部门的金融加速模型，通过分析企业与银行的最佳信用合约条件，来分析资金借贷均衡到失衡的状况。

（一）企业

参考李向阳等学者的研究[1]，设定 DR 表示贷款利率，DT 表示贷款金额，企业与银行之间存在一个标准借贷合约（DR, DT），同时，考虑企业存在的净资产 NE，企业的总资产 TA 可表示为：$TA=NE+DT$。假定企业获得贷款主要是补充现有净资产的不足进行再投资，投资杠杆率 DL 主要基于企业现有的净资产，有：$DL=TA/NE$，企业相应的资产投资回报率为 R^{cp}。值得注意的是，当 $DL<1$ 时，企业偿还能力较弱，存在资不抵债的问题，因此，$DL \in (1, +\infty)$。同时，企业在投资时会面临一个随机风险性冲击 ϖ，则企业

---

[1] 李向阳：《动态随机一般均衡（DSGE）模型：理论、方法和 Dynare 实践》，清华大学出版社 2018 年，第 340—348 页。

在面临风险时的投资回报率为：$\varpi(1+R^{cp})$。同样，为了能够偿还企业贷款，企业的投资回报至少要大于企业贷款，则企业的随机风险冲击临界条件为：

$$\varpi(1+R^{cp}) \times TA = DR \times DT \qquad (2.15)$$

由式（2.15），可以得到随机风险冲击的临界值 $\overline{\varpi}$，为：

$$\overline{\varpi} = \frac{DR \times DT}{(1+R^{cp}) \times TA} = \frac{DR}{(1+R^{cp})} \times \frac{\frac{TA-NE}{NE}}{\frac{TA}{NE}} = \frac{DR}{(1+R^{cp})} \times \frac{DL-1}{DL} \qquad (2.16)$$

进一步地，对式（2.16）关于企业投资杠杆率 DL 求一阶导数，得出在不同杠杆率下企业受到随机风险冲击的临界值 $\overline{\varpi}$，有：

$$\frac{d\overline{\varpi}}{dDL} = \frac{DR}{(1+R^{cp})} \times \frac{1}{DL^2} \qquad (2.17)$$

由式（2.17）中，我们可以看出：随机风险冲击的临界值 $\overline{\varpi}$ 是投资杠杆 DL 的增函数，在企业贷款额和投资回报率在一段时间内相对固定的条件下，投资杠杆率越高，企业面临的随机冲击越高，也即，企业面临的风险越高。因此，可以认为在考虑风险的情况下，资本回报率和贷款利率之间存在一个相对均衡的条件值。在企业贷款利率高于投资回报率时，企业将面临清算危险，投资回报率为零。因此，在考虑企业投资风险问题时，仅需要考虑企业投资随机冲击高于临界值的情况。为简单起见，设定企业的投资净回报函数是企业投资净收益关于随机冲击之间的期望函数，有：

$$E(U(DR, R^{cp}, \overline{\varpi})) = \int_{\overline{\varpi}}^{\infty} [\varpi(1+R^{cp})TA - DR \times DT] dF(\varpi) \qquad (2.18)$$

考虑贷款的无风险收益率 R^{uf}，那么资产净值的机会成本为 $NE(1+R^{uf})$，那么，对企业投资偏好进行标准化，考虑企业的随机冲击效应，有：

$$E(U(DA, R^{cp}, \overline{\varpi})) \equiv \int_{\overline{\varpi}}^{\infty} [(\varpi - \overline{\varpi})] dF(\varpi) \frac{(1+R^{cp})}{(1+R^{uf})} DL \qquad (2.19)$$

（二）银行

考虑企业投资失败后破产清算，银行需要付出一定的监督成本，监督成本为清算资本的一定比例 α，则银行的清算成本为：$\alpha\varpi(1+R^{cp})TA$。此时，银行在付出清算成本后的剩余资产为：$(1-\alpha)\varpi(1+R^{cp})TA$。假定银行间是充分竞争的，成本溢价被视为储蓄者对储蓄收益的溢价要求，存款本息的一定比例，则银行成本溢价 λ 为：$\lambda(1+R^{uf})DT$。银行的利润主要来源于贷款与家庭无风险收益的差额，当企业贷款本息和投资失败清算风险之和与之相等时，银行收支处于均衡状态，有：

$$\int_{\bar{\varpi}}^{\infty} DR \times DB dF(\varpi) + (1-\alpha)\int_0^{\bar{\varpi}} \varpi(1+R^{uf})^m TA dF(\varpi) = (1+\lambda)(1+R^{uf})DT \tag{2.20}$$

考虑企业投资成功所面临的临界值情况，银行在此时所能获得总收益的比例为：

$$\bar{\varpi}\int_{\bar{\varpi}}^{\infty} dF(\varpi) = \bar{\varpi}(1-F(\bar{\varpi})) \tag{2.21}$$

式（2.21）中，$(1-F(\bar{\varpi}))$ 表示企业投资成功的概率。进一步地，设定企业投资失败时平均异质不确定性冲击的均值为 $(1-a)\int_0^{\bar{\varpi}} \varpi dF(\varpi)$，那么，企业风险投资总回报应该由银行占有的部分为：$\bar{\varpi}(1-F(\bar{\varpi}))+(1-a)\int_0^{\bar{\varpi}} \varpi dF(\varpi)$。设定，$\Gamma(\bar{\varpi})$ 表示企业投资回报中未扣除清算成本且由银行占有的部分，定义：

$$\Gamma(\bar{\varpi};\sigma) \equiv \bar{\varpi}(1-F(\bar{\varpi}))+G(\bar{\varpi};\sigma) \tag{2.22}$$

$$G(\bar{\varpi};\sigma) = \int_0^{\bar{\varpi}} \varpi dF(\varpi) \tag{2.23}$$

那么，企业风险投资总回报应该由银行占有的部分，变成：$\Gamma(\bar{\varpi};\sigma)-aG(\bar{\varpi};\sigma)$。则式（2.20）变为：

$$DL = \cfrac{1}{1-\cfrac{R^{cp}}{(1+\lambda)(1+R^{uf})}\Gamma(\bar{\varpi};\sigma)-aG(\bar{\varpi};\sigma)} \tag{2.24}$$

此时，企业与银行之间的借贷行为处于一种均衡的状态。

（三）最优债务合约

依据式（2.18）和式（2.24），企业贷款利率和贷款数量可以视为随机风险冲击临界值和投资杠杆的非线性函数，因此，我们可以用债务也可以用随机风险冲击的临界值 $\bar{\varpi}$ 和投资杠杆率 DL 来指定，那么，在式（2.18）和式（2.24）下，企业最优债务合约问题可以表示为：

$$\max_{\bar{\varpi}, L} E(U(R^k, L, \bar{\varpi}; \sigma, R)) = \int_{\bar{\varpi}}^{\infty} (\omega - \bar{\varpi}) dF(\omega) \frac{1+R^k}{1+R} L = (1-\Gamma(\bar{\varpi})) \frac{1+R^k}{1+R} L \quad (2.25)$$

式（2.25）中，σ 表示风险标准差。依据式（2.24），对式（2.25）两边取对数，有：

$$\log \max_{\bar{\varpi}, DL} E(U(R^{cp}, DL, \bar{\varpi}; \sigma, R^{uf})) = \log(1-\Gamma(\bar{\varpi})) + \log\left(\frac{1+R^{cp}}{1+R^{uf}}\right) - \log\left(\frac{1}{1-\frac{R^k}{(1+\lambda)(1+R^{uf})}\Gamma(\bar{\varpi};\sigma) - aG(\bar{\varpi};\sigma)}\right) \quad (2.26)$$

进一步地，对式（2.26）关于随机风险冲击临界值求一阶导数，有：

$$\frac{\partial \log E(U)}{\partial \bar{\varpi}} = -\frac{1-F(\bar{\varpi})}{1-\Gamma(\bar{\varpi})} + \frac{\frac{1+R^{cp}}{(1+\lambda)(1+R^{uf})}(1-F(\bar{\varpi})-a\bar{\varpi}F'(\bar{\varpi}))}{1-\frac{1+R^k}{(1+\lambda)(1+R^{uf})}(\Gamma(\bar{\varpi})-aG(\bar{\varpi}))} \quad (2.27)$$

整理，有：

$$\frac{1-F(\bar{\varpi})}{1-\Gamma(\bar{\varpi})} = \frac{\frac{1+R^{cp}}{(1+\lambda)(1+R^{uf})}(1-F(\bar{\varpi})-a\bar{\varpi}F'(\bar{\varpi}))}{1-\frac{1+R^{cp}}{(1+\lambda)(1+R^{uf})}(\Gamma(\bar{\varpi})-aG(\bar{\varpi}))} \quad (2.28)$$

（四）模型求解

进一步地，对式（2.28）进行求解。克里斯蒂亚诺、莫托和罗斯唐诺通过贝叶斯估计发现违约概率的后验分布众数为 0.56%[1]。卡尔斯特罗姆和富尔

---

[1] Christiano L. J., Motto R., Rostangno M., "Risk Shocks", *American Economic Review*, Vol. 104, No. 1, 2014, pp. 27-65.

斯特在分析清算成本时通过后验分布发现众数为0.2149[1]。同时，2019年银行五年定期存款利率为2.75%，将风险溢价系数设定为3%。由此，参考上述学者的相关参数设定[2]，对模型估计参数设定如表2-1所示。

表2-1 相关参数校准

参数名称	符号	参数名称	符号
违约贷款概率	$F(\varpi)=0.56\%$	风险溢价	$\frac{1+R^{cp}}{1+R^{rf}}=1.0073$
清算成本	$\alpha=0.2149$	储蓄成本溢价	基准：$\lambda=0$ 非基准：$\lambda=R^{rf}*50\%$

进一步地，在保持清算成本参数及风险溢价参数不变的前提下，参考克里斯蒂亚诺、莫托和罗斯唐诺，设定基准：$\sigma=0.4$，来观察风险参数的变化对经济要素的冲击，结果如图2-2所示。[3] 从该图中，我们可以看出：随着风险参数的增大，资金借贷均衡失衡，异质不确定性冲击的临界值迅速降低，企业期望净回报变小，违约概率大幅上升，同时，存贷款利差也迅速扩大，投资杠杆下降。来自1994—2014年29894家民营企业1759例违约事件的样本分析，段锦泉等认为利率结构变动有效地反映了违约期限结构[4]。企业将难以继续从银行等机构获得借贷资金，以满足日常生产经营所需，企业经营状况加速恶化；同时，资金"跃进式"地加大投资杠杆的需求也降低；银行将继续提高存款利率以回收资金，多数情况下银行为降低贷款利率以满足优质借贷企业的需要，存贷利差扩大，投资动机不足。但企业融资成本的

---

[1] Carlstrom C. T., Feuerst T. S., "Agency Costs, Net Worth, and Business Fluctuations: A Computable General Equilibrium Analysis", *American Economic Review*, Vol. 87, No. 5, 1997, pp. 893-910.

[2] 李向阳：《动态随机一般均衡（DSGE）模型：理论、方法和Dynare实践》，清华大学出版社2018年，第345—350页。

[3] 实际上，分别随机设定风险参数为0.2592、0.3111、0.4、0.6753，风险参数对经济要素影响的基本趋势没有明显变化，因此，以风险参数为0.4作为示例的一种。

[4] Jin-Chuan Duan, Baeho Kim, Woojin Kim, Donghwa Shin., "Default Probabilities of Privately Held Firms", *Journal of Banking and Finance*, Vol. 94, september 2018, pp. 235-250.

降低，并不随着企业财务业绩、代理成本以及商业信用的状态佳较易获得长期贷款而降低，实际上，相对于民营企业，国有企业的融资成本相对偏低，与之保持较好的融资关系的银行较多，授信可能性较大，但是却依然不能降低国有企业的融资成本[1]。因此，当风险参数逐渐增加时，资金借贷产生明显的失衡关系，尤其是企业难以获得及时的借贷资金，导致收支失衡，进入螺旋式的加速违约状态，并产生系统性的经济萧条，经济状况将趋于恶化[2]。

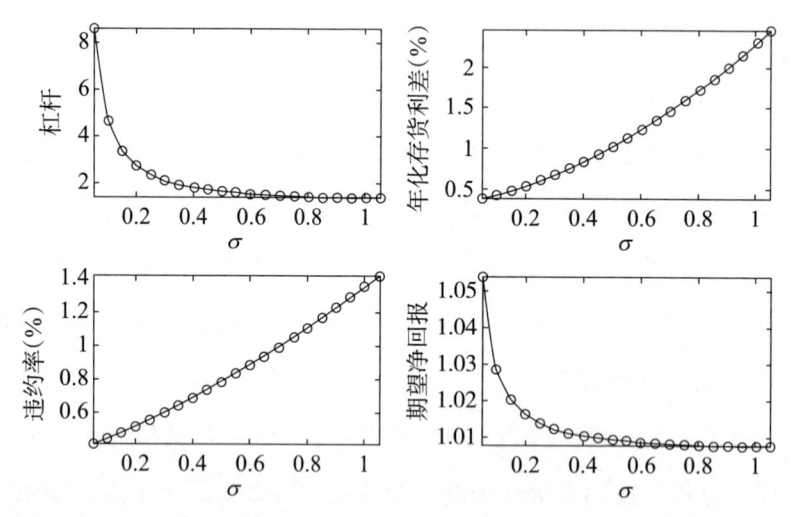

图 2-2 风险溢价与杠杆、存贷款利差以及企业期望投资回报率之间的关系

实际上，近年来我国非金融企业部门的债务杠杆率上升较快，隐藏在债务杠杆中的风险通过国民经济体系传播，逐渐汇集在金融部门，并通过股权以及债务等渠道生成、传染、传递、扩大并生成系统性金融风险，已显著推升我国系统性风险水平[3]。同时，居民加杠杆买房是家庭部门杠杆率快速提高

---

1 孙会霞、陈金明、陈运森：“银行信贷配置、信用风险定价与企业融资效率”，《金融研究》2013年第11期，第55—67页。

2 Alev Yildirim, "The Effect of Relationship Banking on Firm Efficiency and Default Risk", *Journal of Corporate Finance*, Vol. 65, 2019, 101500.

3 苟文均、袁鹰、漆鑫：“债务杠杆与系统性风险传染机制——基于CCA模型的分析”，《金融研究》2016年第03期，第74—91页。

的主要因素，风险主要表现为增加了家庭部门的偿债压力，对消费和投资产生挤出效应，不利于经济金融健康稳定发展[1]。

四、资产失衡到金融风险

一直以来，房地产、石油等为代表的资产价格失衡，是导致金融风险的重要冲击要素[2][3]。尤其是房地产行业，导致了20世纪90年代的日本经济减速[4]以及2007年美国次贷危机，成为资产失衡导致系统性金融风险的关键要素。由此，本部分将以房地产行业为例来探讨资产失衡导致金融风险的微观机制。

（一）基本假设

参考法瓦拉和吉纳内蒂对房地产抵押市场的基本分析[5]。假设经济部门中存在家庭（k）和借款者两种主体（i），在$t=0$时，部分家庭拥有住房（$h_{0k}=1$），相应的贷款额为L。在$t=1$时，家庭的消费c_k且$c_k \geq 0$，$h_k \in \{0, 1\}$，其中，当$h_k=0$时，家庭不存在住房；当$h_k=1$时，表示家庭存在住房，相应的住房支出比例为λ_k，同时，不同家庭在住房上的支出比例不同，有：$\gamma_k \sim U[0, \bar{\gamma}]$。进一步地，当家庭固定收入的房贷支出比例$\bar{H}$，接近家庭房屋最高支出，那么家庭极易出现资不抵债的情况，因此，$\bar{H}<\bar{\gamma}$。那么家庭的收支，有：

$$U_k = c_k + \gamma_k h_k \tag{2.29}$$

---

1 娄飞鹏："我国家庭部门杠杆率的形成、风险与防范"，《金融与经济》2019年第08期，第42—46页。

2 蓝庆新："美国'次贷危机'与我国金融风险防范"，《理论探索》2008年第02期，第92—94，第114页。

3 Danyan Wen, Gang-Jin Wang, Chaoqun Ma, Yudong Wang, "Risk Spillovers between Oil and Stock Markets: A VAR for VaR Analysis", *Energy Economics*, Vol. 80, 2019, pp. 524-535.

4 于雪："房地产价格泡沫与拐点研究——基于日本东京和中国上海的对比分析"，《管理评论》2019年第31（09）期，第58—69页。

5 Favara, Giovanni, Giannetti, Mariassunta. "Forced Asset Sales and the Concentration of Outstanding Debt: Evidence from the Mortgage Market," *The Journal of Finance*, Vol. 72, No. 3, 2017, pp. 108-11118.

当 $t=1$ 时，有比例为 e 的家庭会同样受到一个异质性冲击，并且会得到随机的收入 w。假定这种异质性冲击是可观测的，受到政府救济等公共政策的影响，居民部分收入是可以有效保证的，有：$B<w$。而当低收入家庭出现异质性冲击时，将会以概率 λ 和价格 p 出卖自己的房产，但是，当贷款足够大的情况下，部分家庭会选择违约而不是继续还贷，因此，我们假定：$\bar{B}=\bar{\gamma}-\bar{H}$。

（二）均衡价格

在无收入冲击的情况下，家庭要购买房产并且有支付能力，那么家庭住房支出必然大于房价，也即，家庭 h 的单位住房需求的约束条件为：$\gamma_k \geq p$，否则，家庭无能力购买房产。同时，γ_k 服从均匀分布，均衡条件有：$p=\bar{\gamma}-\bar{H}$，也即房价等于家庭的房价最高支付与房产固定支出的差值。在这种情况下，家庭会选择购买房产而支付贷款 B。在异质性负向冲击情况下，有比例为 e 的低收入家庭会难以偿还贷款，银行会以概率 λ 对此部分贷款进行售卖以获得资金，则有为 $e\lambda$ 的家庭被排除在房地产市场，同时会有价值为 $e\lambda\bar{H}$ 的房产在市场上进行拍卖销售。上文中，在 $t=0$ 时没有房产但是有房产需求的家庭，在 $t=1$ 时不会受到负向收入冲击 $(1-e)(\bar{\gamma}-\bar{H}-p^L)$ 的影响，其中，p^L 表示丧失抵押品赎回权的价格，那么，为了自身利益最大化，在 $t=1$ 时购买房产的家庭会优先选择在此时被银行拍卖的房产，则市场出清的均衡条件为：

$$(1-e)(\bar{\gamma}-\bar{H}-p^L)=e\lambda\bar{H} \tag{2.30}$$

同时，市场均衡时的出清价格，有：

$$p^L=\bar{\gamma}-\bar{H}-\frac{e\lambda\bar{H}}{1-e} \tag{2.31}$$

由式（2.31）可以看出 $p^L<p$。实际上，2007 年，美国次贷危机期间，收不抵支家庭的增多，导致类似于汽车"柠檬市场"的次级贷房产增多，房价逐步降低，银行抵押售卖的房价更低。在房地产市场上银行为了快速回款会采取拍卖的方式出售违约房产，有：$p^L<p$。上文中，我们假定 $\bar{B}=\bar{\gamma}-\bar{H}$，故 $p^L<B$。此时，房产价格低于家庭单位贷款金额，部分家庭会选择违约，在市

场上以更低的价格获得住房，获得相对高的溢价，因此，房产市场经济价值缩水导致金融市场面临着极大的违约风险。此时，银行也会通过拍卖以满足自身最大化收益：$(1-e)B+e\lambda p^L$。进一步地，假定市场上有 N 家银行开展房地产贷款业务，其中，一个规模较大的银行的市场份额比例为 ξ_1。假设大型银行以概率 λ_1 对违约房产进行拍卖，那么在 $t=1$ 时市场出清的条件为：

$$(1-e)(\bar{\gamma}-\bar{H}-p^L)=\xi_1\lambda_1 e\bar{H}+(1-\xi_1)e\bar{H} \tag{2.32}$$

同样，式（2.32）中右边是无风险家庭的房产需求，右边是受负向异质性冲击家庭房产在市场的供给量。值得注意的是，相对于房贷市场占比较大的银行，在拍卖房产会受到国家政策限制外，占比较小的银行拍卖违约房产对市场的影响较小，此类银行遇到违约时会采取房产拍卖，他们对违约房产进行拍卖的概率为 1。因此，此时市场出清的均衡房价为：

$$p^{L'}=\bar{\gamma}-\frac{\bar{H}}{1-e}+\frac{(1-\lambda_1)\xi_1 e\bar{H}}{1-e} \tag{2.33}$$

式（2.33）中 $p^{L'}>p^L$，市场集中度 ξ_1 越高，市场均衡价格 $p^{L'}$ 越大，反之越小，由此可以认为：房地产贷款市场占有比例越高，导致房地产价格越高，也即，房地产贷款市场集中度与房地产价格成正比。当 $\xi_1=1$ 时，有 $p^{L'}=\bar{\gamma}-\frac{\bar{H}}{1-e}<\bar{\gamma}-\bar{H}=B$，也即当市场中房贷占比高的银行出现拍卖房产时，均衡价格低于家庭单位贷款额，那么选择违约成为此类家庭的最佳选择，而银行将面临更大的房地产信贷违约风险。因此，房贷占比较高的银行不会采取完全拍卖房产的方式来获取收益，而是会采取部分房产拍卖的方式来稳住房价。由此，家庭受到异质性收入负向冲击而导致的收入失衡，以及由此进行的房地产违约决策是诱发房地产资产缩水的关键要素，房地产房贷市场占比较高银行大规模收回房产抵押权是加速房地产价格下跌的重要原因。2007 年美国次贷危机的爆发，正是以房地美为代表的房贷市场占比较高的金融机构面临巨大的违约房贷而诱发的，也进一步从微观的角度说明

房地产资产失衡会导致资产危机,进而通过银行危机,演变成系统性金融风险。

第四节　四大危机的宏观逻辑

四大危机是由多重失衡导致的危机形式,而不同均衡之间有其内在联系。因而,四大危机在某种程度上也是一个相互联系、相互影响的风险主体,不同危机会由于其他危机的直接、间接影响而产生新危机,详见图2-3所示。

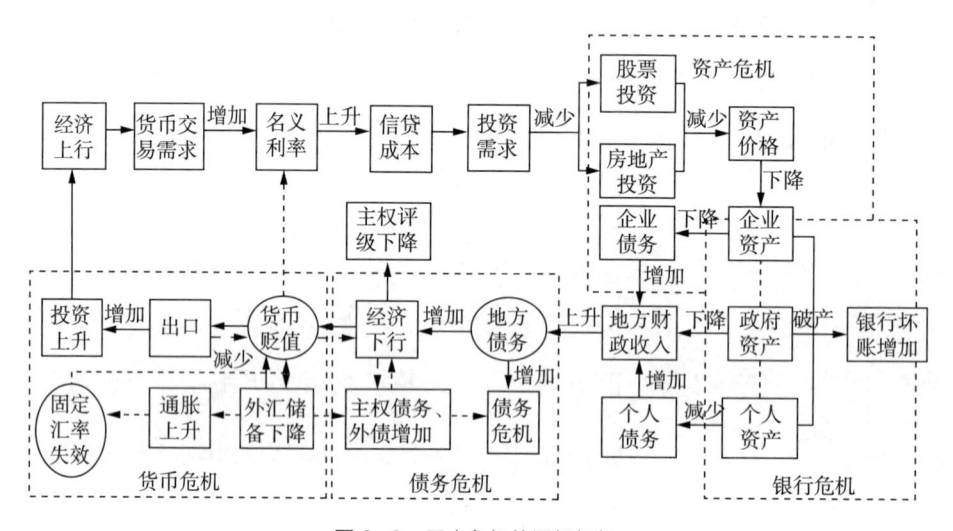

图2-3　四大危机的逻辑框架

一、资产危机是四大危机的起点

在经济上行的情况下,市场交易性和预防性需求等流动性需求上升,货币供给量在一定时间内保持不变,为了市场货币均衡,货币的名义利率上升。名义利率上升,意味着资金成本(如信贷成本等)上升,投资预期收益率也随之下降,市场交易主体(含政府)的投资动机减弱,投资热情下降,尤其是股票、房地产等典型资产的投资需求下降,资产价格亦随之急剧暴跌,造成资产危机。以房地产为例，房地产本身具有很强的空间传染性。吴清婷等分析了2006年及2016年中国35个大中城市房地产泡沫的空间分布特征和空间传染性，认为中国城市房地产泡沫在空间上具有传染性，并且其空间传染性呈现出明显的区域差异性和动态特征。2006年中国房地产泡沫空间传染源是北方的石家庄、长春、太原、南京等城市，2016年泡沫核心城市逐渐转移至北京、上海、广州、天津等珠三角、长三角、环渤海等东部沿海经济发展水平高、城镇化率高的地区[1]。同时房地产泡沫风险会显著传染至实体经济，杨海生和杨祯奕考察了"房改"20年来房地产与实体经济之间的风险传染效应，认为房地产投资风险增加会通过放大金融风险来抑制实体经济发展，而实体经济风险增加会同时提高金融增长速度和放大金融风险，使资金流向房地产[2]。

二、银行危机是四大危机的关键环节

资产危机导致个人资产、企业资产和政府资产价值下降，资产收益率有偏预期。尤其是企业投资资金主要来自于银行授信，资产收益率下降将导致企业负债增加，银行坏账随之上升，其中，部分中小银行为追逐高额利润而"开门放水"，在企业坏账激增的驱动下银行收益率急剧下降，引发中小银行倒闭潮，形成局部银行危机。对比分析两种网络的拓扑结构特征差异，以及两种网络下银行随机倒闭风险的网络间传染路径和程度，黄玮强等认为最小密度法下的银行间借贷关联网络具有异向连接匹配、实际网络的连接稀疏性和无标度分布等特征；与最大熵法所推断的网络相比，基于最小密度法网络的银行倒闭风险传染范围更广、传染强度更强；银行资产规模越大、坏账准备占不良贷款比例越高，风险传染效应和系统重要性越强、抗风险能力越弱；

---

[1] 吴清婷、彭贤伟、简萍："房地产泡沫的空间分布及其传染性分析——以中国35个大中城市为例"，《当代经济》2019年第08期，第12—16页。

[2] 杨海生、杨祯奕："把握'脱虚向实'力度——房地产与实体经济的风险传染机制研究"，《中山大学学报（社会科学版）》2019年第59（04）期，第184—196页。

银行同业拆借率越高，风险传染效应和系统重要性也越强，银行间借贷关联网络是银行经营困境或破产倒闭风险传染的重要渠道[1]。进一步地，在中小银行风险不可控的情况下，国内外银行之间的同业往来所形成的债权、债务链条成为银行危机纵向传染的直接途径，一个经济体爆发的银行危机会引发该经济体的货币危机、外债危机[2]。这种横向传染和纵向传染往往交织在一起，交叉传染引发金融危机，局部货币危机将会传染至大中型银行，最终引发以货币危机为典型代表的货币危机。进一步地，基于全球9个国家金融危机数据的实证分析，李成和王建军认为金融危机呈现明显的三阶段特点，同时，不同节点的动态变化十分明显，跨国投资者资产组合再分配是金融风险传染的关键渠道，风险发生地的风险偏好型跨国投资者是感染的主要群体，投资信息的信号有效传递在化解金融风险中发挥重要作用[3]。2009—2015年，中国各部门以资产负债率为代表的风险指标并未出现显著变化，资产与负债以相似的速度上升。但2015年后，各项风险指标都出现恶化，实体经济部门中的主要风险集中于非金融企业，其资产和负债两端所蕴含的风险都为最大[4]。

三、债务危机是四大危机的重要原因

资产价格下降，使得政府资产下跌引发财政收入下降。特别是，2008年的全球金融危机和欧洲债务危机给整个世界经济所带来的影响超乎想象，特别是源于政府对银行业担保而导致的或有债务，其不断转化为显性和直接债

---

1 黄玮强、范铭杰、庄新田："基于借贷关联网络的我国银行间市场风险传染"，《系统管理学报》2019年第28（05）期，第899—906页。

2 段军山："资产价格波动与银行危机的纵向、横向传染效应分析"，《甘肃省经济管理干部学院学报》2007年第03期，第29—31页。

3 李成、王建军："金融危机传染效应的资产动态组合视角解析"，《统计与信息论坛》2010年第25（10）期，第61—64页。

4 刘磊、刘健、郭晓旭："金融风险与风险传染——基于CCA方法的宏观金融网络分析"，《金融监管研究》2019年第09期，第35—50页。

务并给许多国家带来了严重的财政压力[1]。同时，债务税收率提高将导致债务水平的上升。来自2002—2012年欧洲中部及东部11个10003家公司的数据实证分析，龙格·西尔克认为债务税收收益率增长10个百分点，将会导致债务率上升2.58个百分点[2]。更为重要的是，企业、个人债务上升，缴纳税收也相应减少，地方政府税收随之锐减。在地方支出在一定时期内相对固定的现实下产生财政赤字，在财政赤字严重偏离地方财政收入的情况下，直接导致地方政府债务危机。在地方债务危机持续发酵，并逐步向地方民生领域传染，在恶化地方经济生态环境的同时，也直接加重中央财政收入负担，将地方债务危机传染至全国，并形成系统性债务危机。地方债务危机导致经济下行，而经济下行又会使得国际信用评级降低对一国主权评级，进一步恶化一国经济发展的国际信用环境，货币持续贬值，外债增加，加重由地方债务危机导致的债务危机，形成有内债和外债叠加的系统性债务危机[3]。

四、货币危机是四大危机的加速源

债务危机又会进一步刺激经济下行，引发主权信用评级下降，导致货币贬值。为了实现经济增长，政府普遍会采用刺激出口的政策，如果出口额明显上升，那么将会助推经济上行，恢复稳态。但是，在出口额并未明显提升的作用下，一国经济发展将陷入停滞状态，货币继续贬值，尤其是恶性贬值，引发外汇储备急剧下降以及外债额的持续增加，进一步恶化债务危机，同时，通货膨胀率持续上升，在固定汇率制下，一国的外汇储备难以满足经济发展的国际环境需要，而由固定汇率值向浮动汇率制度转变，引发货币失

---

[1] 马恩涛、陈媛媛：《源于我国银行业的政府或有债务：一个规模测度》，《财政研究》2019年第09期，第78—93页，第129页。

[2] Rünger, S., Niemann, R. & Haring, M. "Investor Taxation, Firm Heterogeneity and Capital Structure Choice", *International Institute of Public Finance*, Vol. 26, 2019, pp. 719-757.

[3] Irina Bunda, A. Javier Hamann, Subir Lall., "Correlations in Emerging Market Bonds: The Role of Local and Global Factors", *Emerging Markets Review*, Vol. 10, No. 2, 2009, pp. 67-96.

衡的货币危机。货币危机又会加速货币恶性贬值，加速货币失衡而引发货币超发，产生恶性通货膨胀，引起名义利率上升，从而使得四大危机步入闭环。从历史的视角，基于26个国家样本的Logit模型，谢圣远和谢俊明认为币值波动导致系统性金融风险发生的概率提高，币值波动引发银行流动性短缺或清偿能力不足，引发银行挤兑，进而使系统性金融风险有爆发的可能；从金融脆弱性视角看，币值波动引发资本流动和投资速度的变化，进而易引发系统性金融风险。实际上，亚洲国家间汇率存在较强的传染性[1]。约瑟·E.戈麦斯-冈萨雷斯和威尔默·罗哈斯-埃斯皮诺萨分析了1991年11月到2017年3月亚洲国家每天外汇汇率波动样本，认为在亚洲金融危机、次贷危机等极端时间段内，亚洲国家间的汇率共振现象较为明显，容易引发局部的系统性金融风险[2]。

---

[1] 谢圣远、谢俊明："系统性金融风险的成因及防范：币值波动视角"，《经济纵横》2019年第09期，第114—120页。

[2] Jose E. Gomez-Gonzalez, Wilmer Rojas-Espinosa., "Detecting Contagion in Asian Exchange Rate Markets Using Asymmetric DCC-GARCH and R-vine Copulas", *Economic Systems*, Vol. 43, 2019, 100717.

第三章
货币风险的评估与预测

在经济全球化的今天,货币危机不仅会对危机发生国产生严重的负面影响,同时也会危害到全球经济的发展。货币危机的发生会改变一国原本的经济条件:首先,货币危机会有引发金融危机、经济危机以及政治危机的可能性;再者,货币危机发生后会有资本流出的现象,而资本流出规模过大不仅会缩减一国的外汇储备同时也会收紧市场流动性、限制央行实施货币政策的空间。与此同时,货币危机的发生也会引起一系列的社会危机,会给国民的生产经营活动带来很大的困扰,使得一国的社会秩序陷入混乱的状态。因此,需要对可能引发货币危机的货币风险进行评估并预测,进而采取相应措施,预防货币危机的产生。

第一节 货币风险的综合评估

理论上,货币危机(Currency Crises)具有以下几种特征:其一,表现为本国货币对外价值(或称之为汇率)呈现为大幅度贬值态势;其二,表现为国际储备的快速降低;其三,本币利率呈现为大幅度的上升态势;其四,危机时期的通货膨胀水平与平常时期相比,表现为明显的上升态势;其五,广义货币M2在危机前的急剧上升;六是通常与银行危机相伴而来(即双重危机）。那么我国货币领域是否体现这几大特点？全球金融危机之后，与其他经济体相比，我国宏观经济环境处于相对较稳定状态，但仍需从局部均衡来分析金融领域的稳定性。为此，本节将基于现有学者的研究成果，选择实际汇率、贸易状况（包括经常账户、资本和金融账户）及外汇储备等衡量货币危机的经典指标，基于1994—2019年的月度数据，对中国货币均衡问题进行长周期分析，认为目前我国不会爆发货币危机。

一、实际汇率具备长期升值基础

从历史数据分析人民币汇率走势看，自1994年至今，人民币汇率指数呈现五个周期、九个阶段的变化（其中第九个阶段尚未完成），人民币汇率指数总体呈现升值趋势（见图3-1）。

第一个周期：1994年1月至1999年12月。1994年1月至1998年1月，人民币名义有效汇率和实际有效汇率分别升值26.73%和54.08%。第一个周期的回落阶段是自1998年的1月至1999年的12月，名义和实际有效汇率与之前相比分别贬值了4.19%和10.88%。

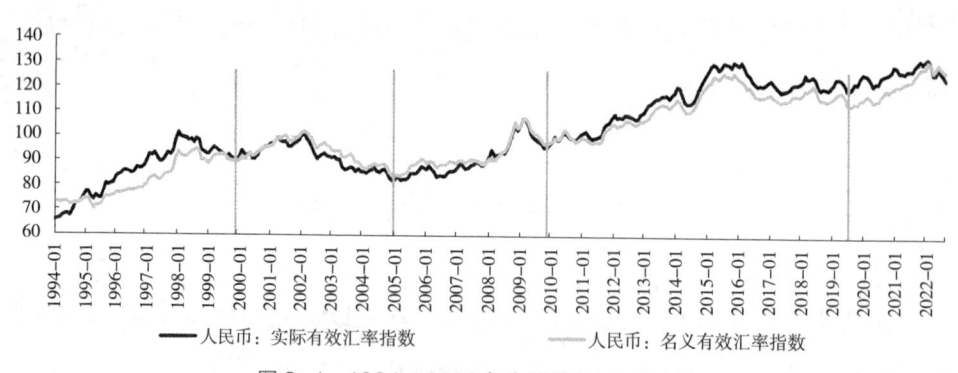

图3-1　1994—2022年人民币有效汇率指数

数据来源：Wind数据库。

第二个周期：2000年1月至2004年12月。在第二个周期内，上升阶段是2000年1月至2002年2月，而上升阶段结束后至2004年12月，是第二个周期的回落阶段。其中，上升阶段名义有效汇率升值13.46%、实际有效汇率升值10.48%。回落阶段，其名义与实际有效汇率贬值的百分比分别为17.57%与19.36%。

第三个周期：2005年1月至2009年11月。在第三个周期内，上升阶段是2005年1月至2009年2月，其回落阶段则为2009年2月至11月。在第三周期内的上升阶段，其名义与实际有效汇率分别升值了27.46%和29.94%。在回落阶段，名义和实际有效汇率贬值的百分比分别为9.65%与11.07%。

第四个周期：2009年12月至2019年9月。在第四个周期内，上升阶段为2009年12月至2015年7月。此阶段结束后，其回落阶段为2015年7月至2019年9月。在该周期的上升阶段，人民币名义及实际有效汇率升值的比率分别为29.29%和34.36%，该周期的回落阶段，名义有效汇率与实际有效汇率贬值的百分比分别为10.24%与7.49%。

第五个周期：2019年9月至今。2019年9月以来，人民币名义有效汇率和实际有效汇率有升有降，但总体趋势尚未形成，有待进一步观察。

图3-1中，从人民币有效汇率指数波动趋势可以得出1994—2022年的28年间人民币有效汇率升降不定，但总体呈现出上升趋势。2022年9月人民币名义有效汇率指数为127.11、实际有效汇率指数为124.06，与1994年1月相比，名义有效汇率和实际有效汇率分别升值72.11%和88.51%。根据Wind数据库查询的数据显示，2022年9月，我国人民币名义及实际有效汇率指数与2021年年末数据相比，分别下降了1.21%和5.36%，总体来看人民币有效汇率指数表现为平稳的状态。但受到新冠疫情及美元加息的影响，人民币有效汇率于3月份呈现出下滑态势，在全球经济衰退风险上升的情况下，能够在一定程度上提振出口。

图3-2中，从近10年上半年人民币有效汇率指数变动幅度情况看出，

2019年上半年的汇率指数波动幅度最小。受到疫情、外需回落等因素的影响，2020年汇率指数波动幅度明显增加，但2021年、2022年的汇率指数波动幅度收窄。未来，随着疫情形势总体稳定、美联储加息放缓，人民币汇率的走势会在有限区间内上下波动。但从长期来看，中国始终坚持实施扩大内需战略与供给侧结构性改革，推动经济稳步发展。受到中国经济发展的韧性增强、利率的市场化改革持续增效、国际收支总体保持基本平衡、金融开放稳步推进等影响，未来人民币汇率仍有升值的可能。

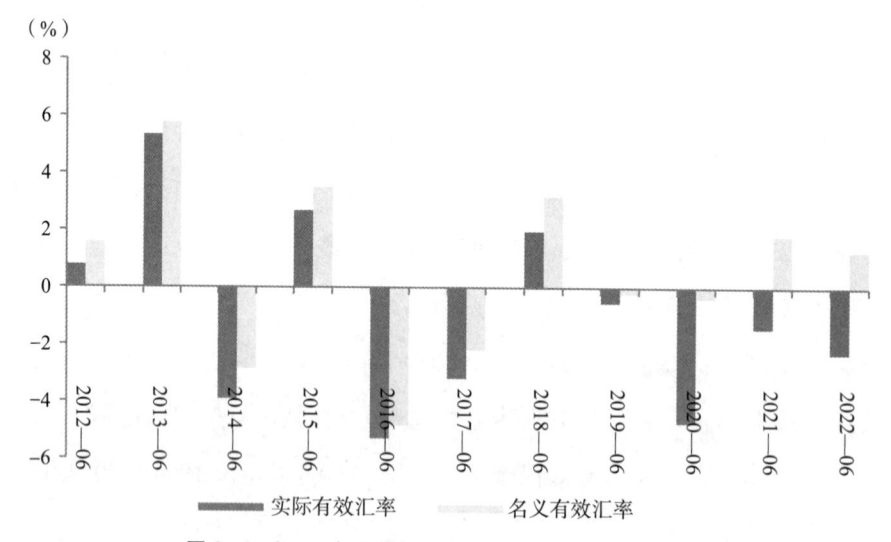

图 3-2 近 10 年上半年人民币有效汇率指数变动幅度

数据来源：Wind 数据库。

二、经常项目长期呈现顺差状态

自1994年起，我国的经常账户长期保持盈余状态。1994年，我国经常项目顺差为2605.44亿元，但到2021年底，经常项目顺差额约为1994年的7.85倍。长期的顺差状态表明，我国在经常项目方面有较强的抵御风险的能力。与此同时，由图3-3也可以得出，经常项目顺差占GDP的比重呈现逐年降低的趋势，2010年经常项目顺差占GDP比重为3.93%，到2021年下降为1.79%。

图 3-3 经常账户差额与占 GDP 比重

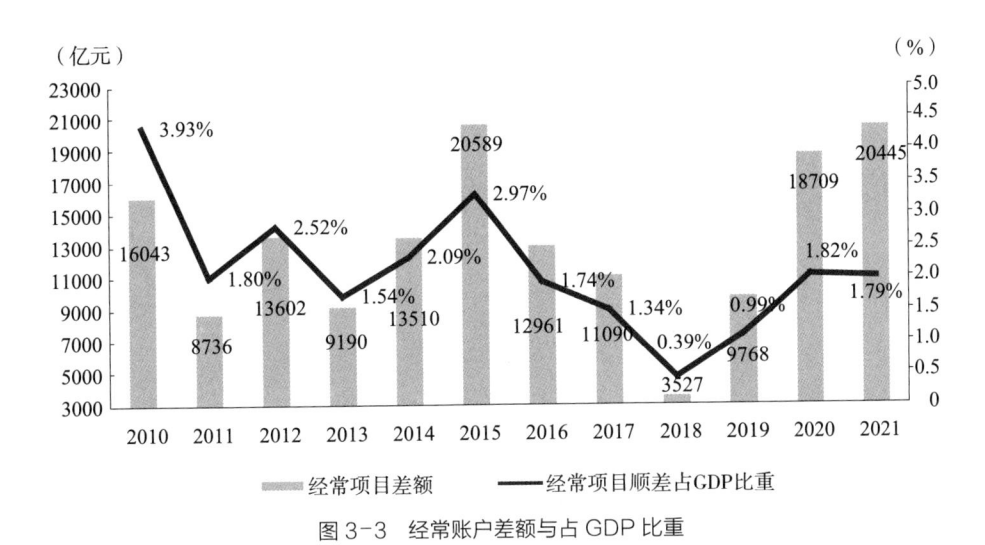

数据来源：Wind 数据库。

观察我国经常账户的四个子项可以得出，经常账户长期顺差主要是依赖于货物贸易的长期顺差，而货物贸易顺差的原因是由我国的经济结构以及国际分工所决定的。随着中国贸易市场的进一步开放，对外贸易将更趋向于平衡发展。同时经常账户的其他三个子项：服务贸易、初次收入与二次收入均是持续逆差状态，且对美国服务贸易逆差占比较大。

自 2018 年 3 月 23 日美国总统特朗普在白宫签署对华贸易备忘录以来，受中美经贸摩擦的影响，中国、美国以及相关联贸易国的对外贸易均受到了不同程度的冲击。其中，中国的进出口贸易在该贸易摩擦的影响下保持增速较平稳的状态。2019 年的前 5 个月，中国货物贸易与 2018 年相比出口增长值为 0.4%，进口下降了 3.7%，而 2018 年同期的进出口增速分别为 13.2% 与 20.9%。虽然受多重因素的影响，中国对外贸易放缓，但相比较于全球金融危机期间，这一放缓趋势较为平稳可控。在 2008 年金融危机之前，中国货物贸易进出口增速在 18% 以上。但金融危机爆发后，货物贸易进出口额与之前相比，严重收窄了 43%。而危机过后的三年中我国对外贸易的收缩，也成为经济增长放缓的主要原因。与金融危机期间相比，虽然中美经贸摩擦会影响到中国的进出口贸易，但是中国近些年不断寻找其他的贸易伙伴。2019—2022年我国经常账户差额再次增加，这是因为我国在疫情防控及经济社会发展方面取得了稳健成果，在推动跨境贸易的转型升级及高质量发展方面取得成效，因此对货物贸易的产生的效果较为明显。同时我国贸易伙伴日益多元化，拓宽了国际市场，为全球区域贸易恢复做出了贡献。从服务贸易角度来看，我国服务贸易一直保持加大逆差，但现在逆差出现持续收窄，并且与制造业相关的服务业发展加快。截至2022年9月，服务贸易累计差额为-1998亿元，与2021年同期相比收窄667亿元。其中，新兴的生产性服务如金融、计算机、信息等在2022年出现小幅顺差。

从资本和金融账户来看，我国资本和金融账户基本表现为逆差。但从2016年第三季度开始，出现了顺差的情况。国家外汇管理局数据显示，2017年与2018年资本和金融账户顺差分别为179.30亿美元和1111.11亿美元（见图3-4）。但2020年，资金和金融账户累计差额再次出现逆差为-900.73亿美元，2021年该累计差额再次增加，达到-1499.01亿美元。2020年，随着疫情的有效控制及经济复苏，我国证券投资出现大幅顺差，其中2020年第二、三季度的顺差为863亿元。但我国资本和金融账户中的其他投资为逆差，其中2020年二、三季度的逆差额分别为-580、-1079亿美元，对冲了证券投资的顺差，因此资金和金融账户在2020年及2021年均为逆差状态。

改革开放40多年来，中国经济得到了迅速发展，外商直接投资的流入改善中国市场环境、创造就业机会，为中国经济快速发展中发挥着助力性。据统计资料显示，自1992年至今，中国实际使用外资额在发展中国家一直居于首位。2005年以来，在利差、汇差以及资产价格上涨的多重诱惑下，国际资本开始通过外商直接投资、贸易等正常渠道非常规流入中国，且流入的流量基本呈增长趋势。2021年，外商直接投资流入流量高达1734.80亿美元，年度使用FDI投资额稳居世界第二位。外商投资结构逐步升级，外资质量及水平显著提高，高技术产业吸收 FDI 投资占比高达 30.2%，与 2012 年的 14.1% 相比提升 1 倍以上。但近年来由于制造业成本的提高、技术的更迭、中国市场的竞争加剧以及部分外企不能适应中国市场等多重因素，外商直接投资也在不断地从中国流出，尤其是 2016 年流出流量高达 1961.49 亿美元，远高于当年的流入流量 1337.10 亿美元，这造成了"外资出逃"的"假象"，容易引起资本市场恐慌，进而引发一系列风险（见图 3-5）。

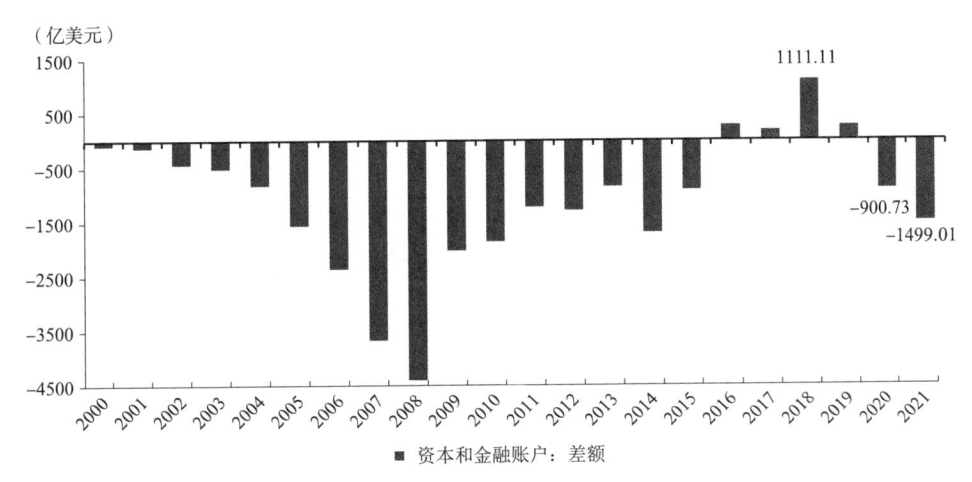

图 3-4 2000—2021 年我国资本与金融账户情况

数据来源：Wind 数据库。

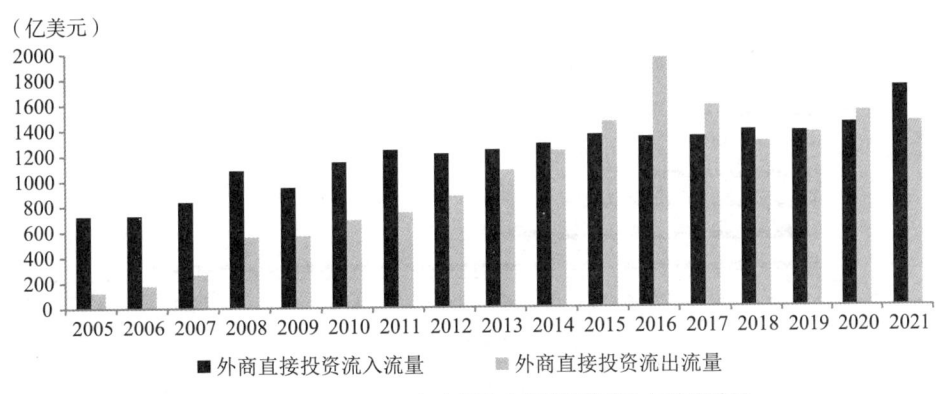

图 3-5 2005—2021 年中国外商直接投资流入与流出流量

数据来源：联合国贸易与发展会议（UNCTAD）。

联合国贸易与发展会议（UNCTAD）发表的《全球投资政策监测报告》显示，2010年流入发展中经济体的外商直接投资，从2009年的4783亿美元快速升至5248亿美元，增幅达9.7%，占全球外商直接投资的53%，这也是全球流入发展中经济体的外商直接投资量首次超过发达经济体。2021年，全球外商直接投资流入最多的20个国家的投资流入总额为13120亿美元，发展中经济体有8个，投资流入所占比重为32.62%。其中，中国吸引的外商直接投资额高达1810亿美元（与中国统计口径存在误差，此处指联合国贸发会统计口径数据），占全球外商直接投资总量的10%以上，达到历史最高水平，是仅次于美国的世界第二大外国直接投资接受国，位居全球第二，发展中国家第一（见图3-6）。

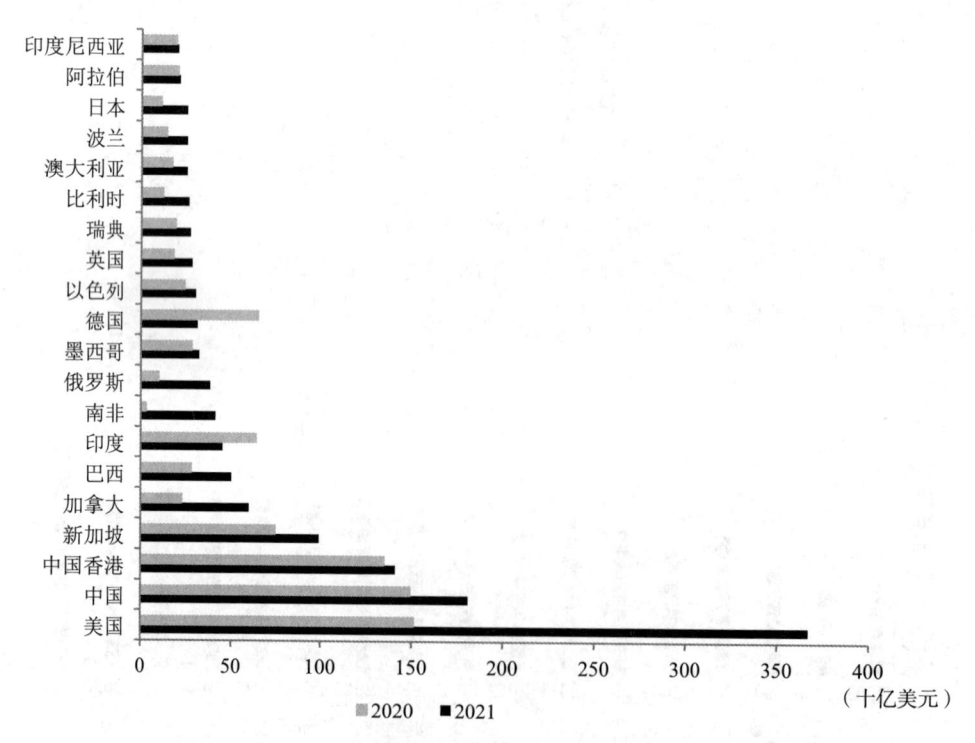

图3-6 2020—2021年全球外商直接投资流入最多的20个国家

数据来源：联合国贸发会《2022世界投资报告》。

三、国家外汇储备雄厚

外汇储备的核心职能是维护国际收支平衡及汇率稳定，维护国家金融安全。我国从基本没有外汇储备，到改革开放后慢慢积累外汇储备，再到2001年加入世界贸易组织后快速积累外汇储备，目前已经成为世界第一大外汇储备国。据国家外汇管理局统计，2022年第二季度的外汇储备额为30712.72亿美元，约占全球外汇储备规模总量的46.17%。

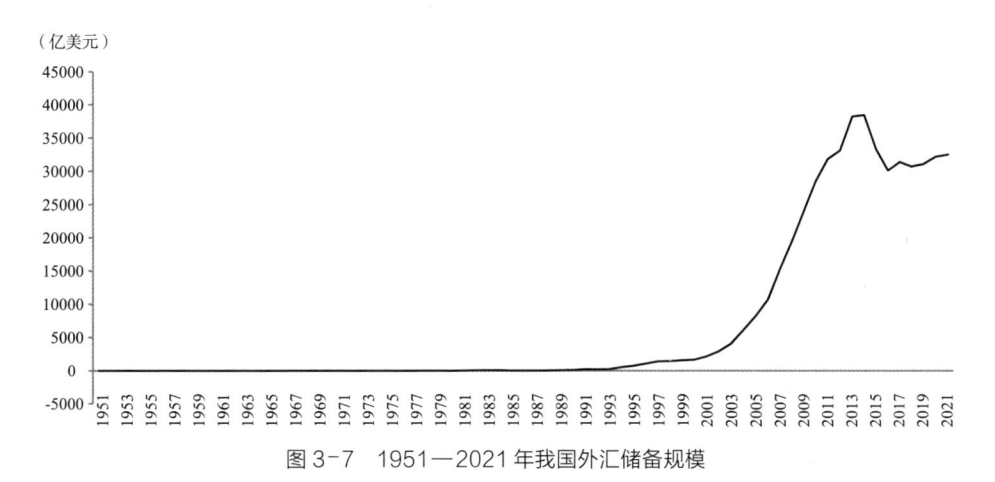

图 3-7 1951—2021年我国外汇储备规模

数据来源：根据国家外汇管理局公布的数据资料整理。

根据图3-7可以得出，截至2022年11月底，我国外汇储备达到31174.88亿美元，与2014年最高额相比减少了7255.30亿美元。在当前全球疫情反复、市场经济低迷、金融市场动荡、多边贸易摩擦加剧等因素叠加的情况下，我国外汇储备仍能保持相对稳定的状态。从经济学角度上讲，一个发展中国家是缺资金的国家，拥有如此数量的外汇储备并不合理，更多的是起到金融保险的作用以应对意想不到的经济"意外"。[1] 中国外汇储备经营始终坚持要增强甄别风险、提升防范化解风险的能力。通过对国际金融危机、欧债危机等

---

[1] 樊纲："中国经济为什么不会崩溃？"，《中国经济信息》2002年第16期，第49—51页。

重大违纪的提前预警与分析，我国的外汇储备合理应对了各种风险冲击。这不仅使我国外汇储备资产保持总体安全性与流动性，也为防范化解重大金融风险做出重要的贡献。

在当前外部金融环境波动加大的背景下，我国的外汇储备发挥了抵御各类外部冲击的"压舱石"作用。从传统的进口支付能力、短债偿付能力及IMF发布的外汇储备规模适度标准看，我国外汇储备都比较充裕。同时，综合国际外汇市场汇率的变化以及发达国家债券市场价格走势，未来我国外汇储备规模仍可能呈现稳中回升的态势。

四、长期看实际利率为负

实际利率在经济学上的意义与名义利率相对应，一般是指剔除了通货膨胀以后的真实利率。在开放的市场经济条件下，实际利率的差异将会引起资本在国际市场间的流动。在有管理的浮动汇率制度以及金融市场、产品市场传导渠道下，利率对汇率存在一定的反向联动机制。孙少岩等认为利率与汇率的变动会通过货币替代效应和资产组合效应引起国际资本的跨国套利活动，导致资本项目发生变动。[1]

研究实际利率的未来变动趋势时也需要考虑通货膨胀水平。CPI指数是反映与居民生活有关的商品和劳务价格所统计出来的物价变动指标，可以将CPI增幅作为观察通货膨胀水平的重要指标。经济学界对通胀和通缩还没有一致的界定方法，但我们理论上将物价普遍持续上涨或下跌认定为通胀或者通缩。本文研究将CPI指数连续上涨或下跌两个季度以上作为通胀或通缩的衡量。由图3-8可以看出1987—2018年间发生过两次严重、两次温和的通货膨胀（一般意义上讲温和的通货膨胀是通货膨胀率低于10%，当通货膨胀

---

[1] 孙少岩、王奕璇、王笑音："基于国际收支视角的人民币汇率与利率联动机制分析"，《经济纵横》2019年第07期，第101—112页。

率达到两位数时就会发生很严重的通货膨胀），在这期间也发生过3次通货紧缩。

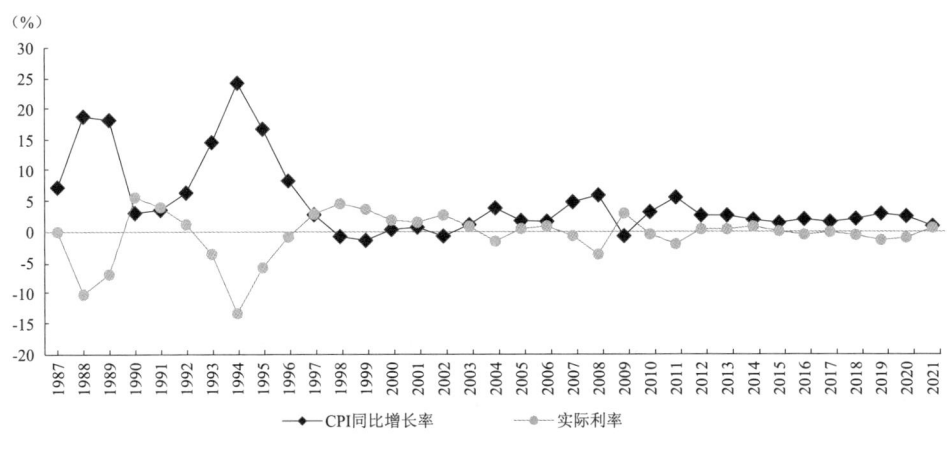

图 3-8　1987—2021年我国CPI与实际利率变动情况

数据来源：Wind数据库。

由1987—2021年期间CPI同比增幅，及实际利率的变动情况可以得出，通货膨胀与通货紧缩的发生在时间上并未呈现周期性规律。但通货膨胀多发于经济高速增长时期，且政府采取的是宽松的货币政策。通货紧缩的发生则受到内外两重因素的影响（除2002年需求增长速度低于供给增长速度的良性通货紧缩），即内部表现为需求乏力，外部发生金融危机。关注CPI的短期及长期波动，可以分析相应阶段实际利率的变化趋势，并采取相应的货币政策。

自2012年CPI指数同比增长率为2.62%以来，其同比增幅一直维持在2%—3%，处于温和型通货膨胀的状态，实际利率为负值并趋于稳定无较大波动。历次发生的通货膨胀与通货紧缩表明央行采取的货币政策在国民经济的运行中发挥着重要的作用，宽松的货币政策会刺激经济的发展但是也会有引发恶性通货膨胀的风险。紧缩的货币政策会有效抑制恶性通货膨胀，但也有引发企业破产、房产泡沫破裂等风险。随着我国宏观经济的发展，我国总供给与有效需求发生了转变，货币政策效果也发生变化。习近平同志在十九大报告中强调,"我国社会的主要矛盾已经转化为人民日益增长的美好生活需要和不平衡不充分的发展之间的矛盾"。该句话表明,当前主要矛盾为有效需求与总供给之间的失衡,表现为我国总体生产能力与供给产品和服务质量方面存在的失衡,即我国部分行业或产业存在产能过剩现象,但部分高端产品还依赖于进口。为应对结构性失衡,国家于2015年提出供给侧结构性改革,这是货币政策中的重要一环。其不仅保持了货币政策稳健中性的总基调,同时也要求适度扩大总需求。

通过对上述四个指数分析,我们可以得出:短期内人民币对一篮子货币汇率略有变动但保持了基本稳定;我国经常项目账户顺差优势虽然在缩小,但短期内仍会表现为盈余,且资本和金融账户也在近两年出现顺差状态;在当前全球市场经济低迷、金融市场动荡以及多边贸易摩擦加剧等因素叠加的情况下,我国外汇储备仍能保持相对稳定的状态;短期内实际利率略有波动,但保持稳态趋势。由此分析可以看出,现阶段我国不会爆发货币危机。

第二节 货币领域潜在风险分析

现阶段,我国虽然并不会爆发货币危机,但是货币领域却隐藏着一系列潜在的风险。通过对上述几个指标的分析可以得出,中国货币领域隐藏的潜在风险主要表现为:(1)中短期内人民币汇率的变动会受中美经贸摩擦、美元指数波动等因素的影响,人民币面临贬值压力,因而会有资本外逃的风险。长期来看,我国现在所推行的对外开放、放开行业管制、国企改革、鼓励创新等都是未来人民币升值所具备的条件,但人民币升值也必然会面临巨额外汇储备缩水的风险。(2)我国经常项目虽然持续增加但顺差优势在缩小,为维持国际收支平衡则需加快金融和资本账户开放。但目前中国的宏观杠杆率及金融脆弱性都很高,若在此时推动短期资本项目自由化,资金的频繁流进流出必定会冲击我国的资本市场，这有刺破地产以及股市泡沫的风险。长期来看，资本账户的顺差必定要求汇率弹性增强。（3）自 2011 年以来国内通货膨胀一直都有压力加大的风险，但是近短期内却有货币通缩的压力。

一、人民币汇率变动所引起的潜在风险

在美联储加息叠加疫情因素的背景下，人民币贬值给部分企业带来偿债压力，而人民币汇率的长期变动则会影响外汇储备的变动。因此需要分析影响人民币汇率的因素，进而分析汇率变动的趋势及可能引起的潜在风险。

（一）汇率变动的理论基础及影响因素

汇率决定理论有购买力平价理论、利率平价理论、国际收支理论等，各理论是从不同的角度分析影响汇率变动的因素。

1. 汇率变动的理论基础

购买力平价理论中的绝对购买力平价理论认为，两国货币各自具有的购买力之比决定了货币的比率。用直接标价法下的汇率，P_a 与 P_b 分别表示本国与外国一般物价的绝对水平，购买力平价的公式为：$R_a=P_a/P_b$，R_a 为本国货币兑换外国货币的汇率。相对购买力平价认为汇率的变动取决于两国货币购买力的变动，当货币的购买力发生变动时，两国间的汇率也会发生变动。用 e_1 表示本国货币的新汇率，e_0 表示本国货币的旧汇率，P_a 表示本国的物价指数，P_b 表示外国的物价指数，则公式为 $e_1=e_0\times(P_a/P_b)$。国内部分学者易纲与范敏研究汇率走势时认为，发展中国家处于经济起飞阶段时可能会有较高的通胀率，但是它的汇率并不按比例贬值。因此，发展中国家使用此理论时需要修正。同时，随着利率市场化改革的推进，利率平价理论学说对于人民币汇率的走势以及预测能力会更强。[1] 李磊在对人民币汇率的影响因素进行研究时也发现人民币汇率与我国国内物价水平未呈现出规律性的变化，而人民币

---

[1] 易纲、范敏："人民币汇率的决定因素及走势分析"，《经济研究》1997 年第 10 期，第 26—35 页。

升值则会推动通货膨胀的产生。[1]

利率平价理论学说是由凯恩斯和爱因齐格提出的,他们认为在两国利率存在差异时,资金会流向高利率国以此来谋取利润。在无套补利率平价理论中以 R 表示即期汇率,E 表示市场对本国货币的即期汇率的期望,i 与 i^* 分别表示当前的国内外利率水平,则有公式为:$E(1+i^*)/R=1+i$。此公式表明,如果人们预期本国货币的收益是高于外国货币收益的,则会在即期外汇市场抛售外币买进本币,进而对本币的需求增加,因而会使本币相对外币升值。但本币的供给在国内市场增加会逐渐拉低人们对于本币资产收益的预期,最终会使得本国货币与外国货币的资产收益率保持一致。在套补利率平价理论中以 F 和 R 分别表示本国货币的远期和即期汇率,i 与 i^* 分别表示当前的国内外利率水平,则有公式为:$F(1+i^*)/R=1+i$。此公式表示套利者会利用两国远期汇率、利率水平变化的差异进行套利,但套利行为会逐渐缩小这种差异,直至本币与外币资产在同种币种测度下的收益率达到相同。国内学者桑会丽研究利率平价理论时写道 2015 年之后利率平价理论在中国的适用性得到提高,随着我国利率以及汇率市场化的进一步推进,利率也能更真实地反应市场的需求。[2]

国际收支理论首先研究影响国际收支的因素,并且进一步分析这些影响因素如何通过国际收支作用于汇率。假定国际收支以 BP 表示,经常账户以 CA 表示,资本和金融账户以 K 表示,其中有 $BP=CA+K=0$。Y 表示国内的国民收入,Y_1 表示外国的国民收入,P 表示国内物价水平,P_1 表示外国的物价水平,i 与 i_1 分别表示国内与外国的利率水平,e 表示该国的汇率,Ee_f 表示预期汇率。因为经常账户(CA)是由该国的进出口所决定,因此 $CA=f_1(Y, Y_1, P, P_1, e)$。$K$ 是由利率汇率因素决定的,因此 $K=f_2(i, i_1, e, Ee_f)$。

---

[1] 李磊:"人民币汇率影响因素的实证研究",山东财经大学 2014 年。
[2] 桑会丽:"利率平价理论在我国的适用性研究",山西财经大学 2018 年。

由 $BP=CA+K=f_1(Y, Y_1, P, P_1, e)+f_2(i, i_1, e, Ee_f)=f_3(Y, Y_1, P, P_1, i, i_1, e, Ee_f)=0$。如果假定汇率未内生变量，其他因素为外生变量，则有公式：$e=f(Y, Y_1, P, P_1, i, i_1, Ee_f)$。所以，国际收支理论认为影响汇率变动的因素包含有价格因素、利率因素以及对未来汇率的预期等。

2. 汇率变动的影响因素

由汇率决定理论，可以看出影响汇率变动的影响因素很多，且这些因素会随着汇率市场的发展而发生变动。因此，需要分析影响我国汇率变动的因素，以及各因素对汇率变动的影响程度。

（1）经济发展的水平。一国的经济发展水平能够体现出一国经济发展的韧性。当一国经济发展速度较快时，说明该国的影响环境较好，则会带来更多的投资机会，资本投入也会增加，从而对人民币的需求增加，因此会促进人民币升值。[1] 但经济增长对汇率的影响并非是单方面的，当一国经济增长率比较高，说明该国国民的人均收入也会增加，国内居民的消费需求也会提高，而进口量增加时有可能会使得经常项目出现逆差，进而使得汇率有上升趋势，即人民币也会有贬值压力。

（2）通货膨胀率。由货币购买力平价理论得出一国的物价水平的变动会影响该国汇率的变动。当一国的货币通货膨胀严重时，就表现为国内的物价上涨，会出现出口的商品减少而进口商品增加，从而引起国际收支逆差，在外汇市场上对本币的需求降低，最终导致本币贬值而外币升值。

（3）外商直接投资。国内学者陈平从国际收支理论角度研究汇率的影响因素，得出外商直接投资对汇率的影响很大的结论。[2] 而陶彦辰研究外商直接投资对人民币汇率的影响时发现，外商直接投资在不同阶段对汇率的影响存在不同。即2005年以后，外商直接投资对汇率的影响是正向的，而此影响也

---

[1] 李磊："人民币汇率影响因素的实证研究"，山东财经大学2014年。
[2] 陈平："国际资本流动与汇率决定"，《国际金融研究》2000年第09期，第11—16页。

通过劳动生产率、资本、国内消费等多个因素进行传导。[1]

（4）货币供给量。当一国采取宽松的货币政策时，国内流通的货币量也会增加，此时超额的货币供给会带来通货膨胀的压力，致使物价上涨，故本币会有贬值压力。范耀璋在研究货币供给时发现，货币供给量与人民币走势呈负相关趋势，但是货币供给量对人民币汇率的影响会有时滞性。[2]

（5）利差。根据利率平价理论，当一国的利率水平较高时，会刺激外国资金流入，改善本国的资本账户进而引起汇率的变动。同时，利率水平较高也会引起本国的投资成本提高，私人投资减少、消费需求降低，国内居民的可支配收入降低、进口减少，对外汇的需求降低，经常项目盈余增加则外汇供给增加。因此，会导致外汇贬值、本币升值，进而汇率下降。[3]

（二）实证角度研究影响人民币汇率的因素

进一步，利用VAR模型研究人民币汇率变动受各种因素的影响程度。

1. 变量的选取

结合数据可读性，样本选取的时间范围为2007年第三季度至2019年第三季度的季度数据，样本容量为49。沿用李磊的做法，被解释变量采用美元兑人民币的月平均汇率，用CNY表示，其中CNY上升意味着人民币贬值美元升值，而CNY下跌意味着人民币升值美元贬值。数据来源于Wind数据库。

根据上文对汇率影响因素的分析，解释变量的选取指标为：（1）国内生产总值，本章采取的是1978年不变价的国内生产总值当季比，用（GDP）表示。（2）国内居民物价消费指数，采用当月同比数据，用CPI表示。（3）外商直接投资采用当季净流入值，此处采用陈强季节调整方法消除季节性因素

---

[1] 陶彦辰："我国外商直接投资对人民币汇率的影响分析"，山西财经大学2013年。
[2] 范耀璋："中美贸易摩擦对人民币汇率影响的实证研究"，山东大学2019年。
[3] 孙少岩、王奕璇、王笑音："基于国际收支视角的人民币汇率与利率联动机制分析"，《经济纵横》2019年第7期，第101—112页。

后并取对处理，用（FDI）表示。[1]（4）广义货币供给量采用当季同比数据用（M2）表示。（5）中美利差，用（INT）表示。文章采用的是彭一扬、罗光强的做法，选取中国与美国的利率之差。其中，中国的利率选用的是 7 天 Shibor，美国利率是美国联邦基金利率。[2]

2. 模型的选择

向量自回归模型 VAR 的一般形式为：

$$Y_t = C + \beta_1 Y_{t-1} + \beta_2 Y_{t-2} + \cdots \beta_p Y_{t-p} + \varepsilon_t \qquad (4.1)$$

式中，$E(\varepsilon_t)=0$，$E(\varepsilon_t, Y_{t-i})=0$，$i=1，2，3\cdots p$；$Y_t$ 为（$n \times 1$）向量组成的线性随机过程，β_i 是（$n \times n$）的系数矩阵，Y_{t-i} 表示为 Y_t 向量的 i 阶的滞后变量，ε_t 表示为随机误差向量。

3. 实证分析过程

（1）单位根检验

VAR 模型要求所选取时间序列数据的平稳性，所以用迪基-福勒提出的 ADF 检验方法对指数 CNY、GDP、CPI、FDI、M2、INT 等解释变量判断平稳性，检验结果如下所示。

表 3-1　单位根检验结果

变量	检验形式	P 值
CNY	($c, t, 0$)	0.7200
GDP	($c, t, 7$)	0.1359
CPI	($c, t, 1$)	0.0118
FDI	($c, t, 0$)	0.0001
M2	($c, t, 2$)	0.0457
INT	($c, nt, 3$)	0.0164

注：表中（$c, t, 1$）表示（有截距，有趋势，有滞后阶数），（$nc, nt, 1$）表示（无截距，无趋势，有滞后阶数）。

---

[1] 陈强：《高级计量经济学及 stata 应用（第二版）》，高等教育出版社 2013 年。
[2] 彭一扬、罗光强："中美贸易摩擦冲击背景下人民币汇率变动影响因素的实证研究"，《上海立信会计金融学院学报》2019 年第 04 期，第 9—20 页。

由表3-1得出在1%的置信水平上，FDI通过平稳性检验，CPI、M2与INT在5%的置信水平上通过平稳性检验，但是CNY、FDI未通过平稳性检验，需要一阶差分检验平稳性结果。

表3-2　一阶差分的检验结果

变量	检验形式	P值
DCNY	(nc, nt, 0)	0.0000
DGDP	(nc, nt, 3)	0.0000
DCPI	(nc, nt, 0)	0.0000
DFDI	(nc, nt, 0)	0.0000
DM2	(nc, nt, 3)	0.0000
DINT	(nc, nt, 2)	0.0000

注：根据计算所得。

由表3-2的一阶差分的检验结果得出，变量一阶差分的单位根通过平稳性检验。

（2）协整检验

本章主要通过Johansen极大似然估计法来验证各变量间是否存在长期的稳定、协整关系，LR检验法结果如表3-3所示：

表3-3　LR检验法

Lag	LogL	LR	FPE	AIC	SC	HQ
0	−249.043	NA	0.003373	11.33524	11.57613	11.42504
1	−49.3547	337.2513	2.37E−06	4.060207	5.746425*	4.688812
2	−5.60579	62.2206	1.83E−06	3.715813	6.847361	4.883223
3	61.91802	78.02752*	5.72E−07	2.314754	6.891633	4.020969
4	115.5632	47.68459	4.35E−07*	1.530525*	7.552734	3.775544*

注：*表示根据相应准则选择的滞后阶数。

由表3-3以及LR检验法得出，Johansen协整模型的最佳滞后阶数为3期。接着采用Johansen协整检验法对变量间是否存在协整关系检验，检验结果如表3-4所示：

表 3-4 Johansen 协整检验结果

协整向量个数 r	统计量	5% 临界值	P 值
None *	140.8218	94.64255	0.0000
At most 1 *	75.64402	58.70778	0.0013
At most 2 *	53.75763	46.74502	0.0084
At most 3	24.10268	29.68606	0.1433
At most 4	9.306375	14.38360	0.3289
At most 5	1.582144	3.730455	0.2208

注：* 表示为在 5% 的置信水平下拒绝原假设。

由表 3-4 可得，检验统计量表明在 5% 显著性水平上拒绝原假设，各变量之间存在 3 个协整关系，即各变量之间存在长期的均衡关系。

（3）VAR 模型检验

构造 VAR 模型时选择合适的滞后阶数可以消除误差项中可能存在的自相关，但是滞后阶数过大会影响模型估计量的有效性，同时也不能解释其经济意义，因此，选取滞后阶数为 2 进行 VAR 模型检验。

表 3-5 VAR 模型检验结果

变量名	相关系数	标准差	值
DCNY (−1)	0.106690	0.15323	0.69628
DCNY (−2)	−0.159218	0.14804	−1.107550
DGDP (−1)	−0.002538	0.03458	−0.06819
DGDP (−2)	0.008417	0.03488	0.24129
DCPI (−1)	0.039926	0.02693	−2.47041
DCPI (−2)	0.004530	0.02319	0.19538
DFDI (−1)	−1.435667	0.52220	−2.74929
DFDI (−2)	−1.290793	0.52250	−2.470411
DM2 (−1)	0.010488	0.01377	0.76178
DM2 (−2)	0.001049	0.01257	0.08349
DINT (−1)	−0.029874	0.03080	−0.97005
DINT (−2)	−0.247065	0.14824	−1.66663

注：根据计算所得。

由模型结果可以得到以下结论:

一是 GDP 对 CNY 的影响由负转正,当 GDP 滞后一期时,GDP 每增加 1%,就会使 CNY 减少 0.002538%。当滞后二期时,GDP 每增加 1%,就会使 CNY 增加 0.008417%,结果不显著。这里 GDP 对 CNY 由负转正说明,经济增长率对汇率变动产生的影响不是单方面的。一国的经济增长率较高说明当一国的经济发展速度较快时,说明该国的影响环境较好,投资机会多的同时资本投入也会增加,从而对人民币的需求增加,所以会使得汇率有降低趋势,进而促进人民币升值。但是一国经济增长率比较高,说明该国国民的人均收入也会增加,国内居民的消费需求也会提高,当进口量增加时有可能会使得经常项目出现逆差,进而使得汇率有上升趋势,即人民币会有贬值压力。

二是 CPI 对 CNY 的影响为正,当 CPI 滞后一期时,CPI 每增加 1% 会使得 CNY 增加 0.039926%,当 CPI 滞后二期时,CPI 每增加 1% 会使得 CNY 增加 0.004530%。这说明当一国的货币通货膨胀严重时表现为国内的物价上涨,此时会造成商品的出口减少而进口量增加,会引起国际收支逆差,在外汇市场上对本币的需求降低,因而会导致汇率上升,即外币升值本币贬值。

三是 FDI 对 CNY 的影响为负,当 FDI 滞后一期时,FDI 每增加 1% 会使得 CNY 降低 1.435667%,结果在 5% 的显著水平上显著。当 CPI 滞后二期时,CPI 每增加 1% 会使得 CNY 降低 1.290793%,结果在 5% 的显著水平上显著。这说明外商直接投资的增加不仅给国内带来资金,同时也弥补国内技术的不足,提高我国制造业水平,刺激国内的经济增长,给人民币带来升值压力。

四是 M2 对 CNY 的影响为正,当 M2 滞后一期时,M2 每增加 1% 会使得 CNY 增加 0.010488%,当 M2 滞后二期时,M2 每增加 1% 会使得 CNY 增加 0.001049%。这说明宽松的货币政策会增加国内货币的流通量,进而带来通货膨胀的压力，物价上涨本币有贬值压力。

五是 INT 对 CNY 的影响为负，当 INT 滞后一期时，INT 每增加 1% 会使得 CNY 降低 0.029874%，当 INT 滞后二期时，INT 每增加 1% 会使得 CNY 降低 0.247065%，结果在 10% 的显著水平上显著。这说明当两国之间利率存在差异时，资金会流入利率较高的国家，改善该国的资本账户引起汇率变动，进而本币有升值压力。

（4）格兰杰因果检验

检验 GDP、CPI、FDI、M2、INT 等变量与 CNY 之间存在的因果关系，如表 3-6 所示。由格兰杰因果检验得出，FDI 与 INT 是引起汇率 CYN 波动的原因，但这不代表 M2、CPI 与 GDP 和 CNY 之间无相关性，而是在短时期内，货币供给量、通货膨胀率与国内生产总值的增长率对汇率的影响并不显著。原因在于传导的时滞性，货币供给量的增加与国内居民消费指数的增长有时并不能直接导致汇率的变动。并且当政府应通过非市场行为将汇率的变动幅度控制在合理的区间内时，美元对人民币汇率也不一定增长，只能说明影响汇率变动的原因很复杂。

表 3-6　格兰杰因果检验结果

excluded	chi-sp	df	prob
DCPI	2.085583	2	0.3525
DM2	3.883383	2	0.1435
DGDP	0.375978	2	0.8286
DFDI	11.49373	2	0.0032
DINT	6.794047	2	0.0335
All	29.83212	10	0.0009

注：根据计算所得。

（5）VAR 模型系统稳定性判断

根据上述 VAR 模型进行 AR 根稳定性检验，检验结果如图 3-9 所示。

图 3-9　VAR 模型系统稳定性判别图

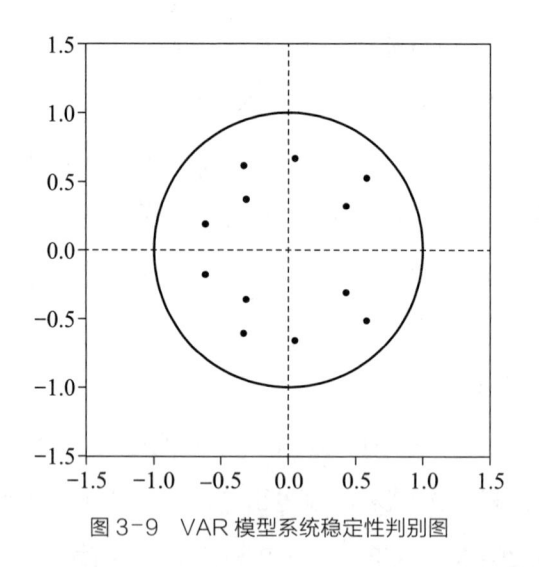

由图 3-9 可得，所有的特征值均落在单位圆内，即所有的特征根的模均小于 1，故通过系统稳定性检验。

（6）脉冲响应分析

脉冲响应能够展示出系统中某内生变量发生的冲击对其他变量的动态响应轨迹。因此，此处采用脉冲响应函数。图 3-10 即为脉冲响应效果图，其中横轴用以表示冲击作用的滞后期间数。

由图 3-10 中图（a）可以得出 DCNY 对 DCNY 为正响应，期初响应最大，随后响应逐渐减弱趋于稳定。由（b）图可以得出，当期初给 INT 一个正向冲击后，CNY 会对 INT 产生较大的负向响应，这种响应在第 2 期达到最小，且在第 2 期达到最小值后，负向效应逐渐减弱。这说明符合利率平价学说的论述，即当利差存在时，会刺激资金流入利率较高的国家，进而改善该国的资本账户情况，促进本币升值。图（c）可以得出期初给 FIN 一个正向冲击后，会对 CNY 产生负向响应，在第 2 期达到最小值，后期这种负向效应逐渐减弱。由此可以得出外商直接投资的增加能够有效刺激国内的经济增长，进而给人民币带来升值压力。图（d）中当期初给 M2 一个冲击后，CNY 会对 M2 产生正向响应，响应在第 2 期达到最大随后逐渐减弱，这说明一国国内货币的流通量较大时，会带来通货膨胀的压力，物价上涨美元兑人民币汇率升值，即人民币有贬值压力。

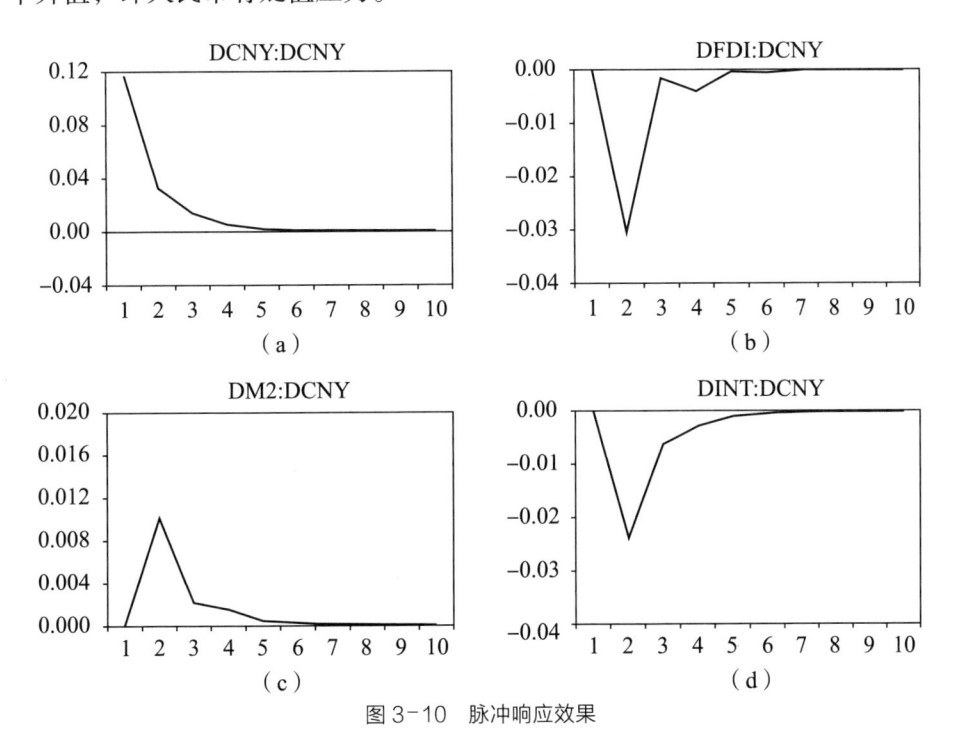

图 3-10 脉冲响应效果

（7）方差分解

通过方差分析可以看出，各解释变量在系统动态变化中的重要性，包括强度和影响幅度。

表 3-7 方差分解结果（%）

期数	DCNY	DCPI	DGDP	DINT	DM2	DFDI
1	100.0000	0.0000	0.0000	0.0000	0.0000	0.0000
2	86.2553	0.5935	0.2213	3.2612	0.2824	9.3863
3	81.9585	0.6445	1.0770	6.4075	0.4026	9.5099
4	80.0324	0.7794	1.2667	6.3692	0.9976	10.5545
5	78.2222	1.6615	1.3790	6.5715	1.1154	11.0504
6	77.5553	1.7634	1.5359	6.8579	1.1338	11.1538

续表

期数	DCNY	DCPI	DGDP	DINT	DM2	DFDI
7	77.3347	1.7704	1.5339	7.0659	1.1689	11.1262
8	77.0889	1.9007	1.5781	7.0998	1.1840	11.1486
9	76.9120	1.9076	1.5839	7.2531	1.2219	11.1216
10	76.8613	1.9044	1.5878	7.2701	1.2390	11.1374

注：根据计算所得。

由表3-7可以得出截至第10期，在对汇率的内生影响因素中，汇率对其自身的增长影响作用最大第1期为100%，随着时间的推移，汇率对其自身影响逐渐降低，到第10期时为76.8613%。外商直接投资与中美利差对汇率的影响初期很弱，但后期逐渐增强，至第10期时，对汇率的影响分别为11.1374%与7.2701%，广义货币供给量、国内居民物价消费指数、国内生产总值对汇率的影响程度较弱，分别为1.2390%、1.9044%、1.5878%。由此可以得出在对汇率的影响因素中外商直接投资与利差对汇率的影响比较大，随着汇率机制与利率市场化改革，利率也能更真实地反应市场的需求。

（三）人民币汇率变动带来的损失测算

人民币汇率在2008年金融危机加剧时盯住美元2年，因此人民币并未跟随一篮子货币贬值的走势而是跟随美元升值（见图3-11）。跟随美元升值所带来的损失巨大，我们国家的贸易出口额遭遇了很严重的影响。且自2015年汇改以来，人民币兑美元汇率中间价机制进一步市场化，人民币有效汇率的变动与美元实际有效汇率的变动呈现出负相关趋势。总体来看，人民币有效汇率呈现上升趋势，这也意味着一揽子货币兑人民币呈贬值态势。但短期内，受到疫情因素、美元加息走强的影响，人民币延续在有限贬值区间内双向波动的趋势。美联储加息会导致部分持有人民币的投资者在外汇市场抛售人民币购买美元，此时人民币供大于求，会存在贬值压力。同时，在贬值预期下，为预防资本缩水，可能会引致资本外逃的风险。

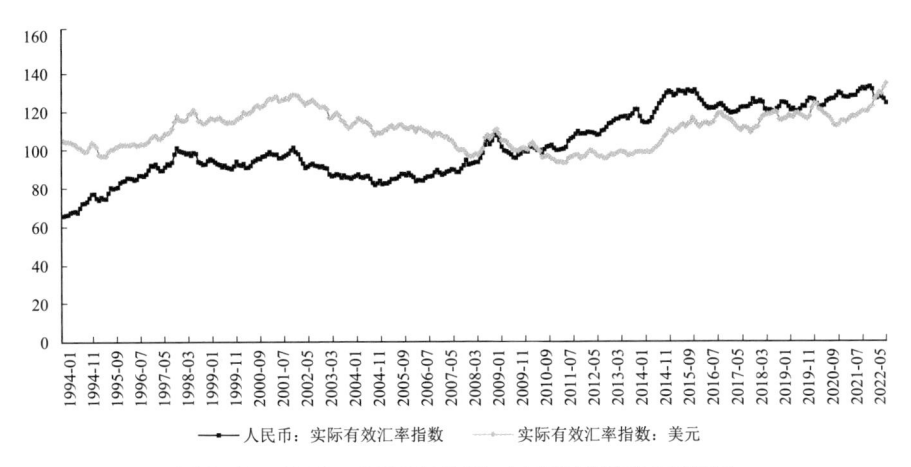

图 3-11 1994—2022 年美元与人民币实际有效汇率变动

资料来源：Wind 数据库。

长期来看，受到中国经济发展的韧性逐渐增强、利率的市场化程度不断提高、美元指数走弱等诸多因素的影响美元兑人民币会进入贬值预期。美元贬值人民币升值会造成我国的外汇储备大幅度缩水。截止到 2022 年 11 月，中国外汇储备为 31174.88 亿美元，其中，外汇储备中大约 58% 为美元资产，相当于有总额为 18081.43 亿美元的外汇储备。假定人民币月升值幅度为 1%，则中国每月的外汇储备的损失就是 180.18 亿美元。根据 2000—2010 年的汇率变动测算得出，由于美元兑人民币累计贬值 20%，导致我国外汇增长的实际增幅由美元折算为人民币之后，从 16% 降为 13%。据数据资料计算，2010 年启动汇改后的 2011—2013 年间美元汇率小幅度贬值，中国因此而损失的外汇储备分别为 1546.67、199.38、1057.09 亿美元。而美元自与黄金脱钩以来，美元贬值将近一倍。美国经济学家克鲁格曼（Krugman）曾说过美元对人民币的贬值会使中国在美国的投资损失严重，与此同时美元贬值却给美国带来很多好处。据美联储的宏观经济模型计算得出，人民币兑美元每升值 10%，可促进美国经济增长 1.2%。[1] 由此可以计算出，2002—2007 年的美元

---

[1] 董小君："'外储内用'新探：基于财政与金融双重视角的设计"，《国际金融研究》2009 年第 12 期，第 49—57 页。

贬值，给美国带来高达 13000 亿美元的收益，而 2011—2013 年的美元贬值给美国带来 1550 亿美元的收益。

二、经常项目收窄所引起的风险分析

由图 3-12 可以得出，1998—2018 年经常项目顺差占 GDP 比重呈现出先升后降的趋势，在 2007 年时经常项目占比达到最高为 10%，2008 年后经常项目占比逐年降低。上一轮发生金融危机后为抵御外部冲击，依靠拉动内需（带来进口增加）带来 GDP 增长的空间比较大。但是因为经常项目顺差中美国的顺差占很大比例，加工贸易在中美贸易顺差中占比最高，在中美经贸摩擦之后加工贸易受影响较大，因此中美经贸摩擦后经常项目顺差收窄。为维持国际收支平衡以及外汇储备的稳定，我国需加大资本和金融账户的开放。

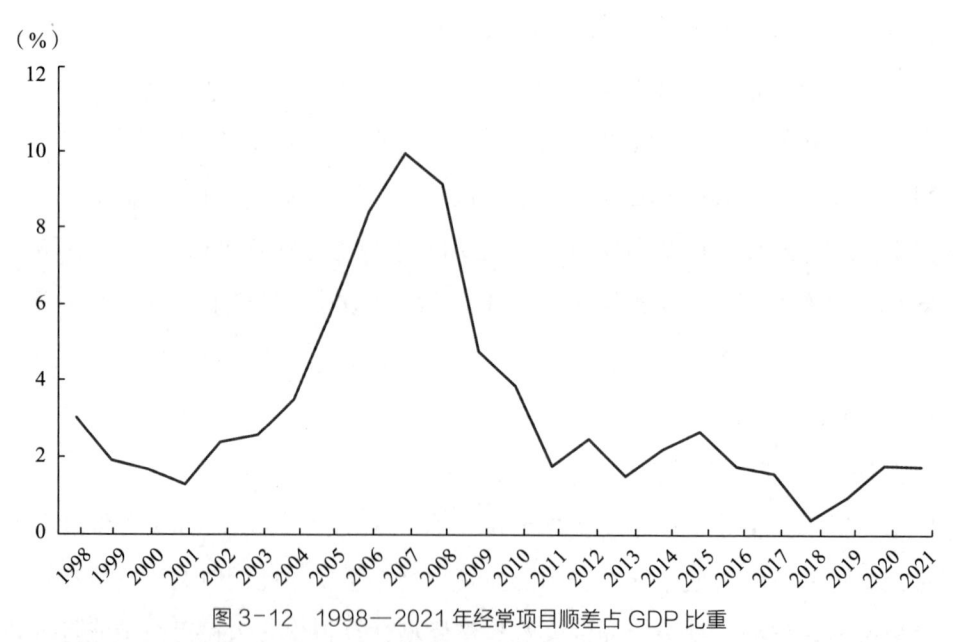

图 3-12 1998—2021 年经常项目顺差占 GDP 比重

数据来源：Wind 数据库。

目前，我国已逐步加快资本和金融账户开放的脚步。党的十八大以来，我国金融业对外开放取得了突破性进展，成就有目共睹。党的二十大报告指出，要推进高水平对外开放，稳步扩大规则、规制、管理、标准等制度型开放。其中，制度性开放要求我国应向对外开放的制度层面延伸，对金融业开放也提出更高要求。即持续推进我国金融业高水平开放，营造与开放水平相适应的金融制度环境。但是我们在放开金融市场的同时也必须提高警惕以防可能性的危机发生。短期资本项目的自由化，在使国内资本获取渠道增加的同时也必然会使得国际资本蜂拥而至。1985年美国曾经利用"广场协议"迫使日元大幅升值，而后国际资本的流入致使日本国内经济迅速膨胀，虽然1989年日本政府实行紧缩的货币政策，但也刺破了日本的泡沫经济，使得日本经济进入了长久的衰退期。反观当前中国的宏观杠杆率、金融脆弱性都很高，若在此时推动短期资本项目自由化，资金的频繁流进流出必定会冲击我国的资本市场，这有刺破地产以及股市泡沫的风险。

联合国贸易与发展会议（UNCTAD）统计显示，自2000年以来，外商直接投资流入新兴经济体的流量占总流入流量的比值呈增加趋势（见图3-13），最多的时候有超过一半的外商直接投资流入新兴经济体（2020年流入新兴经济体的外商直接投资流量占比为66.86%），资本的大量流入进一步增加了人民币汇率的升值压力。中国是国际私人资本流动的最大目的地，每年流入中国的国际私人资本为0.2万亿美元左右，占据全部国际私人资本流量25%的比重。

私人资本流入中国，除用于直接投资于各地区的建设项目外，也会流向各国的股票市场或是在各国银行间进行资本流动。自2005年以来，人民币升值循环轨迹为：升值预期→吸引资本流入→资本流入增加升值压力→汇率小幅渐进式升值强化升值预期。如此周而复始，人民币永远处于升值预期之下。这种"小幅单边升值"模式缺陷在于：人民币过于稳定的升值预期已成为资本流入，甚至是国内资产价格泡沫的主要推动力量。

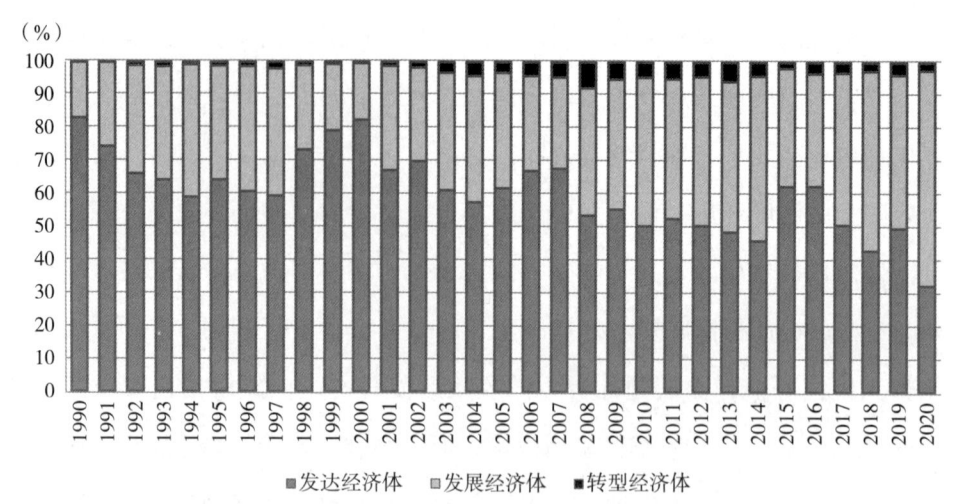

图 3-13　1990—2020 年全球外商直接投资流入流量

数据来源：联合国贸发会数据库。

三、长期通胀压力风险分析

适度的通货膨胀可以促进经济的增长，但是通货膨胀严重时则会影响到经济以及社会的安全。我国名义利率扣除掉通货膨胀因素后得到的实际利率为负值，人民币名义有效汇率扣除了通货膨胀因素后得到的实际有效汇率对内实际为贬值，即对外升值对内贬值，这样会不利于我国的产品出口，同时国内的货币购买力也会下降。特别是进入 2011 年后，国内居民消费价格指数曾经一直高企，所以人民币对内实际上贬值程度更厉害，与欧元区和美元区相比，实际上，我国的通胀率相对较高。因而，需要分析影响通货膨胀的因素，并对未来一段时间内的通货膨胀率作出简单预测以做好相应的政策措施。

（一）通货膨胀影响因素的理论分析

经济学中将经济中的大多数商品与劳务的价格连续在一段时期内物价水平的普遍上涨定义为通货膨胀，依据引发通货膨胀的要素不同可以将通货膨胀分为三种类型。

1. 需求拉动的通货膨胀

需求拉动的通货膨胀是指当经济社会存在对商品或服务的需求大于对其的供给时，便会引起相应物价的迅速上涨，从而引起通货膨胀。凯恩斯学派与货币学派从不同角度对需求拉动的通货膨胀进行研究。凯恩斯学派认为货币供给增加时会引起利率水平的下降，以刺激人们的投资，并通过乘数效应使人们的消费总需求增加。总需求的增加也会因就业状态不同而产生不同的效果：即当未达到充分就业状态时，此时增加总需求会拉动经济增长但并不会引起通货膨胀；但是，如果已经达到充分就业状态，产出不会随着需求的增加而增长，因而货币供给的增加就会形成过度需求，进而引起通货膨胀。

货币学派认为通货膨胀就是一种货币现象。在20世纪70年代，西方国家发生了严重的通货膨胀时失业率也很高，这使得凯恩斯主义政策受到了质疑，因此货币学派提出货币供给过多是引起通货膨胀的原因。货币学派的代表弗里德曼提出货币供给必须与实际产量的增长保持一致性，当货币供给量增加的速度超过产品产量增加的速度时就会发生通货膨胀。

2. 成本推动的通货膨胀

成本推动的通货膨胀是从总供给的角度来分析通货膨胀的成因。生产产生供给，由生产函数得出生产决定于成本。因此，生产成本的提高意味着只有提高产品价格，才能使得产量与之前的产量相同，所以总供给曲线会向左上方移动而导致国民收入降低但价格水平提高，那么由于成本增加而造成的产品价格上升就是成本推动的通货膨胀。成本推动的通货膨胀有工资成本推动的通货膨胀、利润推动的通货膨胀、进口成本提高推动的通货膨胀。

工资推动的通货膨胀是指工资提高时会造成生产产品的每单位成本增加，因此物价随之上涨。在物价上涨、工人的实际工资下降时，工人会进一步要求提高工资，由此物价会再次随之上涨。这样便会引致"工资-物价"的螺旋上涨。利润推动的通货膨胀是因为不完全竞争市场的存在。即一些寡头和垄断型的企业为了追求高额利润，凭借其垄断地位会采用提高价格的方法来抵消成本追求高额利润，进而会引发通货膨胀。进口成本提高推动的通货膨胀是指如果一个国家进口产品或进口原材料较多，当进口产品或者进口原材料的价格上涨时会引起通货膨胀。

3. 结构失调型的通货膨胀

结构失调型的通货膨胀是指当社会中的总供给与总需求大致相同时，物价水平因为总需求内部的组成结构发生变化时上涨。随着经济的发展，产业结构也会随之发生变化，某些部门兴起的同时必然会有一些部门的衰败，因此部分社会需求随着部门的变化而发生转移。兴起的部门随着需求的增加，产品价格与工资也会随之上涨。但是，衰退部门的工资并不会因为需求的减少而发生变化，或者变动的幅度很小，但总体来看仍表现为价格水平的上涨，因而造成了结构失调型的通货膨胀。

（二）引发通货膨胀的影响因素

由上述理论分析得出引起通货膨胀的因素有很多，不同时期引发通货膨胀的因素也会有所不同，因此需要从多方面考虑通货膨胀的影响因素。

1. 货币供给

弗里德曼曾提出货币供给必须与实际产量的增长保持一致性，当货币供给量增加的速度超过产品产量增加的速度时就会发生通货膨胀。由图3-8可以看出2011年发生了较为严重的通货膨胀，CPI增长幅度是5.55%，其原因是2008年11月推出的"4万亿计划"，该计划的确为抵御金融风暴的冲击发挥了很重要的作用，但也为2011年的通胀埋下伏笔，因此货币供给是影响CPI变动的一个重要因素。

2. 居民工资

工资会推动通货膨胀是因为工资提高时会造成产品单位成本的增加，因此物价随之上涨。1986年我国放开商品价格以及推行工资制度的改革，因为原有价格体系的不完善以及经济结构的不合理性使得通货膨胀爆发，1988年CPI增幅曾一度高涨到18.8%。工人工资的提高会引发物价的上涨，所以居民工资是影响CPI变动的因素之一。

3. 原材料等的购进价格指数

当一个国家进口产品或原材料较多时，若进口的产品、原材料价格上涨幅度较大时，可能会引起通货膨胀。因为原材料的购进价格指数是产业链上端的变化指标，如果上端指标发生变化，这种变化必然会通过中间指标PPI变动，最终体现在CPI指标上。美国次贷危机后工业原材料等价格的上涨直接导致生产成本的增加，进而拉动CPI指数的上升。比如，2008年CPI的增幅就达到了5.93%。

4. 工业品出厂价格指数

工业品出厂价格指数PPI属于中间价格指标，是原材料购进价格指数的下游指标与CPI的上游指标，PPI的变动对于CPI有一定的先导性，因此CPI指数也必然会受到PPI指数变动的影响。[1]

（三）实证角度分析影响通货膨胀变动的因素

本文采用VAR模型分析不同要素影响通货膨胀变动的程度。

1. 变量的选取

结合数据可得性，样本时间范围为2013年3月至2019年9月的月度数据，样本容量为79。本文的被解释变量为通货膨胀率，以居民消费价格指数来代表，参考李璇等的计算方法[2]，居民消费价格指数（CPI）以前一年指数为基数100。

选取的解释变量指标为：①货币供给指标（M2）为广义货币供给，指标

---

[1] 程秀芝："基于VAR模型的CPI实证分析及预测"，天津财经大学2015年。
[2] 李璇、黄冬冬："基于ARIMA模型的CPI实证分析及预测"，《沈阳大学学报（社会科学版）》2013年第15（03）期，第306—310页。

选取参考程秀芝（2015），为当月同比；②全国居民人均工资收入（INC），该数据只有季度值，此处采用冯渤潇（2009）将季度数据经过频率转换后得出月度数据[1]；③原材料购进价格指数（MPI）为月度数据，该指标选取参考程秀芝[2]。④生产价格指数（PPI）是以前一年指数为基数100，参考江茜茜等对指标的选取方式[3]。

2. 数据来源

所选取的指标为2013年3月至2019年9月的数据，其中样本指标数据CPI、PPI、MPI、M2、INC出自于Wind数据库。

3. 实证分析

（1）单位根检验

在进行单位根检验之前先采用季节调整方法对全国居民人均工资收入月度数据进行季节调整，其他解释变量与被解释变量均为月度同比数据，因此不需要进行季节调整，此处参考陈强对于季节数据的处理方式，然后再对各指标数据进行单位根检验。

表3-8 单位根检验结果

变量	检验形式	P值
CPI	$(c, nt, 0)$	0.0189
PPI	$(nc, nt, 2)$	0.6964
MPI	$(c, nt, 1)$	0.0077
INC	$(c, nt, 1)$	0.0002
M2	$(c, t, 0)$	0.1025

注：根据计算所得。

由表3-8的结果可得，CPI与MPI与INC均通过检验，PPI、M2未通过单位根检验。

---

[1] 冯渤潇："中国通货膨胀与居民工资变动相关性研究"，吉林大学2009年。
[2] 程秀芝："基于VAR模型的CPI实证分析及预测"，天津财经大学2015年。
[3] 江茜茜、姜枫："基于VAR模型的通货膨胀与经济增长及生产价格的关系研究"，《市场研究》2019年第08期，第25—30页。

表 3-9　单位根一阶差分结果

变量	检验形式	P 值
CPI	(nc, nt, 0)	0.0000
PPI	(nc, nt, 1)	0.0000
MPI	(nc, nt, 1)	0.0000
INC	(c, nt, 5)	0.0000
M2	(nc, nt, 0)	0.0000

注：根据计算所得。

由表 3-9 的结果可得出，变量均通过一阶单位根检验，故变量通过平稳性检验。

（2）协整检验

根据 LR 检验法判断最佳滞后阶数，如表 3-10 所示。

表 3-10　LR 检验法结果

Lag	LogL	LR	FPE	AIC	SC	HQ
1	−176.5075	NA	0.00016	5.446149	6.224549	5.756662
2	−110.7592	113.7267	5.35E−05	4.344844	5.901645*	4.965871*
3	−85.52241	40.24249	5.42E−05	4.338444	6.673645	5.269984
4	−45.50993	58.3966	3.76E−05	3.932701	7.046302	5.174755
5	−9.201596	48.08401*	2.97E−05*	3.627070*	7.519072	5.179638

注：根据计算所得，*表示根据相应准则选择的滞后系数。

由表 3-10 中，可以得出 LR 的最佳滞后阶数为 5，所以 Johansen 协整模型的最佳滞后阶数为 4 期。采用 Johansen 协整检验法检验变量间是否存在协整关系，检验结果如表 3-11 所示。

表 3-11　Johansen 协整检验结果

协整向量个数 r	统计量	5% 临界值	P 值
None *	88.27133	69.81889	0.001141
At most 1 *	50.64646	47.85613	0.043479
At most 2	18.72401	29.79707	0.161019
At most 3	5.732032	15.49471	0.350391
At most 4	0.084462	3.841466	0.398569

注：根据计算所得，*表示为在 5% 的置信水平下拒绝原假设。

由表 3-11 可得，当协整向量为 1 时，存在 P 值 <0.05，即检验统计量表明在 5% 显著性水平上拒绝原假设，则各变量之间存在 2 个协整关系。

（3）VAR 模型

构造 VAR 模型时选择合适的滞后阶数，可以消除误差项中可能存在的自相关，但是滞后阶数过大会影响模型估计量的有效性，同时也不能解释其经济意义，因此，选择 VAR 的滞后阶数为 2。

表 3-12　VAR 模型检验结果

变量名	coef	std.err	t
dcpi(−1)	−0.409368	0.11929	−3.43179
dcpi(−2)	−0.065430	0.11019	−0.59378
dinc(−1)	0.150684	0.16125	0.93446
dinc(−2)	0.240182	0.11237	2.13740
dm2(−1)	0.211376	0.06559	3.22251
dm2(−2)	0.055783	0.06921	0.80601
dmpi(−1)	0.040517	0.01837	2.20601
dmpi(−2)	0.047054	0.01789	2.63093
dppi(−1)	−0.186072	0.12915	−1.44070
dppi(−2)	0.052500	0.111904	0.44104

注：根据计算所得。

由模型结果我们得出以下结论：

一是 INC 对 CPI 的影响为正，即当滞后一期时 INC 每增长 1%，CPI 增长率为 0.150684%，结果不显著。当滞后二期时，INC 每增长 1%，CPI 的增长率为 0.240182%，结果在 0.01 的显著水平上显著，因此，当工资上涨时会造成成本型的通货膨胀。

二是货币发行量在滞后一期时对 CPI 的影响为正，即 M2 每增长 1%，CPI 会增加 0.211376%，其结果在 0.01 的显著水平上显著。在滞后二期时对 CPI 的影响仍为正，M2 每增长 1%，CPI 指数会上涨 0.055783%，说明货币供给量的增加对通货膨胀的影响为正，货币的超发会造成通货膨胀的压力。

三是 MPI 对 CPI 的影响为正，当 MPI 滞后一期时，MPI 增长 1% 引起 CPI 的变动为 0.040517%，结果在 0.01 的显著水平上显著。当滞后二期时，MPI 每增长 1% 所引起的 CPI 的变动为 0.047054%，这说明原材料购进价格的上涨会引起生产价格的上涨进而引起通货膨胀，原材料价格的上涨属于输入型通货膨胀。

四是 PPI 在滞后 1 期时对 CPI 的影响为负，在滞后 2 期对 CPI 的影响为正，说明 PPI 与 CPI 出现了背离的情况。这是因为生产价格指数主要是用于衡量生产资料的价格，但是消费价格指数却主要是侧重于食品以及服务的价格，因此，受多方面影响的生产价格指数变动，传导至消费价格指数时会受阻。

（4）格兰杰因果检验

检验 PPI、MPI、INC、M2 等变量与 CPI 之间存在的格兰杰因果，估计结果如表 3-13 所示，M2、MPI 以及 INC 均是 CPI 波动的原因。

表 3-13　格兰杰因果检验

excluded	chi-sp	df	prob
DPPI	2.297501	2	0.3171
DM2	9.230368	2	0.0099
DMPI	11.14954	2	0.0038
DINC	5.847622	2	0.0537
ALL	25.54536	8	0.0013

注：根据计算所得。

（5）VAR 模型系统稳定性判断

采用 AR 根稳定性检验来检验 VAR 模型系统稳定性，检验结果如图 3-14 所示。由该图可得，模型通过系统稳定性检验。

（6）脉冲响应分析

脉冲响应能够展示出系统中某内生变量发生的冲击对其他变量的动态响应轨迹，图 3-15 为脉冲响应效果图，其中横轴用来表示冲击作用的滞后期间数（单位：季度），纵轴则表示 CPI 的变化率。

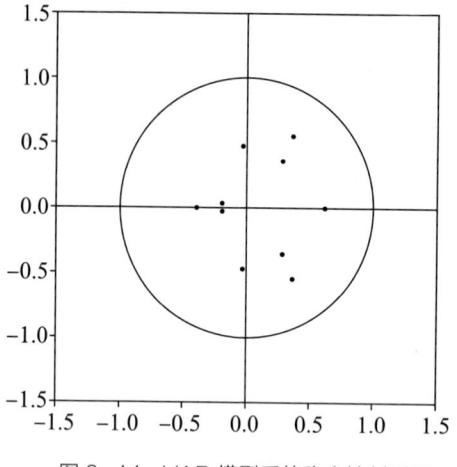

图 3-14 VAR 模型系统稳定性判别图

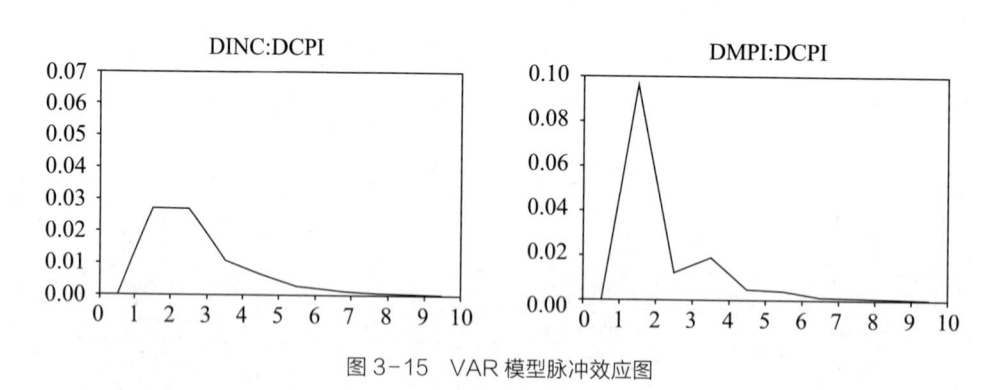

图 3-15 VAR 模型脉冲效应图

由脉冲结果可得,图中 CPI 对 INC 产生正向响应,在第 3 期达到最大,随着时间推移这种响应逐渐减弱并趋于平稳,说明居民收入的增加对 CPI 指数的影响为正。图中 CPI 对 MPI 的响应为正,当给 MPI 一个正向冲击时,CPI 会产生正向响应,在第 2 期时达到最大值,但这种响应逐渐减弱,说明原材料价格的上涨会引起 CPI 指数的上涨。

(7)方差分解

通过方差分析可以看出各解释变量在系统动态变化中的重要性,包括强度和影响幅度,分解结果如表 3-14 所示。

从表 3-14 可以看出，CPI 对其自身变动解释程度很大，在第 10 期时其对自身的解释程度为 75.1053%。全国居民人均工资收入、货币供给量、生产价格指数、原材料购进价格指数在初期时对 CPI 的解释程度很小，但随着时间推移，其解释能力不断增加，至 10 期时全国居民人均工资收入对 CPI 的解释程度为 3.9692%，生产者价格指数对 CPI 的解释程度为 3.2834%，其中货币供给量对 CPI 的影响程度最大，为 9.4341%，原材料购进价格指数在第 10 期对 CPI 的影响程度为 8.2080%。生产者价格指数具有先导性，生产者价格指数的增长表现为经济过热的趋势会将其传导至 CPI，但是由于中国 CPI 的核心构成是农产品，因而生产价格指数对其的传导并不是很明显。由弗里德曼的货币数量论我们得知，一国的货币数量会决定其物价水平及货币价值。当货币供给量增加时，商品的物价会出现上涨趋势，而货币价值也会呈现下降趋势。即货币供给量变动会影响到 CPI。原材料购进价格指数与生产价格指数一样具有先导性，生产资料价格上涨必定会传导至消费价格进而引起输入型的通货膨胀。

表 3-14 方差分解结果（%）

期数	DCPI	DPPI	DMPI	DM2	DINC
1	100.0000	0.0000	0.0000	0.0000	0.0000
2	86.1454	0.6869	1.6831	8.7792	2.7053
3	78.4159	2.3687	6.5515	9.6669	2.9971
4	77.4899	2.9642	6.5684	9.7967	3.1809
5	75.9181	3.1354	7.7974	9.5973	3.5519
6	75.2087	3.2734	8.1869	9.4531	3.8779
7	75.1206	3.2836	8.1975	9.4351	3.9633
8	75.1135	3.2832	8.1989	9.4347	3.9697
9	75.1070	3.2835	8.2058	9.4344	3.9693
10	75.1053	3.2834	8.2080	9.4341	3.9692

注：根据计算所得。

第三节　潜在货币风险预测

由上文的分析我们得出，在"十三五"期间人民币对一篮子货币汇率略有变动但保持了基本稳定，我国资本账户和经常项目账户近两年表现出顺差状态，外汇储备仍能保持相对稳定，短期内通货膨胀率与实际利率保持稳态趋势，但是货币领域潜在的风险仍需重视，因此，我们需要对"十四五"期间相关指标进行预测分析，及时发现潜在风险。

一、外汇资产缩水风险加剧

对"十四五"期间外汇资产的预测，需要在中美经贸摩擦、美元指数走弱进入贬值预期阶段的背景下进行预测。

（一）基于中美经贸摩擦下的外汇资产缩水的风险预测

中国的外汇储备种类主要为美元、日元、欧元、英镑等，其中美元占比例为70%左右，欧元所占的比例大约为20%，日元与英镑大约占比为10%。由此可见，美元资产是我国外汇储备的主要组成部分，且美元资产中美国国债与机构债券占比很高。虽然强大外汇储备资源可以增强我国在国际上的支付水平，也能抵御来自外部的金融风险的冲击，但是，我国作为美国的债权国不仅面临着市场经济风险，同时也面临着主权风险和信用风险。

自2018年3月特朗普据《301报告》对中国发起贸易摩擦起，中美经贸摩擦已从贸易摩擦逐渐引申至科技战、金融战。2019年8月美国财政部在中国并不符合"汇率操纵国"量化标准的基础上，将中国列为"汇率操纵国"，需要我们采取预防措施谨慎面对美国有可能对中国行使的金融制裁。历史上，美国对其他国家所发起的金融战所使用的方式包括：金融制度、直接制裁其金融主体、攻击目标国的金融资产。

在金融制度方面，美国让目标国加快其金融对外开放程度，让目标国金融市场自由化。日本曾被美国视为贸易战的对手，其策略之一就是让日本加大其金融市场的对外开放。日本不仅加速日元国际化的脚步，同时也将资本项目上的"原则上禁止"改为后来的"原则上自由"，这种方式也让热钱频繁流进流出，加快资产泡沫化及泡沫破裂。日本股票以及房地产市场泡沫破裂，使日本陷入了"失去的二十年"。反观中国现状，与当时的日本相比有很多相似之处：第一，都是对美贸易顺差很大，并且这一现象被美国用来挑起贸易争端。但是，美国对中国的贸易逆差究其原因是美国内部问题，并且也存在统计口径的问题。第二，美国提出让中国开放金融市场，放开金融市场的交易与货币兑换等方面的自由化。但是，中国金融开放度以及人民币国际化力度，必须与中国现如今的经济发展相匹配。我国一直以来都是经常项目顺差，资本和金融项大都为逆差，近期经常项目出现收窄趋势，为维持国际收支平衡以及外汇储备额稳定必定会加快资本和金融账户开放。但是，短期资本项目自由化必然会引起国际游资的频繁进出，国际游资本身就具有投机性性质，必然会进入股票市场和房地产市场而进一步催生资产泡沫化，因此，有可能会引起资本和金融项目的进一步恶化。在资本和金融项目恶化以及可能存在金融制裁下，为了避险，投资者必定会撤出资本，资本大量流出会引发股市缩水、房产泡沫破裂，同时会引发外汇市场上人民币遭遇抛售。为避免人民币恶性贬值，央行运用外汇干预必定会导致外汇减少，同时，抵御外来风险的能力变差。

贸易摩擦下美国会采取的金融制裁方式有：一是以直接制裁其金融主体的方式来限制被制裁主体进入美国市场融资。美国曾对俄罗斯的银行体系以及石油、天然气等企业，实行过限制其进入美国市场融资的制裁措施。美国资本市场发展完善，吸引众多企业赴美上市融资，但是，美国针对俄罗斯制裁举措，直接导致俄罗斯的赴美融资之路受阻，进而导致俄罗斯的外汇资金收入短缺,外汇储备也受到很大的影响。2018年12月,美国SEC与PCAOB两机构就对中国的上市公司监管面临挑战的问题,向美国投资者提出警示。美国共和党的参议员卢比奥起草了一份草案,要求在美上市的公司均须保证信息透明度,同时提到未经上市公司会计监督委员会审计的公司,将会面临更严苛的披露要求。对中国上市企业来讲,未来赴美上市融资可能会面临更大的挑战,加大企业获取融资的难度,我国的外汇储备也必然会受到影响。二是美国对金融机构、实体企业等发起制裁,切断其清算、结算以及支付渠道,冻结其在美的资产。除此之外,美国依据《国际紧急经济权利法案》,来启动TFTP授权其海外资产控制办公室从支付系统中调取交易信息,并通过支付系统来切断涉及美元的金融交易。2012年,美国曾制裁过伊朗的金融机构,切断了环球银行间金融通信协会与伊朗的金融系统的报文转换通道,此举令伊朗的经济贸易受到很严重的影响,因为无法通过货币结算,故只可通过物物交换来交易。美国曾就中国昆仑银行与伊朗部分被制裁银行交易而制裁昆仑银行,被制裁期间,昆仑银行的外汇业务、融资业务等均无法进行。

美国也会通过金融工具来攻击目标国的金融资产,常见的是:一是认定目标国为"汇率操纵国",据此成为美国督促其贸易伙伴汇率升值以及加快资本金融项目开放的方式。1985年美国与日、德、英、法等五国签下了"广场协议",该协议的签订主要是因为美国对外贸易逆差严重,且美元汇率大幅度升值。签订协议后美元下跌,并且美国对外贸易逆差收窄,反之日元与马克升值幅度很大。日本采取降低利率的方式抵消升值压力,却造成了房地产市场和股票市场的泡沫,此后美国加息日本跟随加息时导致了泡沫破裂,爆发严重的金融危机。中国现在也被美国贴上了"汇率操纵国"的标签,据此来迫使人民币升值。如果人民币被迫升值,外汇必然有严重缩水的风险。二是美国可采用降低信用评级的方式使目标国难以获取国际融资。2014年,俄罗斯曾被信用评级机构降低信用评级,随后俄罗斯获取的难度加大、融资成本提高,且出现资本外流的情况,这不仅导致卢布贬值,同时也导致大额的外汇储备被消耗。

(二)基于美元贬值预期下的外汇资产缩水风险预测

美元指数的变动呈现出一定的规律,由 20 世纪 70 年代至今的美元指数数据得出,美元的上升期一般为 5—6 年,下降期为 9—10 年。2015 年 6 月,美元进入升值阶段,据此得出在"十四五"期间美元会处于下降期,这意味着美元兑主要货币可能呈贬值态势。2018 年下半年以来,尽管美元兑人民币呈升值态势,但这只是短期经贸摩擦等因素导致的结果,并不会改变美元走弱的大趋势。美元兑人民币经过这段时间升值,更加强化了之后美元兑人民币要贬值的预期。自 2010 年 6 月中国有效结束人民币"盯住"美元汇率政策以来,人民币兑美元先升后贬。预计美国财政状况在"十四五"期间难以改善,尤其是美国债务高压,美元指数长期将处于贬值态势。据测算,2010 年启动汇改后的 2011—2013 年间美元汇率小幅度贬值,中国因此而损失的外汇储备分别为 1546.67、199.38、1057.09 亿美元。2002—2007 年间的美元贬值,给美国带来高达 13000 亿美元的收益,而 2011—2013 年间的美元贬值给美国带来 1550 亿美元的收益。因此,我们需要对"十四五"期间,美元对人民币汇率进行预测,判断"十四五"期间美元与人民币实际汇率走势及美元对人民币汇率,分析新一轮的美元贬值即将给我国外汇储备带来的缩水程度。

由上文得出,美元兑人民币汇率受到一国的经济发展水平、通货膨胀率、外商直接投资、货币供给量及中美利差等多重因素的影响,预测未来汇率走势需要基于多种因素情形下预测"十四五"期间的汇率走势。

1.基于现阶段发展的基准情景预测

2018 年,中央政治局会议上曾指出经济运行稳中有变,面对问题与挑战以及外部环境的变化要做好"六稳"工作,其中"稳预期"是关键的一环。

"十四五"期间做好"稳就业、稳金融、稳外贸、稳外资、稳投资"的前提便是要做好"稳预期"工作。因此，需分析前期各项指标的变动规律，进而对"十四五"期间影响汇率的各项指标进行预测。假定"十四五"期间影响汇率的各项指标因素能够保持现阶段的稳定水平，国民经济发展维持当前发展态势，货币供给宽松适度增速维持均值水平，CPI同比增长率为近五年均值，外商直接投资能够保持稳定的年增速，中美利差不会有较大幅度波动，维持在平均水平。根据各项指标的设定预测出汇率水平如表3-15所示。

表3-15　2025年各指标基准情景预测值

指标名称	GDP	M2	CPI	FDI	INT	CNY
预测值	6.66	10.61	1.92	2.50	1.77	6.54

注：根据模型计算所得。

2. 基于悲观情景预测

经济全球化能够带来新的经济增长，发达国家与发展中国家都是经济全球化的受益者。但是，近些年来单边主义、贸易保护主义抬头，全球经济增速放缓，西方各经济体也面临着经济下行压力。2019年8月，美国国债收益率出现倒挂现象，这是近10年来首次出现收益率倒挂，虽然收益率倒挂并不意味着经济衰退出现，但是却预示着经济下行风险。同时，中美经贸摩擦致使关税规模的扩大，加剧恶化贸易前景。欧洲经济恶化更为严重，不仅欧洲经济总体下行，其核心国德国经济减速更为明显，德国PMI指数数月低迷，净出口对经济增长的拉动作用为负。

反观中国，中美经贸摩擦给中国经济发展带来更多不确定性因素，如果"十四五"期间中美经贸摩擦进一步恶化升级，美国从贸易、科技、金融等领域对中国进行压制，无疑会使中国经济发展尤其是对外贸易出口受到严重的影响。且国内处于"三期叠加"的特定阶段，内部在深化供给侧结构性改革的同时，也出现了一系列的问题：国内投资增速降低，即制造业投资增速偏低、基建投资增速出现回落、房地产投资增速持续下滑，这无疑都会使中国经济发展面临更大压力。因此针对"十四五"期间，外部局势的不确定性与中国国内发展所处的特定阶段，我们对各项指标进行预测。假定国内生产总值增速出现回落，每年以 5.5% 的增速增长；2019 年"730"政治局会议宣布货币政策重回宽松，但是以结构性宽松为主，资金主要流向实体经济。"十四五"期间若货币宽松仍以结构化为主，货币供给增长率每年保持 8% 的增速增长，则 2025 年货币供给的同比增长率 M2 为 11.01%。同时，居民消费价格指数的同比增长率以 8% 的年增长率变化，则 2025 年居民消费价格指数的同比增长率 CPI 为 2.32%；FDI 指数近五年最低为 2.38，若"十四五"期间国内生产总值降速、内外部经济环境较差，外商直接投资流入会随之降低，假定 FDI 为最低水平的 2.38；2018 年开始，中美利差逐渐减小甚至出现了负值，为 -0.17%，考虑到"十四五"期间货币政策仍保持结构化的货币宽松，利率市场化程度更高，中美利差会有再次出现负值的可能，假定为 INT 为 -0.17%，根据各项指标的设定预测出汇率水平如表 3-16 所示。

表 3-16　2025 年各指标悲观情景预测值

指标名称	GDP	M2	CPI	FDI	INT	CNY
预测值	5.5	11.01	2.32	2.38	-0.17	6.95

注：根据模型计算所得。

3. 基于乐观情景预测

目前，国内外经济下行压力较大，但是综合分析国内外经济环境，"十四五"期间经济发展仍会存在乐观情景的可能。虽然美国以缩小贸易逆差为由挑起中美经贸摩擦，但是自 1978 年中美建交以来，中美均从贸易合作中受益很多。2009 至 2018 年间，美国对华贸易出口为美国提供了超过 110 多万的就业岗位，多数美国受访企业表示从与中国的贸易合作中获利。习近平总书记曾经说过："今天中美关系已经变成你中有我、我中有你的利益共同体。"虽然现在中美出现贸易摩擦，但是中美双方本着平等互利与互谅互让的原则，定会通过对话协商妥善处理问题。与此同时在国际形势多变的局势下，中国不断开辟中国市场发展的新渠道，"一带一路"倡议的提出有利于缓解我国国内消费不足、产能过剩的境况，同时也能促进沿线国家的经济发展，进而达到互惠互利。

在当前中国经济体量以及外部局势不稳定的情况下，国内 GDP 增速虽然有所减缓，但是仍能保持维持在 6%，说明若经济环境有所好转中国仍存在发展潜力。2019 年中国营商环境由 2018 年的 46 位上升至 31 位，说明中国营商环境改善很多，而随着进一步扩大开放，必定会有更多外商投资流入，进而激发经济活力，营造新的经济增长点。

假定"十四五"期间加强对高端制造业与新型的基础设施建设的投资，资金更多流向实体经济，同时，企业家信心指数恢复，各项指标的假设值也随之变化：国内生产总值的增长点有恢复至 7.5% 的可能；货币政策为宽紧适度的货币政策，且主要依靠价格工具将资金引入实体经济发展，假定每年货币供给的同比增速以 8% 的增长率降低，则 2025 年其同比增速为 10.21%；外商直接投资随着营商环境改善，指数增长至 2.59；居民消费价格指数受到货币供给的影响较大，其同比增速为 1.52%；随着利率市场化改革的推进，美联储开启降息周期，中美利差开始重新加大，则"十四五"期间利差为近五年利差最高值 2.74%。

表 3-17　2025 年各指标乐观情景预测值

指标名称	GDP	M2	CPI	FDI	INT	CNY
预测值	7.5	10.21	1.52	2.38	2.74	6.33

注：根据模型计算所得。

由表 3-15、表 3-16、表 3-17 预测出 2025 年美元兑人民币汇率的三种情况，由此，我们可以得出："十四五"期间，人民币将进一步升值即美元贬值的可能性较大，而美元贬值必回引起外汇储备的缩水。假设"十四五"期间，中国外汇储备能够保持在3.09万亿美元的水平，则在基准情景预测、悲观情景预测以及乐观情景预测三种情形下，2025年年我国外汇储备因为美元贬值而可能减少的数额分别为1978亿美元、761亿美元、2906亿美元。

二、通胀的两大推力

在"十三五"期间的2018—2020年，国内通货膨胀压力较大，其外在因素包括：第一，中美经贸摩擦，中国对美进口产品加征关税所导致的进口产品价格上升，会推动国内通货膨胀；第二，美元处于升值阶段，且在中美经贸摩擦下人民币兑美元贬值，人民币的购买力降低，自美进口商品价格就相对提高，因而会有引发通货膨胀的压力。而国内因素主要是食品方面猪肉供给不足所拉动的CPI上涨，以及国内劳动力成本上升等原因引发了通货膨胀。基于对"十三五"期间通货膨胀因素的分析，我们可以对"十四五"期间的通货膨胀情况进行预测。

（一）输入型通货膨胀

"十四五"期间，我国通货膨胀的压力依然较大。图3-16显示了大宗商品价格指数与美元价格指数走势图，可以得出美元实际有效汇率指数与大宗商品价格指数呈现出负相关趋势，即，美元指数走强时大宗商品价格指数走弱，美元指数走弱时大宗商品价格指数走强。预计"十四五"期间，美元指数即将呈现走弱趋势，则大宗商品价格指数即将走强，由此得出原材料价格即将上涨。

从需求侧分析，"十三五"期间供给侧结构性改革的提出与实施，我国对于房地产投资领域及基建投资领域与之前相比更为谨慎，对于基础原材料中的钢铁及铁矿石的需求与之前相比增速减缓。在"十四五"期间，预计该走势会保持不变，对于基建所需原材料的需求增速会有所减缓。中国农副产品的需求量一直位居高位，大豆、小麦、玉米等进口量很大，其中大豆的进口量位居世界首位。美国一直是中国大豆的主要出口国，虽然在贸易摩擦发生后从美国进口大豆的数量有所减少，但是中国也转而从其他国家进口，因此需求并未减少。在"十四五"期间对农产品的需求仍会进一步增加，而随着价格指数的走强必定会带来通货膨胀的压力。能源产品中，我国对石油进口需求一直很大，数据资料显示我国对于石油的消费总量与GDP增速呈现出同向增长趋势，且由之前的发达国家经济发展与石油消费总量的规律得出：人均GDP低于1万美元时，石油的人均消费量增速较快，当人均GDP高于1.3万美元低于1.5万美元时，增速减缓直至饱和状态。2020年，中国人均GDP为1.11万美元，预测在"十四五"期间人均GDP可以达到1.5万美元，因此，石油消费量增速会减缓，但仍保持增长趋势。

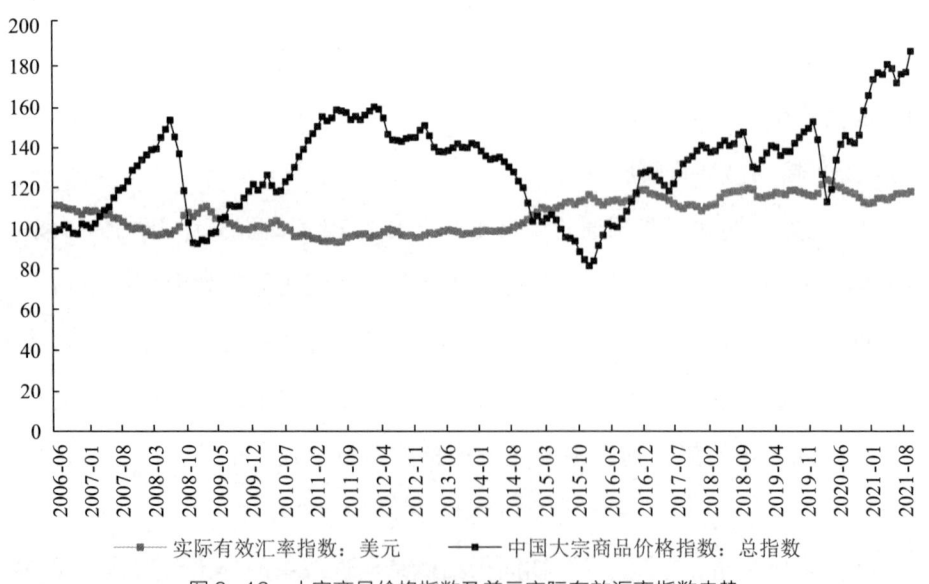

图3-16 大宗商品价格指数及美元实际有效汇率指数走势

数据来源：Wind数据库。

据此可以得出："十四五"期间，进口原材料的需求仍会保持增长趋势，在美元指数走低，原材料价格指数走强的情况下必然会引发输入型的通货膨胀。

（二）成本推动型通货膨胀

长久以来，中国因内需不足而维持出口导向型为主的经济发展模式，并依靠这种经济模式的确拉动了经济增长，国民生产总值也位居至世界第二位，但是这种经济模式也带来了一系列问题。从内部来看，造成了我国经济结构失衡、劳动力工资不高、内需动力不足，阻碍了我国经济持续发展。从外部来看，以出口导向为主容易受到外部环境变化的影响，如果外部需求降低，则出口必将受到限制。当前全球经济下行压力大，贸易保护主义抬头。之前以消费为主的国家转换其经济发展模式，即美国提出"再工业化"战略，要发展其制造业，重视其实体经济的发展，美国此举必将影响到出口导向型国家的发展。综合内外部因素，"十四五"期间，我们国家必须要调整产业结构，扩大内需，逐渐减少对外部经济的依赖，增强我国的经济韧性。

提高劳动者报酬是扩大内需的前提条件，但是，我们也必然要考虑到由于工资上涨而可能带来的成本推动型通货膨胀。1986年，政府为刺激经济增长曾放开商品价格以及推行工资制度的改革，而此次劳动者工资的提高是引发1987—1989年间通货膨胀的重要原因，以此为鉴，我们应该分析劳动力工资上涨可能会引发的通胀问题。

（三）"十四五"期间通货膨胀走势预测

由上文分析得出：由于原材料价格上涨、居民工资价格上涨等原因，"十四五"期间可能会引发新一轮的通货膨胀，因此，需要基于不同情境下对通货膨胀走势进行预测。

1. 基于现阶段发展的基准情景预测

从货币政策来看，虽然美联储及多个国家选择降息刺激经济发展，但现阶段我国货币政策仍保持松紧适度。货币政策数量工具选择的是定向降准，将资金引向实体经济，支持民营企业和小微企业的发展。货币政策的价格工具为继续深化我国利率市场化改革，使货币政策的传导机制更加畅通。

通过刺激消费扩大内需是应对经济下行压力的有效措施，政府通过加大减税力度提高居民个人收入，提高我国居民的消费力度。我国现阶段以工资收入为主要生活来源的居民占比很高，而我国收入分配不均情况仍然存在，因此，改变收入分配结构，提高居民人均收入，必将为扩大内需释放潜力。同时，随着美元指数的走弱，"十四五"期间原材料价格上涨，原材料购进价格指数作为生产价格指数与居民消费价格指数的上游指数，会通过传导效应将上升趋势传导至居民消费价格指数。假定"十四五"期间各指数能够保持"十三五"期间的均值状态，并据此预测出居民消费价格指数，如表3-18所示。

表3-18　2025年各指标基准情景预测值

指标名称	M2	MPI	PPI	INC	CPI
预测值	10.61	55.65	100.49	3.70	102.65

注：根据模型计算所得。

2.悲观情景下的预测

在全球经济下行压力加大的局势下，贸易摩擦的存在给全球贸易发展带来更多的不确定性，贸易国的进出口均会受到影响。"十四五"期间，如果美国在增加关税的基础上采取其他贸易手段，中国必将采取应对措施，中美两国的经济发展无疑会受到严重影响。就进口原材料分析，中国对美国农产品进口量较大，即使可以转从其他国家进口，但是由于需求量过大，因此其对美国的依赖程度很高。2018年3月中美经贸摩擦至2020年12月，原材料购进价格指数的变动率为7%，因此，假定"十四五"期间中美经贸摩擦叠加美元贬值因素，原材料购进价格指数以每年7%的增长率变动。生产价格指数在国内制造业投资增速降低的情况下连续4个月下滑，若未来制造业投资继续收缩，则生产价格指数仍有降低趋势，故设定生产价格指数为近五年最低值。为刺激居民消费，提高居民人均收入是最有效的措施，但企业盈利下滑居民收入增长受限，设定居民人均收入以近五年年增速最低值2.9%的增速增长。为了促进实体经济的发展，会采取相对宽松的货币政策，假定M2的增长速率以每年8%的增速增长。根据各指标设定值预测出居民消费价格指数如表3-19所示。

表3-19　2025年各指标悲观情景预测值

指标名称	M2	MPI	PPI	INC	CPI
预测值	11.01	56	94.06	3.61	102.42

注：根据模型计算所得。

3. 乐观情景下的预测

假定"十四五"期间中美之间形成新的贸易合作，各种问题得到妥善处理。并且在新的市场渠道下，"一带一路"贸易伙伴的不断增多，我国产能过剩的情况得到缓解，沿线各国互惠互利。国内高端制造业与新型基建设施发展迅速，货币政策宽松适宜，资金主要流向实体经济，居民人均收入提高，国内消费动力逐渐增强。据此各指标值也随之变化：考虑到美元贬值因素及供需的变化，原材料购进价格指数每年以1.5%的增长速率变化；制造业复苏生产价格指数为近5年的最高值；货币政策宽松适宜，货币供给的增长速率以每年8%的增速降低；居民收入增长较快以近五年年增速最高值8.5%的增速增长，根据各指标设定值预测出居民消费价格指数如表3-20所示。

表3-20　2025年各指标乐观情景预测值

指标名称	M2	MPI	PPI	INC	CPI
预测值	10.21	55.71	107.80	3.79	102.89

注：根据模型计算所得。

表3-18、表3-19、表3-20为2025年对居民消费价格指数的预测值，预测得出居民消费价格指数在"十四五"期间由于进口原材料价格上涨以及劳动力报酬上涨、中美贸易关系不确定性、货币政策调控、制造业发展等多

重因素的存在，会引发不同程度的通货膨胀问题。其中，在乐观情景预测下，居民消费价格指数预测值为 102.89，CPI 同比增长率有再次"破 3"的可能，但是由预测值也可得出，"十四五"期间温和性的通货膨胀会一直存在，引发严重性通货膨胀的概率较低。

第四章
资产风险的评估与预测

　　资产泡沫反映了资产价格严重背离资产价值的非平稳性波动，在连续市场交易中呈现出一类资产价格上升、膨胀、破裂与下跌的过程。查尔斯·金德尔伯格认为泡沫的核心是"价格在今天高于其基本价值，仅仅是因为投资者认为明天的价格会更高"，故抑或称作资产价格泡沫[1]，究其原因是市场主体的非理性预期下投机需求造成的，而并非注重资产的内在实体价值（使用价值或创造实体财富的能力）[2]。近年来，我国在经历了房地产热与股市热下资产价格持续大幅上涨的繁荣景象之后，正面临着经济下行压力增加下的市场崩盘、坏账以及资本外流的风险。早在2011年，美银美林研究显示，中国将会面临房地产泡沫破裂、银企信贷坏账以及国际资本外流等多风险交织传递的系统性风险。[3]那么，中国的资产泡沫到底有多大？未来的发展趋势如何？会不会破灭？对此，本章重点从房地产和股票市场角度分析我国资产价格泡沫问题。

---

[1] 金融界研究资产价格泡沫所指的资产，主要包括股票、债券和房地产等大宗资产。
[2] "The New Palgrave: A Dictionary of Economics", edited by John Eatwell, Murray Milgate and Peter Newman, New York, Stockton Press, 1987, p. 281.
[3] 美银美林："应密切关注中国潜在系统性风险"，https://finance.qq.com/a/20110930/006335.htm。

第一节　房地产泡沫风险评估

理论上，房地产泡沫是指房地产的实际价格在一定时期内呈现偏离市场均衡价格而快速上升、膨胀的非稳定性状态。自1998年房改以来，我国房地产业迅速成为推进经济发展的支柱产业，房地产价格也呈现上升趋势，尤其是2003年以后，其愈发脱离均衡价格，表现出一定的泡沫属性。据统计，全国商品房平均售价由2000年的2112元/每平米上升至2021年的10139元/每平米，涨幅380%。同时，房地产调控也在"稳增长与控房价"之间反复调整，虽然此类限制政策曾起到一定作用，但是却难以根治房地产泡沫问题，房价反而呈现越调控越上涨的趋势。其中在2015年至2020年期间，我国提出了"去库存+房住不炒"的政策，而房地产市场除2019年以外，出现了从小幅上涨到翻倍上涨，再到轮动上涨的"牛市"趋势。

一、房地产市场引发泡沫危机的内在特性

作为涉及多项产业的领域，房地产业在宏观经济发展中发挥着经济增长"引擎"的重要作用；同时其也是具有强烈周期性与高杠杆性的部门，经常是金融危机的策源地。可以说，一国经济的发展繁荣离不开房地产市场的消费与投资的支持，同样，一国经济发展的衰退也离不开房地产泡沫的触发。在危机史中，由房地产泡沫引发的金融危机不乏少数，可以说十次危机有九次是因房地产泡沫触发，如1986—1991年日本泡沫危机、1992—1993年的中国海南泡沫危机、1997年的东南亚金融危机以及2008年美国次贷危机等。概括来讲，房地产市场引发泡沫危机的内在特性主要有两点。

（一）房地产行业的"顺周期效应"与"风险传染性"

房地产市场周期与经济周期之间存在极强的关联性，即顺周期性；同时，由于其自身开发周期相对较长（一般为3年左右），也存在相对经济周期的滞

后性，强化了经济发展的周期性。在经济发展的上升周期时，受低利率政策、宽松信贷政策以及房地产等抵押资产价值被高估等因素推动，无论是房产企业还是个人购房者均能够从银行等金融机构较为容易地获得信贷资金，将大量资金投入到房地产市场中，得以实现自身财富的增值保值。这无疑会进一步推动房地产等抵押资产价格的上升，泡沫不断滋生、膨胀。当市场泡沫破裂时，随着利率政策与信贷政策等金融政策转向，房地产等抵押资产价值的下跌，引发银行等金融机构的不良信贷集中"爆雷"；信贷供给萎缩与不足导致房产企业与个人购房者等市场主体的资金链断裂与资产负债表的恶化，导致风险由房地产业传导到其他行业（即风险传染）；企业投资降低、居民购房与消费能力下降，进一步助推经济陷入衰退；失业和违约率进一步增加，经济步入下降通道。房地产周期下行的主要特征是房地产价格的持续下降或低迷。一旦出现房地产周期下降并引起房价下跌，抵押物价值迅速下降，就会导致银行房地产贷款不良率急剧上升。由于目前房地产贷款已成为银行信贷余额中占比最高的行业，因此就更容易引发银行业的系统性风险，甚至出现银行危机。

（二）房地产的供给端与需求端的"双向杠杆性"

房地产市场的杠杆性可从供需端的资金来源得到解释。在房地产行业中，从土地收购、建筑施工到项目销售等环节均存在银行信贷的杠杆作用。从供需视角来看，房地产市场参与主体主要包括房地产开发企业（供给端）与个人购房者（需求端）。从供给端来看，开发企业的资金来源主要以银行信贷（涉及企业贷款与个人按揭贷款）为主。在前期阶段，向政府仅支付部分土地价款，并以土地使用权作为抵押获取银行信贷，折价额约为80%的土地价款；在建设阶段，建筑企业以建筑承包合同作为抵押获取银行信贷。从需求端来看，在销售阶段，居民以房屋购买合同作为抵押进行按揭贷款，一般按揭贷款额可达到70%的房屋价格。对居民来说，通过按揭贷款方式，可以使居民从房价的快速上涨中获得投资性收益，首付成数越低、交易环节的税负越少，杠杆率就越大。

二、触发房地产泡沫因素分析

房地产市场是否存在泡沫,取决于支持房地产价格上涨的决定因素是基本面的实体经济需求(即实体需求),还是货币现象的投机性需求(即投机需求)。整体来看,中国房地产市场存在泡沫威胁。

(一)支持房价上涨的实体经济需求尚显不足

房地产市场中商品房供需交易最根本的作用是保障居民居住需求的满足,反映了商品房的商品属性。居住需求主要受城镇化程度、居民收入水平以及人口结构等因素的影响。整体来看,中国改革开放40多年的发展,已经引发实体经济需求这一基本面的巨大变化,在一定程度上支撑了房价的上涨,但在经济迈入新常态以来,其支撑力度的边际效应尚显不足。

从规模视角来看,1978年至2018年间,中国GDP规模从0.37万亿元提升至90.03万亿元,年均名义增速为14.94%;城镇人口从1.72亿人增加至8.31亿人,年均增速为4.02%,城镇化程度也由17.92%提升至59.58%,城镇居民家庭人均可支配收入由343元增加至3.93万元,年均名义增速为12.75%。另外,家庭规模呈现小型化,根据人口统计与普查数据显示,每户平均规模由1978年的4.66人下降至2018年的3.71人。

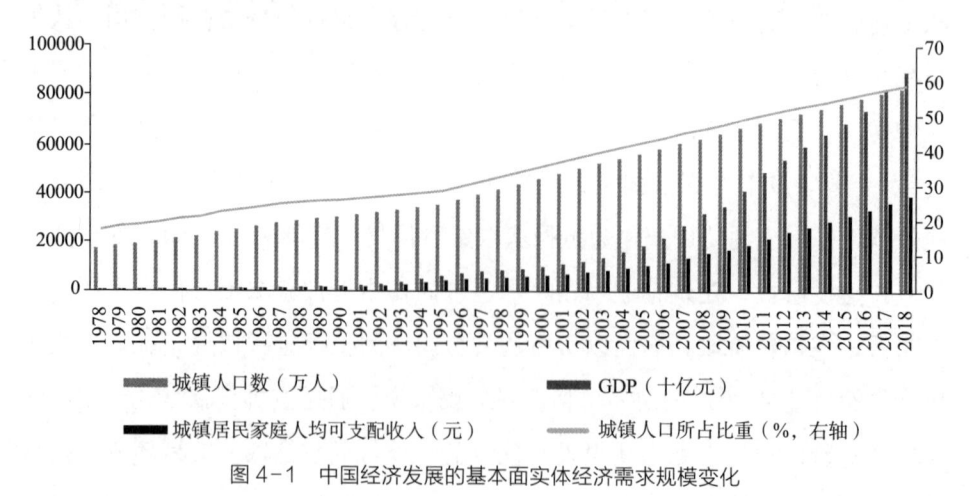

图4-1 中国经济发展的基本面实体经济需求规模变化

数据来源:中国经济社会大数据研究平台。

第四章 资产风险的评估与预测 101

从增速来看，1978 年至 2018 年间，中国 GDP 规模、城镇人口、城镇居民家庭人均可支配收入以及总人口与城镇人口增长等指标的名义增速都呈现不同程度的降低。这说明中国经济发展基本面的实体经济需求对房价支持力度的边际效应在逐渐递减。尤其是，全国商品房价格在 2004—2005 年间涨幅分别为 17.76% 与 14.03%，2007—2009 年间涨跌幅分别为 14.77%、-1.65% 与 23.18%，以及 2016 年间涨幅为 10.05% 等已超出城镇化、居民收入增长等宏观数据所能解释的范畴。

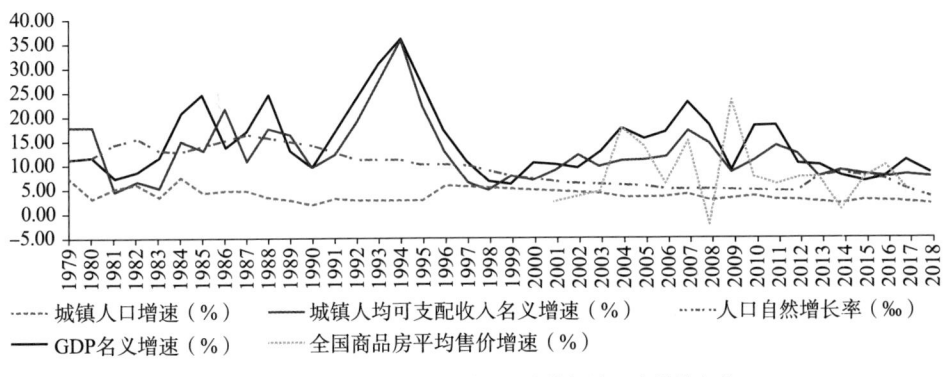

图 4-2 中国经济发展的基本面实体经济需求增速变化

数据来源：中国经济社会大数据研究平台。

（二）市场投机需求驱动并引发房地产泡沫

房地产市场在满足居民实体需求的同时，也存在满足居民财富增值的投机需求，这取决于其强顺周期性、高杠杆性、抗通胀性等金融属性。这是引发房地产短期剧烈波动与泡沫产生的关键所在。居民投机需求的偏好主要受货币投放、低利率政策以及土地供给垄断等因素的影响。根据货币数量方程 MV=PQ 可知，在货币流通速度一定的情况下，当货币供给规模大于实体经济发展所需货币规模时，货币超发必然会引起资产价格的上涨。同时，在低利率政策下，超发的货币又通过金融部门信贷机制以倍数增长（杠杆效应）地投放至实体经济中，尤其是房地产市场。这是由于房地产市场具备财富值增值的金融属性,成为吸收超发货币的重要资金池。2005 年至 2017 年,中国 M1 年均名义增速为 14.81%,明显高于同期的 GDP 与城镇人均可支配收入的年均名义增速,分别为 13.48% 与 10.99%。根据图 4-3 对比可知,在 M1 增速超过 GDP 增速时(即货币超发),房地产价格均呈现快速上涨的趋势,如 2006—2007 年、2009—2010 年、2012—2013 年、2015—2016 年。尤其是在 2014 年至 2016 年间,政府部门曾采取了两次降息政策,一是 2014 年央行实施了两次定向降准、"930"新政以及非对称下的"1122"降息政策[1],开启了新一轮房价上涨周期;另一是 2015 年央行采取了五次降息降准政策[2],助推了房价的暴涨势头。

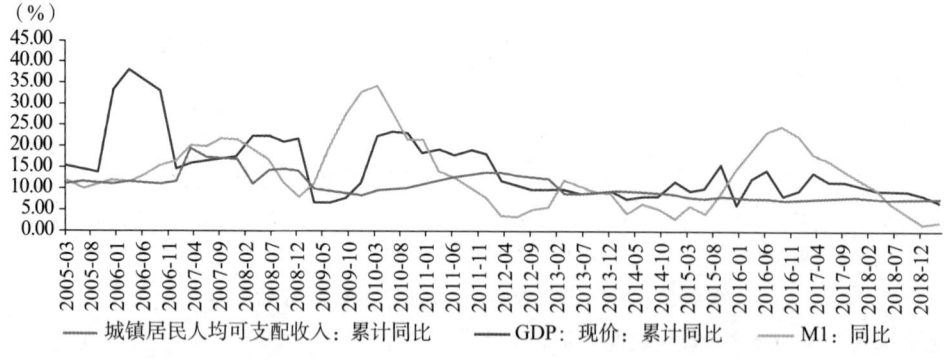

图 4-3 中国 M1 货币供给、GDP 与居民收入的名义季度增速的对比

数据来源:Wind 数据库。

---

[1] 2014 年 6 月 9 日,中国人民银行决定从 6 月 16 日起对符合审慎经营要求且"三农"和小微企业贷款达到一定比例的商业银行下调人民币存款准备金率 0.5 个百分点,对财务、租赁等公司下调人民币存款准备金率 0.5 个百分点。4 月 22 日,中国人民银行决定从 4 月 25 日起下调县域农村商业银行人民币存款准备金率 2 个百分点,下调县域农村合作银行人民币存款准备金率 0.5 个百分点。9 月 30 日,为进一步改进对保障性安居工程建设的金融服务,继续支持居民家庭合理的住房消费,促进房地产市场持续健康发展,中国人民银行和银监会联合发布《关于进一步做好住房金融服务工作的通知》(银发〔2014〕287 号)。11 月 22 日,中国人民银行采取非对称方式下调金融机构人民币贷款和存款基准利率。其中,金融机构一年期贷款基准利率下调 0.4 个百分点至 5.6%;一年期存款基准利率下调 0.25 个百分点至 2.75%。同时结合推进利率市场化改革,将金融机构存款利率浮动区间的上限由存款基准利率的 1.1 倍调整为 1.2 倍。

[2] 2015 年,央行总共实施五次降息降准政策,分别为降准 0.5 个百分点(2 月 4 日)、降息 0.25 个百分点(3 月 1 日)、降准 1 个百分点(4 月 20 日)、对称降息 0.25 个百分点(5 月 11 日)、降息 0.25 个百分点与定向降准 0.5 个百分点(6 月 28 日)、降息 0.25 个百分点与降准 0.25 个百分点(8 月 26 日)、降准 0.5 个百分点与降息 0.25 个百分点(10 月 24 日)。

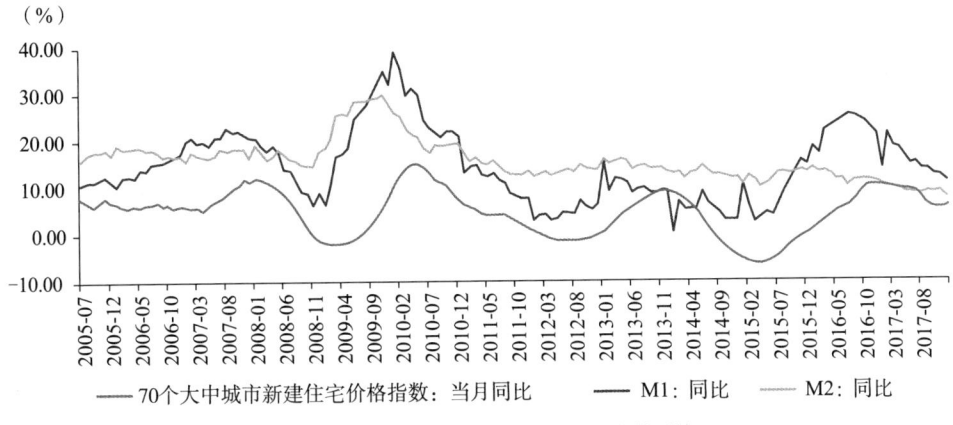

图 4-4　中国房价指数与货币月度增速的对比

数据来源：Wind 数据库。

三、当前区域性房地产泡沫分析

现阶段，房地产领域的一系列数据都以稳民心和稳增长为主要目标，并没能反映真正的房地产过度投资的现象，只有通过具体的指标才能准确分析。对此，本节考虑到指标的可得性、易用性和可比性，将选取房价增速与 CPI 同步率、房价收入比、房价租金比、房产投资占比、银行支持力度、房屋空置率等六个指标对我国房地产市场是否存在泡沫及其大小进行分析和总体判定。

（一）房价与 CPI 同步率波动剧烈

房价与 CPI 同步率，是指房地产价格增速相对同期居民消费价格指数的倍数，即房价增速 /CPI。房屋住宅作为居民生存与生活的必需品（如购买或租赁住房），又是价格最高的消费品，其价格变化应该基本与 CPI 之间保持相对同步。房价上涨在一定程度上会带动 CPI 的提高，相反地，CPI 的持续膨胀也会带动房价的上涨。若当房价快速上升且幅度大大超过 CPI 时，这表明房价已偏离其内在价值基础，意味着房地产泡沫已产生。该指标是从动态视角来监测房地产市场的泡沫化程度，即该指标值越大，房地产泡沫生成、爆发的可能性就越大。根据泡沫化程度差异，该指标存在两个预警值，即 2

倍与4倍，将房地产泡沫划分为三类：一是正常状态，指标区间为0—2；二是轻微泡沫，指标区间为2—4；三是严重泡沫，指标大于4。从全国来看，2011—2019年期间，除个别年份以外，全国商品住宅价格相对CPI同步率均处于轻微或严重泡沫状态。这表明当前中国房价与居民消费价格指数增长出现了严重的背离，意味着在经济回升基础还不稳固的大背景下，至少有部分信贷资金流入房地产，成为房地产市场泡沫膨胀的重要成因。从城市结构来看，现阶段，一线与三线城市自2016年以来，其房价相对CPI的同步率始终保持在正常状态，不存在房地产泡沫风险或处于低风险阶段；而二线城市自2017年以来，其房价相对CPI的同步率始终处于剧烈波动下，存在较高的房地产泡沫风险。

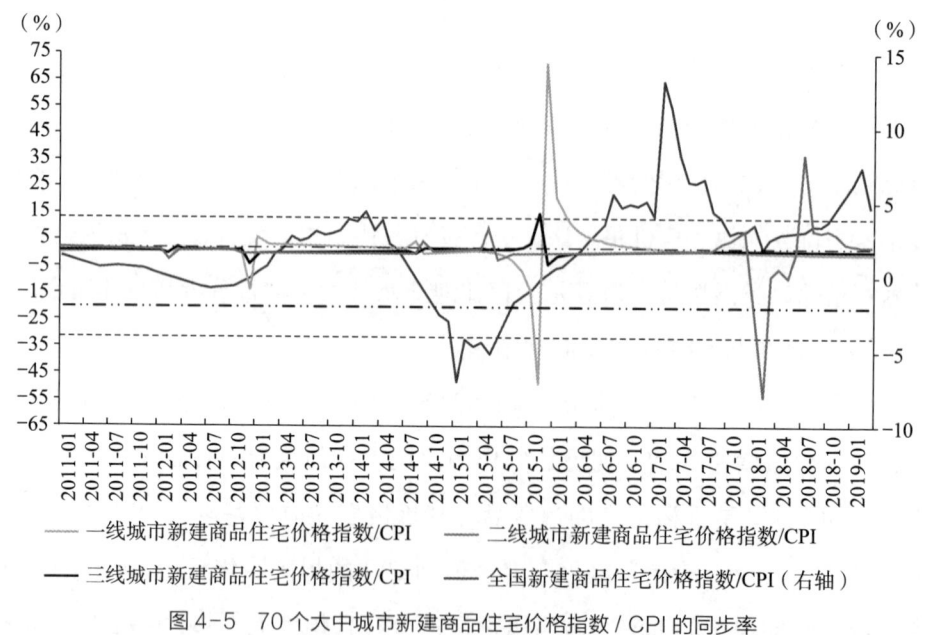

图4-5　70个大中城市新建商品住宅价格指数/CPI的同步率

数据来源：Wind数据库。

（二）房价收入比过高

房价收入比是从过度投机需求视角来度量房地产泡沫程度，一般采用居民一套购房均价/居民家庭年均收入来衡量，反映了居民购房的难易程度和偿还购房按揭债务能力。一般来说，房价收入比值越大，则居民实际购房支付能力就越弱，说明在房价投资中存在过度投机行为，房价虚假成分就越高。按照国际惯例，房价收入比在3—6倍可视为"合理住房价格"，若超过6倍以上，则居民住房购买力不足，就认为市场存在泡沫。通常，房价在很长一段时间内持续快速上涨可能是出现房产泡沫的预警信号之一。

我国的房价收入比在过去的20年里一共经历了两个上涨周期：第一周期（2005年到2010年，除去2008年），房价收入比普遍在7.5左右；第二周期（2015年到2019年），房价收入比迅速反弹，最高可达12.22，基本维持在10—11左右。也就是在2018年，房地产对中国经济的贡献由正转负，工资没有显著上涨，但是实际的购买力是下降的。社科院（2018年）测算结果显示，随着房价收入比的提高，房地产对经济增长的正向拉动效应不断变小、负向挤出效应不断增大，拐点处的房价收入比为9左右。也就是说，当房价收入比超过9以后，房地产对经济增长的影响将得不偿失[1]。而在诸如北京、上海这样的大城市，这一比值至少为20年，甚至一度接近50年（2018年北京房价收入比为48.13）。与其他国家的长期住房承受比率进行比较，中国的住房仍然较为昂贵，但与1998年房改之初比较，住房成本对于个人而言更加可以承受了。图4-6显示了全球主要大城市的房价收入比情况。在发达国家的大城市，房价收入比通常低于20年；就中国的大城市而言，2016年以来房价收入比一直高于30年。根据NUMBEO住房价格指数显示，在全球房价收入比的十大城市里面，中国的北京、上海、广州和深圳基本可以占据四席，这表明我国区域性房地产市场泡沫已经比较严重。

---

[1] 社科院发布的《中国城市竞争力第17次报告（主题报告）》，https://baijiahao.baidu.com/s?id=1637170871427869571&wfr=spider&for=pc.

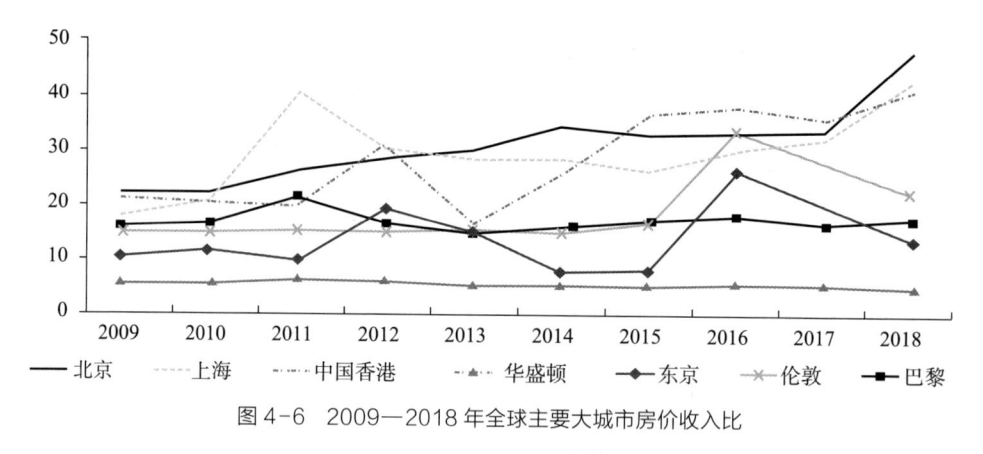

图 4-6 2009—2018 年全球主要大城市房价收入比

资料来源：NUMBEO 住房价格指数数据库，其中 2010 年中国香港用 2009 年与 2011 年的平均值替代，2009—2010 年华盛顿数据用 2011—2018 年平均值替代。

（三）房价租金比上涨过快

房价租金比是指每平方米使用面积的房价与月租金之间的比值，该比值越大，说明市场投机成分增加，泡沫增大，反之亦然。当房屋作为投资需求时，决定房价的因素是房屋租金，国际通常用价格租金比来表示房价水平的高低和泡沫的大小。2010 年，国土资源部发布《中国城市地价状况 2009》，提出"租价比"的概念，数值上等于一年出租价格与不含装修与税费房价的比值，如果比值高于 5.5%，那么说明该住房还有升值空间，如果比值低于 4.5%，则说明该住房存在泡沫。按着这一比例反过来计算房价租金比，如果房价租金比大于 22.22 倍，可以认为该住房存在泡沫，如果低于 18.18 倍，则不存在泡沫。根据南比奥（NUMBEO）的统计[1]，华盛顿的房价租金比一直低于 18.18 倍，伦敦和巴黎则基本处于 40 倍以下，上海、中国香港和东京最高则超过了 50 倍，而北京在 2018 年则高达 72.34 倍（见图 4-7）。这说明我国大城市房价上涨快于租金上涨，房地产市场中的投机成分和泡沫在不断增大。

---

[1] 南比奥（NUMBEO）的房价租金比指的是平均拥有成本除以已收租金收入（如果购买出租）或预计租金（如果购买居住）后支付。较低的价值意味着买比租更好，较高的价值意味着租比买更好。估算每平方米租金的公式假设一居室公寓有 50 平方米，三居室公寓有 110 平方米。它不考虑税收或维护费用。

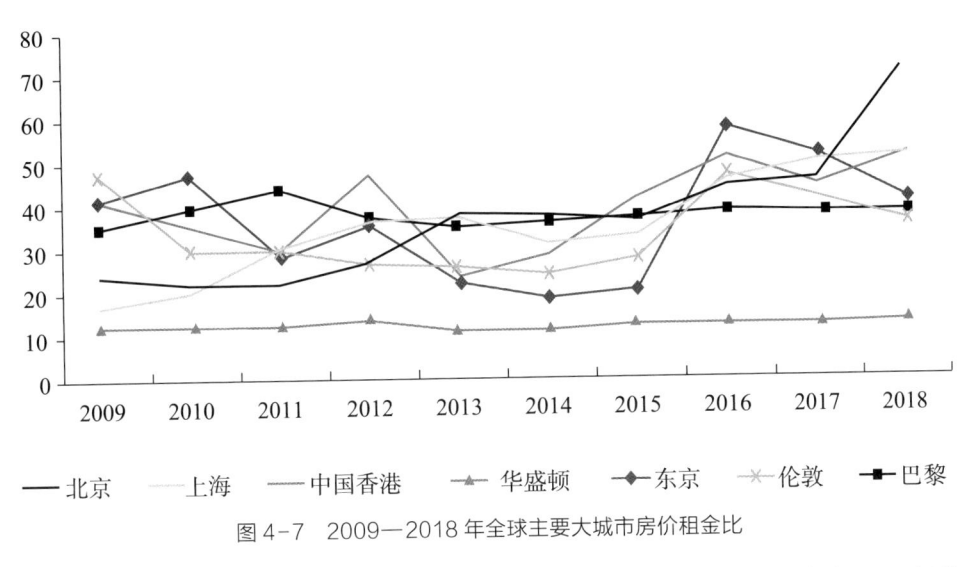

图 4-7　2009—2018 年全球主要大城市房价租金比

资料来源：NUMBEO 住房价格指数数据库，其中 2010 年中国香港用 2009 年与 2011 年的平均值替代，2009—2010 年华盛顿数据用 2011—2018 年平均值替代。

（四）房产投资占比集中度较高

房地产开发投资占全社会固定资产投资完成额的比重用来评价全社会总投资在房地产业的聚集程度。一般认为，房地产开发投资占全社会固定资产投资完成额的比重超过 20%，就存在房地产泡沫。图 4-8 可以看出，从 1992 年开始，我国房地产开发投资占全社会固定资产投资完成额的比重呈快速上升态势，自 2010 年以来，我国房地产开发投资占全社会固定资产投资完成额的比重已经超过 20% 的警戒线，由 22.05% 波动上涨至 2021 年的 26.70%。另外，1998 年房改以来，我国房地产开发投资占国内生产总值的比重逐年提高。1998 年仅为 4.2%，亚洲金融危机之后的 2002 年提高到 6.4%；到 2014 年达到最高点 14.75%，是 1998 年的 3 倍多，随后呈下降趋势，到 2021 年降为 13.02%，仍然是 1998 年的 3 倍多。这一比值已经远高于中国香港、日本和美国等国家或地区发生房地产泡沫时的水平，中国香港 1997 年这一比值为 10.1%，1991 年的日本为 7.5%，而 2008 年的美国还不到 3%。

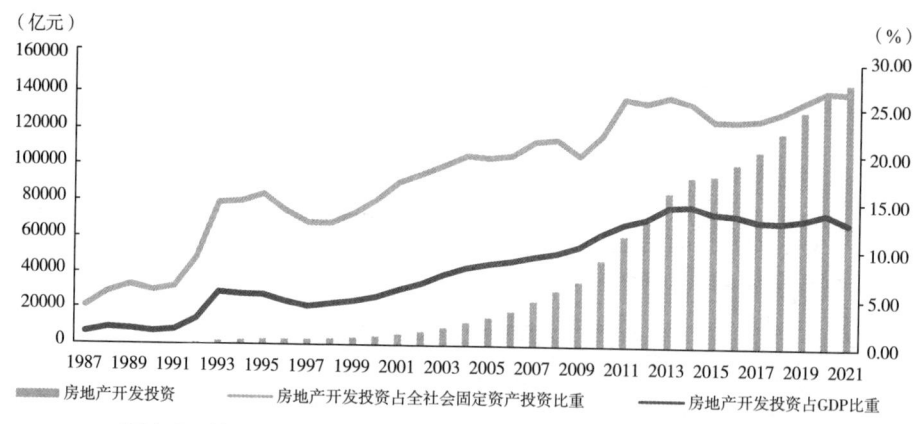

图 4-8　1987—2021 年我国房产开发投资占固定资产投资与 GDP 的比重

资料来源：Wind 数据库。

(五) 银行支持力度增速与占比呈下降趋势

银行支持力度用来判断房地产业对银行业的依赖程度，一般采用银行信贷占房地产资金来源占比指标进行衡量，反映了房地产信贷规模的集中度。长期以来，中国开发商融资来源较为单一，严重依赖商业银行，房地产开发贷款是其最主要资金来源。从图 4-9 可以看出，自 2005 年以来，房地产贷款规模呈现快速上升趋势，季度平均增速约为 21.26%，其中在 2012—2016 年处于增速上涨阶段，在 2017—2019 年处于增速下降阶段。中国人民银行公布的 2018 年金融机构贷款投向统计报告显示，房地产市场贷款新增 17.1 万亿元，同比增长 16%。整体来看，由于采取了多种措施对房地产和地方政府融资平台贷款加强风险管理，截至 2018 年，各银行房地产贷款的不良率全部出现了向好趋势。

如图 4-10 所示，中国房地产开发企业国内贷款规模从 2005 年 0.39 万亿元增长至 2018 年的 2.4 万亿元，占房地产开发企业资金来源比重大体呈现弱下降趋势，即由最高点 2006 年的 19.74% 降至 2018 年的 14.46%。这也说明银行对房地产业的支持力度呈下降趋势，但是绝对值仍然不小。个人按揭贷款规模由 2005 年的 0.134 亿元上升至 2018 年的 2.524 亿元，占房地产开发企业资金来源比重大体呈现上升趋势，即由 2005 年的 6.27% 上升至 2018

年的 14.28%。这说明居民的购房信贷压力逐渐增加，杠杆水平也不断提升。但自 2017 年以来，个人按揭贷款增速已经连续两年呈现负增长，分别为 -2.04%、-0.84%。

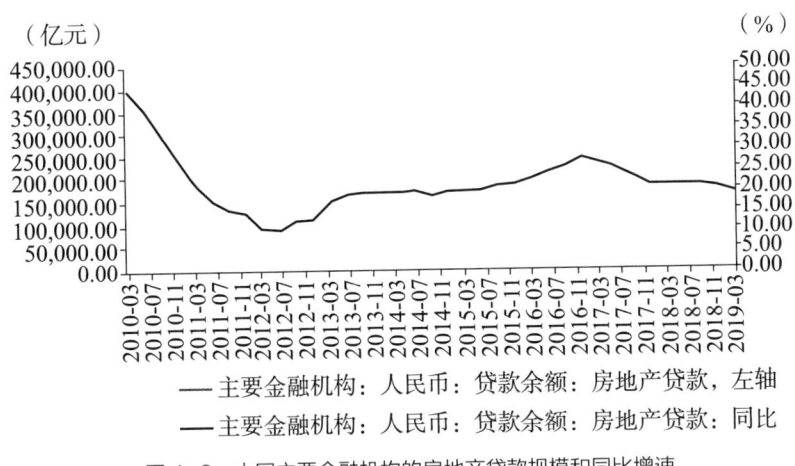

图 4-9 中国主要金融机构的房地产贷款规模和同比增速

资料来源：Wind 数据库。

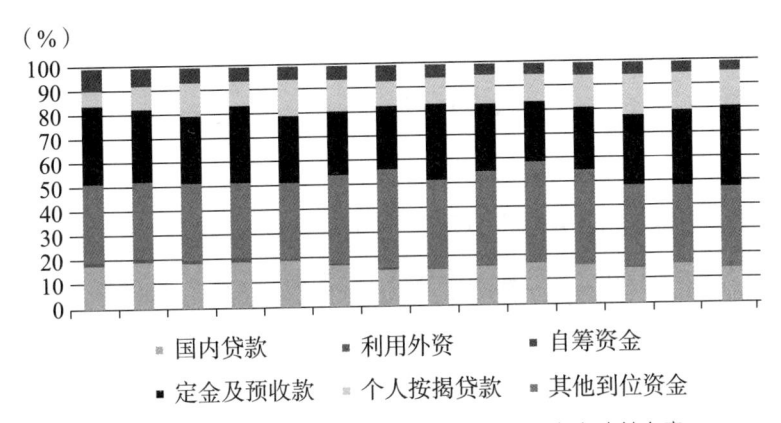

图 4-10 2005—2018 年我国房地产开发企业银行支持力度

资料来源：Wind 数据库。

从杠杆水平来看，房地产开发企业的资产负债率从 2000 年至 2018 年经历了两个阶段：一是下降阶段（2000—2008 年），其资产负债率由 2000 年的 75.6% 下降至 72.3%；二是上升阶段（2008—2021 年），其资产负债率由

2008年的72.3%上升至2020年的80.7%，达到历史最高点，截至2021年为80.3%。整体来看，房地产开发企业面临着债务杠杆水平不断提升的压力，存在潜在的杠杆风险。房地产企业负债规模，在2000年至2021年也呈现快速增长态势，由1.9万亿增长至91.05万亿，增长了47.84倍，年均增速为20.55%。

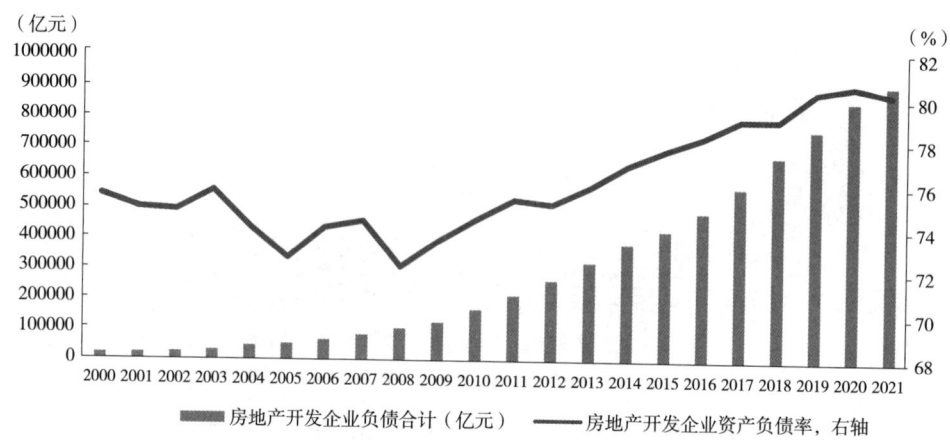

图4-11 2000—2021年房地产开发企业的负债规模与资产负债率变化趋势
数据来源：中国国家统计局。

（六）房屋空置率相对偏高

房屋空置率是反映商品房供需平衡状态的重要指标，一般采用某一时间点空置房屋面积与房屋总面积的比值来衡量，亦可根据房屋的不同类型（或用途）计算相应的房屋空置率，即全部房屋空置率=全部房屋空置量/全部房屋存量×100%。空置率不仅关系到房地产调控与投资，还涉及社会资源配置、财富分配等重大问题。在美国，不仅监测房屋空置率，还会监测房屋租赁空置率［出租住宅空置率=空置出租住宅/（已出租的住宅+空置出租住宅）×100%］。这是为了规避因非市场因素下房屋空置的影响，更好地反映出房地产市场中的供需问题。房屋既有经济属性，也有社会属性，空置率实际上在某种程度上表现了房屋的社会属性，空置率大，存量大于流量，说明社会属性发挥得不充分。"住房空置率"，也被形象地称为"No-lighting Rate"（黑灯率）。在房地产市场供求关系中，如果商品房的供给超过了市场需求，则超过部分属于供给虚涨，发展到一定程度将构成经济泡沫，一般以空置率高低评定。超过过多，将引起严重的供给过剩，房价猛跌，开发商将蒙受巨大经济损失甚至破产倒闭，导致失业率上升，经济混乱，社会动荡。它是房地产业可能出现的泡沫经济的类型的一种。按照国际通行惯例，商品房空置率一般以5%、10%和20%三个临界值为界限，划分商品房供需平衡状态，其中低于5%，说明商品房供给不足；处于5%—10%的合理区间，说明商品房供求平衡；处于10%—20%的空置危险区间，说明商品房需求不足下的销售困境，需要加大商品房的销售力度；处于20%以上的严重挤压区间，说明房地产市场的经济泡沫的非正常化。

美国统计署每个季度都会及时发布住宅空置率数据。但我国国家统计局关于房地产统计方面的制度还不能计算出空置率这样的指标，空置率数据难以统计。目前北京、上海已启动空置房调查。2010年国家统计局只公布了"待售面积"而未公布"空置率"，但二者之间存在差异无法实现替代。在中国官方不公布房屋空置率的情况下，学者会给出各种自己的计算结果。根据中国家庭金融调查与研究中心2018年发布的《2017中国城镇住房空置分析》可知，我国城镇地区住房空置率[1]持续攀升，由2011年的18.40%上升至2017年的21.4%。具体表现在以下方面：一是二三线城市的房屋空置率（分别为22.2%和21.8%）明显高于一线城市的16.8%；二是商品房在所有住房类型中是空置率最高的，且呈现持续上升趋势，达到26.6%。无论是根据学者的计算，还是根据机构的调查，中国目前的住宅空置率都已很高，甚至已高于美国、日本、欧盟等国家和地区，这意味着有很大的泡沫。

（七）小结

综上所述，在上述6个指标中，如果大部分指标都出现了轻度泡沫或严

---

[1] 报告将空置住房定义为在调查时无人居住的住房，它包括两类：一是仅有一套住房的家庭因外出务工等原因而空置的自有住房，二是多套房家庭持有的、既未自己居住也未出租的住房（包括正在装修的房屋或期房）。

重泡沫,则有理由认为整个房地产市场出现了轻度或严重泡沫。由表4-1可知,在6个指标中,有4个指标出现了严重泡沫,1个指标处在轻微泡沫区间。因此,根据6个指标总体判定,我们至少可以认为,我国房地产存在区域性泡沫。

表4-1 从国际经验角度判断中国地产泡沫程度

指标名称	泡沫程度 正常区域	轻微泡沫	严重泡沫	年份 2016—2021年度
房价与居民消费价格指数的同步率	<2	2—4	>4	大城市远高于4(严重泡沫)
房价收入比	<6	6—8	>8	大城市远高于8(严重泡沫)
房价租金比	<18.18	18.18—22.22	>22.22	大城市远高于22.22(严重泡沫)
房地产开发投资占全社会固定资产投资的比重	<20%	20%—25%	>25%	26.70%左右(严重泡沫)
房地产贷款银行支持力度	<10%	10%—20%	>20%	14%—17%(轻微泡沫)
住宅空置率	5%—10%	10%—20%	>20%	高于20%(严重泡沫)
房地产泡沫总体判定	中国房地产存在区域性泡沫			

第二节 股票市场泡沫风险评估

人们常说"调控无牛市"。从2015年开始的去杠杆,总体收紧了银根,这就决定了股票市场总体的大环境是比较严峻的。总体来说,股票市场进入了"低泡沫、低收益"阶段。

一、股票市场风险评估指标选取

当前比较常用的股市泡沫衡量指标主要有市盈率(PE)、市净率(PB)、托宾Q值、收入资本化比率、泡沫度、红利等指标,但是这些指标在实证检验过程中存在较大可得性问题。从数据可获得性考虑,我们在这里,主要采用国际通用的两个核心指标,即市盈率和市净率,对我国股票市场风险进行度量。

(一) 市盈率

市盈率（P/E 或 PER），是某种上市公司股票每股市价与每股盈利的比率，也称"本益比""股价收益比率"或"市价盈利比率（简称市盈率）"。市盈率是最常用来评估股价水平是否合理的指标之一，是很具参考价值的股市指针，其反映了公司投资者为获得一单元收益所承担的成本。一般规律是，市盈率高的股票，其价格与价值背离程度就越高，该股票的价格越具有泡沫性。也就是说市盈率越低，其股票越具有投资价值。一般来说，按照市盈率水平的大小，可将上市公司价值预期划分为四类：一是价值被低估，其处于 0—13 倍区间；二是价值正常水平，其处于 14—20 倍区间；三是价值被高估，其处于 21—28 倍区间；四是股市存在投资性泡沫，其处于 28 倍以上区间。

(二) 市净率

市净率是指每股股价与每股净资产的比率，反映了股票市场价格走向，意味着股价相对于每股净资产值的溢价幅度。计算方法是：市净率 =（P/BV）即：股票市价（P）/每股净资产（Book Value，BV）。新兴市场中，合理市净率股指区间为 1.5 倍至 3 倍，目前新兴市场平均市净率为 2 倍。从横向比较，现阶段中国全部上市公司整体市净率指标在 2.2 倍左右，比大部分成熟市场的市净率都要高。市净率仅仅是企业发展空间或前景的评判标准之一，但也需要充分考虑到某一国家所处的发展阶段、产业政策以及消费偏好等因素。同时，不同行业在不同国家也呈现不同的发展前景，比如航空业，在发达国家中属于夕阳产业，处于平衡或萎缩发展阶段，而在中国则属于朝阳产业。即便在中国，传统产业和新兴产业市净率也是不一样的，传统产业在 2—3 倍就是合理的，如钢铁产业和银行股的动态市净率就不足 2 倍；而新兴产业市净率有可能高达 10 倍以上，如腾讯网的市净率就高达 10—20 倍。

二、市盈率与市净率分析

从纵向比较，金融危机后遗症使我国股市处于大熊市，市场标的价值整体处于严重低估阶段。直到 2014 年 7 月，新的一波行情带动股市快速上涨，尤其是 2015 年 6—7 月，沪深两市经历了千股涨停到千股跌停的过山车式极速回落，此后一直处于振荡、盘整之中。从 2011—2018 年的沪深两市静态、滚动市盈率和市净率可看出，最近几年股市呈现四个阶段。

第一个阶段（2011 年 5 月—2014 年 7 月份）：低迷阶段，市盈率最高是 19.14 倍，最低是 11.69 倍；市净率最高是 2.72 倍，最低是 1.54 倍。第二个阶段（2014 年 7 月—2015 年 9 月）：冲高回落阶段，市盈率最高是 33.10 倍，最低是 13.25 倍；市净率最高是 3.95 倍，最低是 1.71 倍。第三个阶段（2015 年 9 月—2018 年 2 月）：盘整阶段，市盈率最高是 23.44 倍，最低是 16.95 倍；市净率最高是 2.81 倍，最低是 2.02 倍。第四阶段（2018 年 2 月—2018 年 9 月）：下滑阶段，市盈率最高是 20.06 倍，最低是 14.14 倍；市净率最高是 2.17 倍，最低是 1.59 倍。

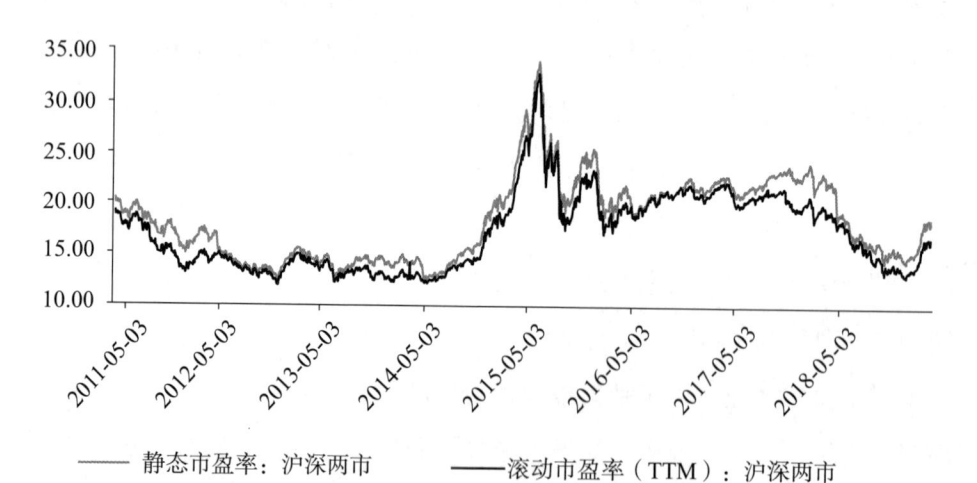

图 4-12　2011—2019 年 3 月沪深两市静态市盈率与滚动市盈率

数据来源：Wind 数据库与中证指数公司。

从均值看，2011年5月到2018年9月，沪深两市滚动市盈率均值是17.32倍；市净率均值是2.12倍。从动态分析，目前市盈率动态估值略高于2008年金融危机时期的13倍；目前市净率略低于2008年全球金融危机时期的2倍。总之，不论是市盈率还是市净率，目前市场的动态估值水平仅比2008年的情况略好一些。

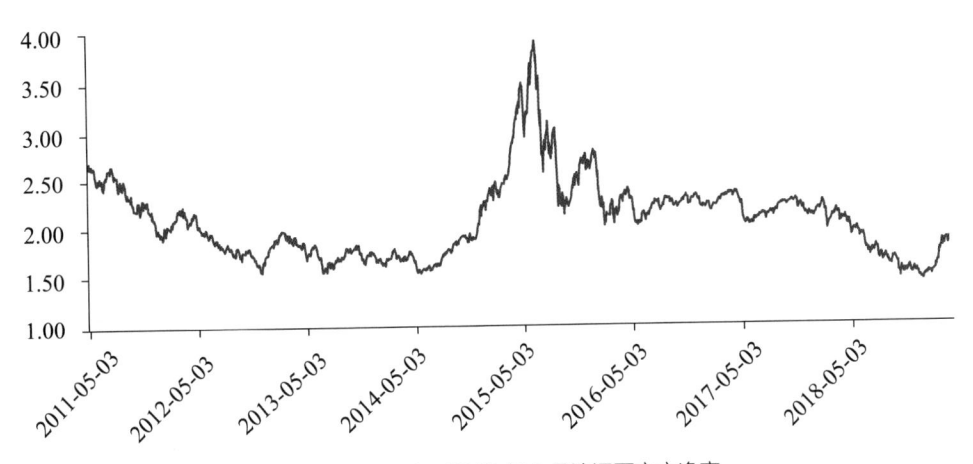

图4-13　2011—2019年3月沪深两市市净率

数据来源：Wind数据库与中证指数公司。

纵观中国四次熊市，可有如下原因。2005年熊市，主要是因为股市主体的标的质地较差，上市公司并不持续创造效益，反而变相稀释投资者财富。股权分置改革改变了市场的游戏规则，上市公司和二级市场投资者的利益趋于一致，随后迎来了一波大牛市。2008年熊市，主要归咎于全球经济过度繁荣导致次贷危机爆发后的去杠杆化，全球流动性瞬间被动性缩水，投资者对全球经济的过度担忧。随后全球各主要政府开始推出一揽子刺激政策，国内主要以4万亿投资拉动为主。从而导致流动性开始释放，后续股市开始了长达两年的反弹。2011年熊市，属于2008年金融危机后遗症，全球经过几轮的经济刺激和货币投放之后，通胀在2011年开始加剧，居民消费价格指数一度达到7月份的6.5%，8月小幅回落到6.2%，在此背景下，存款准备金率提高到了 2011 年 6 月 14 日的 21.5%。因此，后续行情主要考虑因素是居民消费价格指数何时回落，因为这关系到后续货币紧缩政策能否扭转。2015 年熊市，主要是 2015 年上半年非理性上涨的回落，以及后续一系列去杠杆、严监管等措施同时施压，使得股市再次进入熊市。

因而可以得出结论：当前我国股市处于振荡熊市，不存在泡沫问题。

第三节 "十四五"期间房地产泡沫风险预测

房地产泡沫破灭并不是瞬间的事，这一泡沫"泄气"的过程可能会持续多年时间。如日本在 20 世纪 90 年代的房地产泡沫崩盘之前，还持续膨胀了两年之久，直到 20 年后，其房地产市场才逐渐以每年 8% 的速度持续下跌。中国房地产也是这样，短期内泡沫不会破灭，但中期内风险很高。经过以上分析，本节选取了宏观经济指标、金融市场指标和房地产市场指标三个层面的指标，运用主成分分析方法测算出 1999—2018 年房地产泡沫的风险指数。最后，对中国"十四五"时期的房地产泡沫风险状况进行情景设定及预测。

一、房地产泡沫风险评价指标体系的构建

根据秉持规范性、灵活性、可操作性、代表性以及互补性等原则，综合考虑风险指标性质（即风险单调型和风险非单调型）、指标警戒"阈值"大小以及指标间的相互影响等因素。本节从实体经济、货币供给、市场波动和房地产企业投资四个层面筛选出 12 个二级指标，构建了房地产泡沫风险评价的初始指标集，如表 4-2 所示。样本区间为 1999 年至 2018 年，数据来源于 Wind 数据库、国家统计局、世界银行等数据库。

表 4-2 房地产泡沫风险指数的初始指标集

一级指标	二级指标	方向预判	代码	风险状态 基本安全	风险状态 警惕	风险状态 危险
实体经济指标	实际 GDP 增长率	+	GDPr	>8	4—8	<4
	城镇固定资产投资增长率	+	CGZr	10—22	7—10 或 22—25	<7 或 >25
	房地产开发投资占比	−	FKT	<20	20—25	>25
	城镇人口年增长率	+	CRKr	>4	2—4	<2
货币供给指标	通货膨胀率	−	Inf	<3	3—6	>6
	M1 增速 / 实际 GDP 增速	−	M1r/GDPr	<2	2—3	>3
	M2 增速 / 实际 GDP 增速	−	M2r/GDPr	<2.5	2.4—3	>3
市场波动指标	房价与 CPI 的同步率	−	FP/CPI	<2	2—4	>4
	房价收入比	−	F-income	<6	6—8	>8
	住宅空置率	−	F-vac	<10	10—20	>20
企业投资指标	房地产企业杠杆	−	F-lever	<60	60—80	>80
	房地产信贷占资金来源比	−	B-loan	<10	10—20	>20

注：除 inf、M1r/GDPr、M2r/GDPr、F-income 为倍数以外，其他指标均采用百分数。

描述性统计结果如下：

表 4-3 主要变量描述性统计结果

变量名	最小值	最大值	平均值	标准差
GDPr	6.60	14.20	9.0650	2.05100
CRKr	2.20	5.14	3.5240	0.85430
CGZr	0.99	33.16	19.4940	9.14288
FKT	17.20	22.29	19.8275	1.68519
Inf	−1.40	5.90	2.0150	1.96047
M1r/GDPr	0.23	3.53	1.5860	0.82626
M2r/GDPr	1.18	3.02	1.7190	0.41104
FP/CPI	−4.97	5.18	1.7380	2.66179
F-income	21.78	35.07	27.5575	3.80642
B-loan	14.46	23.78	18.5920	3.02573
F-lever	72.30	79.10	75.5339	1.90268
F-vac	17.40	69.88	37.4440	14.50216

二、房地产泡沫风险的主成分分析

本文采用多变量因子分析法针对房地产泡沫风险指标体系进行了评价分析。使用 SPSS13.0 软件中因子分析模块，以 1999—2018 年反映房地产泡沫风险的 12 个指标的归一化数据为基础进行因子分析。根据主成分分析法的基本原理，该指标体系可提取 3 个主要成分因子，其累计方差达到 77.504%，并且在 KMO&Bartlett 检验中通过 1% 显著性水平检验（见表 4-4）。

表 4-4 特征值与方差贡献表

成分	起始特征值			获取平方和载入		
	总计	贡献 %	累加贡献 %	总计	贡献 %	累加贡献 %
1	4.051	33.757	33.757	4.051	33.757	33.757
2	3.458	28.819	62.577	3.458	28.819	62.577
3	1.791	14.927	77.504	1.791	14.927	77.504
4	0.931	7.758	85.262			
5	0.505	4.210	89.472			
6	0.446	3.717	93.189			
7	0.301	2.512	95.700			
8	0.273	2.275	97.975			
9	0.103	0.856	98.831			
10	0.086	0.718	99.549			
11	0.045	0.371	99.920			
12	0.010	0.080	100.000			

为了更真实地反映房地产泡沫风险水平，计算得出各因子 F1、F2、F3 得分，并且以最大旋转后各因子的方差贡献率占 4 个因子总方差贡献率的比重，作为权重进行加权汇总计算总得分 F（见表 4-5）。

表 4-5 因子权重表

主成分	F1	F2	F3	F
贡献率	33.757	28.819	14.927	77.504
权重 W	43.56%	37.18%	19.26%	100%

由表4-6可知，在成分因子F1与实际GDP增长率、城镇固定资产投资增长率、城镇人口年增长率与房地产企业杠杆、房地产开发投资占比之间的相关系数较高，且均超过50%，分别为0.863、0.921、0.576、−0.863、0.537，因此，可称作F1因子为实体经济与企业投资因子。成分因子F2与城镇人口年增长率、通货膨胀率、M1增速与实际GDP增速之比、房地产国内信贷占资金来源比、房价收入比与住宅空置率之间的相关系数较高，且均超过50%，分别为0.747、−0.858、0.608、0.763、0.57、0.668；成分因子F3和M2增速与实际GDP增速之比、房价与CPI的同步率与房价收入比之间的相关系数较高，且均超过50%，分别为−0.764、0.64、0.559，因此将F2与F3进行合并求得F2-3，共同称作货币与市场波动因子。

表4-6 因子载荷矩阵

变量名	主成分因子		
	F1	F2	F3
GDPr	0.863	−0.199	−0.069
CRKr	0.576	0.747	0.184
CGZr	0.921	−0.088	−0.014
FKT	0.863	−0.199	−0.024
Inf	0.238	−0.858	−0.074
M1r/GDPr	−0.126	0.608	−0.426
M2r/GDPr	−0.024	0.485	−0.764
FP/CPI	0.153	−0.345	0.640
F-income	0.364	0.570	0.559
B-loan	0.537	0.763	0.143
F-lever	−0.825	−0.010	0.380
F-vac	−0.428	0.668	0.308

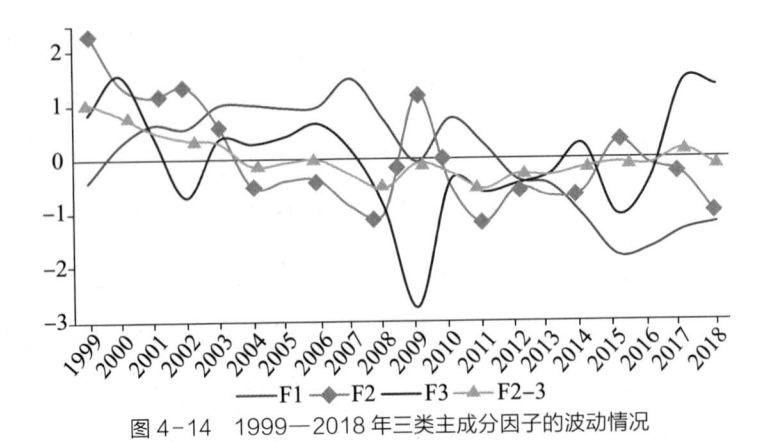

图 4-14 1999—2018 年三类主成分因子的波动情况

数据来源：作者通过 SPSS 软件处理所得。

本文采用多目标加权函数间历年房地产泡沫风险指数，计算公式如下：

$$F=W_1F_1+W_2F_2+W_3F_3 \quad (4.1)$$

根据公式（4.1）得到 1999—2018 年间房地产泡沫风险指数（见图 4-15）。

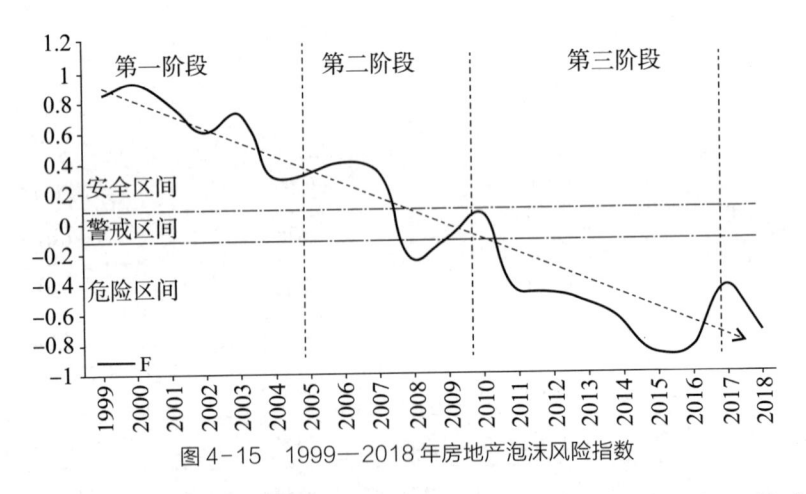

图 4-15 1999—2018 年房地产泡沫风险指数

根据前文的预警体系划分，可将房地产风险划分为安全区间、警戒区间、危险区间。本章采用极值-均值法，得出警戒值为 F=0.06，风险值为 F=-0.14，故 3 个区间分别对应于 F 得分的 3 种状态：F>0.06, F∈(-0.14, 0.06), F<-0.14。

整体来看，中国房地产泡沫风险中长期呈现波动增长趋势，导致这一趋势的。主要原因在于支持房价上涨的实体经济需求尚显不足，市场投机需求的提升驱动并引发房地产泡沫风险增加。在不考虑2008年金融爆发期间数据，中国房地产市场正处于下行周期或"L型"尾部的调整阶段。从1999—2018年间中国房地产泡沫风险指数的历史演化趋势大致可划分为四个周期，周期间隔基本保持在3—4年左右。目前来看，我国即将迈入第四个房地产周期的发展阶段。

第一周期阶段（2001—2005年）。房地产泡沫风险指数呈现"先下降—后小幅回升"的趋势，其中在2004年触发本阶段的房地产泡沫危机。导致2004年房地产泡沫危机主要受货币与市场波动因子的下行波动所引发的，如通货膨胀水平的上升、货币供给政策由货币宽松转变为货币紧缩（尤其是市场货币创造能力下降）、房地产企业杠杆水平较高等因素。

第二周期阶段（2006—2010年）。房地产泡沫风险指数呈现"先下降—后上升"的趋势，其中在2008年触发本阶段的房地产泡沫危机。爆发危机的原因，虽然受到美国次贷危机引发的外部冲击，但更多的是与国内实体经济发展得过热，危机前存在过度投资倾向，尤其是投资者对房地产市场过度高涨的上升预期下投资泛滥和货币供给增速降低有必然关系。在此期间，为应对这种危局，中国政府于2008年11月推出了"扩内需、促增长"的十项措施，初步匡算到2010年底约投资4万亿元，基本实现经济发展"软着陆"。

第三周期阶段（2011—2016年）。房地产泡沫风险指数呈现"先快速下降—平缓下降触底—后上升"的趋势，其中在2015年触发房地产市场剧烈波动。这一时期，房地产市场不仅要消化前期政策支持、货币超发以及产业调整下的房产投资增速降低问题，更面临着经济新常态下，各城严格调控、房产税预期启动和加息预期的组合影响。自2015年以来，原本宣称"不差钱"的房企，已变成"很差钱"，资金缺口已经逐渐暴露，进而导致房地产风险的爆发。

第四周期阶段（2017年至今）。房地产泡沫风险指数自2017年开启新一轮的下降周期，风险水平趋于上涨。尽管2017年国内房地产市场走热，房地产市场投资开始增加，但由于2018年房地产调控收紧总基调保持不变，宏观调控力度持续加强，加上三四线城市严重依赖土地财政，土地出让金增加加大了此类地区房地产去库存的难度，房地产企业潜在风险增加。

三、房地产潜在资产泡沫风险的情景预测

"十四五"期间，面对国内经济增速下降，国际欧美经济陷入二次衰退的情况，房地产市场必然会顺应全球经济周期，也随之下滑，这就要求我们需高度关注房地产市场的调整可能对我国银行业造成的系统性金融风险。

（一）情景方案设定

在上述指标分析中，每一类或每一个指标的变动都将会对房地产泡沫风险状况产生影响。因此本章通过设定三种不同的情景方案对中国"十四五"时期的房地产泡沫风险状况进行预测。具体的情景方案设定以及相应指标值分别如表4-7与表4-8所示。

表4-7 情景设定方案

情景方案	特征描述	情景内容与设定依据
经济基准情景	国民经济发展水平一般；保持"稳健的货币政策要松紧适度"；房地产市场波动趋于缓和，企业投资相对稳定；各项风险指标以现有发展趋势运行。在基准情境下，房地产市场泡沫按照现有潜力运行，反映出自然引导型的泡沫风险状态。	在基准情景下，采取各指标的近五年平均值来分别对实体经济指标、货币供给指标、市场波动指标、企业投资指标进行赋值。
经济低迷情景	国民经济发展形势适度紧缩；宏观经济调控干预力度加大，货币当局为刺激经济发展而转变为宽松型货币政策；房地产市场调控趋严；企业因缺乏资金导致投资减少，负债增多；房地产市场陷入低迷状态，	在低迷情境下，假定实际GDP增长率以每年0.2个百分点降低；考虑到城镇固定资产投资近五年内占GDP比重均值为77%，故城镇固定资产投资增长率设定以每年0.154个百分点降低；房地产开发投资占比降至16%；城镇人口增长率降至1%。货币供给大幅增长，m1r/GDPR与m2r/GDPR分别以0.1与0.3个百分点

情景方案	特征描述	情景内容与设定依据
	居民难以承担高房价。相较于基准情景，低迷情景下各指标运行状况恶化，表现出较大压力。	进行增长，通货膨胀达到风险警戒值 6%；市场波动指标中房价与 CPI 同步率和房价收入比达到历史最高点，房屋空置率达到风险值 20%；企业杠杆水平达到 80%，企业国内信贷占比超过 50%。
经济繁荣情景	国民经济发展形势较为繁荣，政府规划中确立的社会经济发展目标均已实现；货币政策趋于稳健，房地产市场调控旨在防止发展过热，政策力度较为宽松，未采取进一步的调控政策或相关政策和措施较之前较少。相较于基准情景，繁荣情景下各类指标运行状况良好，经济快速发展、经济结构有效升级、房地产市场趋于活跃。	在繁荣情境下，假定实际 GDP 增长率与城镇固定资产投资增长率分别以每年 0.2 与 0.154 个百分点增长；考虑到创新投资的提升，房地产开发投资占比小幅提升至 19%；城镇人口增长率保持在 2.2%；货币供给保持稳健，以基准情景标准保持一致；通货膨胀降至 1.5%；市场波动指标中房价与 CPI 同步率保持一致，房价收入比达到历史最低点，房屋空置率降至警戒值 10%；企业投资水平与基准情景保持一致。

表 4-8 不同情景方案下各个评价指标 2025 年的预测值

一级指标	关键时间	基准情景	低迷情景	繁荣情景
实体经济指标	实际 GDP 增长率	6.88	5.48	8.28
	城镇固定资产投资增长率	6.99	5.91	3.68
	房地产开发投资占比	17.97	16.0	19.0
	城镇人口年增长率	2.2	1.0	2.2
货币供给指标	通货膨胀率	1.82	6.0	1.5
	M1 增速 / 实际 GDP 增速	1.55	2.25	1.55
	M2 增速 / 实际 GDP 增速	1.53	3.63	1.53
市场波动指标	房价与 CPI 的同步率	2.07	5.18	1
	房价收入比	25.14	35.07	21.78
	住宅空置率	15.82	20	10
企业投资指标	房地产企业杠杆	78.20	80	78.2
	房地产信贷占资金来源比	43.39	50	43.39

（二）情景预测分析

基于主成分分析模型，得到房地产泡沫风险在不同情景方案下的预测结果，如表 4-9 所示。

表4-9　2025年房地产泡沫风险指数预测结果

情景	基准情景	低迷情景	繁荣情景
房地产泡沫风险指数	−0.44	−0.36	−0.67

由表4-9可知，相较于现阶段，三类情景设定下的中国未来房地产泡沫风险水平均得到了改善，但是仍面临严峻的风险隐患。基准情景下，2025年的房地产泡沫风险指数为−0.44，较"十三五"时期有所提升，但仍处于风险区间。虽然繁荣情景下影响房地产泡沫风险运行状况的实体经济需求得到巨大改善，但是投机性需求下的货币供给较高、企业过度融资与市场中房价上涨预期等行为对房地产市场泡沫风险的积聚埋下了巨大隐患，也使得该情景下的房地产泡沫风险指数最低，为−0.67。而低迷情景下，房地产泡沫风险指数为−0.36，为三类情景设定下的最高值，相比基准情景、繁荣情景均得到进一步改善。本章认为相较于实体经济需求对房价长期上涨的支持，投机性需求下的货币过度供给、企业扩张行为以及政府宏观调控不足等因素，更会引发房地产市场泡沫的产生。在低迷情景下，政府对房地产市场进行强制干预，调控货币政策由宽松型转为稳健型，降低市场中货币供给水平；虽然企业因缺乏资金导致投资减少，负债增多，但是政府仍将市场流动性保持在合理区间，或适时配合实施降息降准政策，为中小企业提供必要的流动性，以解决融资难、融资贵的问题。从三类情景设定的预测结果可以看出，房地产泡沫风险指数由高到低排序为：低迷情景、基准情景和繁荣情景，其泡沫风险水平依次提升，这表明不同的经济发展模式和政策取向对房地产泡沫风险状况有着显著影响。

不难看出，未来中国房地产市场仍然面临着严峻的泡沫风险，经济新常态下的经济下行压力、房地产企业杠杆与投资仍较高以及房地产市场高存量问题等状况将在未来加剧中国房地产市场的脆弱性威胁。

第五章
债务风险的评估与预测

随着2012年欧洲主权债务危机的爆发,中国政府债务的潜在风险备受关注。债务危机是金融危机的一个重要组成方面,历史上许多经济、金融危机的爆发往往都以债务危机的出现为特征。实际上,债务的出现是为了解决一国发展过程中资金的供需不平衡的问题。根据法国经济学家达瓦那的分析,债务起码有四种功能:(1)调剂储蓄与投资需求的功能;(2)监管企业的功能;(3)调剂税收的功能;(4)杠杆功能。但是如果到期债务不能偿付则会带来一系列的问题,这些问题如果不善加处理,就会妨碍一国的经济发展,成为债务危机,进而可能演化成为金融危机。

债务风险有微观与宏观之分。宏观上的风险是从全社会看债务规模与政府的财政收入、资产价值之间的比较中,来衡量其债务清偿能力。而从微观上看,债务风险是指举债主体因短期内缺乏流动性或者干脆出现资不抵债而面临的破产清算的可能性。债务风险还由外债和国内债务构成的。在全球经济下行压力之下,各国都在大肆扩张债务,债务风险不容忽视。下面分别从外债、国债和地方政府债务三个方面对我国潜在债务危机进行评估,并以经济下行压力为基础,预测我国潜在的债务风险。

第一节　外债风险评估

在经济全球化的今天，利用外债发展经济是包括发达国家和发展中国家普遍采用的一种方式。根据世界银行的测算，发展中国家利用外债将其GDP增速提高了0.5—1个百分点[1]。改革开放后，我国经济建设缺少资金，秉承"借外债并不可怕，但主要用于发展生产"的宗旨，通过借外债的方式发展经济，取得了较为显著的效果。衡量外债是否安全的指标有很多，但是较为常用的有五个。

一、外债负债率运行在安全线之内

外债负债率指的是外债余额与GDP（或GNP）的比重，表示一个国家对外债的依赖程度。一般认为，一个国家的外债负债率应不超过20%，如果超过这一比重，说明该国经济过多依赖外债，如果出现经济下滑等负面情况，将不利于外债偿还，导致国家主权信用危机。用GDP这一指标衡量外债偿付能力有一定缺陷，因为外债最终需要外汇来偿还，但是GDP是一国经济实力的体现，可以从某种程度上说明一国的举债能力。1985年以来，我国的外债负债率呈以下特点：外债流量成倍增加，外债总规模增长迅速，短期外债占比继续攀升，但整体而言均运行在安全线之内。

外债负债率是观察金融危机的重要指标。从各国经济金融危机的爆发来看，都有一个共同点，即外债持续、快速、急剧扩张。1997年亚洲金融危机爆发之前，亚洲各国国外银行债务占GDP比重均偏高，比如韩国、印度尼西亚、泰国的这一比重分别为25%、35%、45%。外债占GDP比重也比较高，东亚五国这一比重超过20%，印度尼西亚甚至高于60%，这一指标高企不下，

---

[1] 世界银行：《世界银行发展报告》，1995年，第64页。

是导致亚洲金融危机爆发和深化的重要原因。我国对外债的管控合理有效，1985年以来，我国外债负债率最低为5.5%（1985年），最高为17%（2014年），2020年又回落至16.3%，低于国际20%的警戒线（见图5-1）。

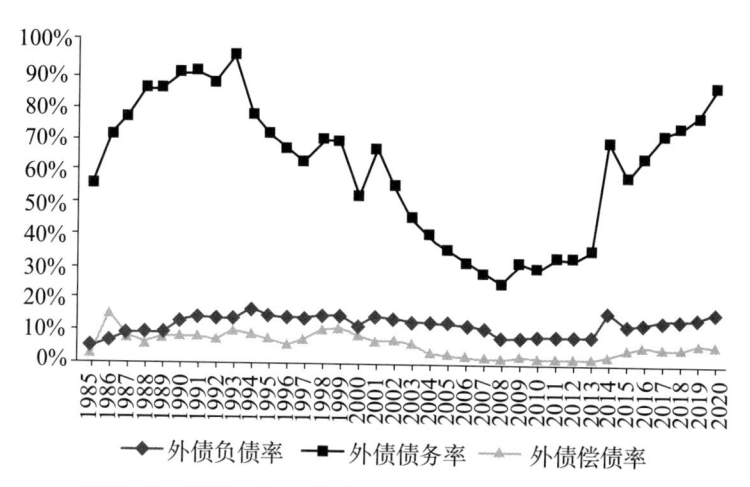

图5-1　1985—2020年我国外债负债率、债务率及偿债率

数据来源：国家统计局。

二、外债债务率一直处于安全区内

外债债务率衡量的是一个国家的负债能力与风险，尤其用于债务国外汇储备相对稀缺的情况，数值上用外债余额与出口收入的比重表示。一般来说，外债债务率的警戒线是不超过100%，这意味着如果一个国家外债余额大于当年出口外汇收入，那么外债的规模就偏高，风险也偏大。

我国的外债债务率一直处于安全区内。从历史数值来看（见图5-1），我国外债债务率经历了三个阶段：一是高位上涨阶段（1985—1993年）。1985年，我国外债债务率仅有56%，但此后快速上涨，最高涨至1993年的96.5%，8年间上升了40多个百分点，年均上涨5个百分点。二是回落阶段（1993—2008年）。1993年我国外债债务率达到峰值后，除了个别年份（1998年和2001年）略微反复，总体处于下降趋势，2008年为最低点，当时我国外债债务率仅有24.7%。三是低位上涨阶段（2008年至今）。2008年国际金融危机后，我国外债债务率从低位开始上涨，其中2014年增长幅度较大，从2013年的35.6%几乎翻倍至2014年的69.9%，之后保持相对平稳的态势，2020年年末我国外债债务率为87.9%。当然，目前我国外债负担已经超过国际公认的警戒线水平的三分之二，说明我国的外债负担有所增加，债务风险有所加大。

三、外债偿债率完全可控

外债偿债率反映的是负债国的偿还能力的指标，数值上等于当年到期债务本息和与出口收入的比重。一般认为，如果一个国家的外债偿债率处于20%—25%，那么该国的外债就相对安全，如果超过25%，那么外债的偿还压力就会很大，容易引发偿债危机。在需要偿还的外债中，期限结构是一个非常重要的因素，即短期债务占比越高，对当期偿还外债的压力就会越大，倘若中长期债务占比越高，那么负债国的外债偿还压力尤其是短期偿还压力就会越小。

我国外债偿债率完全可控，但需注意近两年上升的趋势。1985年以来（见图5-1），我国外债偿债率超过10%的年份屈指可数，有1986年（15.4%）、1993年（10.2%）、1998年（10.9%）和1999年（11.2%），其他年份均低于10%，远低于国际公认的警戒线。2006—2014年，我国外债偿债率基本在2%—3%，风险极小。2015年以来，再次上升至5%以上，2020年外债偿债率为6.5%。

四、短期外债/外汇储备高于警戒线

如果外债的期限在一年及一年以内，到期后需要一次性偿还所有本金和利息，那么通常称之为短期外债。如果短期外债的占比过高，那么对一个国家而言还款压力便会很大，对该国的外债安全产生影响。短期外债占外汇储备的比例是衡量一国外汇储备能否偿还短期外债。一般认为，短期外债占外汇储备的比例不超过20%才被视为是安全的。我国1993年以前短期外债占外汇储备的比例均在50%以上，大大超过了国际警戒线。1994年以后至2014年，随着我国外汇储备的增加，该比例大幅度下降，一直控制在20%之内。2015年以后，受到贸易、人民币兑美元汇率等因素的影响，中国外汇储备增速有所下降，外汇储备规模有所缩减，该比例有所上升，截至2020年底，短期外债占外汇储备的比例为40.93%（见图5-2）。

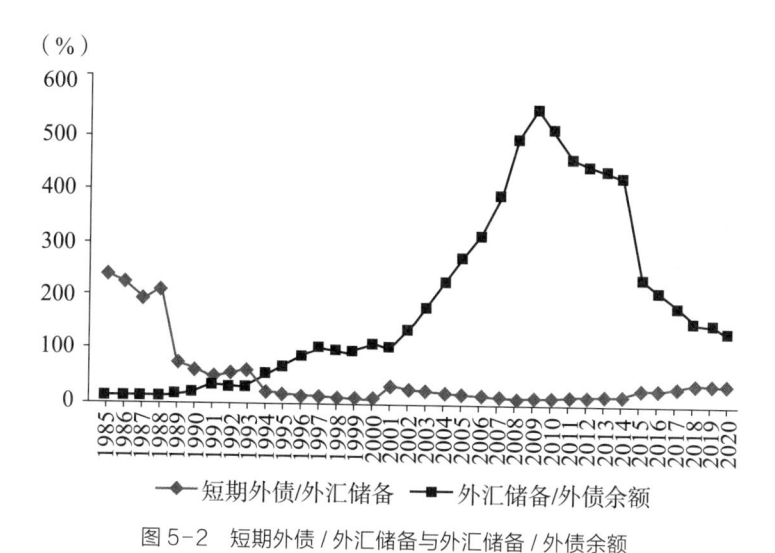

图5-2　短期外债/外汇储备与外汇储备/外债余额

数据来源：国家统计局、国家外汇管理局。

五、外汇储备/外债余额处于安全区但需警惕

外汇储备源于一个国家在海外的创收，一定规模的外汇储备可以保障一定规模的外债偿还。因而，衡量一国外债偿债能力，可以用外汇储备与外债余额的比值。与其他外债管理指标越小越好不同的是，该指标是一个越大越好的指标，国际公认的警戒线标准是大于100%。

2001年之前，我国尚未加入世界贸易组织，政府财政面临较为繁重的外债负担。我国外汇储备/外债余额经历三个阶段的变化（见图5-2）：一是"紧急状态"（1985—2000年）。以1985—1988年为例，我国外汇余额/外债余额低于10%，这意味着即使全部外汇储备用于偿还外债，也还有超过90%的外债无法偿还，基本上处在"紧急状态"或"超紧急状态"。二是"完全安全状态"（2001—2016年）。直到2001年后，随着我国对外贸易不断扩大，外汇储备也大幅度增加，才彻底解除"风险警报"，正式进入"完全安全区"，外汇储备/外债余额先升后降，一度高达559.7%（2009年），之后出现回落，但最低也超过200%。三是"趋近危险状态"（2017年以来）。2017年以来，受全球经济下行、经贸摩擦等压力的影响，我国对外贸易出现了一些困难，使得外汇储备增速不如从前，导致外汇储备/外债余额降至200%以内，2017—2020年外汇储备/外债余额分别为183.56%、156.36%、151.07%、133.98%，如果以这一降幅继续下降，那么很有可能再次进入"紧急状态"。

六、外债风险的综合判断

按照世界银行的标准，我国各项外债的指标大多处于国际公认的警戒水平以内（见表5-1），由此可以认为我国的外债处于安全水平。我国外汇储备充足，保证有足够的偿付能力。

表5-1 我国外债风险状况综合评估

外债指标	国际警戒线	我国2020年数值
外债负债率	<20%	16.3%
外债债务率	<100%	87.9%
外债偿债率	<25%	6.5%
短期外债/外汇储备	<25%	40.93%
外汇储备/外债余额	>100%	133.98%

短期外债比重过高需要警惕。一般而言，短期外债占外债余额的比重低于25%相对安全，如果超过60%，则需要引起严重关切。我国目前的这一比例已经明显超过了国际警戒线（见图5-3），短期外债比重过高带来的风险值得注意。2001年以前，我国短期外债比重基本处于国际警戒线以下。随着

我国加入世界贸易组织，国际资本大量流入我国各行各业，使得我国短期外债比重快速上升，最高达到 78.39%（2013 年），自 2009 年开始一直在 60% 之上。短期外债比重过高，往往会引发危机，20 世纪 80 年代拉美债务危机、20 世纪 90 年代墨西哥和亚洲金融危机爆发前都曾出现短期债务管理失控的局面。

短期外债的快速增长说明有大量短期国际资本进入我国。从资金需求方来说，企业在无法获得长期融资的情况下，只能倾向于获得短期融资；从资金供给方来说，各类投资者也倾向于"快进快出"类的投资方式。国际金融环境的不稳定和人民币持续升值趋势加大了短期投机资本进入中国的可能性，也增加了国际收支的风险。短期投机资本有可能以贸易信贷等合法途径流入国内，也可能通过虚假贸易、地下钱庄等非正规途径进入我国。从 2015 年以来的实际情况来看，大量短期国际资本确实大举进入了我国债市、股市与房市，并参与了炒作。

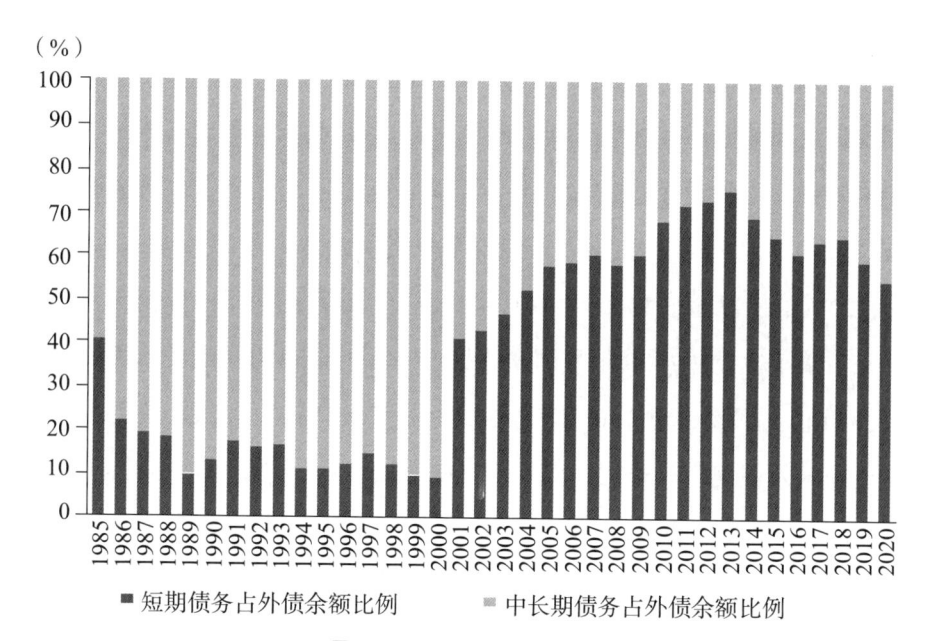

图 5-3 外汇余额期限结构

数据来源：国家统计局、国家外汇管理局。

当然从总体上看，我国外债相对安全。外债相对安全既有规模小的因素，也有结构相对合理的因素，具体原因包括：一是贸易信贷是增加的短期外债的重要组成部分。从短期外债构成看，约 1/3 的短期外债余额与贸易信贷有关。贸易信贷基于真实进出口，对经济增长有实实在在的贡献，这部分短期外债不会影响我国外债安全。如果剔除贸易信贷，我国短期外债占比基本可控制在国际标准线左右。二是借债人主要是金融机构，最终风险由总行承担。根据国际清算银行 2020 年底的数据，我国广义政府债务余额为 3795 亿美元，占 15.81%；中央银行债务余额为 381 亿美元，占 1.59%；银行债务余额为 10918 亿美元，占 45.48%；其他部门债务余额为 6081 亿美元，占 25.33%；公司间贷款债务余额为 2833 亿美元，占 11.8%。其中，外资银行自主经营、自负盈亏，可以独自承担极小可能的外债偿付风险，一般不会影响我国外债安全。三是从币种结构看，我国债务中以美元债务为主。在人民币趋升的宏观环境下，某种程度上降低了我国债务成本。2018 年末，在外币登记外债余额中，美元债务占 82%，欧元债务占 8%，港币债务占 5%，日元债务占 2%，特别提款权和其他外币外债合计占比为 3%。四是我国外汇储备充足，国际清偿能力较强。短期外债比重大，对外汇储备少的国家是压力，对中国而言不是问题。截至 2020 年，我国外汇储备与外债余额比率为 133.98%，尽管稍微超过 100% 的国际警戒线，但 2020 年我国有 3.2 万亿美元的外汇储备，美元外债只占很小比重。2020 年我国仅商品出口就达 2.59 万亿美元，美元外债占商品出口收入都没超过 100%，若再加上劳务出口收入，比重就更低了。宏观上，我国外债规模算小的，根本不存在偿债风险，更不可能出现债务危机。

第二节　国债风险综合评估

随着 2010 年"欧猪五国"主权债务危机的愈演愈烈，人们自然会关注我国主权债务风险有多大。衡量财政赤字和国债规模的国际通行指标主要有6个，分别是国债负担率、国债借债率、居民应债率、赤字率、国债依存度、国债偿债率。前四项指标着眼于国民经济大局，反映了国债的应债能力，可称之为"总量指标"；后两项指标是从财政收支的角度来考察国债规模，反映了国债的偿债能力，可称之为"财政指标"。

一、国债负担率低于国际警戒线

国债负担率衡量国民经济对国债的承受能力，数值上等于国债累积额与同期 GDP 比重。国际上有公认的国债负担率警戒线，一般来说发达国家不超过 60%，发展中国家不超过 45%。

20 世纪 90 年代，我国国债负担率低于 10%，处于非常安全的水平。2001—2014 年，国债负担率虽较 20 世纪 90 年代高，但也基本维持在 15% 上下的水平。2020 年达到 45.37%，略微超过发展中国家的国际警戒线（见图 5-4）。我国国债负担率不仅低于发达的工业化国家，而且明显低于亚洲其他新兴经济体国家。根据官方的提法，我国国债负担率"远远低于欧盟规定的 60% 的警戒线，目前中国不存在财政风险。"需要指出的是，因为目前国债余额占 GDP 比重并未包括可能形成的或有债务或隐性债务的因素[1]，如果将这些因素综合考虑，中国国债负担率将可能超过 50% 甚至 60%。因此，在社会经济体制改革过程中，我国有越来越多的所谓"隐性债务显性化"，除了要考察国债规模指标，还需要将国有银行坏账和或有债务等囊括其中，综合计算国债综合负担率（内外债与各种隐性债务和或有债务之和 /GDP），科

---

[1] 或有债务或隐性债务的形式多种多样，包括但不限于中央财政转贷地方政府建设国债，补充国有银行资本金特别国债，未纳入预算的国务院有关部委以中国政府名义从世界银行、亚洲开发银行、外国政府借入的政府主权外债余额 600 多亿美元，以及国有银行不良贷款损失、粮食亏损挂账和社会保障基金支付缺口等。

学监测债务规模。

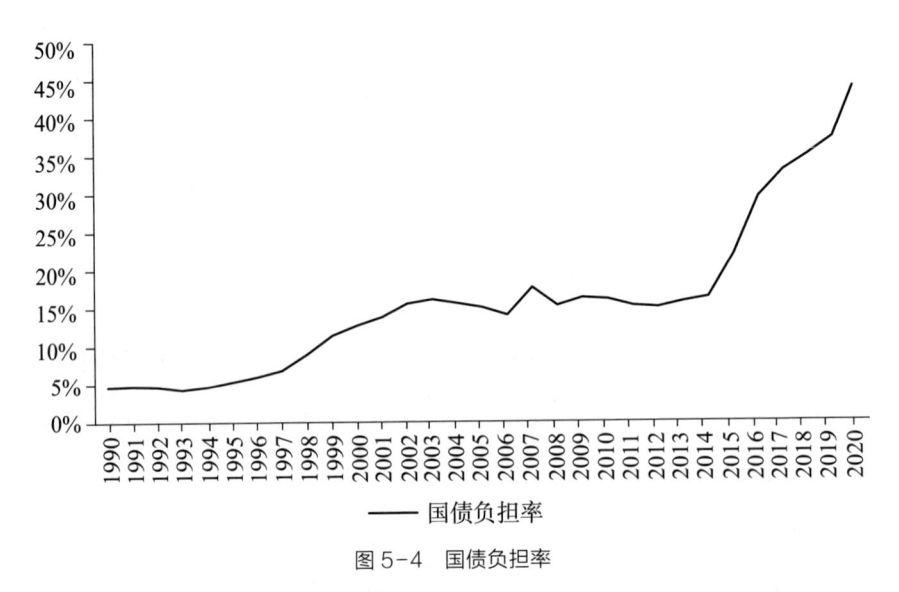

图 5-4 国债负担率

数据来源：国家统计局、Wind 数据库。

二、赤字率高于国际警戒线

赤字率衡量财政的偿债能力，数值上等于财政赤字与 GDP 比重，国际上的公认警戒线为 3%。

国债与财政赤字互相影响，一方面财政赤字增加意味着国债规模扩大，另一方面国债还本付息又会增加财政赤字，这样就会陷入循环。如果财政赤字持续增加，国债还本付息的压力会随之增加，可能会阻碍经济发展。我国赤字率从 1982 年到 1990 年初，基本维持在 1% 以下；1998 年实施积极财政政策以后，赤字率迅速上升，1999 年我国赤字率跃上 2% 的台阶，2000 年和 2002 年的赤字率均逼近 3% 这一国际警戒线。2008 年国际金融危机后，我国的"赤字经济"的色彩正在淡化，财政赤字占 GDP 的比重开始下降，个别年份甚至出现财政盈余，如 2007 年。但 2015 年开始，赤字率有所回升，

2015—2020 年我国财政赤字率均超过 3% 的国际警戒线，2020 年更是达到 6.17%，要高度警惕（见图 5-5）。

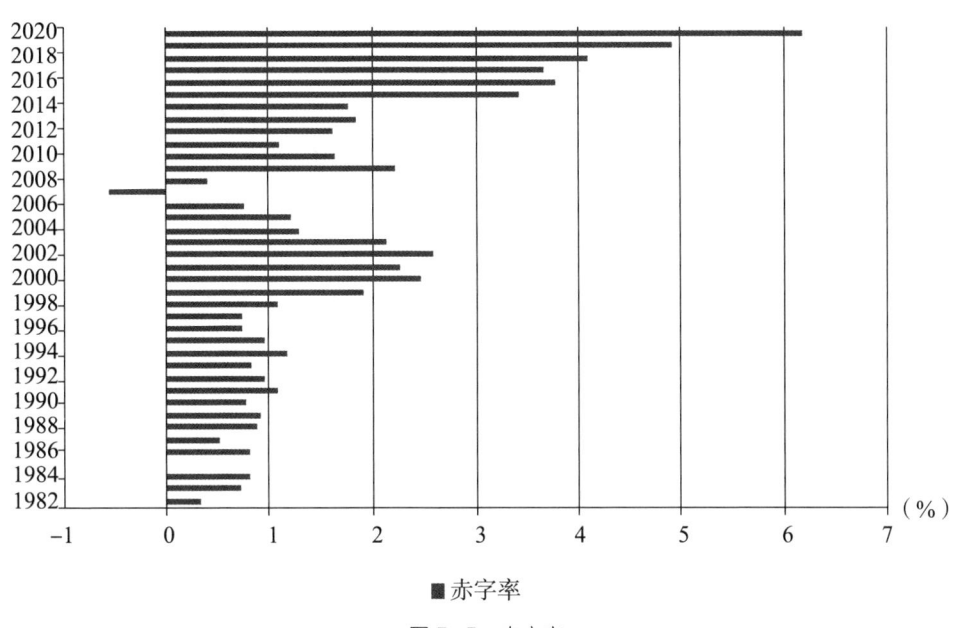

图 5-5 赤字率

数据来源：国家统计局、Wind 数据库。

三、国债借债率处于国际警戒线内

国债借债率表示当年国民经济负担国债的情况，数值上等于当年国债发行额与 GDP 比重。国债借债率越低，说明财政通过发行国债集中的财力越小。这一指标的国际警戒线为不超过 50%。

如图 5-6 所示，我国国债借债率一直处于安全线之内，且远远低于警戒线。1995 年以来，国债借债率基本低于 10%，超过 10% 的年份只有 2016 年（12.31%）和 2017 年（10.18%），可以说较为安全。当然，2015 年较 2014 年增加了超过 5 个百分点，这样的增速需要注意。

图 5-6　国债借债率与居民应债率

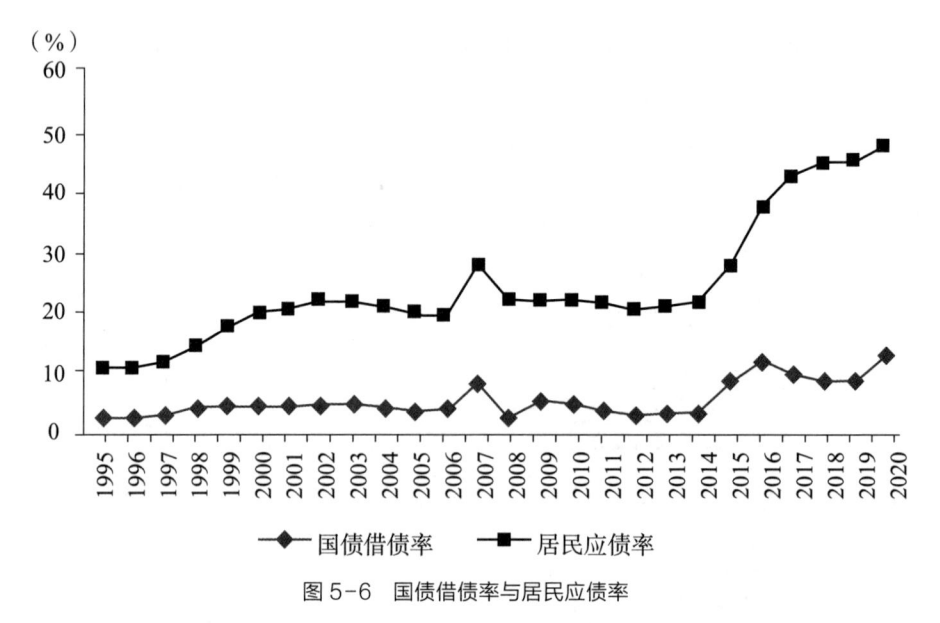

数据来源：国家统计局、Wind 数据库。

四、居民应债率处于安全线内

居民应债率反映的是应债主体对国债的承受能力，数值上等于国债余额与居民储蓄存款余额比重，或者等于当年国债发行额与当年居民储蓄存款增加额的比重。这一指标的安全性一般认为是不超过100%。

如果按三部门看经济运行，政府与企业通常是净债务主体，而居民则是净债权主体，所以经济所能承受的债务，可从居民的应债能力上体现。2015年之前，我国居民应债率相对平稳，最高为28.3%（2015年），始终没有超过30%。但2015年之后，居民应债率极速上升，2016年达到37.76%，2020年则高达49.33%（见图5-6）。虽然仍处于安全线内，但是由于我国社会保障体系尚需完善，用于养老的居民储蓄规模较大，不能过高估计居民的应债能力。

五、国债依存度远超警戒线

国债依存度表示的是财政支出中国债的占比，反映财政支出多大程度依赖国债发行，数值上等于当年国债发行额与财政支出比重。从国际数据看，发达经济体的国债依存度均值约为10%，一些发展中经济体的国债依存度均值约为25%，而国际警戒线为20%以内。我国的国债依存度可分为全国、中央两个口径，根据国际警戒线，我国国债的全国依存度警戒线是15%—20%，中央依存度警戒线是25%—30%。

全国依存度=（当年国债发行额÷当年全国财政支出额）×100%，国际安全线是15%—20%；

中央依存度=（当年国债发行额÷当年中央财政支出额）×100%，国际安全线是25%—30%。

2014年以前，我国地方政府无权直接发债，只能由中央代为发行。2014年5月财政部公布上海、浙江、广东、深圳、江苏、山东、北京、江西、宁夏、青岛等十省市试点地方政府债券自发自还。此后，地方政府方可发行地方政府债券。故而中央依存度可能更说明问题。

从1990年起，我国国债规模迅速扩大，全国依存度不断上升，从1995年开始超出了国际上公认的警戒值，此后只有个别年份低于15%，如2008年和2012—2014年，其他年份大都超过国际警戒线，尤其是2020年全国依存度高达55.09%。中央依存度则更为严重，从1990年开始，只有1990年（19.64%）、1991年（25.78%）和1993年（29.06%）处于30%以下，其他年份都高于警戒线，个别年份超过200%甚至300%，比如2007年为202.23%，2015年以来均超过230%，2020年更是达到385.76%（见图5-7）。这说明，我国中央财政支出资金的很大一部分来源于国债。我国中央财政支出主要用以"满足社会公共需要"，其资金来源多数要依赖发行国债，如果不对这种情况及时加以调整，那么发生债务危机的概率就很大。

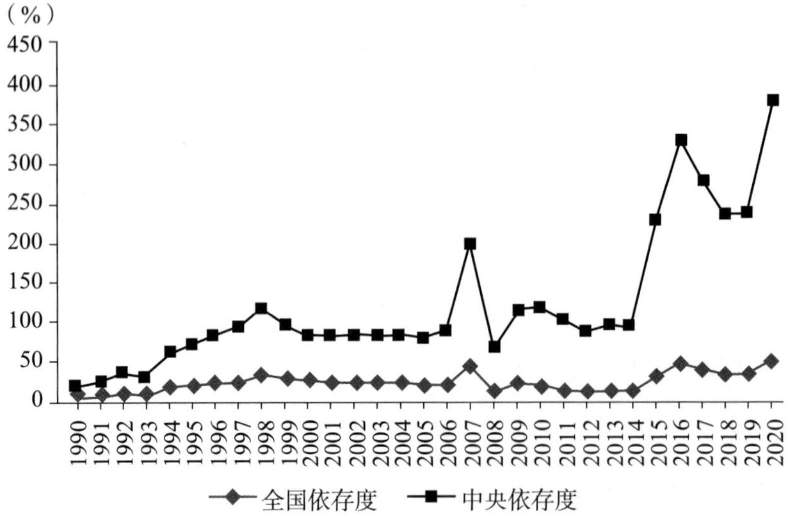

图 5-7 国债依存度

数据来源：国家统计局、Wind 数据库。

六、国债偿债率超过国际警戒线

对某一政府而言，其偿债能力可以通过国债偿债率来反映，数值上等于当年国债还本付息额与财政收入的比重。如果国债偿债率越低，说明政府偿债能力越强，更多体现的是政府的债务管理水平。一般认为，国债偿债率的国际警戒线为 10%，我国学者认为国债偿债率最好控制在 8%—10%。我国的国债偿债率可分为全国、中央两个口径，其中全国偿债率的警戒线为 10%，中央偿债率的警戒线为 15%—20%。

全国偿债率=（当年还本付息支出总额÷当年全国财政收入总额）×100%

中央偿债率=（当年还本付息支出总额÷当年中央财政收入总额）×100%

我国国债偿债率超过国际警戒线。从全国偿债率看，近些年除了 2012—2015 年低于 10%，其他年份都超过 10% 的警戒线，2020 年为 28.11%。从中央偿债率看，2001—2015 年尚能基本保持在 25% 以内，但 2016 年后超过了警戒线，2016 年为 27.24%，2017 年高达 33.98%。

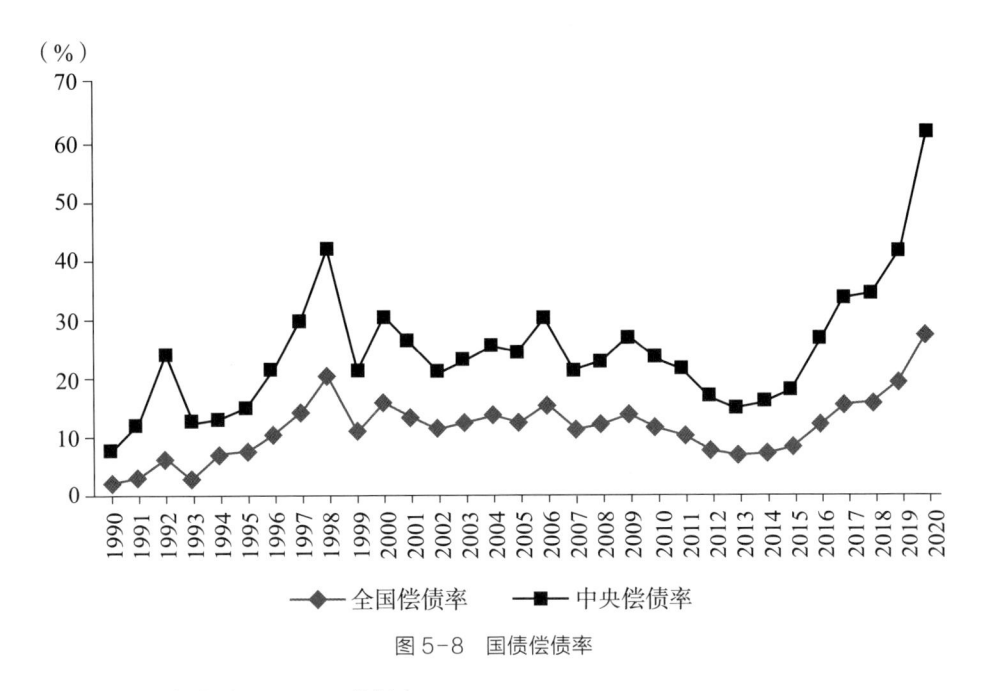

```
  (%)
   70
   60
   50
   40
   30
   20
   10
    0
```
　　　　◆— 全国偿债率　　■— 中央偿债率

图 5-8　国债偿债率

数据来源：国家统计局、Wind 数据库。

七、国债风险的综合判断

我国国债风险从不同指标看可能结论不一致（见表 5-2）。从国民经济的应债能力的国际核心指标看，国债负担率和赤字率的国际警戒线分别是 60% 和 3%，我国的实际情况分别是 45.37%、6.17%；从国民经济的应债能力另两项指标看，国债借债率、居民应债率的国际警戒线分别是 50%、100%，我国的实际情况分别是 13.32%、49.33%，表明我国国民经济总体应债能力相对较强，并且在保持赤字率相对稳定或略有降低的情况下，还有扩展国债规模的空间。但如果从财政偿债能力的指标看，国债依存度、国债偿债率的国际警戒线分别是 20%、10%，我国的实际情况分别是全国依存度是 55.09%，中央依存度是 385.76%；全国偿债率是 28.11%，中央偿债率是 62.11%。据此指标，财政本身特别是中央财政对国债的承载能力有限。

表 5-2　我国国债风险状况综合评估

国债指标	国际警戒线	我国 2020 年数值
国债负债率	发达国家≤60% 发展中国家≤45%	45.37%
赤字率	≤3%	6.17%（2018 年）
国债借债率	≤50%	13.32%
居民应债率	≤100%	49.33%
国债依存度	全国≤20% 中央≤30%	全国 55.09% 中央 385.76%
国债偿债率	全国≤10% 中央≤20%	全国 28.11% 中央 62.11%

国债偿债压力不会影响我国政府债务总体安全。这可从国际对比数据看出：一是我国政府债务负担率在国际上属较低水平。从国内统计数据看，2020 年我国地方政府债务余额为 25.66 万亿元，中央政府债务余额为 20.89 万亿元，受新冠疫情冲击，债务规模增速快于财政收入增速，政府债务率有所提高，但总体上仍低于国际通行的 100%—120% 的警戒标准；2020 年我国政府负债率为 45.8%，在欧盟 60% 的警戒线范围以内，同时也低于主要发达经济体和新兴经济体的政府负债率水平。相比之下，主要发达国家政府债台高筑，存在主权信用风险。七国集团的政府部门负债率全部都超过了安全警戒线。从国际统计数据看（见图 5-9），我国政府部门负债率大大低于发达的工业化国家。1991 年以前，七国集团政府部门负债率水平较低，但意大利从 1991 年、日本从 1997 年开始就突破了 100%，即使到 2020 年政府部门负债率也保持较高水平，截至 2020 年，日本政府部门负债率高达 237.9%，意大利为 177%。多年来，美国政府部门负债率一直保持在 50%—60% 水平，但 2008 年国际金融危机后，美国政府部门负债率一直处于上升趋势，到 2020 年高达 132%。二是我国赤字率相对较低。2008 年国际金融危机爆发以来，全球范围内主要国家大多采取了扩张性财政政策，巨额赤字超出国际警戒线，导致各国财政在不同程度上缺乏可持续性。2015 年之前，七国集团的赤字率

整体都要比中国高；2015年中国的赤字率开始上升，但仍低于美国、日本。当然，由于2015年以来中国赤字率上升速度较快，需要特别注意在实施扩张性财政政策时，不能过度追求规模，而应致力于盘活存量、调整结构等。

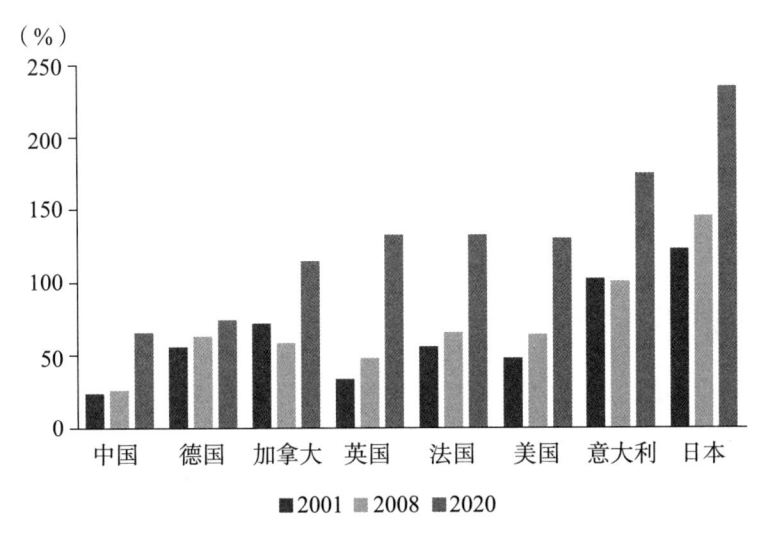

图 5-9　全球主要经济体政府部门负债率

数据来源：国际清算银行数据库。

但是，仍需警惕主权债务存在的两大潜在风险。一是中央财政的国债依存度过高，存在财政支出过分依赖债务收入的风险。尽管2015年开始，各地方政府可以自行发债，但中央政府也在同步发债，就当前我国经济规模而言，我国债务规模已进入相当危险的区域。我国过多依赖中央政府债务，必然会削弱中央政府的宏观调控能力。二是我国国债偿债率过高，存在集中偿债的风险压力。根据"不兜底"原则，债务由谁发行，还本付息就由谁承担，地方政府对自己发行的债务负有还本付息的义务。但是，当地方政府真正暴发政务风险，中央无法"坐视不理"，或多或少会介入处置风险。中央政府债务要完全依靠中央政府财政收入来偿还，而国债本息是必须无条件偿还的，刚性很强。我国国债偿债率过高，说明国债面临还本付息的高峰期，国债本息支付急剧增长，筹资成本居高不下，国债的偿还困难较大。这源于我国国债期限的设计不合理,在"发新债还旧债"的债务模式下,国债管理体制存在问题,也源于国债规模的扩张速度相对过快,债务成本相对过高,债务的还本付息给我国财政带来了沉重的负担。

第三节 地方政府债务风险综合评估

从经济风险视角来看,地方政府债务一直是中国经济前行最大的不确定性之一。如何对待地方政府融资平台和地方政府债务问题,是未来工作的重点。

一、我国地方政府负债水平总体可控

2015年以前,当时的《预算法》没有赋予地方政府举债融资的功能。但是地方政府有大量的举债融资需求,只能通过非正规渠道融资,这些渠道包括融资平台公司、事业单位等,累积了大量的显性和隐性债务。当然,国家在地方政府发债方面也做过试点,2009年财政部开始尝试代发代还地方政府债券,2011年第四季度起部分省区市试点自发地方政府债券,但还本付息仍由财政部代办。直到2015年开始,地方政府才真正可以自行发债。

显现债务方面,我国地方政府负债水平并不高。这可从两个维度看出:一是总量的地方政府债务余额与负债率。2012年以来,我国地方政府债务余额呈上升态势(见图5-10),2018年的18.39万亿元较2012年的9.63万亿元翻番,但地方政府负债率却处于低位,最高仅为24%(2014年),远远低于欧盟对其成员国政府债务负债率不超过60%的规定。即使是看债务率,据可查数据,2014—2016年以及2018年我国地方政府债务率分别为86%、89.2%、80.5%、76.6%,远低于国际上通行的100%—120%的警戒线,也低于IMF建议的90%—150%的参考标准。二是区域结构的地方政府债务余额与负债率。江苏、广东、山东、四川、浙江的地方政府债务余额排在前五位,分别达到1.9、1.63、1.56、1.4、1.3万亿元,但这五个省的地方政府负债率

却分别只有18.5%、14.7%、21.3%、28.8%、20.1%，远低于欧盟60%的标准。在全国31个省区市中，地方政府负债率真正超过欧盟60%标准的只有青海和贵州，分别高达90.2%、65.4%，其他省区市的负债率都低于警戒线，处于安全范围内（见图5-11）。

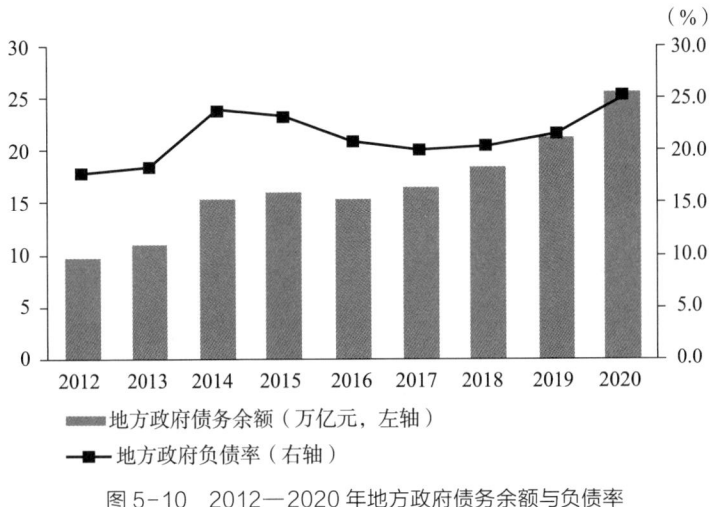

图5-10 2012—2020年地方政府债务余额与负债率

数据来源：国家统计局、Wind数据库。

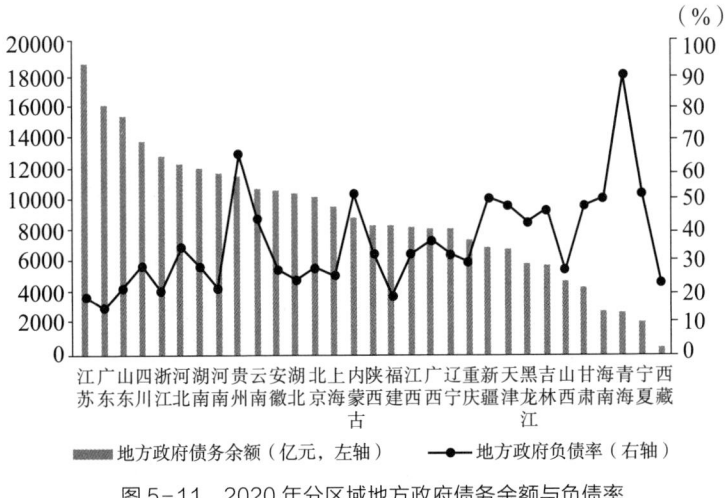

图5-11 2020年分区域地方政府债务余额与负债率

数据来源：国家统计局、Wind数据库。

隐性债务方面，我国地方政府隐性债务风险难以估量。根据审计署 2013 年年底发布的《地方政府性债务审计结果》，2012 年底和 2013 年 6 月底，地方隐性债务占地方政府债务总额超过 39.39%，这还不包括其他形式的隐性债务。根据国际清算银行的数据估计，我国 2017 年底隐性债务的规模约为 8.9 万亿元，而国际货币基金组织估计我国 2016 年底的隐性债务规模约为 19.1 万亿元。另外，国内许多研究机构和学者运用各类方法对我国隐性债务规模进行估计，大致结果为 30 万亿—50 万亿元之间。总体来看，如果将地方政府隐性债务纳入考虑范围，政府负债率将明显提升，甚至有可能超过国际警戒线。

二、地方政府债务及融资平台快速发展的成因

根据 2013 年各地发布的审计结果，在地方政府债务的来源中，地方融资平台公司是重要的举债主体。《地方政府性债务审计结果》显示，超过 40% 的地方政府债务来源于融资平台公司，这是多重原因叠加的结果，既有内在的资金需求，也有外部较为宽松的货币环境；既有体制上的客观原因，也存在一些其他因素。

一是内在动力。经济发展阶段和城镇化进程产生了大量的资金需求。应该看到，当前我国还处于社会主义初级阶段，正处于城镇化加快发展的时期，从 1978 年到 2020 年，城镇化水平从 17.9% 迅速提高到 63.89%。按照我国政府间事权的划分，跨区域的基础设施由中央负责，当地基础设施建设由地方政府负责。地方政府需要进行大量的城市基础设施建设维护、城市环境保护、城市重点项目开发、居民廉租房建设等方面的投入，资金需求量庞大，地方政府的财力十分有限，部分落后地区财政甚至"保工资、保运转"都有困难，更难有多余的财力用于城市基础设施建设。未来城镇化建设的资金需求仍然庞大，根据住房和城乡建设部的测算，如果每年城镇化率增加 1 个百分点，

未来10—15年我国城市基础设施建设的投资规模可能需要翻番。

二是外部环境。应对2008年国际金融危机的中央扩张计划。与欧美债务危机不同的是，中国地方政府债务危机是中国主权债务危机的重要特点，是中央政府将债务风险向下分散的必然表现，它降低了我国主权债务风险的集中程度，也推迟了爆发的时间。2008年国际金融危机后，我国地方政府融资平台如雨后春笋般增长。为对冲外部危机的影响，中央政府发起"四万亿经济刺激计划"，其中中央财政拨款1.18万亿元，剩下的2.82万亿元由地方政府配套，在实际运行中的投资总额远超4万亿。旧的《预算法》没有赋予地方政府发债的权利，为了突破商业银行作为唯一融资渠道的限制，各级地方政府纷纷成立了融资平台。2009年3月，中国人民银行和时为银监会联合下发了《关于进一步加强信贷结构调整指导意见》，提出"支持有条件的地方政府组建投融资平台，发行企业债、中期票据等融资工具，拓宽中央政府投资项目的配套资金融资渠道"。由此，地方政府融资平台承担地方政府融资功能，其融得资金变成了地方政府债务，在当时监管相对欠缺的情况下，也产生了一些风险。

三是体制原因。"分税制"是导致地方政府债务积累的重要原因。我国地方政府债务积累的内在逻辑是：分税制→地方事权大于财权→地方政府财政收支缺口→通过预算外收入增加财政收入→土地财政→房价大幅度上涨。1994年分税制改革的结果是，中央政府拥有了更多的财权，地方政府则承担了更多的事权，使得中央和地方政府事权、财权不对等，地方政府可支配的财力极其有限。1993年，我国地方财政收入占全国财政收入的比重为78%，但到2020年只有54.7%，而对应的地方财政支出占全国财政支出的比重从1993年的71.7%上升至2020年的85.7%。就是说，地方政府用五成多的财力支撑着八成多的事务。而在分税制改革前的1993年，地方政府用78%的财政收入承担72%左右的财政支出责任。地方财权的巨大缺口只能通过提高预算外收入弥补。2006年我国全部取消农业税，地方政府的财政更加艰难。地方国企和土地，成为地方政府融资的为数不多的有效手段。实际来看，土地转让收入已经成为地方政府最为重要的收入。2018年房地产"五税"[1]总收入17968亿元，以"五税"加土地出让金的口径来计算，土地财政收入占地方财政收入的比重为51%，即超过一半的地方财政收入依赖土地财政[2]。数据显示，从2006年开始，全国土地出让收入呈上升趋势，2014年高达4.29万亿元。2015年国家进行了一些调控，全国土地出让收入才有所下降。但是，自2015年开始，中国房地产市场的进一步火热，土地出让收入规模进一步上升，2018年土地出让收入高达6.51万亿元（见图5-12）。土地财政导致房价大幅度上涨。随着地方政府经济建设的利益驱动，我国的房地产价格也不断高涨。2015年以来，中央政府和地方政府不断出台控制房价的政策，但只在一定程度上约束了房价上涨的速度，却依然未能制止房价上涨的事实。

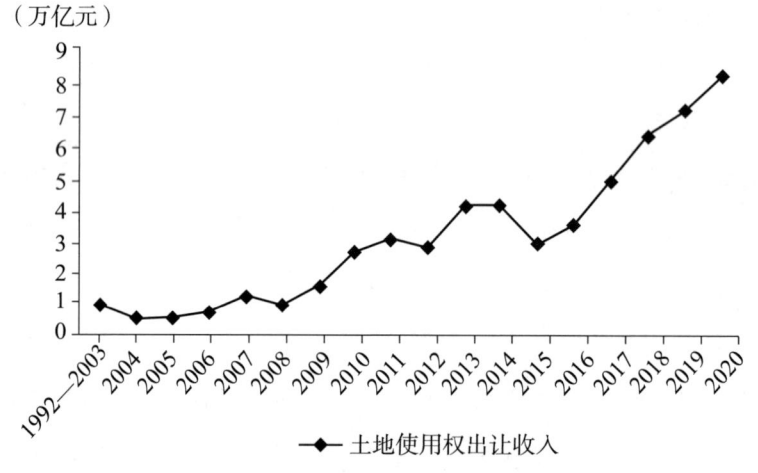

图5-12 我国土地使用权出让收入

数据来源：国家统计局、Wind数据库。

---

[1] 房地产"五税"，分别为房产税、城镇土地使用税、契税、耕地占用税、土地增值税。
[2] 上海易居房地产研究院："地方政府对土地财政的依赖度"，http://admin.fangchan.com/uploadfile/annex/2/1584/5e54c5e824d58.pdf。

三、地方政府债务风险的综合判断

地方政府债务的风险，需要从短期和中长期两个视角来看。

短期看，无须过分夸大地方政府债务风险。从总体上看，我国地方政府债务规模、期限结构、还本付息等，仍然在地方政府财政状况承受范围之内，地方政府负债率等指标仍处于中等水平。尽管面临较大的经济下行压力，但随着高质量发展的效果逐渐显现，地方政府整体财政状况不断得到改善，发债的谨慎性越来越高，承担债务的能力不断提高，地方政府资产负债关系整体上并无破产之虞。地方政府掌握着国有资源、国有资产、国有银行等，就掌握资产数量而言，中国政府可能是世界上最富有的。国务院发布的《关于2019年度国有资产管理情况的综合报告》显示，我国政府拥有巨额的国有资本或资产（见表5-3）。具体来说有三个方面：一是中国政府拥有数量庞大的重要资产储备。这些资产储备包括上市公司国有股（国内和海外）、非上市国有企业以及土地和房地产等，在上市国有企业中政府持股约占三分之一。同时，各级政府和很多国有企业（包括城投企业）都拥有可在未来出售的土地和房地产，政府在当前土地50—70年租期到期后也可能会再次出售。与政府所举借的债务相比，政府资产负债表上的股票和房地产资产可能更多。如果地方政府真的爆发非常严重的风险，地方政府可通过在一级市场出售非上市国有企业和增加土地供应来化解债务风险。二是政府的财政收入不断增长。2020年全国公共财政收入达到18.3万亿元，如果再加上政府性基金收入和国有资本经营预算收入，政府总收入超过20万亿。就算出现诸如政府土地和股票的价值大幅缩水的特殊情况，靠目前的财政收入也可偿还部分债务。三是较高的政府、企业和居民储蓄。截至2020年底，包括住户、非金融企业、机关团体、财政性和非银行业金融机构在内的境内存款高达215.2万亿元，其中仅住户存款就达到93.4万亿元。

表 5-3　我国 2019 年度国有资产管理情况　　　　　（单位：万亿元）

单位类型 \ 类型	资产	负债	国有资本或资产
国有企业	233.9	149.8	64.9
金融企业	293.2	262.5	20.1
行政事业性单位	37.7	10.7	27

资料来源：《关于 2017 年度国有资产管理情况的综合报告》。

中长期看，需要防范地方政府债务危机。虽然短期不必担心地方政府债务危机的爆发，但中长期仍存在潜在的风险，这需要债务主体和监管部门共同关注、协同防范。地方政府债务中长期的风险来源包括：一是货币政策带来的风险。引爆地方债和房地产两大"地雷"的导火索，非货币紧缩莫属。土地市场繁荣和宽松货币环境，是地方债务得以延续的两大基础。一方面，政府以土地或土地出让收入，注入融资平台公司解决基建项目资金，同时以土地为抵押获取信贷资金，另一方面这些贷款对应的项目中，有很多都是公益性项目，没有盈利，90%要靠卖地作为偿还贷款本息的资金来源。这个循环得以持续的关键，以宽松货币环境的存在为前提。一旦货币收紧导致项目现金流中断，或者土地拆迁流转停滞，就意味着地方政府的还款来源切断了，风险将迅速暴露。随着货币紧缩和房地产调控的深入，土地流转已经从卖方市场迅速转换为买方市场，货币紧缩有"割掉地方政府和银行的脖子"的风险。根据测算，贷款利率每提高1个百分点，地方政府利息支出每年将增加1400多亿；银行计提拨备150%前提下，若清理政府债务为2万亿（即14%为坏账）、2.5万亿（17%为坏账）、3万亿（20%为坏账），银行承担20%，分3年摊销时，计提的拨备占银行净利润的比例分别为15.8%、18.8%、22.6%。在上述数据面前，货币持续紧缩显然有冒进风险，尤其是考虑到国内外经济的滞涨前景——所谓不良资产，是与经济周期高度相关的，如果经济稳步增长，地方税收上升、资金流转顺畅，相当部分坏账是可以掩盖的。如果紧缩性政策给予一定的缓和空间，经济增速下滑节奏更平滑，现有的地方债务问题，就可能以更小代价度过，至少不会在短期内集中爆发。二是债务集中偿还的风险。2020年末地方政府债券剩余平均年限6.9年，这意味着政府债务应该在不到7年的时间内偿还完。财政部从2014年开始"债务置换计划"，经过一系列债务置换，在一定程度上延缓了短期偿还压力，但债务置换并非万能，也只能适当延缓，可以说短期偿还压力还是较大的。三是地方政府资金链断裂的风险。地方政府可用的收入主要包括地方本级收入、中央转移支付和税收返还、土地出让收入。我国地方政府过度依赖土地出让收入，在可供给土地越来越少的情况下，可能出现债务风险。2020年土地出让收入为8.41万亿元，而2020年到期的政府债偿还本金就达到2.08万亿元，这还不算剩余债务需要支付的利息，土地出让收入可能无法完全覆盖政府债务。在土地市场行情仍有余温的情况下，地方政府的土地出让收入较为丰盈，偿还地方政府债务尚不会成为难题。不过一旦土地市场降温，土地价格出现下跌，地方土地出让收入将缩水严重，首当其冲的就是这些融资平台贷款的抵押不足，还债就可能演变成一场危机。如果地方政府无力偿还债务，最终也必将转为中央财政兜底——这不是法律如何规定的问题，而是必须执行，因为直接关系社会稳定性。

第四节 "十四五"期间债务风险预测

"十三五"期间，我国经济增速仍能保持中高速。但在新冠疫情的冲击下，外部环境愈发纷繁复杂，"十四五"期间我国经济下行压力必然增加。债务如果不能转化为更有效的经济增长，那么反过来就会形成风险。

一、潜在的债务风险的预测基础

经济运行有其自身的规律，即经济周期。债务依赖经济增长，经济增长有周期性波动，因而预测潜在的债务风险，经济周期是很好的基础。当前，中国经济正处在一个重要的历史关口，即中国经济正处在一个长、中、短三大周期切换的重叠之中。这表明与经济周期相伴随的是地产周期、存货周期、资本性支出周期、证券市场负财富效应等多周期因素叠加，在这样大的宏观环境下，一个国家的经济容易受外部冲击，并产生风险。

（一）长周期每60年发生一次巨变

长周期，又称为康德拉季耶夫周期，主要与产业革命的技术创新有关，平均波长为50—60年，每个周期当中又分为上升和下降两个时期，各持续20—30年。

按照经济长周期理论预测，从第一次工业革命到现在，世界经济大致经历了五个长周期的变化（见图5-13）。分别为："长波"Ⅰ——大约从1780年到1840年（60年），是所谓第一次"工业革命"时期，发端于英国的纺织品和工业化生产。"长波"Ⅱ——从1840年到1890年（50年），是所谓"蒸汽动力与铁路"时代。英国以蒸汽机为代表的基础技术创新，以及铁路的修建，英国率先进入蒸汽和铁路时代。"长波"Ⅲ——从1890年到1940年（50年），冶金技术的发明和应用，美国充分把握机遇，经济实力接近并超过英国，成为最大的实际获益者，世界经济的重心也由英国向美国转移。"长波"Ⅳ——从1940年到1990年（50年），是所谓"汽车和合成材料"的大批量生产时代，电气、汽车和化学工业在创新的引领下快速发展，工业化国家的产业实现了升级和转型，汽车工业成为当时的主导产业。"长波"Ⅴ——1990年迄今，这个周期是"信息技术"时代。从20世纪90年代中后期开始，世界经济便处于第五个长周期的上升期阶段。在这一轮长波中，美国保持其领先地位。目前我们正处于"长波"Ⅴ中，2009年后世界经济处于长周期中的后 25—30 年衰退。

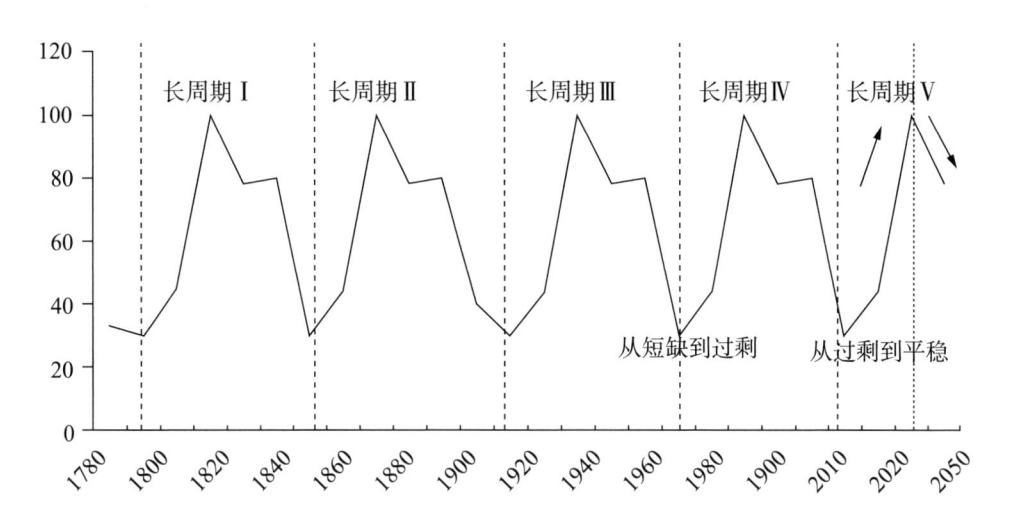

图 5-13　1780—2050 年世界经济长周期演变情况

资料来源：根据历史资料绘制。

1949 年以来，中国在第四个长周期的后 30 年中完成了从计划经济向市场经济的转轨，从一个供给严重短缺的经济体变成了一个供给严重过剩的经济体。在第五个长周期中，将从转轨经济向成熟经济变道，从"经济增长奇迹"向高质量发展转变。

（二）中周期波动呈现"3 上 8 下"规律

中周期，又称为朱格拉周期，主要与固定资产设备投资有关，平均波长为 8—11 年。

从中周期看，1949 年以来，中国经济增长的规律性较为明显，6—7 年繁荣，3 年左右的调整，呈现每 10 年一次中周期波动现象。我国自 1953 年以来，大致经历了 10 个中周期（见图 5-14），根据中国经济周期变化规律，2021—2030 年将是我国第 11 个经济中周期。在第 11 个中周期，中国经济面临从出口驱动向消费驱动的切换以及从成本优势向技术优势的切换，从产品市场化到要素市场化扩散。

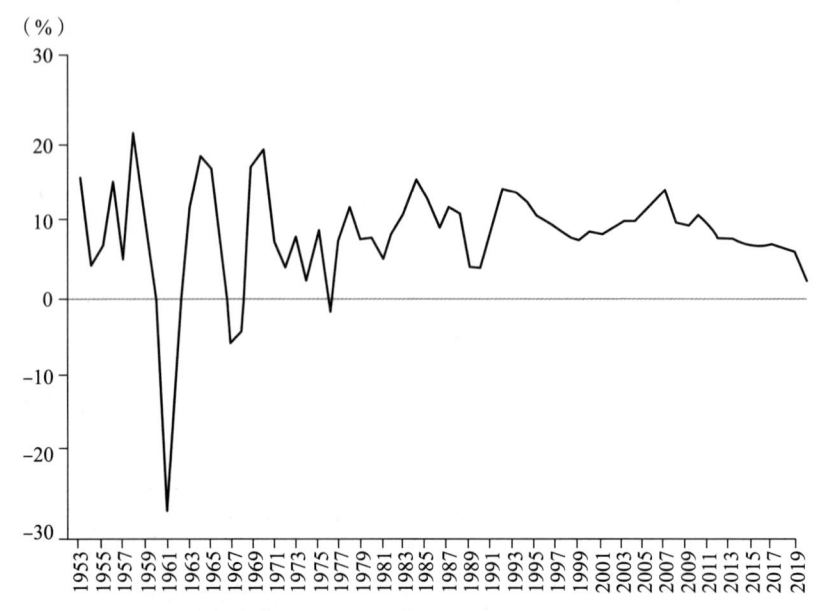

图 5-14　1953 年以来中国经济周期变化

资料来源：根据历年资料绘制。

在 10 年中期波动中，可以发现一个"3 上 8 下"的演变规律。从数据统计看，一般逢 3 的年份，如 1953—2003 年之间的逢 3 年份，经济大多由弱转强，经济社会发展通常会进入繁荣期；而逢 8 的年份，如 1958—2018 之间逢 8 的年份，经济大都会由强转弱，要么在逢 8 的当年经济快速下滑，要么以此为顶点，此后经济开始步入大幅调整期。

（三）短周期看中国正面临去库存化周期

短周期，又称为基钦周期，主要与库存投资的变化有关，平均波长为 2—4 年。我国实行五年规划的发展方式，叠加五年一次的政府换届，两个五年短周期往往便是一个中周期。从图 5-14 可以看出，我国的经济增长速度确实呈现出短周期波动的特点。这意味着，自 2007 年的增长峰值下来之后，中国经济正在积累新一轮周期的能量，而在 2010 年下半年，迎来这次小周期调整中的第二次去库存化，至 2015 年"十二五"结束。2016 年是"十三五"开局之年，中国加大了去库存的力度，再次进入新周期阶段的第一次去库化，2020年三四线城市去库存压力依然较大，一二线城市房地产市场需求矛盾突出。

二、潜在的债务风险的情景分析

综合来看，目前我国处于长周期的下降阶段、中周期的"8下"拐点以及短周期的去库存时期，叠加外部环境复杂严峻，经济面临下行压力。根据国际货币基金组织的预测，以发达经济体和新兴经济体的经济平均经济增速1.82%、4.74%为分界点[1]，将我国经济增速分为中高速（4.74%—6.57%[2]）、中低速（1.82%—4.74%）、低速（低于1.82%），其中中高速以6.57%、中低速以4.74%、低速以1.82%为例，分别分析不同情景下潜在的债务风险。

（一）潜在的外债风险预测

外债余额、当年到期外债本息和、短期外债等指标通过2阶弱化的GM（1，1）模型[3]预测得到，GDP、出口、外汇储备等指标则按照低速、中低速、中高速分别计算得到。"十四五"期间我国外债风险预测结果如下（见图5-15）。

外债负债率、外债债务率、外债偿债率仍在警戒线之内，大概率出现下降。目前我国经济增速仍能保持中高速，即使"十四五"期间经济下滑至中低速，外债负债率、外债债务率、外债偿债率也会出现下降。极端情况下，即经济增速下滑至低速，外债负债率将略有上升，"十四五"期间预计最高会达到15.43%（2025年）；外债债务率也会上升，"十四五"期间预计最高会达到83.04%（2025年）；外债偿债率预计最高会达到5.74%（2025）。但这三

---

[1] 国际货币基金组织的世界经济展望数据库对发达经济体和新兴经济体的经济增长都有预测，此处以2017—2024年经济增速的算数平均值作为分界点。

[2] 国际货币基金组织的世界经济展望数据库中2018年中国的经济增速。

[3] 王学凯、黄瑞玲："基于KMV模型的地方政府性债务违约风险分析——以长三角地区为例"，《上海经济研究》2015年第319（4）期，第62—69页。

个风险指标仍然处在警戒线之内。

外汇储备/外债余额大概率上升，外汇储备足以覆盖外债。在经济中高速的情况下，我国外汇储备/外债余额最高可能超过200%（2025年可能达到204.68%）。如果保持中低速发展，"十四五"期间外汇储备/外债余额也能超过2018年的156.36%。即使下滑至低速发展，凭借目前外汇储备的规模，"十四五"期间我国外汇储备/外债余额仍能达到150%左右。

短期外债/外汇储备大概率往警戒线靠拢，但仍超出警戒线。"十四五"期间，只有经济低速发展，短期外债/外汇储备才会上升，但这种可能性并不大。更为可能的是经济保持中高速或中低速发展，如果能保持中高速发展，短期外债/外汇储备有可能下降至33.34%（2025年）。不过这一数值仍然超过了25%的警戒线，说明我国短期外债的风险在"十四五"期间仍比较突出。

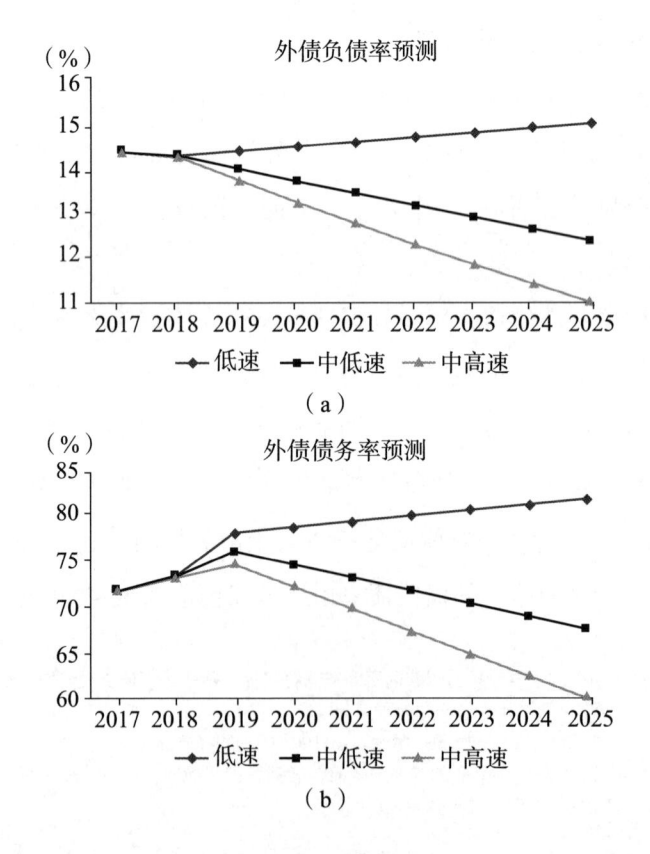

外债负债率预测

(a)

外债债务率预测

(b)

（c）

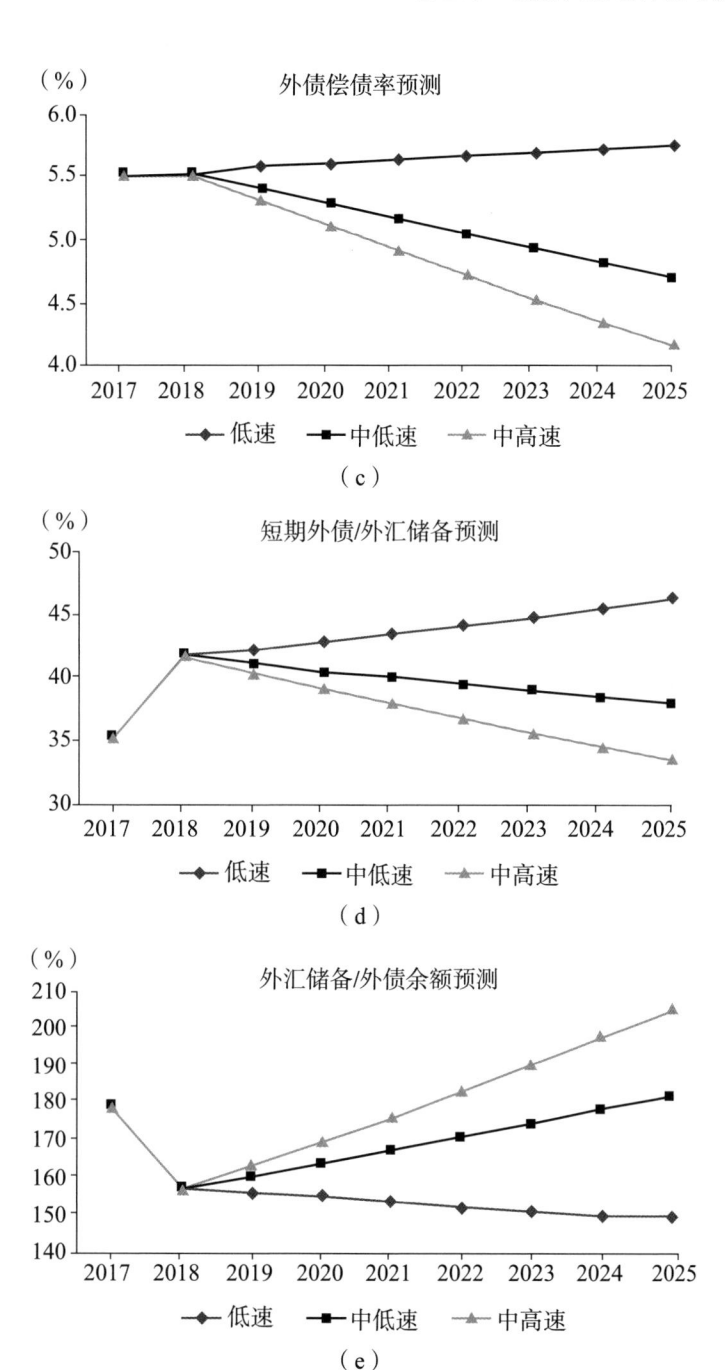

（d）

（e）

图 5-15 潜在的外债风险预测

资料来源：根据 GM(1, 1) 模型预测。

（二）潜在的国债风险预测

国债余额、债券发行额、债券兑付额等指标通过 2 阶弱化的 GM（1，1）模型预测得到，GDP、全国财政收支、中央财政收支、居民储蓄存款余额等指标则按照低速、中低速、中高速分别计算得到。"十四五"期间我国国债风险预测结果如下[1]（见图 5-16）。

国债负担率、居民应债率基本持平，处于警戒线之内。"十四五"期间，经济大概率保持中低速以上的增速，国债负担率介于 31.58%（中高速下的 2025 年）和 35.65%（中低速下的 2025 年），这与 2017 年的 34.3% 相差无几。同样，居民应债率大概率处于 39.71%（中高速下的 2025 年）与 44.83% 之间（中低速下的 2025 年），和 2017 年的 43.73% 也差不多。这两个指标变动幅度不大，且都能处在警戒线之内。

国债借债率完全安全。2017 年我国国债借债率为 10.18%，远低于 50% 的警戒线。如果经济以中低速以上的速度发展，那么国债借债率会进一步下降，最低可能下降至 8.45%（中高速下的 2025 年）。即使经济低速发展，国债借债率也完全不会超过 50%，"十四五"期间最高为 11.63%（低速下的 2025 年）。

国债依存度下降，国债偿债率基本持平，但仍超过警戒线。"十四五"期间出现低速增长的概率不高，国债全国依存度与中央依存度大概率会随中高速、中低速演变，预计会出现下降，最好的情况是全国依存度下降至 34.46%（中高速下的 2025 年），中央依存度下降至 232.72%（中高速下的 2025 年）。国债偿债率则保持相对平稳，尤其是在经济中高速的情况下，全国偿债率介于 15.94% 和 16.25% 之间，中央偿债率介于 34.21% 和 34.88% 之间，变动幅度很小；当然，如果在经济中低速和低速的情况下，国债偿债率会出现上升，中低速的上升幅度小于低速的上升幅度。不管是国债依存度下降，还是国债偿债率基本持平，这两个指标在"十四五"期间仍将超过警戒线。

---

[1] 本部分并未对赤字率进行预测，因为财政收入与支出按同等比例折算，计算出来的赤字率不变。

(a) 国债负担率预测

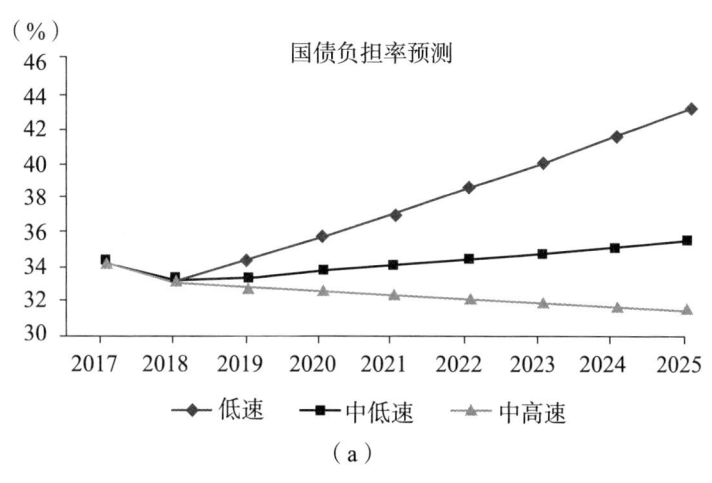

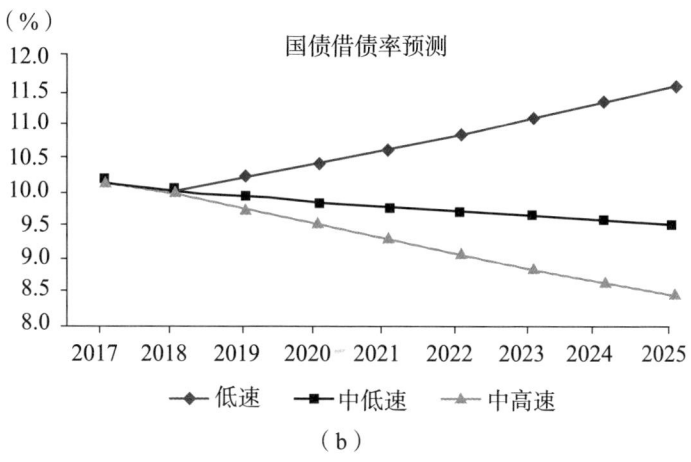

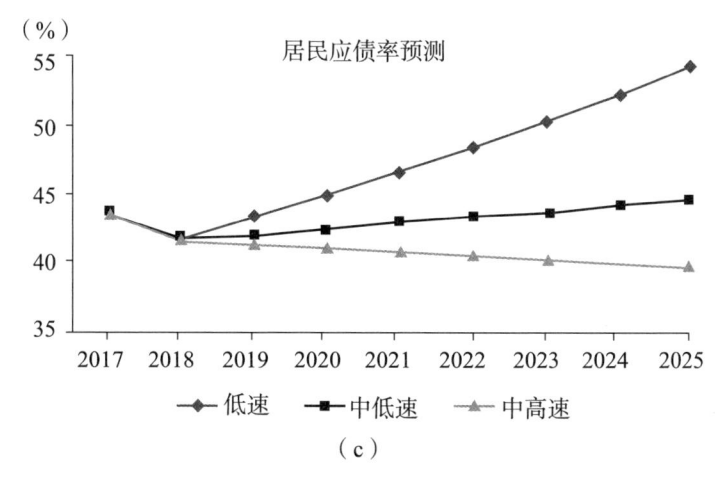

(b) 国债借债率预测

(c) 居民应债率预测

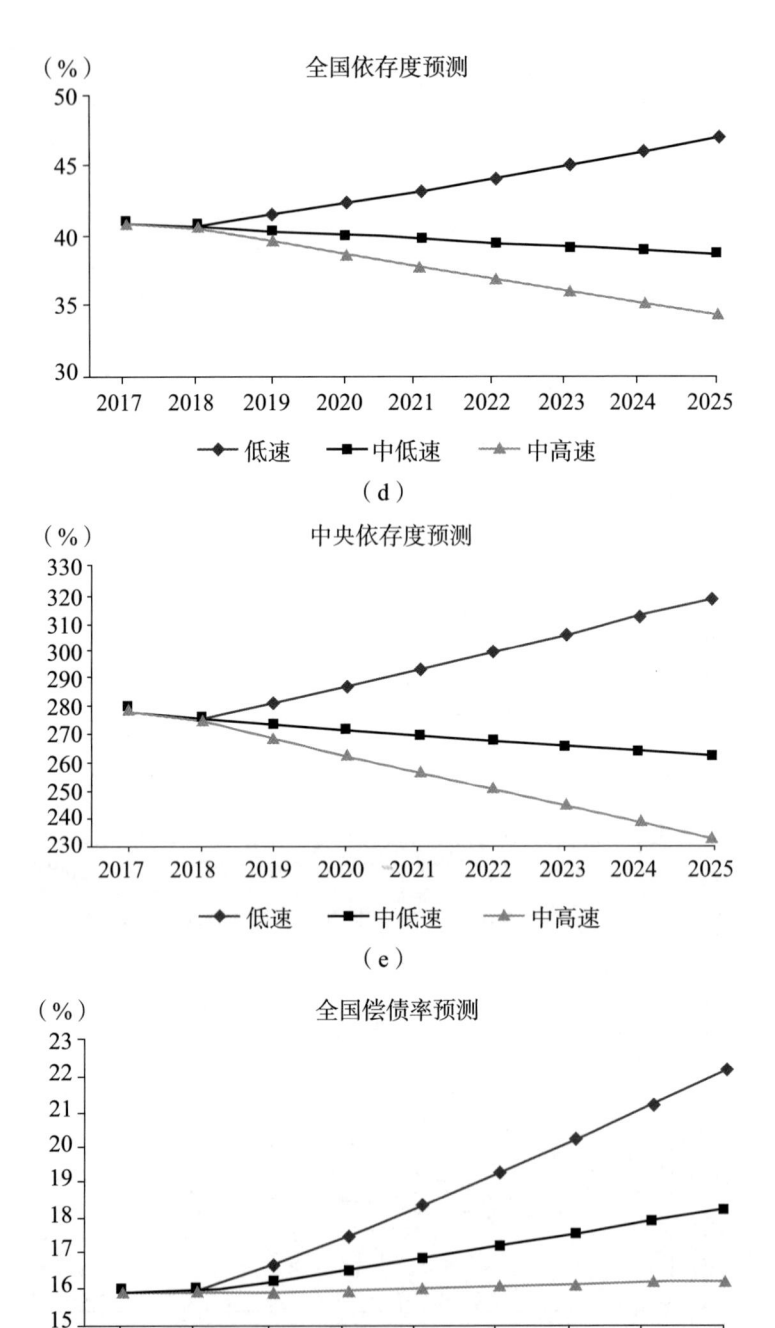

全国依存度预测

（d）

中央依存度预测

（e）

全国偿债率预测

（f）

（%）　　　　　　　　中央偿债率预测

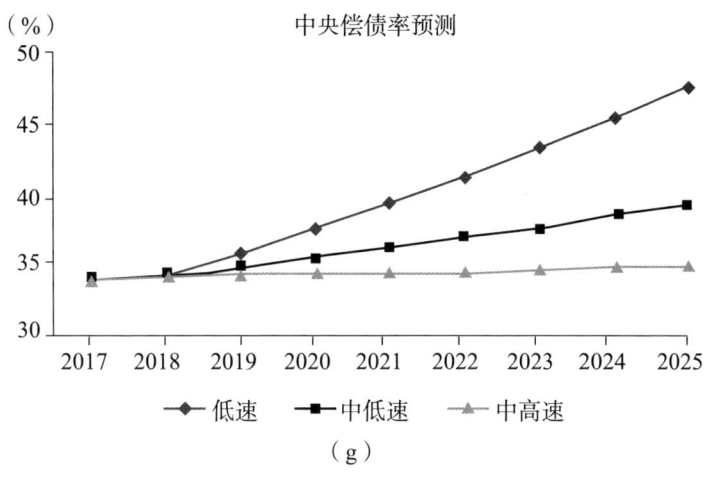

图 5-16　潜在的国债风险预测

资料来源：根据 GM(1,1) 模型预测。

（三）潜在的地方政府债务风险预测

地方政府债务余额指标通过 2 阶弱化的 GM(1,1) 模型预测得到，GDP 指标则按照低速、中低速、中高速分别计算得到。"十四五"期间我国地方政府债务风险预测结果如下（见图 5-17）。

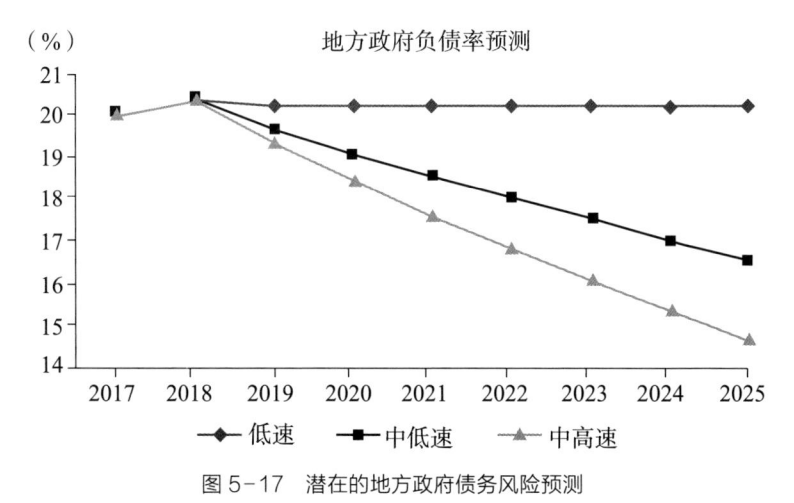

（%）　　　　　　　　地方政府负债率预测

图 5-17　潜在的地方政府债务风险预测

资料来源：根据 GM(1,1) 模型预测。

地方政府债务总体风险可能降低，个别省区市风险需要警惕。目前我国地方政府总体负债率仅有20.43%，低于警戒线。不论是经济保持中高速，或者中低速，抑或低速，"十四五"期间地方政府负债率都不会出现上升，这与我国近几年规范地方政府举债、防范化解地方政府债务风险的努力息息相关。不过，个别省区市的风险仍需警惕，2018年地方政府负债率比较高的省区市有青海（61.53%）、贵州（59.66%），这两个地方政府的债务风险有恶化的可能。此外，辽宁（40.43%）、海南（40.18%）、云南（39.93%）、宁夏（37.47%）、内蒙古（36.78%）、新疆（35.1%）等地方政府负债率处于中等水平、经济发展水平总体又不是很高的省区市，其地方政府债务风险也需警惕。

第六章
银行风险的评估与预测

从经济学定义看,当银行高比例破产、出现大量银行挤提,或者当银行推行应急措施,如冻结存款、延长银行休假或由政府提供一般存款担保等,那么意味着银行出现了危机。在广泛联系的金融行业,单个银行的危机可能快速蔓延至其他银行,冲击整个银行体系,大大降低银行系统效率,导致系统运转走向失灵甚至崩溃。与美国金融体系不同,我国金融体系以银行为主导,因而防范银行风险极为重要。

第一节 银行风险综合评估

实践中,衡量银行风险的指标主要可分为三类:第一类是资产质量指标,比如不良贷款余额、不良贷款率;第二类是盈利水平指标,比如资本利润率、资产利润率;第三类是抗风险能力指标,比如不良贷款拨备覆盖率、资本充足率等。本节将运用上述指标对银行风险进行综合评估。

一、银行资产质量逐步改善

我国商业银行资产质量大幅提高。我国商业银行不良贷款余额经历先降后升的过程(见图6-1)。2003—2011年,商业银行不良贷款余额从21045亿元下降至4279亿元,降幅高达80%;2011年后,由于当时正值2008年国际金融危机，全球经济陷入泥潭，我国商业银行不良贷款余额又出现了回升，截至 2020 年，商业银行不良贷款余额达到 27015 亿元，超过 2003 年 21045 亿元的水平。

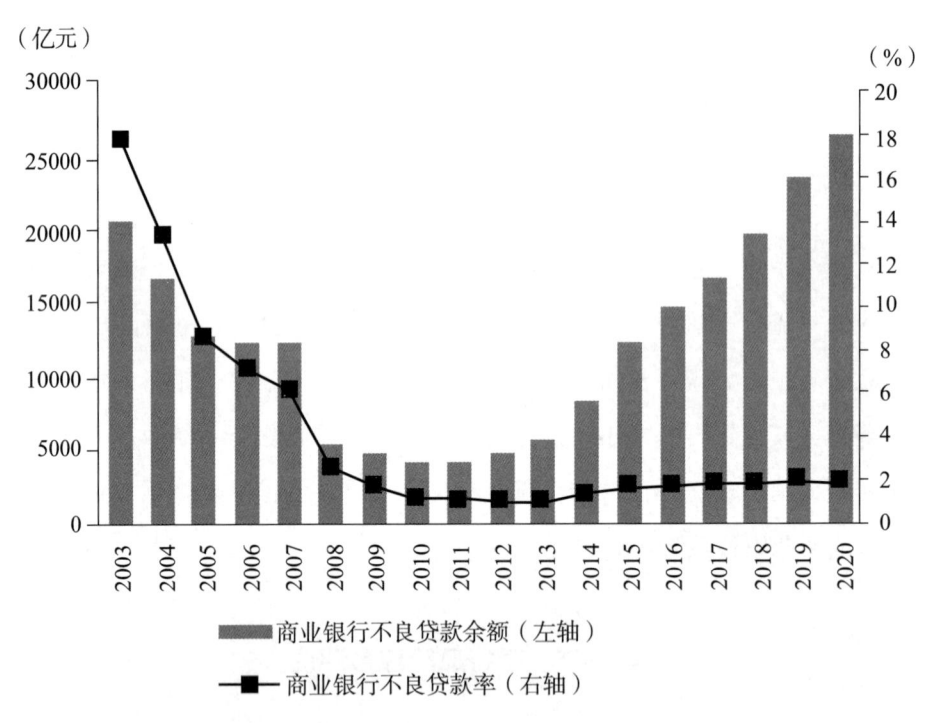

图 6-1 我国商业银行不良贷款余额与不良贷款率

资料来源：国家统计局、Wind 数据库。

但是，得益于我国经济高速或中高速增长，以及国有企业的财务实力大大提升，国家设立四大资产管理公司（华融、长城、东方、信达）剥离银行不良资产，加上国际金融监管趋严的背景下我国商业银行风险管理能力的提升等多重因素，我国商业银行资产质量是明显提升的。从不良贷款率看，商业银行不良贷款率基本呈下降趋势后的平稳运行。2003 年，我国商业银行不良贷款率高达 17.9%，超过 10% 的国际警戒线，随着不良贷款余额的下降，我国不良贷款率也相应下降，最低不到 1%（2012 年为 0.95%）。此后，虽然不良贷款余额呈大幅上升趋势，但不良贷款率却没有随之大幅上升，截至2020年，我国不良贷款率只有1.84%，远低于国际警戒线。

二、银行盈利水平不高

我国商业银行盈利水平降中有升。观察银行盈利水平的指标有两个：一个是资本利润率，数值上等于税后净利润与平均资本比率，衡量银行运用资本获取收益的能力；另一个是资产利润率，数值上等于利润与资产平均占用额比率，衡量银行运用资产获取收益的能力。从综合趋势看，2011年以来，我国商业银行资本利润率、资产利润率均呈下降态势，并且资本利润率低于20%的国际警戒线，2016—2020年资产利润率低于1%的国际警戒线，2020年更是降至0.77%的新低（见图6-2）。出现这一趋势的原因主要有两个：

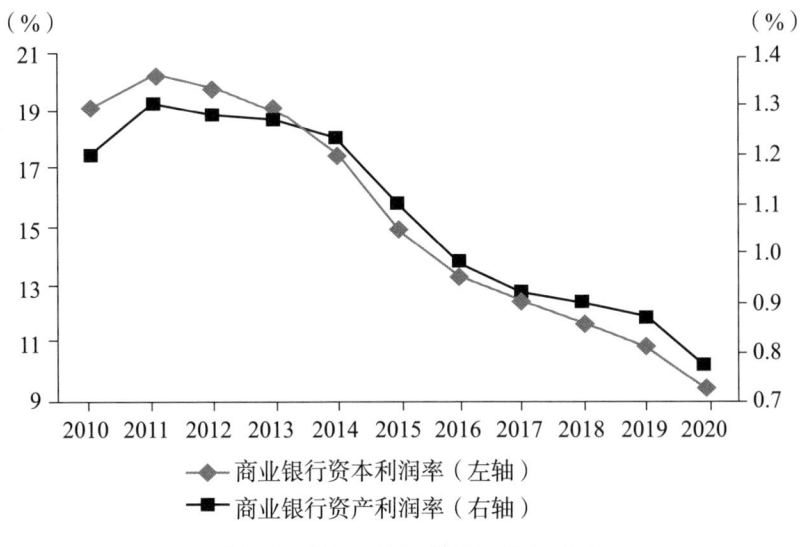

图6-2 我国商业银行资本与资产利润率

资料来源：国家统计局、Wind数据库。

一是利率市场化改革导致银行存贷款静息差收窄，传统模式下银行的利润主要来自于贷款利率与存款利率的净差额，只要银行吸收存款、发放贷款，便会有至少3%的静息差利润，而随着利率市场化改革，这种"银行躺着挣钱"的时代已然结束，存贷款静息差越来越小；二是风险计提增加导致净利润增速放缓，虽然我国商业银行不良贷款率增幅较小，但不良贷款余额却大幅增加，导致商业银行拨备计提增加，在经济增速未见明显好转的情况下，商业银行净利润增速也将放缓。随着传统模式越来越无法发挥优势，商业银行通过业务模式创新，积极开展中间业务，寻求更多的非利息收入，我国商业银行盈利水平将持续改善。

三、银行抗风险能力较强

我国商业银行拨备覆盖率远高于警戒线。拨备覆盖率指的是计提损失准备与不良贷款的比率，数值上等于（一般准备＋专项准备＋特种准备）/（次级类贷款＋可疑类贷款＋损失类贷款）。《股份制商业银行风险评级体系（暂行）》的有关规定表明，当拨备覆盖率达到100%，将达到最好的状态。2008年以前，我国商业银行对不良贷款的重视程度并不是很高，计提的拨备覆盖率远低于100%。但是2008年国际金融危机的爆发，使得各国都不同程度地加强了金融监管，这时候拨备覆盖率才达到100%以上，最高甚至将近300%（2012年为295.51%）。此后有所下降，但仍能保持近2倍的拨备覆盖率（见图6-3）。

我国商业银行资本充足率显示出较强的抗风险能力。根据《商业银行资本管理办法（试行）》的分类，资本充足率包括三类：第一类是资本充足率，是指商业银行持有的资本（数值上等于总资本与对应资本扣减项的差值）与风险加权资产之间的比率，警戒线为不低于8%；第二类是一级资本充足率，是指商业银行持有的一级资本（数值上等于一级资本与对应资本扣减项）与风险加权资产之间的比率，警戒线为不低于6%；第三类是核心一级资本充足率，是指商业银行持有的核心一级资本（数值上等于核心一级资本与对应资本扣减项）与风险加权资产之间的比率，警戒线为不低于5%。《股份制商业银行风险评级体系（暂行）》中规定，如果资本充足率高于10%、核心资本充足率高于6%，都是理想状态。实际上，我国资本充足率一直处于上升趋势，从2009年的11%左右上升至2019年的14%多。2014年以来，一级资本充足率与核心一级资本充足率都能保持在10%以上（见图6-4）。不断趋高的资本充足率，说明我国商业银行有较强的抗风险能力。

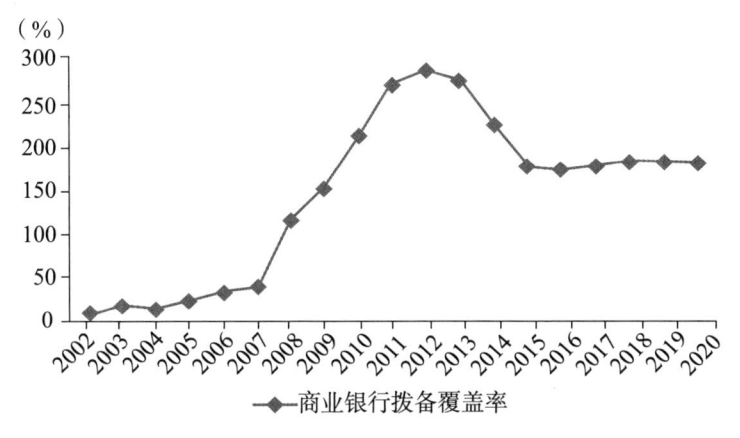

图6-3 我国商业银行拨备覆盖率

资料来源：国家统计局、Wind数据库。

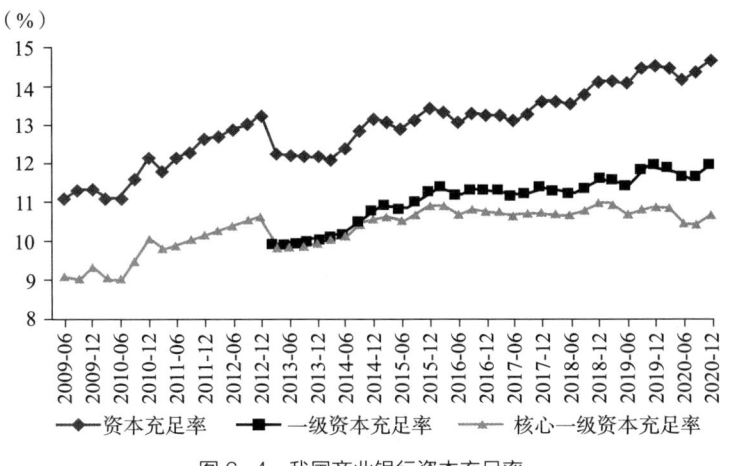

图6-4 我国商业银行资本充足率

资料来源：国家统计局、Wind数据库。

四、银行风险的综合判断

综合银行危机的指标来看，我国银行风险主要来源于盈利水平不高带来的风险，其他风险指标均远离警戒线（见表6-1）。银行可能面临政策风险、信用风险、市场风险、流动性风险等，2019年5月发生的银保监会接管包商银行事件，直接原因是包商银行出现严重信用风险。银行危机首先应来源于"差的资产"，2007年美国爆发的"次贷危机"，就是因为作为"差的资产"的次级房贷出现无法偿付的情况，导致了整个金融业的危机，并进而演变为2008年国际金融危机。对银行来说，不良贷款是"差的资产"，但我国商业银行针对贷款拨备率为3.45%，高于银保监会要求的1.5%—2.5%。贷款损失准备金也从2002年的1578亿元，增加至2020年的49834亿元，增加了超过30倍，2020年不良贷款余额为27015亿元，贷款损失准备金可完全覆盖不良贷款。盈利水平不高不会成为我国银行风险的诱因。事实上，我国银行盈利水平不高的一个重要原因是资本或资产规模扩张较快，这种扩张源于我国城镇化水平还有很大的提升空间，国家基础设施建设、乡村振兴战略、精准扶贫等重大战略规划需要银行资金的支持，而这些项目落实周期较长，收益率本身也不是很高，在银行为主体的间接融资模式下，银行必然要承担低经济盈利、高社会效益的责任。银行盈利水平不高，只能说银行"挣的钱少了"，不会导致银行全面爆发危机。

表6-1 我国银行风险综合评估

指标分类	指标名称	警戒值	我国实际值（2020年）
资产质量	不良贷款余额	——	
	不良贷款率	≤8%	1.84%
盈利水平	资本利润率	≥20%	9.48%
	资产利润率	≥1%	0.77%
抗风险能力	不良贷款拨备率	≥100%	184.47%
	资本充足率	≥8%	14.7%
	一级资本充足率	≥6%	12.04%
	核心一级资本充足率	≥5%	10.72%

第二节　银行面临的双重风险分析

我国银行除了盈利水平不高外,其他风险指标都不存在问题,银行内部稳定程度非常高。不过,这并不能说我国银行体系十分安全,事实上,银行与房地产、地方政府等紧密联系,我国银行仍面临房地产和地方政府融资平台(或债务)的双重威胁。

一、银行面临房地产的威胁

早在2011年,东方资产管理公司发布的《2011中国金融不良资产市场调查报告》就强调要警惕房地产贷款。从房地产贷款余额占金融机构贷款余额比重看,银行超过1/4的贷款沉淀在了房地产(见图6-5)。2010年初,房地产贷款余额占金融机构贷款余额比重不到20%,随着房价的不断攀升,银行给予房地产市场的支持也逐渐增大,到2020年,房地产贷款余额占金融机构贷款余额比重已经达到28.71%,也就是说超过1/4的银行贷款流向了房地产,如果加上个人购房贷款,沉淀在房地产市场的资金比例将更高。从新增房地产贷款占新增贷款比重看,2015年以来超过1/3的新增贷款流向了房地产。2010年初,新增贷款中超过1/3流向了房地产市场,但此后这一比例出现下降,一度甚至低于10%(2012年3月为9.87%),后来有所回升,到2014年仅有30%左右。但是2015年开始,房价出现"爆炸式"增长,许多城市在短时间内房价甚至翻倍,银行相应增加了房地产市场的贷款,将新增贷款更多投向房地产市场,房地产新增贷款占比一度占据"半壁江山"(2016年6月和9月房地产新增贷款占比分别为52.85%、54.22%)。后来在严格的房地产调控政策下,房地产新增贷款占比出现下降,但绝对占比仍然超过1/3。

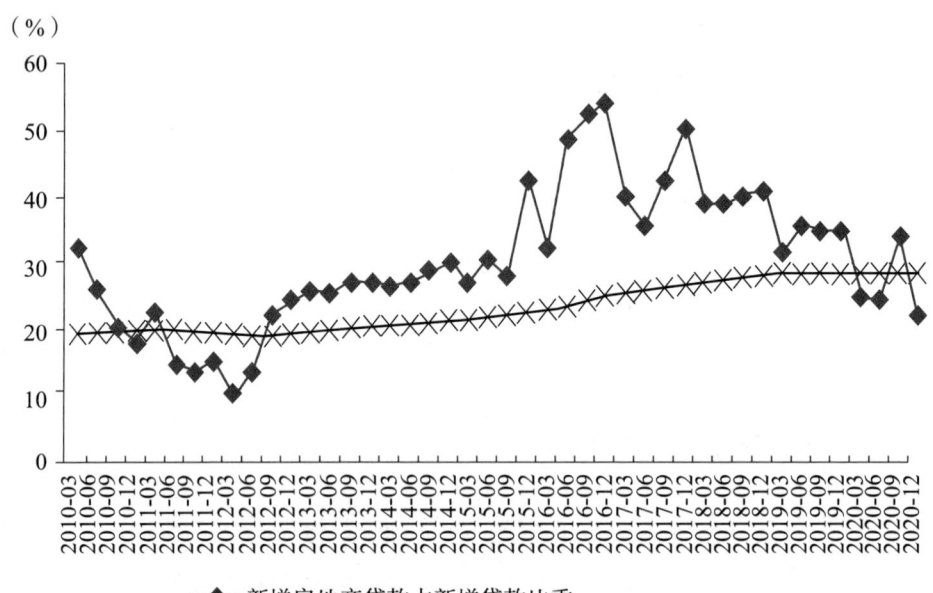

→ 新增房地产贷款占新增贷款比重
→ 房地产贷款余额占金融机构贷款余额比重

图6-5 房地产贷款占贷款总额的比重

资料来源：国家统计局、Wind数据库。

房地产调控将影响房地产行业利润率，进而给银行带来风险。2016年中央经济工作会议强调"要坚持'房子是用来住的、不是用来炒的'的定位"，"房住不炒"拉开了房地产调控的大幕。其实早在2011年，国务院常务会议就推出了八条房地产市场调控措施（简称为"新国八条"），后来还有2013年国务院常务会议确立的五项加强房地产市场回顾调控的措施（简称为"新国五条"），以及2014年《关于进一步做好住房金融服务工作的通知》（简称为"930房贷新政"）、2015年《关于个人住房贷款政策有关问题的通知》（"330房贷新政"）和2016年的"国庆调控"（北京、天津等19个城市重启限购限贷）。以限价、限购、限售、限贷、限商、限企、限地等方式的房地产调控在全国大面积展开。房地产开发企业利润率最好的年份为2008—2013年（见图6-6），利润率最高达到16.57%（2010年）。2016年以来，房地产开发企业利润率有所上涨，主要得益于房价的快速上涨。但随着"房住不炒"的定位，依赖房地产发展经济的时代即将过去，房地产行业的利润率将会趋于回落。由于房地产占据着较大份额的银行贷款，不断下跌的利润率会使得房地产行业偿还银行贷款的压力增加，极端情况下可能出现房地产企业大量倒闭的风险，从而引发银行危机。

图 6-6　房地产开发企业利润率

资料来源：国家统计局、Wind 数据库。

二、银行面临政府融资平台风险

我国政府债务依赖银行贷款，政府融资平台对贷款需求较大。2013 年底审计署发布了《全国地方政府性债务审计结果》，2014 年初各地方审计部门发布了《地方政府性债务审计结果》。根据《全国地方政府性债务审计结果》的统计，政府负有偿还责任的债务中，37.44% 由融资平台公司举债。而在资金来源中，超过一半的资金来源于银行贷款（见图 6-7）。地方政府债务依赖融资平台，融资平台资金可能大量来源于银行贷款。中国人民银行发布的政府融资平台贷款需求指数[1]显示,银行家认为,政府融资平台的贷款需求指数基本超过50%(见图6-8),说明融资平台还是有很大的贷款需求。

随着2017年财政部等六部门发布《关于进一步规范地方政府举债融资行为的通知》,意味着政府融资平台开始进入清理整顿阶段。首先是"开前门",即允许地方政府发行债券。最早是财政部代理发行地方政府债券,后来是部分省区市可自行发债试点,再到2014年地方政府债券自发自还试点,到现在地方政府可自行发债。其次是"堵后门",即剥离融资平台公司的政府融资职能,制止地方政府变相举债融资。当然,我国还有不少隐性的政府债务,这些既无法清楚统计,又无法及时清理整顿,其风险往往难以估计。随着融资平台的不断清理整顿,如果融资平台涉及较多的银行贷款,而在清理整顿中很有可能无法及时偿还这些贷款。虽然债务置换给地方政府债务或融资平台赢取了时间,但债务或代开最终都要偿还,稍有不慎就会给银行带来危机。

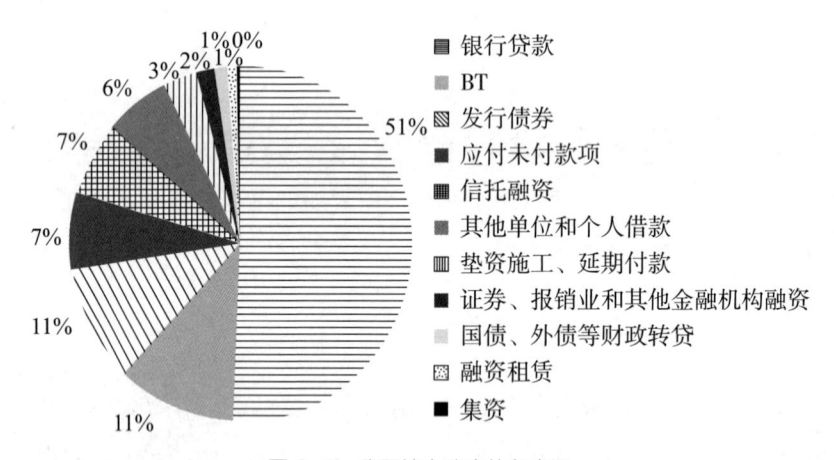

图6-7 我国地方政府债务来源

资料来源:2013年年底公布的《全国地方政府性债务审计结果》。

---

[1] 中国人民银行对贷款总体需求指数的定义为:反映银行家对贷款总体需求情况判断的扩散指数。该指数的计算方法是在全部接受调查的银行家中,先分别计算认为本行本季贷款需求"增长"和"基本不变"的占比,再分别赋予权重1和0.5后求和得出。政府融资平台的贷款需求指数相应地为银行家对政府融资平台贷款需求情况判断的扩散指数。

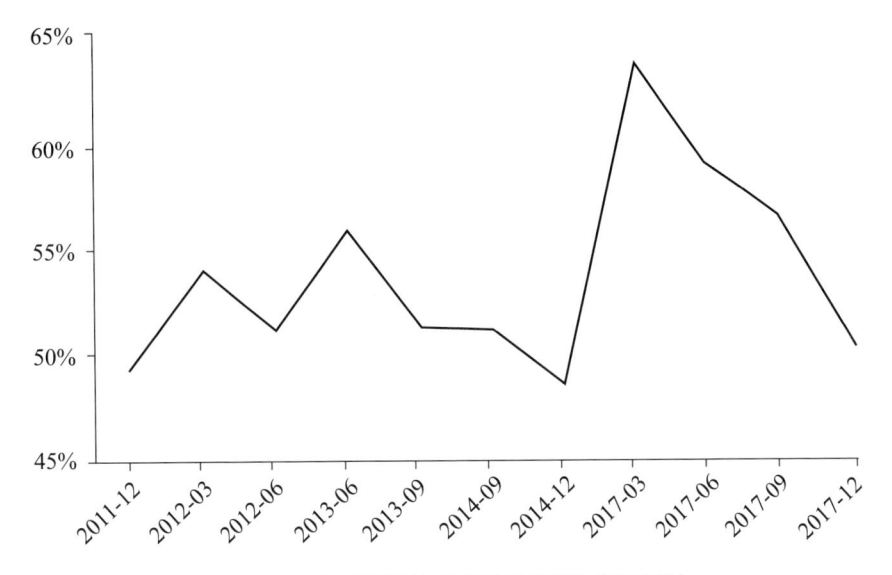

图6-8 政府融资平台的贷款需求指数（湖南省）

资料来源：中国人民银行、Wind数据库。

第三节 系统重要性银行的风险分析

系统重要性银行（G-SIBs），顾名思义，指的是对金融系统性起着系统的、重要影响的银行。2008年国际金融危机的一个重要教训就是，一定要防控好系统重要性银行的风险。

一、系统重要性银行确定标准

全球系统重要性银行名单由金融稳定理事会（FSB）于每年11月发布，但判定系统重要性银行的标准却由巴塞尔银行监管委员会确定[1]。全球系统重要性银行确定标准包含定性、定量一系列指标，是一种基于指标的评估方法。具体包括以下五个部分。

---

1 巴塞尔银行监管委员会和国际保险监督官协会："全球系统重要性银行：最新评估方法与更高吸收损失要求"，https://www.bis.org/publ/bcbs255.pdf。

（一）基于指标的评估方法

全球系统重要性银行首先要考虑的是其经营不善甚至破产对全球金融系统和实体经济的影响，所选指标要能反映该银行的规模、关联度、可替代性（金融机构基础设施）、跨境业务以及复杂性，并对这五类一级指标分别赋以20%的权重。当该类指标包含两个二级指标，则分别赋以10%的权重；当该类指标包含三个二级指标，则分别赋以6.67%的权重，以此类推（详见表6-2）。

表6-2 基于指标的全球系统重要性银行评估方法

一级指标	二级指标	权重
跨境业务（20%）	跨区域经营	10%
	跨区域债务	10%
银行规模（20%）	《巴塞尔协议Ⅲ》标准下的总风险	20%
关联度（20%）	金融系统内资产	6.67%
	金融系统内负债	6.67%
	安全表现	6.67%
可替代性（金融机构基础设施）（20%）	托管资产	6.67%
	支付活动	6.67%
	承销债务与股权	6.67%
复杂性（20%）	场外衍生品名义本金	6.67%
	第三层次资产	6.67%
	交易与可售证券	6.67%

（二）银行样本与等级

根据指标评估方法，计算全球不同银行的得分情况，主要包含三类：一是根据《巴塞尔协议Ⅲ》年度杠杆比率敞口确定全球75家最大的银行；二是上一年度被列为全球系统重要性银行；三是被列入国家监管范围的银行。

随着全球系统重要性银行框架激励、《巴塞尔协议Ⅲ》和监管规则的演变，全球系统重要性银行的数量及等级将会变动。当等级阈值确定后，一旦银行得分超过第四个等级，那么全球系统重要性银行的等级将加入新的阈值。

（三）监管与披露

如何成为监管判断的标准？主要有四条要求：一是较高的评分调整标准，二是侧重于银行的全球系统性影响，三是区域规则不能成为全球系统重要性银行的标准，四是包含充分可验证的定性定量信息。当然，还要有一些辅助指标，纳入监管标准也有一些程序要求。

巴塞尔银行监管委员会要求杠杆比率敞口超过2000亿欧元的银行，应在每年4月底前披露上一个年度用于计算得分的12个指标，当然国家监管部门还可要求银行披露更多的其他指标。

二、我国系统重要性银行风险评估

根据金融稳定委员会2018年发布的全球系统重要性银行名单，中国银行、中国工商银行、中国农业银行和中国建设银行（简称为"四大行"）均在列，附加资本要求分别为2%、1.5%、1%、1%。

（一）我国系统重要性银行资产质量优质

从不良贷款余额来看，2018年底"四大行"不良贷款余额为7929.08亿元，2020年底为9991亿元，虽然数值有所上升，但这与数额巨大的贷款余额相比，占比很小，并不影响我国系统重要性银行的资产质量。从不良贷款率来看，"四大行"不良贷款率不仅远远低于国际警戒线的8%，更低于我国银行业平均不良贷款率的1.84%，截至2020年底，"四大行"的不良贷款率均介于1.4%—1.6%之间（见图6-9）。可以说，"四大行"的资产质量十分优质，这也是我国防范化解系统性金融风险的"压舱石"。

图 6-9 "四大行"不良贷款率

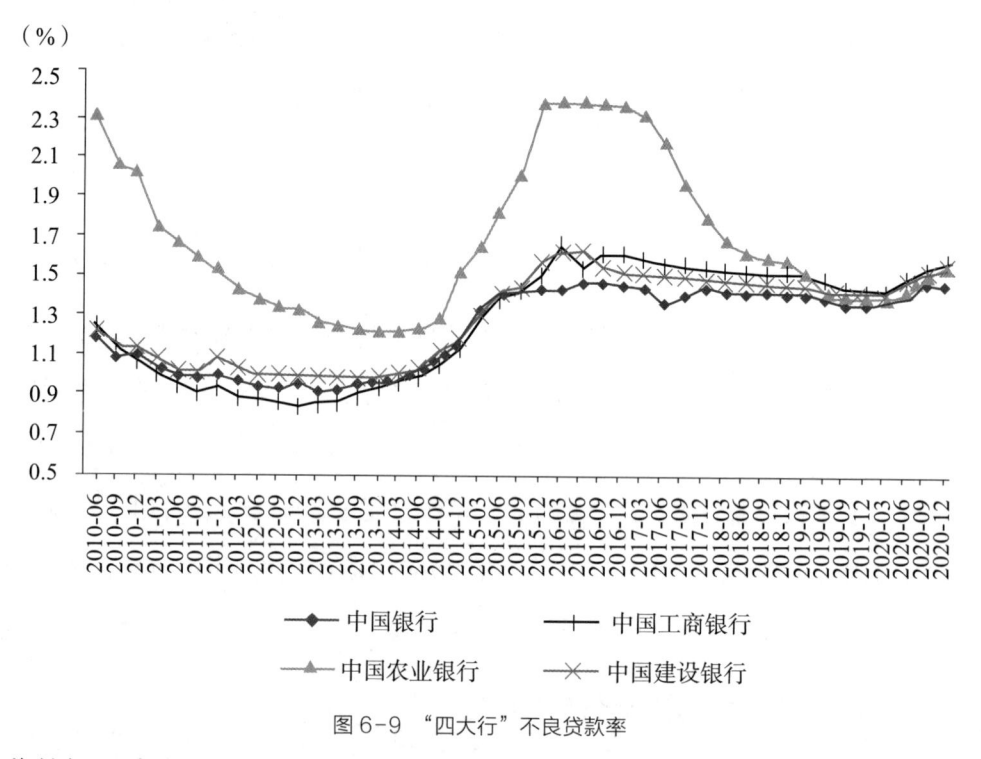

资料来源：中国人民银行、Wind 数据库。

（二）我国系统重要性银行盈利能力持续改善

总体上我国银行的盈利水平并不是很高，但是系统重要性银行的盈利能力持续改善。从成本收入比看，"四大行"的成本收入比从 2010 年以来持续下降，低于公认的 45% 的警戒线（见图 6-10）。这意味着，即使"四大行"收入相对不变，其成本也在不断下降，相应地盈利也会不断上升。过去，我国银行的收入主要来源于存款、贷款的利息差。2006 年中国银行、中国工商银行、中国建设银行非利息收入占比仅有 12.29%、8.82%、6.47%，2008 年中国农业银行非利息收入占比为 8.21%，也就是说，"四大行"约有 90%（甚至超过 90%）的收入来源于存贷款利息差额，这是一种政策性导向极强的收入模式。随着我国利率市场化改革不断推进，"四大行"的收入来源发生了很大改变，非利息收入占比持续增加，约有 1/3 的收入来源于非利息收入。不过受新冠疫情的冲击，银行的非利息业务也受到波及，截至 2020 年底，中国银行、中国工商银行、中国农业银行、中国建设银行非利息收入比分别为 26.46%、26.73%、17.16%、23.81%。

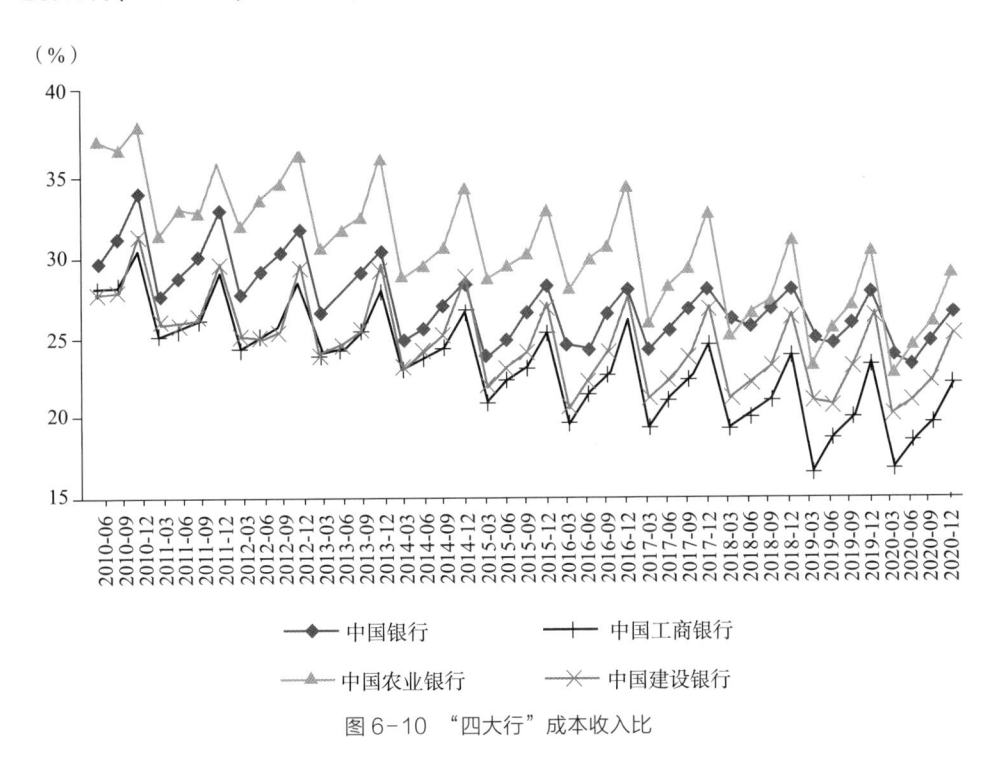

图 6-10 "四大行"成本收入比

资料来源：中国人民银行、Wind 数据库。

（三）我国系统重要性银行抗风险能力极强

作为全球系统重要性银行，"四大行"的抗风险能力极强。从不良贷款拨备率看，中国银行的不良贷款拨备率略低于全国平均值，但高于警戒线；中国工商银行、中国建设银行和中国农业银行高于全国平均值，并且中国农业银行不良贷款拨备率甚至超过 260%。从资本充足率来看，"四大行"资本充足率、一级资本充足率、核心一级资本充足率不仅远高于警戒值，更高于全国平均值。运行极佳的抗风险指标，再次显示"四大行"是我国防范系统性金融风险的"压舱石"。

表6-3 我国"四大行"抗风险能力（2020年）

指标	警戒值	我国平均值	中国银行	中国工商银行	中国农业银行	中国建设银行
不良贷款拨备率	≥100%	184.47%	177.84%	180.68%	260.64%	213.59%
资本充足率	≥8%	14.7%	16.22%	16.88%	16.59%	17.06%
一级资本充足率	≥6%	12.04%	13.19%	14.28%	12.92%	14.22%
核心一级资本充足率	≥5%	10.72%	11.28%	13.18%	11.04%	13.62%

资料来源：中国人民银行、Wind数据库。

三、我国系统重要性金融机构的探索

2018年11月27日，中国人民银行、中国银行保险监督管理委员会、中国证券监督管理委员会联合印发《关于完善系统重要性金融机构监管的指导意见》，对系统重要性金融机构的定义和范围作出明确界定，对系统重要性金融机构的评估流程和总体方法作出详细规定，对金融体系具有系统性影响的金融机构作出合理认定。监管方面，主要依托两条路径：一是制定特别监管要求。对于系统重要性金融机构，除了要求其符合基本的监管规则外，还要制定一些要求更高、更特别的监管规则。二是建立特别处置机制。一旦系统重要性金融机构发生重大风险、出现重大危机，通过建立特别处置机制，可以更加安全、更加快速、更加有效地处置风险，将风险控制在一定范围、一定影响之内，保障系统重要性金融机构的关键业务和服务正常经营，同时还可以防范"大而不能到"的风险。2019年11月，中国人民银行和银保监会公开征求《系统重要性银行评估办法（征求意见稿）》意见。

2008年国际金融危机后，针对系统重要性金融机构，各国际组织与主要经济体作出了诸多尝试和安排，比如金融稳定理事会发布的《降低系统重要性金融机构道德风险》《系统重要性金融机构监管的强度和有效性》《金融机构有效处置机制核心要素》等文件，比如巴塞尔银行监管委员会和国际保险监督官协会发布的《全球系统重要性银行：最新评估方法与更高吸收损失要求》

等。诸如美国、英国、欧盟等发达经济体也进行了积极的探索与安排。总体来说，我国需要参考巴塞尔委员会发布的国内系统重要性银行（D-SIBs）提出的原则，将符合要求的我国系统重要性银行业机构、系统重要性证券业机构、系统重要性保险业机构，以及国务院金融稳定发展委员会认定的其他具有系统重要性、从事金融业务的机构等纳入重点监管范围。

第四节 "十四五"期间我国银行风险预测

银行承担着向地方政府、企业尤其是国有企业输送"粮草""弹药"的职责，某种程度上来说，银行需要寻求支持经济发展与防范风险的平衡。参考中国人民银行发布的《中国金融稳定报告2018》等研究成果，本节将从偿付能力宏观情景、偿付能力敏感性和流动性三个方面，对我国潜在的银行风险进行压力测试[1]。

一、我国银行偿付能力宏观情景的压力测试

从中国人民银行的压力测试结果看，我国大中型商业银行（样本为20家）抗冲击能力较强。冲击前，我国银行的核心一级资本充足率、一级资本充足率、资本充足率分别为9.08%、9.79%、12.44%（见图6-11），而国际警戒线分别为5%、6%、8%，远远超过国际警戒线，说明我国商业银行的资本充足水平较高。轻度冲击下，资本充足率略有下降，核心一级资本充足率、一级资本充足率、资本充足率分别为8.48%、9.14%、11.57%，仍能高于国际警戒线，不过有5家银行未能通过压力测试（见表6-4）。重度冲击下，资本充足率继续下降，核心一级资本充足率、一级资本充足率、资本充足率分别为7.08%、7.75%、10.23%，虽然高于国际警戒线，但已经有近一半银行无法通过压力测试。

---

[1] 详细测试方法见中国人民银行发布的《中国金融稳定报告2018》。

中国人民银行的压力测试结果进一步显示,信用风险是引发银行风险的主要来源。在重度冲击下,资本充足率降幅中的 80% 多源于信用风险损失,关键在于贷款质量下降、不良贷款率上升,当然应收款项类投资的信用风险也不小。诸如银行账户利率风险、债券专项市场风险、汇率风险等市场风险,在压力测试中并未对银行风险表现出明显的影响。国际货币基金组织 2019 年 4 月发布的报告[1]指出,我国的中小银行面临盈利下降、资本充足率较低的风险,而这会直接影响中小企业尤其是中小私营企业的贷款,如果持续扩张信贷,中小银行清理资产负债表的难度会增加,从而加剧金融稳定风险。

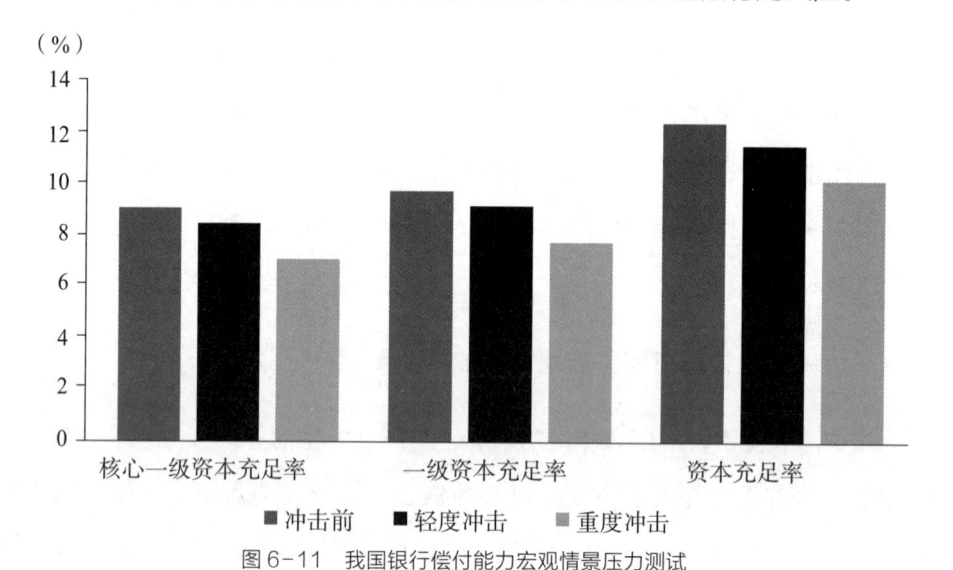

图 6-11 我国银行偿付能力宏观情景压力测试

资料来源:中国人民银行、Wind 数据库。

表 6-4 我国 20 家银行资本充足率压力测试

资本充足率类别	冲击类别	<5%	[5%, 7.5%)	≥7.5%
核心一级资本充足率	重度冲击	1	7	12
	轻度冲击	1	1	18
资本充足率类别	冲击类别	<6%	[6%, 8.5%)	≥8.5%

---

[1] Tobias Adrian, Fabio Natalucci:"全球金融体系的薄弱点可能放大冲击", https://www.imf.org/zh/News/Articles/2019/04/09/blog-gfsr-weak-spots-in-global-financial-system-could-amplify-shocks。

续表

资本充足率类别	冲击类别	<5%	[5%, 7.5%)	≥7.5%
一级资本充足率	重度冲击	2	6	12
	轻度冲击	1	4	15
资本充足率类别	冲击类别	<8%	[8%, 10.5%)	≥10.5%
资本充足率	重度冲击	1	6	13
	轻度冲击	1	2	17

资料来源：中国人民银行、Wind 数据库。

二、我国银行偿付能力敏感性的压力测试

从整体看，我国银行体系有能力抵抗信贷恶化风险的冲击。以中国人民银行选定的 20 家银行为例，2017 年末整体不良贷款率为 1.46%（见图 6-12）。在轻度冲击下，即整体不良贷款率上升 100%，银行资本充足率会下降 0.54 个百分点，从 12.44% 下降至 11.9%；在中度冲击下，即整体不良贷款率上升 300%，银行资本充足率会下降 1.65 个百分点，从 12.44% 下降至 10.79%；在重度冲击下，即整体不良贷款率上升 700%，银行资本充足率下降更多，从 12.44% 下降至 8.48%。整体来看，即使银行不良贷款率较目前水平增加 7 倍，我国银行的资本充足率仍能处于 8% 的国际警戒线之上。尽管经济存在下行压力，但银行在贷款时也会遵循谨慎性原则，不良贷款率出现 7 倍多上涨的概率不高，因此我国银行体系抵抗信贷风险恶化的冲击能力较强。

从结构看，部分重点领域的风险需要警惕。根据压力测试结果（见表 6-5），可以看出非债券类投资、地方政府债务、房地产贷款和表外业务等领域的风险需要警惕。当非债券类投资的账目余额遭受 5% 损失的冲击，有 9 家银行未能通过资本充足率的压力测试，银行整体资本充足率从 12.44% 下降至 11.13%，超过整体不良贷款率上升 100% 的轻度冲击；当地方政府债务不良率遭受 15 个百分点增幅的冲击，有 5 家银行无法通过资本充足率的压力测试，银行整体资本充足率从 12.44% 下降至 10.84%，相当于整体不良贷款率上升 300% 的中度冲击；当房地产开发贷款不良贷款率遭受 15 个百分点增

幅的冲击，有 4 家银行不能通过资本充足率的压力测试，银行整体资本充足率从 12.44% 下降至 11.33%，也超过整体不良贷款率上升 100% 的轻度冲击；当表外业务敞口余额遭受 15% 的垫款冲击，有 4 家银行无法通过资本充足率的压力测试，银行整体资本充足率从 12.44% 下降至 11.52%，同样超过整体不良贷款率上升 100% 的轻度冲击。

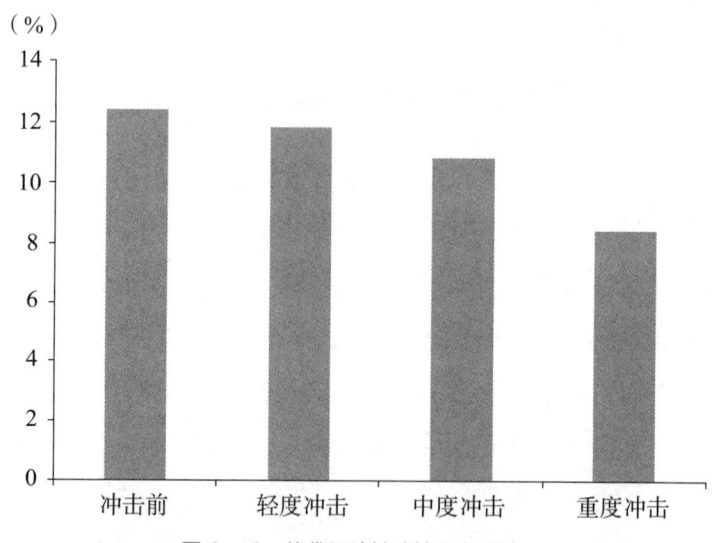

图 6-12 信贷风险敏感性压力测试

资料来源：中国人民银行、Wind 数据库。

表 6-5 我国 20 家银行受重度冲击下的资本充足率压力测试

风险类别\资本充足率	[8%, 10.5%)	≥10.5%
非债券类投资风险	9	11
非金融企业债券投资风险	1	19
非政策性金融债券投资风险	2	18
表外业务信用风险	4	16
地方政府债务风险	5	15
"两高一剩"行业贷款风险	1	19
房地产贷款风险	4	16
初始状态	0	20

资料来源：中国人民银行、Wind 数据库。

三、我国银行流动性风险的压力测试

中国人民银行对流动性风险的压力测试表明，一般冲击对我国银行的流动性风险影响不大。轻度压力冲击下，选定的 20 家银行全部通过压力测试，虽然只有 3 家银行完全没问题，另外 17 家银行存在不同程度的流动性缺口问题，但是各个银行可采取办法弥补流动性，比如质押、出售优质流动性资产等。重度压力冲击下，只有 13 家银行能通过压力测试，剩余 7 家即使质押或出售全部优质流动性资产，仍无法弥补流动性缺口，无法通过流动性风险的压力测试。这说明，只有极端、巨大冲击才可能导致我国银行的流动性风险，如果只是一般程度的冲击，我国银行的流动性受到的威胁并不是很大。

当然，这里的流动性风险的压力测试只针对目前商业银行的情况，并没有对将来一段时间的流动性风险进行预测。不过，伴随《商业银行流动性管理办法》中对流动性覆盖率（LCR）指标的要求逐步推进，银行可质押或出售的优质流动性资产将增加，叠加其他有利的宏观因素，未来银行流动性风险的情况将有所改善。

第七章
重大突发公共卫生事件引发的金融风险

始于2019年末的新型冠状病毒感染肺炎疫情（以下简称为新冠疫情）仍未完全消除，对全球人民群众生命安全和身体健康造成严重影响。重大突发公共卫生事件的影响远不止于此，特别是对经济产生广泛而深刻的影响，根据联合国统计，2020年全球经济萎缩4.3%，衰退程度远超2008年国际金融危机。通过梳理全球重大突发公共卫生事件，发现其对经济影响的共性与特性，从宏观层面的需求侧和供给侧、微观层面的四个部门剖析重大突发公共卫生事件对经济风险影响的原理与表现，同时总结各国应对的经济政策，提出相应的政策建议。

第一节　重大突发公共卫生事件冲击的共性与特性

纵观历史，人类社会与病毒一直相互博弈。重大突发公共卫生事件等不确定性对经济产生多维风险冲击，新冠疫情等重大突发公共卫生事件对经济的冲击呈现新特点。

一、重大突发公共卫生事件的共性

自1918年以来，全球范围内共发生12次重大突发公共卫生事件，其中，有 4 次属于全球性事件，包括 1918 年大流感、1957—1958 年"亚洲流感"、2009 年 H1N1 流感、2019 年新冠疫情；有 8 次属于区域性事件[1]，包括 1968—1969 年"香港流感"、2003 年非典、2012 年和 2015 年中东呼吸综合征、2014 年和 2018 年埃博拉病毒、2015—2016 年寨卡病毒、2016—2017 年 H7N9 禽流感。

纵览重大突发公共卫生事件暴发前后的全球 GDP 增速（见图 7-1），可以发现两个偶然现象：一是全球性事件大多具有经济危机（或下行压力很大）背景，加速经济衰退。1918 年大流感暴发时，第一次世界大战即将结束，战争造成劳动力短缺，疫情进一步加剧劳动力短缺，服务和娱乐业收入下滑超过 10%；1957—1958 年"亚洲流感"恰逢 1958—1959 年全球大衰退，疫情使得美国旷工率达到 3%—8%[2]，中国第二产业增速也下降至 4.4%；2009 年 H1N1 流感则暴发在 2008 年国际金融危机的背景下，超过 5000 多万人的全球感染人数，使得一些国家对美国、墨西哥等受疫情影响严重的国家实施了贸易限制、取消航班等措施；2019 年新冠疫情暴发的背景则是全球面临极大的经济下行压力，疫情全球蔓延下的停工停产和全球供应链断裂风险，有可能造成比 2008 年国际金融危机更严重的影响。二是区域性事件大多发生在全球经济增速 3% 附近，对经济发展较好的国家影响较小，对经济发展一般的国家影响较大。对经济发展较好的国家来说，1968—1969 年"香港流感"虽然也恰逢美国经济衰退，但由于当时经济增速较高，影响有限；2003 年非典

---

[1] 1968—1969 年"香港流感"主要影响中国香港、美国和英国等；2003 年非典主要发生在中国（含香港、台湾地区），美国、加拿大、新加坡和越南等也有一些病例；2012 年中东呼吸综合征主要在沙特阿拉伯暴发，2015 年则主要在韩国暴发；2014 年埃博拉最严重的国家包括几内亚、利比里亚、塞拉利昂等，2018 年埃博拉主要在刚果（金）暴发；2015—2016 年暴发的寨卡病毒比较严重的国家包括巴西、哥伦比亚、佛得角、委内瑞拉、洪都拉斯、赛尔瓦多等；2016—2017 年 H7N9 流感主要发生在中国，根据美国疾病控制与预防中心的划分，从 2013 年最早开始出现到 2017 年共发生五轮，2016—2017 年即为第五轮流行。

[2] Henderson D. A., Courtney B., Inglesby T. V., Toner E., Nuzzo J. B., "Public Health and Medical Responses to the 1957-58 Influenza Pandemic", *Biosecur Bioterror*, Vol. 7, No. 3, 2009, pp. 265-273.

主要短期冲击中国经济,由于正处经济上行周期,得益于各类政策支持,当时经济增速反而有所上升;2015年中东呼吸综合征使韩国GDP只损失约0.2%—0.3%;2016—2017年H7N9禽流感对中国有一定的短期影响,不过在基建、信贷刺激和供给侧结构性改革的对冲下,影响基本被抵消。对经济发展一般的国家来说,2012年中东呼吸综合征使沙特阿拉伯进入下行周期;2014年埃博拉病毒使得几内亚、利比里亚、塞拉利昂GDP损失约28亿美元,对交通、旅游、农业和采矿影响突出,2018年埃博拉对刚果(金)的采矿贸易、农业产生较大影响;2015—2016年寨卡病毒加剧了巴西经济增速滑坡。

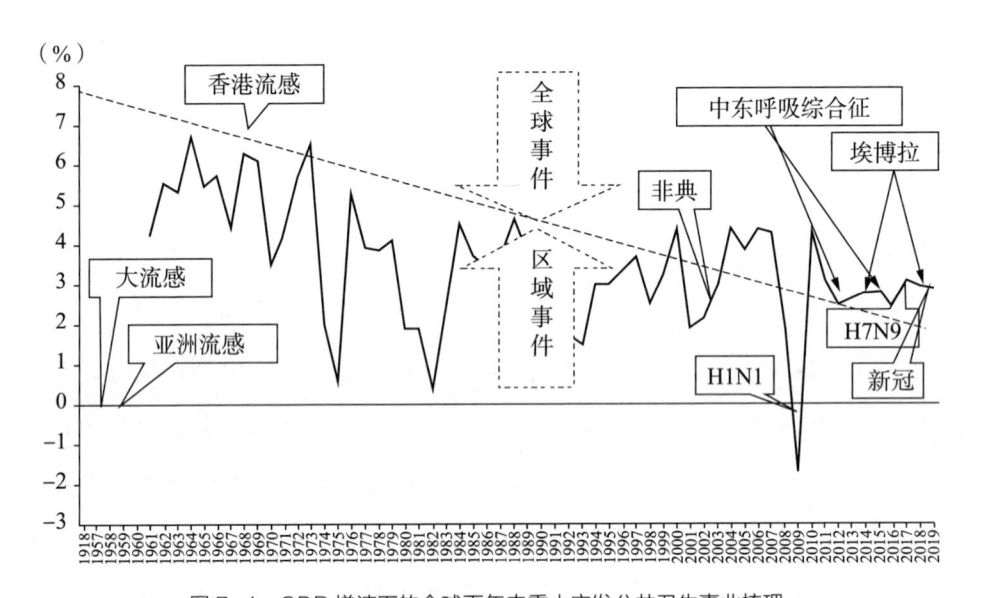

图 7-1 GDP增速下的全球百年来重大突发公共卫生事业梳理

数据说明:左轴为全球GDP增速,来源于世界银行数据库,其中1918年、1957—1960年数据缺失。

二、重大突发公共卫生事件的特性

比照2003年非典疫情,在时间上可能有一个相似的轨迹,即十二月份左右暴发,第二年七月份左右消失,基本持续半年时间左右。新冠疫情的持续时间，最乐观估计也可能呈现这样的规律。这意味着，疫情对于经济的冲击是短期的，疫情消退后经济增速将重回到潜在增长趋势。但新冠疫情暴发与2003年非典相比呈现两个新特点。

一个是非典只是对总需求造成冲击，而新冠疫情则是对总需求与总供给两端叠加的冲击。"非典"期间，由于没有延长假期、推迟复工，只影响需求端，对供给端没有产生实质性的影响。疫情之后，经济运行迅速恢复常态。而本次疫情不仅影响需求端也影响供给端。总需求方面，"三驾马车"全面受损。首先遭受损失的是消费，尤其是服务业消费。春节假期原本具有"节日效应"，是服务业消费的一段高峰期。但是，由于人员流动受到限制，线下消费又难以转移至线上，包括批发和零售、住宿和餐饮、旅游和影视娱乐等行业，都首当其冲。除此之外，交通运输、仓储和邮政业，房地产业和建筑业，同样受到波及。这些行业增加值占GDP比重约30%，就业人数也占总就业人数的30%左右。其次是进出口，随着疫情在海外逐步蔓延，尤其是在主要发达的国家蔓延，对海外需求无疑会产生负面影响。再次是投资，尤其是影响外资进入中国的信心。虽然我国吸收外资的综合竞争优势没有改变，但疫情作为"黑天鹅"事件，或多或少影响外资进入中国的信心。总供给方面，直接冲击第二、第三产业，间接冲击第一产业。一些企业尤其是中小微企业本来就经营困难，疫情更是"雪上加霜"，成为"压死骆驼的最后一根稻草"。如果疫情持续时间超过预期，在短时间内极有可能造成企业大面积资金链断裂和债务违约，引发"倒闭潮"，造成严重的民生就业问题，甚至引爆系统性经济、金融风险。根据清华大学最近对北京、江苏、广东及全国多地1480家中小企业的调研，36.76%的中小企业表示账上现金余额能够维持生存的时间仅一个月，能维持2个月的中小企业比例31.61%，这意味着60%以上的中小企业账面现金能够支撑的时间不超过2个月。而且，规模越小的小微企业受到疫情影响越大。据蚂蚁金服集团对全国 20165 小微企业的调研显示，八成以上小微企业面临流动性困难。不能正常开工的小微企业，每天亏损在 1 万元以内占 72.9%，每天亏损 1 万—10 万元占 11.9%，每天亏损 10 万元以上占 2.8%，仅有 12.4% 没有亏损。

另一个是非典与新冠疫情所处的经济周期不同。非典暴发在中国经济快速上升周期，无论是政府财力还是企业流动性，面对疫情的抗压能力都比较强。而新冠疫情恰逢发生在中国经济下行阶段和转型期，疫情对经济的负面影响无疑起着推波助澜的作用，如果产业链和供应链断裂，难以在短期内修复，会加重经济系统的脆弱性。而且，新冠疫情对经济的影响面远超非典。非典期间，还有青海、西藏、新疆、黑龙江等边远省区市安然无恙，但新冠疫情波及范围广得多，全国无一省区市幸免，全球超过 200 多个国家和地区受到影响。疫情面前，为了减少企业和居民部门的损失，各级政府尽可能地主动承担疫情带来的损失，都以最大的财力应对挑战，各级财政压力巨大。

第二节　重大突发公共卫生事件与金融风险内在联系的理论分析框架

重大突发公共卫生事件对宏观经济的影响大致包括旅游、交通和贸易的受限受阻，特殊情况下还可能出现外资撤离、农业生产受到破坏的现象。不过，即使是结果最严重的 1918 年大流感[1]，疫情消退后经济增速也都快速回升。根据总需求－总供给原理（见图 7-2），可从需求侧与供给侧分析。

---

[1] 1918 年大流感期间，全球约 5 亿人感染，死亡人数约 5 千万至 1 亿人。

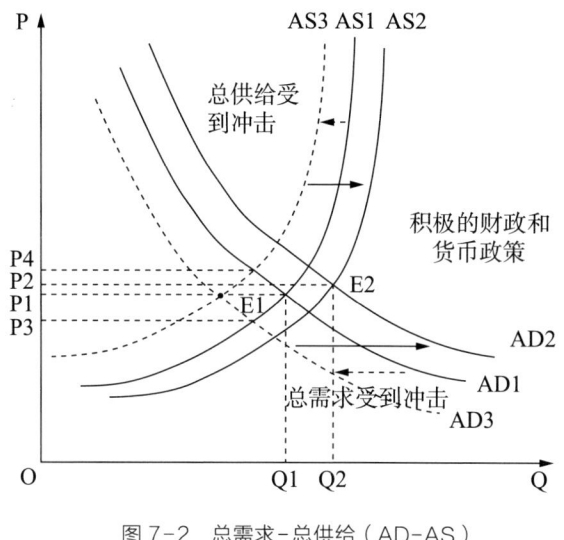

图 7-2　总需求-总供给（AD-AS）

一、总需求-总供给的理论分析

重大突发公共卫生事件首先冲击总需求。当受到重大突发公共卫生事件的冲击，短期内初始总需求 AD1 会减少，在总需求-总供给曲线中表现为 AD1 左移至 AD3。在初始总供给 AS1 保持不变的情况下，价格会从初始均衡价格 P1 下降至 P3。

重大突发公共卫生事件也会冲击总供给。当受到重大突发公共卫生事件的冲击，特别是像新冠疫情这样影响供应链的事件，短期内会使得初始总供给 AS1 减少，表现为 AS1 左移至 AS3。当初始总需求 AD1 保持不变的情况下，价格会从初始均衡价格 P1 上升至 P4。

如果政府采取积极的财政和货币政策，总需求和总供给都会增加，如果政策效果较好，有可能超过初始均衡 E1，表现为总需求曲线 AD3 向右移至 AD2，总供给曲线 AS3 向右移至 AS2。新的总需求 AD2 和总供给 AS2 形成新的均衡 E2，这一均衡较初始均衡 E1，价格和产出都可能出现增长，即价格可能从 P1 增长至 P2，产出则可能从 Q1 增长至 Q2。

二、宏观层面的需求侧冲击

需求侧[1]主要包括消费、投资、进出口三个方面,重大突发公共卫生事件对消费的影响,最明显表现在跨境人员流动,对投资的影响则表现在投资增速,对进出口的影响表现在商品和服务进出口。

(一)消费:跨境人员流动受到明显冲击

重大突发公共卫生事件发生期间,除了影响日常国内消费之外,更显著地影响跨境人员流动。21世纪之前,由于交通发达程度不高,这种影响还不明显,21世纪之后的重大突发公共卫生事件,几乎每一次都表现明显(见图7-3)。

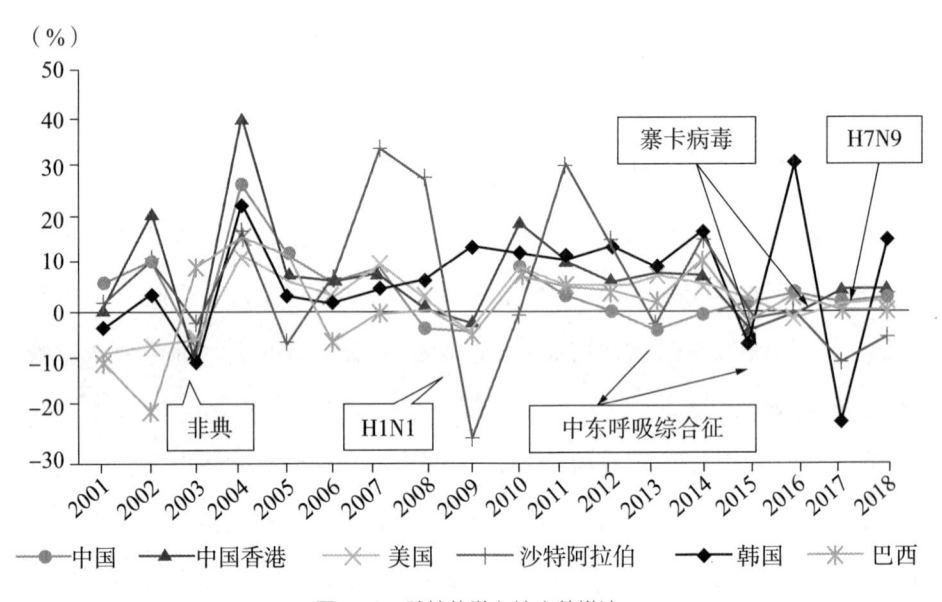

图7-3 跨境旅游入境人数增速

数据来源:世界银行数据库;由于几内亚、塞拉利昂、刚果(金)的增速波动较大,为使图示更清晰,故在行文中进行阐述;利比里亚数据缺失。

---

1 考虑资料和数据可得性问题,1918年大流感、1957—1958年"亚洲流感"和1968—1969年"香港流感"对经济的冲击无法详细分析,只在行文中略加表述;2003年非典主要以对中国(含香港地区)的经济冲击为主,2009年H1N1流感以对美国的经济冲击为主,2012年和2015年中东呼吸综合征分别以对沙特阿拉伯、韩国的经济冲击为主,2014年埃博拉以对几内亚、利比里亚和塞拉利昂的经济冲击为主,2015—2016年寨卡病毒以对巴西的经济冲击为主,2016—2017年H7N9流感以对中国的经济冲击为主,2018年埃博拉以对刚果(金)的经济冲击为主,2019年新冠疫情则从全球层面剖析。

疫情期间跨境旅游入境人数明显降低,疫情后快速反弹。疫情期间,各国都会采取不同程度的旅行限制措施,这从客观上降低了人员流动的可能。此外,如果某个国家暴发疫情,其他国家人员也会因担心疫情传播,而从主观上减少跨境流动。这两个因素共同叠加,造成疫情期间跨境旅游入境人数明显降低。当疫情散去,客观上的限制与主观上的担忧都会消失,跨境旅游入境人数又会快速反弹。2003年非典期间,入境中国和香港地区的人数同比下降10.41%、9.48%,2004年同比上升26.66%、41.12%。2009年H1N1流感期间,入境美国的人数同比减少5.01%,2010年同比上升8.91%。沙特阿拉伯从2012年开始出现中东呼吸综合征,2013年入境人数同比下降3.43%,2014年反弹15.77%。2015年韩国暴发中东呼吸综合征,当年入境韩国人数同比下降6.83%,2016年反弹30.31%。2014年埃博拉期间,入境几内亚、塞拉利昂的人数急剧下跌,同比下降41.07%、45.68%,塞拉利昂此后再次暴发疫情,使其2015年入境人数再次同比下降45.45%,但2016年几内亚和塞拉利昂入境人数分别上升80%、129.17%。新冠疫情初期,超过60个国家和地区宣布进入紧急状态,部分国家和地区还采取了"封国""封城"的措施,实施全面或局部"禁飞",这导致跨境人员流动明显下滑,何时能够反弹还有待于疫情得以控制的时间。

(二)投资:积极政策的效果存在差异性

重大突发公共卫生事件发生的月份里,特别是在出现停工停产的情况下,投资必然受到冲击。但由于政府不会放任重大突发公共卫生事件冲击投资,一般会在疫情稳定后加速投资,反而使得投资增速下滑幅度并不是很大。但是从结果看,并不是所有的积极政策都会促进投资(见图7-4)。2019年新冠疫情暴发期间,各国采取了前所未有的积极的财政和货币政策,其对投资影响的效果有待观察。

一方面,积极政策可以加速投资。按照常规的宏观政策逻辑,积极的财政和货币政策可以刺激投资，使得投资增速加快，帮助恢复经济。2003年非典期间，中国和中国香港采取了积极的货币政策，广义货币增速分别达到19.23%、6.27%，几乎赶上了1997年亚洲金融危机时的水平[1]，特别是中国广义货币增速较1998—2002年的年均增速高出5个多百分点。积极的货币政策也转化为了投资，2003年中国和中国香港的投资增速达到23.77%、2.69%，明显高于前两年和后两年。2014年埃博拉疫情暴发期间，几内亚实施积极的财政和货币政策，2015年财政赤字率高达6.89%，为2011年以来最大值，广义货币增速达19.64%，也是2014年以来最大值。积极的财政和货币政策收到较好的效果，2015年几内亚投资增速达到9.6%，高于此前2013年的-2.76%和2014年的3.62%。2015年韩国暴发中东呼吸综合征期间，也实施了积极的货币政策，广义货币增速达8.19%，为2010年以来最大值。这一年韩国的投资增速达到7.3%，而2014年和2016年的增速仅为5.26%、5.61%。

另一方面，积极政策有可能失效。重大突发公共卫生事件暴发，往往叠加一些特殊因素，比如金融危机、经济发展失衡、财政和货币政策不协调等，并不是所有的积极政策都能获得较好的刺激效果，比如传导机制扭曲[2]，特别是对投资的刺激有可能失效。2009年H1N1流感暴发恰逢2008年国际金融危机，美国虽然没有采取过度积极的货币政策，但实施了相当积极的财政政策，2009年美国财政赤字率高达13.2%，为2000年以来最大值。不过受国际金融危机的影响，积极的财政政策并未转化为有效投资，2009年美国投资增速同比下降16.6%。2015—2016年巴西暴发寨卡病毒期间，恰逢2016年里约奥运会的因素，实行了积极的财政政策，原本其投资应保持较高增速，

---

[1] 1997年亚洲金融危机期间中国和中国香港的广义货币增速分别为20.73%、8.72%。

[2] 李欢丽、王晓雷："传导机制扭曲与日本量化宽松货币政策失灵"，《现代日本经济》2015年第01期，第33—42页。

但因为巴西经济发展存在失衡的问题，2015—2016年投资同比下滑13.95%、12.13%。2018年刚果（金）暴发埃博拉期间，积极的货币政策效果被紧缩的财政政策抵消，当年投资增速仅增长5.87%，而2016—2017年投资增速分别为10.5%、23.26%。

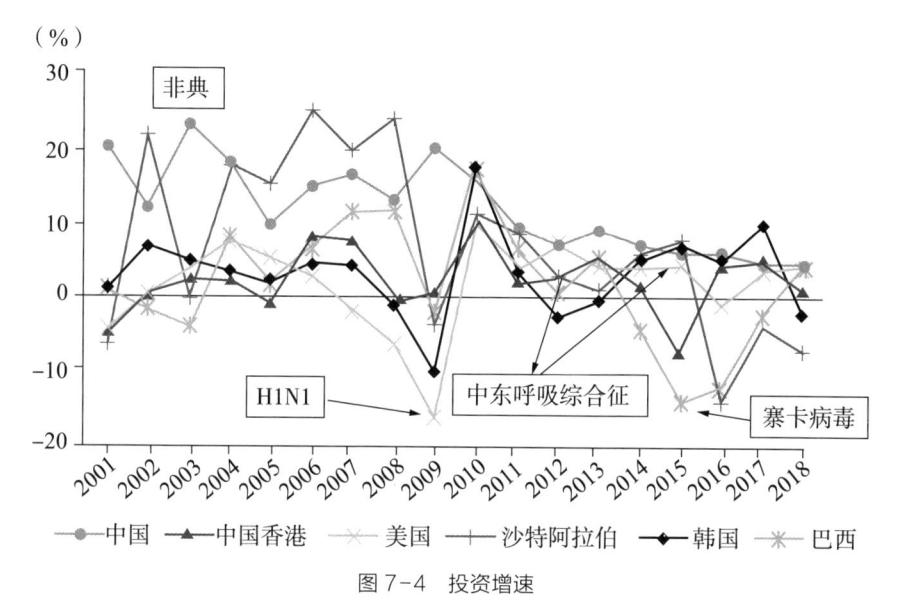

图7-4 投资增速

数据来源：世界银行数据库；由于几内亚、利比里亚、塞拉利昂、刚果（金）的增速波动较大，为使图示更清晰，故在行文中进行阐述。

（三）进出口：一定程度上刺激进口，更可能抑制出口

重大突发公共卫生事件使得进出口受到影响，疫情一定程度上刺激进口（见图7-5），但更可能抑制出口（见图7-6）。2019年新冠疫情对进出口的影响在于，虽然结构上对防疫物资、线上的供给和需求较大，但由于限制人员流动、停工停产，总量上的供给和需求都受到抑制，全球进口和出口增速都会出现较大幅度的下滑。

进口方面，疫情一定程度上刺激进口。疫情虽然在短期影响了消费，但随着疫情的逐步好转，加上一些积极的财政和货币政策，被抑制的消费需求可能快速回升，一定程度上刺激进口。2003年非典期间，中国进口增速

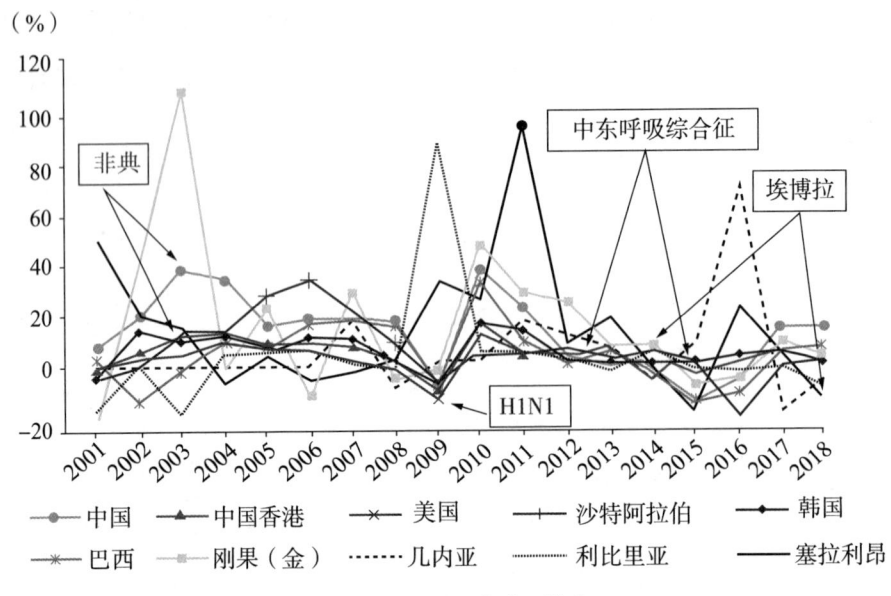

图 7-5　商品和服务进口增速

数据来源：世界银行数据库，中国数据来源于 wind 数据库；由于几内亚 2001—2006 年数据6缺失，为使图示更清晰，故假设其为 0。

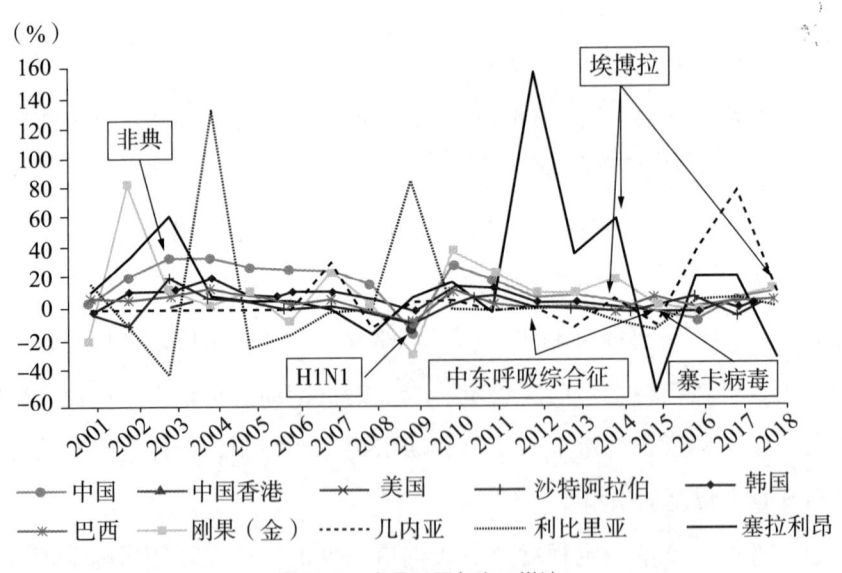

图 7-6　商品和服务出口增速

数据来源：世界银行数据库，中国数据来源于 wind 数据库；由于几内亚 2001—2006 年数据缺失，为使图示更清晰，故假设其为 0。

从 2002 年的 21.19% 激增至 2003 年的 39.84%，同期中国香港进口增速从 7.1% 增加至 11.67%。2012 年中东呼吸综合征期间，沙特阿拉伯进口增速达到 7.66%，为 2012 年以来的最大值。2014 年埃博拉期间，几内亚虽然在 2014 年进口增速下降 4.96%，但 2015 年又上升至 9.43%；利比里亚 2014 年进口增速达到 6.99%，这是 2013—2018 年间唯一一次正增长。除了疫情影响的因素外，当然也存在一些国家因为特殊原因而使得进口增速下滑的情况。2009 年暴发 H1N1 流感的美国进口增速下滑，主要因素是 2008 年国际金融危机；2015—2016 年暴发寨卡病毒的巴西进口增速下滑，主要因素是巴西自身发展的结构性问题；2014 年暴发埃博拉的塞拉利昂进口增速下滑，主要因素是国际铁矿石价格暴跌，而其依赖铁矿石出口创汇再进口。

出口方面，疫情更可能抑制出口。如果暴发疫情，某个国家或地区的国内生产会遭受影响，进而影响正常交付出口订单，没有暴发疫情的国家或地区则会从全球寻找替代品，这二者共同作用，使得暴发疫情的国家或地区出口出现下滑。2012 年中东呼吸综合征期间，国际油价维持在 100 美元/桶的较高价位，但以石油出口为主的沙特阿拉伯当年的出口增速仅为 3.39%，低于 2011 年 10.17% 的增速。2015 年韩国暴发中东呼吸综合征，当年出口下滑 0.13%，为 2010 年以来唯一一次负增长。2014 年埃博拉暴发期间，利比里亚 2014—2015 年出口增速分别下滑 6.87%、14.02%，几内亚和塞拉利昂 2014 年出口增速为正，2015 年出口增速又为负，累计折算仍为负增长。2014—2016 年寨卡病毒期间，巴西出口虽然分别增长 6.82%、0.86%，但主要得益于服务出口增速较快，事实上巴西主要商品出口同比下降 15.09%、3.09%。

三、宏观层面的供给侧冲击

从供给要素看，宏观层面的供给侧主要包括劳动力、资本流动、供应链和创新，重大突发公共卫生事件对就业冲击较大，国际资本流入和流出大多出现下滑，新冠疫情可能促使全球供应链重构，不过重大突发公共卫生事件也促进了卫生产业发展与业态创新。

（一）劳动力：失业率攀升

重大突发公共卫生事件暴发之际，失业率大多有所上升（见图7-7）。疫情影响劳动者的身体健康，甚至危及生命安全，理论上会减少劳动力供给。同时，重大突发公共卫生事件给企业特别是中小企业生产经营带来困难，许多中小企业甚至破产、倒闭，而中小企业是吸纳就业的重要力量，因此不可避免地会造成一定程度的失业。1957—1958年"亚洲流感"期间，美国旷工率达到3%—8%[1]。2003年非典期间，中国失业率达到4.6%，而2002年和2004年失业率为4.2%、4.5%；中国香港失业率达到7.86%，2002年和2004年失业率为7.28%、6.74%。2015年中东呼吸综合征期间，韩国失业率达到3.6%，

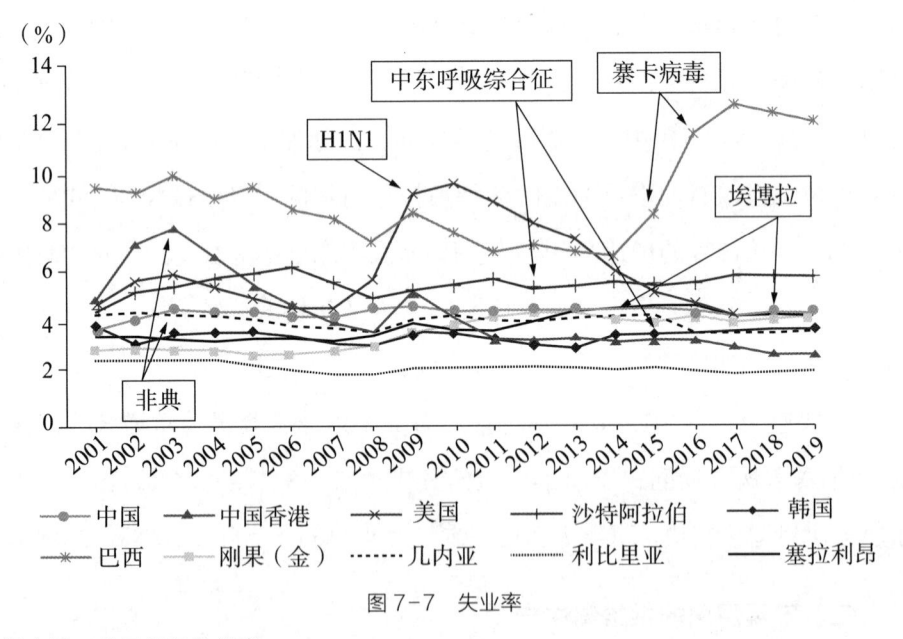

图7-7 失业率

数据来源：世界银行数据库。

---

[1] Henderson D. A., Courtney B., Inglesby T. V., Toner E., Nuzzo J. B., "Public Health and Medical Responses to the 1957-58 Influenza Pandemic", *Biosecur Bioterror*, Vol. 7, No. 3, 2009, pp. 265-273.

国际金融危机期间的失业率最高也仅为3.7%（2010年）。2015—2016年寨卡病毒期间，巴西失业率从前两年的7%不到，上升至2015年的8.44%，2016年更是急剧上升至11.61%，当然这其中主要是巴西经济本身出现了问题，疫情起到了一定的加速作用。2019年新冠疫情初期，根据国际劳工组织的监测，在全球33亿劳动人口中，已有81%受到新冠疫情的影响，其工作场所被全部或部分关闭，2020年第二季度全球劳动人口总工时缩减6.7%，相当于1.95亿名全职雇员失业[1]。

（二）资本流动：国际资本流入和流出大多下滑

国际资本流动包括资本流入与流出，重大突发公共卫生事件作为一种危机事件，或多或少影响着国际资本流动。2019年新冠疫情，所有国家几乎无一幸免，但相比较而言，发达国家仍是资金避险的首选。可从外商直接投资、对外直接投资[2]两个视角观察重大突发公共卫生事件对国际资本流动的影响。

从流入看，外商直接投资增速降低甚至出现负增长。某个国家或地区暴发重大突发公共卫生事件，会引发一些经济、金融领域的风险，国际资本为避险，通常选择减少流入，甚至选择流出（见图7-8）。2003年非典期间，中国外商直接投资增速9.1%，低于此前动辄10%以上的增速。中东呼吸综合征期间，2012年流入沙特阿拉伯的国际资本同比下降25.3%，虽然下滑幅度较2011年的44.21%、2013年的27.23%都要小，但依然呈流出态势；2015年流入韩国的国际资本下降55.74%，创下2001年以来的最大降幅。

---

[1] 国际劳工组织：新冠疫情已影响全球超八成劳动人口，http://www.xinhuanet.com/world/2020-04/08/c_1125827421.htm。

[2] 世界银行数据库公布了1970年以来外商直接投资（FDI）净流入、净流出的数值，为了表达更为清晰，将FDI净流入称之为外商直接投资，将FDI净流出称之为对外直接投资。需要说明的是，由于统计口径不同，世界银行数据库公布的数据，与中国商务部公布的实际使用外资、对外直接投资的数值并不一致，不过并不影响增速的趋势判断。

2014年埃博拉期间，利比里亚、塞拉利昂的国际资本流入同比下降74.89%、12.7%，到2015年继续下降53.64%、32.7%；2014年国际资本从几内亚净撤出，撤出规模达到0.74亿美元。2015—2016年寨卡病毒期间，流入巴西的国际资本先降低26.19%，又升高14.76%，总体上呈降低趋势。

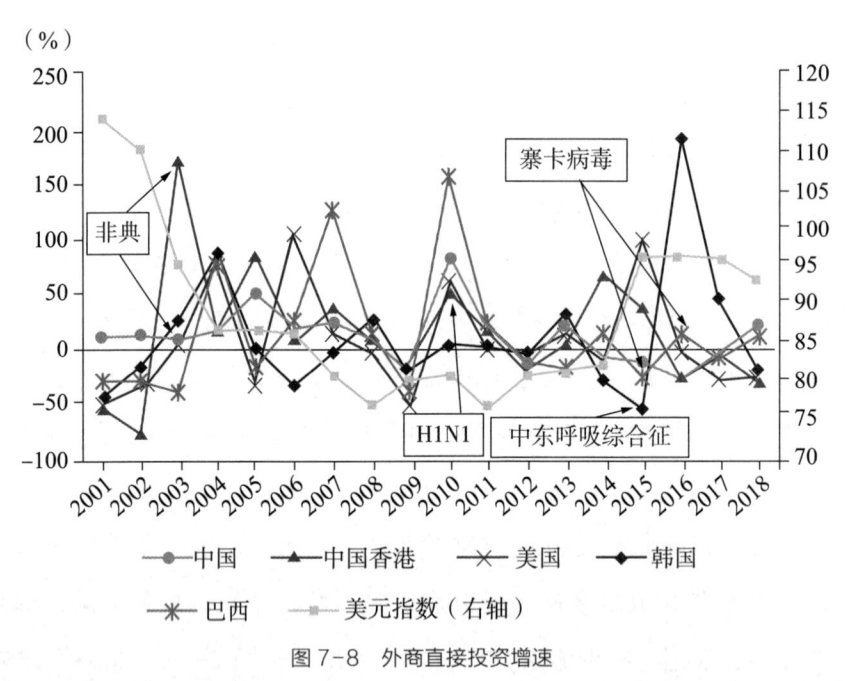

图7-8 外商直接投资增速

数据来源：世界银行数据库，美元指数通过wind数据库的日度数据几何平均折算得到；由于沙特阿拉伯、刚果（金）、几内亚、利比里亚、塞拉利昂的增速波动较大，为使图示更清晰，故在行文中进行阐述。

从流出看，对外直接投资大多下滑。疫情影响一国或地区内的生产经营，但当疫情过去，国内或地区内的各类需求又会被释放，原本的对外投资计划，可能转变为对内投资，因而对外直接投资大多呈下滑的现象（见图7-9）。2003年非典期间，中国对外直接投资虽然同比增长34.56%，但这是基于2002年同比下降35.19%，综合来看，2003年对外直接投资规模还未达到2001年的水平；中国香港对外直接投资同比下降21.23%。2009年H1N1期间，美国对外直接投资也下降9.02%，当然这与国际金融危机不无关联。

2015年韩国暴发中东呼吸综合征，当年对外直接投资下降15.4%，这是自2002年以来的最大降幅。2014年埃博拉期间，几内亚对外直接投资规模为330万美元（2014年）、502万美元（2015年），与此前动辄千万美元甚至亿美元级别相比，降低较多；2014年利比里亚对外直接投资下降73.93%；2014—2015年塞拉利昂对外直接投资增速分别下降12.7%、32.7%。2015—2016年寨卡病毒期间，巴西对外直接投资增速同样经历先下降84.79%，再升高368.84%，但总体未达到此前规模。

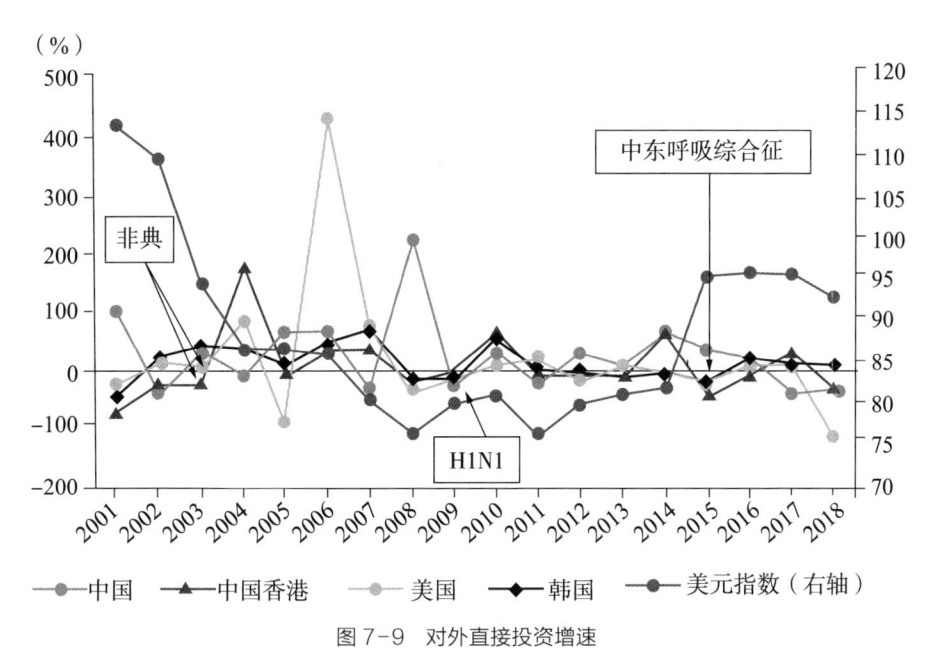

图7-9 对外直接投资增速

数据来源：世界银行数据库，美元指数通过wind数据库的日度数据几何平均折算得到；由于沙特阿拉伯、巴西、刚果（金）、几内亚、利比里亚、塞拉利昂的增速波动较大，为使图示更清晰，故在行文中进行阐述。

（三）供应链：新冠疫情可能促使全球价值链重构

此前暴发的重大突发公共卫生事件，影响或短期或面窄，并未对全球价值链产生大的冲击。但新冠疫情的波及面宽，影响很难在短期内消除。在经济全球化的今天，一件产品可能是多个国家、多个企业协作的产物，新冠疫情已经造成全球价值链部分中断,这促使不少国家、不少企业反思已经形成的全球价值链体系的合理性,部分国家和企业甚至已经开始考虑重构本国、本公司的全球价值链。普华永道在对外发布的《新冠疫情全球蔓延的经济影响与应对》中指出,短暂时间内疫情结束不会引发产业链重构,但如果疫情延续较长时间,许多企业将不得不考虑产业链重构[1]。当前全球价值链可能有四种发展趋势。

1. 全球价值链区域化属性加强,全球化属性减弱

从经济层面看,价值链区域化有利于降低运输成本,提升产业链利润空间。美墨加协定、中国-东盟自由贸易区等区域性贸易安排都有这方面的考虑。从政策层面看,全球化相关研究表明,一些政策领域在想法相似、数量较少的国家之间进行规制更有效率。事实也证明,在世贸组织的框架下,区域优惠贸易协定已经成为加深全球化更可行的方式。根据OECD-WTO TiVA 数据库统计,全球价值链在区域协定影响下逐渐呈现区域化的态势。麦肯锡咨询公司相关研究也表明,全球区域贸易特别是在亚洲的区域贸易增速较快,2013—2017年间,全球区域贸易占全球商品贸易总额中的比重增加了2.7个百分点。

当前,疫情通过影响供应链成本更加凸显了区域价值链的重要性,综合来看,疫情过后区域贸易规模占比会加速扩大。我国是亚洲生产中心的核心,也是唯一处于价值链中心位置的发展中国家,既受价值链上游的日韩等国影响,又受价值链下游的东南亚等国的影响。同时,亚洲是外交关系最复杂的价值链中心,中日韩因领土争端、历史争议时常引发外交争端,而东南亚部分国家又在域外大国怂恿下试图与我"脱钩",这些都显著影响到了亚洲区域价值链的进一步发展。

---

[1] 张一鸣:"疫情下的全球供应链变局",http://jjsb.cet.com.cn/show_513216.html。

2. 全球价值链的自主可控和本土化趋势加强

如果说价值链区域化是产业链降低成本的安排，价值链本土化则是民族国家追求产业链自主可控的选择。疫情更深刻的影响，从长远看，可能就是让人们意识到了现有以效率为导向的全球价值链，在面对极端全球性事件时难以保证国家安全。疫情暴发不久，由于物理隔离，各国政府都在不同程度上意识到产业配套对国家经济安全的重要性，美国和欧洲多国呼吁"制造业回流"，日本则开展"改革供应链"资助项目研究。这种趋势对作为"世界工厂"的我国影响偏向负面，但同时，疫情也在对我国产业链安全性进行极限测试，同样暴露了我们的短板和风险。

3. 全球价值链呈产业集群化趋势

疫情充分暴露了单一水平分工产业链模式较低的抗风险能力，过长的产业链一旦崩坏，很容易就变得支离破碎。以我国为例，我国在全球价值链中处于加工组装环节，受数十个国家、几百座城市、上千家企业共同生产一个产品的制约，在全球疫情冲击受到严重影响，尤其是那些在地理上"散兵游勇"式的中小微企业更是一片狼藉。相比之下，一些"抱团取暖"的产业链集群则显得游刃有余。如我国苏州、重庆等地的电子制造产业，在疫情期间订单不降反增。

这种反差的主要原因在于后者的产业链呈现产业集群化。产业集群是指水平分工在某些地域进一步向产业链上、下游延伸，从而呈现水平分工的垂直整合，其既具有水平分工后的规模又具有垂直整合后的稳固，可以被视为更深层次的全球化，将在较大程度上改进传统产业链的抗风险能力[1]。历史上，美国硅谷、韩国大德科技谷、新加坡裕廊工业园等地的产业集群，就帮助不少产业成功度过了多次产业链危机。上述苏州、重庆等地，其产业链上80%

---

[1] 阮建青、石琦、张晓波："产业集群动态演化规律与地方政府政策"，《管理世界》2014年第12期，第79—91页。

的零部件都能够在本地生产供应。

4. 全球价值链微笑曲线向"倒U形"转变

传统理论认为，分处全球价值链两端的研发设计和销售环节附加值较高，中间加工制造环节附加值较低，在坐标系中呈现一条"U形"的所谓"微笑曲线"。不过，伴随制造业的不断转型升级，部分发达国家部分产业的制造环节已成为利润相对较高的环节，成功实现了微笑曲线向"倒U形"转变。这一现象最早在2004年的日本制造业中被发现。2017年，日本学者以德国汽车制造业附加值作量化分析，证实了德国制造业也出现了"倒U形"转变。世界银行2017年《全球价值链发展报告》予以引用，评价其在某种程度上反映了德国汽车工业的成功转型。目前，德国的"工业制造4.0"、日本的"工业价值链"、美国的加速制造业回流，有较大可能是试图挖掘未来制造业中蕴藏的巨大价值空间。

我国自加入WTO以制造业价值链低端环节切入国际分工以来，一直在发达国家主导的全球分工体系中苦苦探寻升级之路。我国具有与发达国家截然不同的国情，盲目沿价值链两端向着服务业升级，既可能导致产业空心化，又可能面临"保就业"和"保升级"的两难抉择。推动制造业"U形微笑曲线"向"倒U形"转变，可能是我国摆脱价值链"低端锁定"的最佳选择。

（四）创新：历史上的事件促进卫生产业发展与业态创新

作为一种危机事件，重大突发公共卫生事件除了带来危险，也蕴藏着一定的机遇，尤其是促进了医疗健康产业的创新与发展，出现了许多新的业态。

第一，重大突发公共卫生事件促进卫生产业的创新与发展。与重大突发公共卫生事件密切相关的就是医药健康产业，每次发生疫情，都会促进医药健康产业的创新与发展。1957—1958年"亚洲流感"期间，全球性的实验室网络与各国流感研究中心建立联系，首次实施全球流感监测网络。

2003年非典之后，中国相继出台《国家公共卫生监测信息体系建设规划》《突发公共卫生事件医疗救治体系建设规划》《2003—2010年全国卫生信息化发展纲要》等，大力发展医药健康产业。2009年H1N1流感期间，美国在法律上鼓励制药企业增加研发，增加医疗基础设施建设供给。2012年中东呼吸综合征之后，沙特阿拉伯投资超过100亿美元建设医疗基础设施，医疗诊断设备制造、医疗服务、卫生教育和培训、制药以及医疗制剂生产等领域快速发展。2015年韩国暴发中东呼吸综合征后，2016年投入5323亿韩元用于保健和医疗项目研发。2015—2016年寨卡病毒之后，巴西加强了与其他国家科研机构的合作。

第二，2003年非典刺激中国电子商务的发展。非典期间的隔离措施，减少了消费者线下接触式消费。伴随互联网信息技术的推广，2003年之后中国电子商务得到了快速发展。线上消费方面，"2003年中国企业信息化500强"中，有246家企业实现了网上交易，销售量达4457亿元，淘宝、京东等一批电子商务企业先后成立。快递物流方面，作为线上消费的辅助工具，快递物流业得到了快速发展，非典疫情使得航空公司遭受冷落，民航旅客周转量由2003年1月的110.07亿人公里下降到5月的23.6亿人公里，顺丰集团借势与航空公司签订协议，成为国内首家将民营快递"送上天"的企业。电子支付方面，由于担心现金交易成为细菌和病毒的传播渠道，中国人民银行加大银行卡的宣传力度，银行卡的大量使用为第三方支付奠定基础，2003年10月阿里巴巴推出支付宝服务，大大加快了电子支付的速度。

第三，2016—2017年H7N9流感加快中国冷链物流的发展。从2013年开始出现的H7N9禽流感，使得各地关闭活禽交易市场。为此，2014年中央提出"完善鲜活农产品冷链物流体系"，各地方政府紧随其后，出台多项具体措施。除了冷链干线物流的发展，更突出的是冷链宅配的快速发展，1号店的"1号生鲜"、京东的"自营生鲜"、淘宝的"天猫生鲜"等等，都是冷链物流发展的案例。当然，H7N9流感也促进了家禽养殖业全产业链化的发展。我国家禽养殖多为"小规模、大群体"，这一特征在农村地区十分明显。随着冷链物流的发展，家禽养殖业开始转向规模化、专业化、设施化，家禽养殖业全产业链逐步形成。

第四，2019年新冠疫情激发数字经济发展活力。新冠疫情造成大范围、长时间的居家隔离，而这恰恰给"云服务"提供了发展的基础。在这段时间，社区电商、线上药房、外卖等新零售激增，在线教育、在线招聘、在线办公、在线娱乐等"云产品"备受青睐，远程医疗、在线诉讼等越发便利，诸如此类的"云服务"将深刻改变生产、生活。

第三节 重大突发公共卫生事件对国家资产负债表四个部门的冲击

重大突发公共卫生事件影响各微观经济主体，包括非金融企业部门、家庭部门、金融机构部门、政府部门。以非金融企业部门为中心，重大突发公共卫生事件对各部门的影响渠道为（见图7-10）：①重大突发公共卫生事件→非金融企业部门生产经营困难→家庭部门收入减少→家庭部门有效消费需求减少→经济增速下滑；②重大突发公共卫生事件→非金融企业部门生产经营困难→负债的还本付息出现问题→金融机构部门出现呆账坏账→金融机构部门经营风险加剧→引起系统性金融风险→经济增速下滑；③重大突发公共卫生事件→非金融企业部门生产经营困难→政府部门财政收入降低→政府购买与投资降低→经济增速下滑。非金融企业部门、家庭部门、金融机构部门主要以2019年新冠疫情对中国四个部门的影响为例，政府部门则以全球主要国家为例。

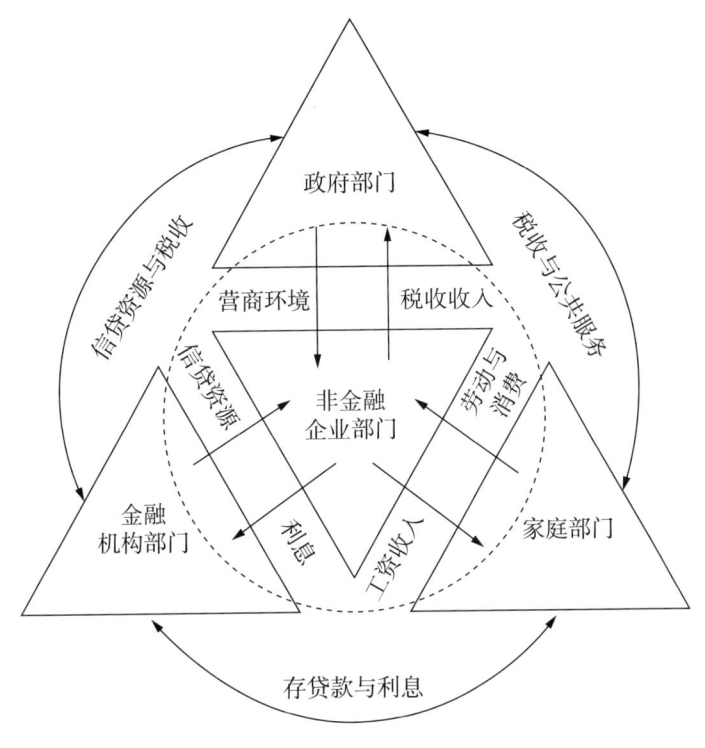

图 7-10　四个部门之间的关系图

一、对非金融企业部门的冲击

由于新冠疫情发生在春节期间，非金融企业部门首先面临节后复工难的困境，并由此带来后续的一系列生产经营困难。当然，对大型企业来说即使复工率未达到100%，也可凭其庞大的规模留有周转的余地，而对中小微企业来说，无法及时复工，很有可能出现破产倒闭的风险。

停工停产引起资金链断裂。通过蚂蚁金服平台发放的20165份问卷[1]，我们发现小微企业的困难表现在：一是小微企业普遍延迟开工。调查发现，疫情冲击下，72.2%小微企业将推迟开工，部分小微企业将面临倒闭的风险。

---

[1] 问卷发放的时间为2020年2月2—3日，其中小微企业占比约39.7%，个体工商户占比37.3%，个人经营者占比约23.0%。

目前，不能按时开工的主要原因是，担心疫情扩散（占47.0%）、遵照地方政府的要求（占33.9%）、员工无法按时返岗（占6.9%）、原材料和上游供应出了问题（占6.2%）。分行业来看，住宿餐饮业和文教娱乐业的损失直接缘于停工；制造业的损失主要受复工率低的影响；农林牧渔业、交运物流业和批发零售业的损失，主要受物流限制。二是企业停工停产但没有停各项支付。疫情期间，那些不能正常营业的企业，仍然需要支付诸如租金、员工薪酬、贷款利息和税费等各类运营成本，每日都承受亏损的压力。调查显示，不能正常开工的小微企业，每天亏损在1万元以内占72.9%，每天亏损1—10万元占11.9%，每天亏损10万元以上占2.8%。分行业来看，服务业亏损比例最高，但日均亏损额度较小，普遍在1万元以下；制造业中，日均亏损5万元以上的占比最高。三是资金链断裂的企业希望获得信贷支持。调查显示，八成以上小微企业面临流动性困难，"账上现金流扛不过3个月"。但七成企业表示如果能及时获得融资便可渡过难关。在选择融资渠道方面，54.2%的小微企业会选择向互联网银行借款（主要是服务业），28.5%企业会选择向传统银行借款（主要是农林牧渔业和制造业），29.5%会选择向亲朋好友借款，有13.3%企业没有任何融资渠道。之所以有一半小微企业打算向互联网银行借款，是因为在现有的线下银行服务中，他们难以获得支持。从供给看，目前国有大银行和股份制银行只愿意服务那些贷款额度在上百万元的"头部"小微企业（行业中的佼佼者、领军企业）。从需求看，小微企业96%都是"长尾端客户"[1]，资金缺口在100万以下，有的只有10万元以下。其需求成了线下银行服务的"空白区域"。

二、对家庭部门的冲击

疫情对家庭部门的影响主要在于收入减少，正因为收入减少，进一步会

---

[1] 指的是资产规模较小企业、初创企业、涉农企业，但是该群体总数庞大。

带来有效消费需求的减少和还本付息压力的增加。

一方面，家庭部门有效消费需求减少。由于非金融企业部门生产经营困难，有可能出现裁员或降低工资的情况，家庭部门有支付能力的消费需求随之减少。尽管截至 2019 年 12 月，我国家庭部门有储蓄存款 82.13 万亿元，占各项存款比重达到 44.45%。但如果家庭部门动用现有储蓄存款来弥补有支付能力的消费需求不足的缺口，那么意味着储蓄将会减少。根据宏观经济学中"储蓄－投资恒等式"，储蓄减少势必引起投资减少，虽然有支付能力的消费需求可以得到一定补偿，但同时可用于投资的资金也会随之降低，同样会使得经济增速下滑。

另一方面，家庭部门还本付息压力增加。截至 2019 年 12 月，家庭部门贷款余额 55.33 万亿元，其中包括 34.05 万亿元的中长期消费贷款，消费贷款多为家庭部门用于购置房产的贷款，按照 2019 年底 5 年期人民币贷款市场报价利率（LPR）4.8% 和房贷利率上浮 10% 计算，家庭部门年承担房贷利息就达到 1.8 万亿元。2018 年城镇单位就业人员工资总额为 14.15 万亿元，仅房贷利息支出占比就达到 12.72%，这还不包括所需偿还的本金。

三、对金融机构部门的冲击

金融机构部门的风险，主要是银行业机构的风险，证券和保险业机构风险相对较小。银行业金融机构的风险，又来源于流动性和呆账坏账两个部分。

一方面，商业银行面临一定的流动性风险。正常年份下，商业银行每年 6 月末都会面临一定的流动性风险，因为除了需要满足半年末存款考核要求之外，全行业还需要补缴存款准备金、财税征缴和大银行分红等。在新冠疫情这一特殊情况下，人民币兑美元汇率呈一定程度的贬值[1]，这意味着资金可能因恐慌阶段性地往外流；加上疫情期间各项开支骤然增加，前往商业银行

---

[1] 2020 年 1 月 20 日美元兑人民币中间价为 6.8664，2 月底则超过了 7。

提取存款、承兑票据、增加贷款的主体变多；内外因素共同作用，使得商业银行面临一定的流动性风险。

另一方面，商业银行特别是区域性商业银行面临一定的呆账坏账风险。短期的流动性风险尚可通过逆周期调节进行控制，但由于非金融企业部门生产经营困难，无法及时偿付所借贷款的本金和利息，很有可能形成商业银行的呆账坏账。从总量看，截至 2019 年 12 月，对非金融企业及机关团体贷款余额为 98.37 万亿元，占各项贷款余额比重为 62.03%；其中对非金融企业及机关团体的短期贷款余额 30.82 万亿元，占各项贷款余额比重为 19.43%。可以说，由于非金融企业部门经营困难，很可能短期无法及时偿付所借贷款，商业银行的短期贷款面临一定的呆账坏账风险。从个案看，以受新冠疫情影响最严重的湖北来说，区域性银行将受到一定冲击[1]。根据信息披露程度，选择湖北 2 家城市商业银行、11 家农村商业银行为代表进行分析[2]，我们发现：一是资产质量方面，湖北区域性商业银行不良贷款水平与行业平均水平总体持平，但关注类贷款占比显著高于行业平均水平，且受区域经济结构影响，房地产业、制造业、建筑业、批发和零售业贷款占比较高，新冠疫情的冲击很可能会使贷款向下迁徙率大幅上升，不良贷款率水平或将大幅上升，同时拨备计提压力或将大幅增加。二是负债与流动性方面，湖北区域性商业银行负债稳定性较好，融资结构产生的流动性管理压力较小，同时在中国人民银行强有力的货币政策支持下，新冠疫情预计不会对湖北区域性银行流动性产生较大影响。三是盈利与资本充足性方面，受新冠疫情影响，湖北区域性商业银行面临的信贷资产质量下行压力将对其资本形成侵蚀，同时其内生资本

---

[1] 大公国际："疫情严重地区区域性银行或将受到一定冲击　监管政策快速响应有力支持银行业共克时艰"，http://www.dagongcredit.com/uploadfile/2020/0211/20200211043944526.pdf。

[2] 截至 2018 年末，湖北省共有区域性商业银行 144 家，其中城市商业银行 2 家，农村商业银行 77 家，村镇银行 64 家，民营银行 1 家。被选择的 13 家银行分别为汉口银行、湖北银行、武汉农商行、三峡农商行、十堰农商行、随州农商行、襄阳农商行、荆州农商行、潜江农商行、孝感农商行、咸宁农商行、荆门农商行、黄石农商行。

补充能力受到一定限制，外生资本补充渠道有待拓宽，湖北区域性商业银行资本充足水平或将面临一定下行压力。

四、对政府部门的冲击

政府部门的风险是其他三部门风险累加，最终导致的风险，最突出表现在财政可持续性。从国际视野看，主要国家政府部门面临财政不可持续风险。

一方面，政府部门杠杆率超过警戒线。欧盟对其成员国政府部门杠杆率有不超过60%的警戒线。即使在2008年国际金融危机之前，日本和意大利政府部门杠杆率也很高，超过100%甚至150%。2008年以来，各国政府部门都不同程度地加杠杆，使得政府部门杠杆率进一步攀升（见图7-11）。国际清算银行2019年9月底的数据显示，发达国家政府部门平均杠杆率为109.1%，日本为218.4%，意大利为154.3%，法国为116.3%，英国为115.7%，美国为103.5%，远远超过欧盟规定的警戒线；德国为69%，略超警戒线，中国为52.5%，距离警戒线越来越近。

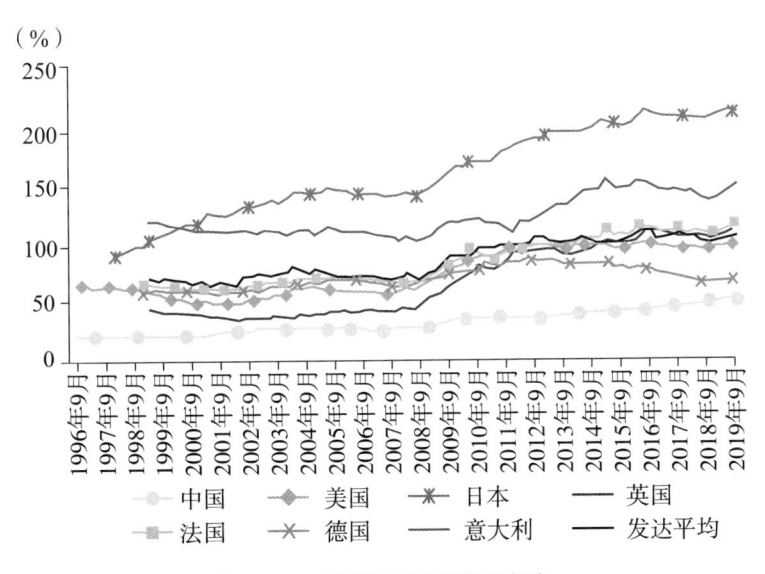

图7-11 主要国家政府部门杠杆率

数据来源：国际清算银行数据库。

另一方面，积极的财政政策加剧政府债务负担。为应对新冠疫情，各国采取了更为积极的财政政策，主要国家财政刺激规模占 GDP 比重甚至超过 10%（见表 7-1）。在政府财政收入减少、财政支出增加的情况下，政府部门只能依靠举借债务，这会使得本就不堪重负的政府部门"雪上加霜"，政府财政可持续性面临很严重的挑战，很有可能爆发债务危机。

表 7-1 各国公布的财政政策规模及占 GDP 比重

国家	财政政策内容	占比
中国	提前下达 18480 亿元新增地方债，特别国债，减税降费	——
美国	2 万亿美元经济刺激计划，1040 亿美元抗疫资金，83 亿美元紧急经济援助	10.50%
日本	明确表示提供 56 万亿日元的财政刺激计划，4460 亿日元疫情紧急应对资金	10.2
英国	390 亿英镑的经济刺激计划，为企业提供 3300 亿英镑政府贷款	≤16.7%
法国	约 450 亿欧元抗疫资金，3000 亿欧元对企业贷款的"国家担保"	≤14.3%
德国	1560 亿欧元支出和减税计划，至少 8220 亿欧元企业担保计划	≤28.5%
意大利	250 亿欧元紧急援助计划	1.40%
澳大利亚	1890 亿澳元经济刺激计划，400 亿澳元应急资金，28.4 亿澳元抗疫卫生支出	9.70%
新加坡	550 亿新元综合经济刺激方案	11%
瑞士	420 亿瑞士法郎的经济支持计划	6%
加拿大	820 亿加元财政刺激方案，11.25 亿加元抗疫资金	3.60%

资料来源：作者根据资料整理。

第四节 主要国家应对经验

面对全球重大突发公共卫生事件的冲击，各国都会在财政、金融等方面提出积极的政策举措来应对事件潜在风险的影响。本节将系统梳理全球主要国家应对重大突发公共卫生事件的做法，得出相关启示。

一、积极的财政政策

面对重大突发公共卫生事件，积极的财政政策有助于稳定预期。财政支出政策方面，针对各主体的减税降费和补贴援助。减税降费和补贴援助的政策,在 2019 年新冠疫情期间表现得非常突出。中国对中小微企业社保三项免征 5 个月,大型企业减半征收 3 个月,湖北可扩大免征范围至全部企业;返还失业保险费,定向减征或免征增值税;疫情防控期间采取支持性两部制电价政策,降低企业用电成本。美国实施 2 万亿美元的经济刺激计划,包括向个人发放补贴,以资金池为企业和地方政府提供流动性和救助,为小企业和非营利性机构提供贷款,为医疗机构提供资金,加大疫苗研发和生产投入等等。英国实施"薪资补贴"计划,即英国政府将为所有受疫情影响工作(不包括被解雇者)而无法工作的数百万人,补贴其工资的 80%,补贴上限为每人每个月 2500 英镑。财政收入政策方面,通过举债提高财政赤字率。政府原有的财政收入无法满足大量的财政支出需求,故而通过举债的方式提高财政赤字率。2014 年埃博拉期间,几内亚明显提高了财政赤字率,从 2014 年的 3.21% 增加至 2015 年的 6.89%;塞拉利昂 2015 年 4.55% 的财政赤字率,也接近金融危机期间 5% 的最高水平(2010 年)。2015—2016 年寨卡病毒期间,巴西财政赤字率一度超过 10%,而 2008 年国际金融危机期间却不到 4%。2019 年新冠疫情期间,各国也实施了大规模的财政刺激政策。

二、扩张的货币政策

面对重大突发公共卫生事件对经济产生的冲击,大多数国家或地区都会采取积极的货币政策。一是积极的价格型货币政策。降息,通常成为积极的价格型货币政策首选。1957—1958 年"亚洲流感"期间,美联储将联邦基金利率从 3.5% 降低到 0.5% 附近。2009 年 H1N1 期间,美联储将联邦基金利率下降至 0。2015 年中东呼吸综合征期间,韩国基准利率从 2014 年的 2% 下降至 1.5%。2014 年埃博拉期间,几内亚的存款利率从 13.13% 下降至 2015 年度 6.69%,利比里亚存款利率从 4.16% 下降至 2015 年的 4.05%,塞拉利昂存款利率从 6.61% 下降至 2015 年的 4.49%。2019 年新冠疫情期间,美联储两次下调联邦基金利率，最低至 0—0.25%，英国、加拿大、泰国、菲律宾等都加入降息阵营。二是积极的数量型货币政策。降低存款准备金率、再贷款、再贴现、公开市场操作等，是各国或地区应对重大突发公共卫生事件常用政策。2003 年非典期间，中国人民银行印发《关于应对非典型肺炎影响 全力做好当前货币信贷工作的意见》，要求保持货币信贷总量适度增长。2009 年 H1N1 期间，叠加 2008 年国际金融危机的影响，美国实施多轮量化宽松政策。中东呼吸综合征期间，沙特阿拉伯 2012 年广义货币增速为 16.49%，接近 2008 年的 17.96%；韩国 2015 年广义货币增速达到 8.19%，为 2010 年以来的最大值。2018 年刚果（金）广义货币增速为 35.8%，这是自 2010 年以来的最大值。2019 年新冠疫情期间，美联储实施"无限制"量化宽松政策，中国则实施 2 万亿元左右的再贷款、再贴现，并实施公开市场操作，两次降低存款准备金率。除此之外，其他各国大都增加了信贷供给。三是适度宽松的监管政策。此前重大突发公共卫生事件，对全球的经济影响多为短期，因而监管并未过多放松。2019 年新冠疫情与之不同，对全球的经济影响可能更长久，程度也更深，因而中国采取了适度放松监管的政策，包括提高存款准备金考核容忍度和提高不良贷款容忍度。伦敦金融市场交易规则可能会放松，其他国家的金融监管也可能随着疫情防控的情况而适度放松。

三、产业与就业政策

除了积极的财政和货币政策，还会辅助一些产业政策、就业政策等。以中国应对新冠疫情的政策为例。

产业政策方面，国务院各部委印发百余项稳产业通知。第一类是保障复工复产的政策，包括《关于切实加强疫情科学防控、有序做好企业复工复产工作的通知》《部署加强复工复产安全防范的通知》《企事业单位复工复产疫情防控措施指南》等。第二类是对产业的金融扶持政策，包括《关于进一步强化金融支持防控新型冠状病毒感染肺炎疫情的通知》《关于对中小微企业贷款实施临时性延期还本付息的通知》《关于支持金融强化服务 做好新型冠状病毒感染肺炎疫情防控工作的通知》等。第三类是对产业的财政扶持政策，包括《关于加强新冠疫情防控财税政策落实和财政资金监管工作的通知》《关于充分发挥税收职能作用 助力打赢疫情防控阻击战若干措施的通知》《支持疫情防控和经济社会发展税费优惠政策指引》等。第四类是对重点产业行业的扶持政策，包括《关于促进消费扩容提质加快形成强大国内市场的实施意见》《关于有序推动工业通信业企业复工复产的指导意见》《关于疫情防控期间进一步为各类科技企业提供便利化服务的通知》等。第五类是对重点企业的扶持政策，包括《关于积极发挥行业协会商会作用支持民营中小企业复工复产的通知》《关于积极应对新冠疫情加强外资企业服务和招商引资工作的通知》等。

就业政策方面，出台多项稳就业措施。发布《关于应对新冠疫情影响 强化稳就业举措的实施意见》，旨在保居民就业这个最大的民生，主要包括五个方面的内容。一是坚持就业优先政策，涵盖取消行政审批、实行减税降费、优化创业环境等；二是关于农民工就业，要求通过用工调度、就近就业等方式，有序转移就业；三是关于高校毕业生就业，要求通过招聘补贴、扩大规模等方式，拓宽就业渠道；四是加强困难人员兜底保障，覆盖失业人员救济、困难人员就业援助、湖北等疫情严重地区人员就业等；五是完善职业培训和就业服务，包括职业培训、线上招聘等。

民生政策方面，多措并举稳民生。下调证券公司2019—2020年证券投资者保护基金缴纳比例，取消创投退出的多项限制，放宽再融资的多项条件。对受疫情影响人员，灵活调整住房按揭、信用卡等个人信贷还款安排，在相对合理的情况下，可适当延后还款期限。保险理赔方面，对受疫情影响受损的出险理赔客户，金融机构要优先处理，适当扩展责任范围，应赔尽赔。

四、国际经验借鉴

通过梳理重大突发公共卫生事件下各国应对措施，可以借鉴两类经验。

一是短期财政的增支减收和定向信贷更有针对性。对受疫情冲击较大的旅游、航空、餐饮减税降费，对医疗领域增加开支，增加信贷投放等，可以起到"立竿见影"的效果。

二是中长期的结构性改革措施更有成效。完善监控体系，搭建疫情风险评估工具和框架；增强公众的防控意识，加强宣传和知识普及；鼓励制药企业加大研发生产力度；财政预算向教育和医疗等民生领域倾斜；完善公共卫生体系，加大卫生基础设施建设。这些措施都将在长期产生巨大的收益。

第五节　应对不确定性的政策选择

从全球重大突发公共卫生事件对经济的影响表现可以看出，宏观层面的需求侧受到不同程度的短期冲击，宏观层面的供给侧既有冲击又有机遇，微观层面以非金融企业部门为中心，四个部门均受波及。国际层面，要加强全球政策协调与合作，建立全球公共卫生产品的成本分担机制；国内层面，要积极应对全球价值链重构，建立财政支出的成本分担机制，精准帮扶民营和中小微企业，防控中小银行风险。

一、加强全球政策协调与合作

重大突发公共卫生事件，不是某一个或某几个国家（或地区）的事务，而是全球需要共同面对的事务。应在二十国集团（G20）框架下，加强全球经济、金融政策协调与合作。

一方面，保持全球政策步调协调。面对重大突发公共卫生事件，各国政策步调应保持协调，特别是在全球经济中具有重要影响的国家，应承担更多政策协调的职责。以2019年新冠疫情为例，为应对疫情可能带来的经济衰退，美联储两次下调联邦基金利率至0—0.25%，并开启无限制量化宽松政策，这加剧了国际资本市场、大宗商品市场的波动幅度。美元作为目前世界最主要货币，这一政策无疑是通过"撒钱"的方式，将美国国内经济的压力转移至国际。而中国始终坚守稳健的货币政策，着重于流动性供给、货币政策传导机制等方面，这是立足当前与放眼长远之策。

另一方面，以化解债务风险来防范金融危机。在二十国集团财长与央行行长为应对2019年新冠疫情召开的第二次会议上，国际货币基金组织总裁格奥尔基耶娃表达了对低收入国家债务问题的担忧。债务是观察金融风险的切入点，化解债务风险有助于防范金融危机。一是对发展中国家的债务减免与延期。对于遭受疫情影响严重的国家，特别是低收入的发展中国家，可给予适当额度的债务减免；对于到期债务，则应允许延长一定期限。二是允许发展中国家采取临时资本管制措施。发展中国家可适当加强资金转移海外的审查，暂停外资银行的外汇业务，限制外企盈利汇回等。三是约束发达国家举债。发达国家的实体部门杠杆率普遍高于发展中国家，虽说有强劲的经济基础，但债务负担过高也可能带来风险。可根据各国实体部门杠杆率的水平，由诸如金融稳定理事会等权威的国际机构研究警戒线标准，划定红色区、黄色区、绿色区，以此约束发达国家的过度举债行为。

二、建立全球公共卫生产品的成本分担机制

"病毒无国籍，防控无国界"，面对重大突发公共卫生事件，需要增加全球公共卫生产品供给。全球公共卫生产品依靠官方发展援助（ODA）和主权国家的自愿出资，并不具备稳定性和可持续性。应以国际公共财政理论为基础，建立全球公共卫生产品的成本分担机制。

第一，推动世界银行发行流行病债券。流行病债券，是一种基于流行病保险的触发式债券,当流行病的规模触发设定标准,债券投资者将承担部分损失。2014 年埃博拉病毒肆虐之时,全球捐赠超过 70 亿美元[1]。但捐赠过程无比缓慢,且具有很大不确定性,未能及时发挥作用。世界银行总结 2014 年埃博拉的经验教训,联合世界卫生组织、私营部门和发展合作伙伴共同成立"流行病应急融资基金(PEF)",可向最贫困国家迅速发放 5 亿美元资金用于应对大规模流行病的暴发,目前覆盖 77 个最贫穷的国家。通过这一基金,世界银行发行流行病债券,并建立新的流行病保险市场[2]。可参照此前的经验,推动世界银行发行流行病债券[3]。同时需要扩大债券利息来源,不能单纯依靠包括德国和日本在内的捐助国支付。

第二,拓展全球公共卫生产品资金来源。一方面,推动征收全球性的跨境机票税[4]。每年全球航油使用量已经超过 5000 亿升,以此为基础征收较低税率的机票税,也将带来较高的收入。国际航空运输遵循的《芝加哥公约》并没有禁止对机票征收固定税,法国、智利和巴西等国也已开始征收类似税,因而征收跨境机票税,在法律上和实践中都不存在障碍。另一方面,发挥国际公共资本的作用。调整世界卫生组织会费收取方法。世界卫生组织 2018—2019 双年度收取的会费为 44.22 亿美元,其中分摊评定会费为 9.57 亿美元,成员自愿捐赠会费为 34.65 亿美元,成员自愿捐赠会费远超分摊评定会费。可重新制定分摊评定会费的方法,提高分摊评定会费,发挥世界银行的作用。世界银行的经费来源于净所得、行政预算、成员国捐献和不同信托基金管理费,可提高全球公共卫生领域的信贷比重,也可从其年度净收益中提取一定

---

[1] 王瑟:"世界银行发行流行病债券",《世界知识》2017 年第 1708(17)期,第 10 页。
[2] 世界银行:"2016 年度报告",http://documents.shihang.org/curated/zh/763061475493892276/pdf/108682-WBAR-v1-PUBLIC-CHINESE-PUBDATE-9-28-2016.pdf。
[3] 商瑾、马赛:"从国际趋势探索我国巨灾债券发展",http://bond.hexun.com/2020-03-11/200597695.html。
[4] 肖育才、谢芬:"全球公共产品融资:基于国际公共财政的视角",《经济体制改革》2012 年第 176(5)期,第 138—142 页。

比例，用于提供国际公共卫生产品。

第三，建立国际公共卫生财政库。发达国家对发展中国家的官方发展援助、债务减免，有助于发挥国家公共资本提高全球公共卫生产品供给，但更重要的是建立国际公共卫生财政库。可依托世界卫生组织，建立国际公共卫生财政库，经费可参照分摊评定会费的比例，从各国收取。经费主要用于全球性的公共卫生补贴和补偿，特别是发展中国家公共卫生的研发和医药。

三、积极应对全球价值链重构

根据全球价值链发展的可能趋势，充分发挥中国优势，积极应对全球价值链重构。

一是增强区域价值链融合。疫情期间，东南亚基础设施、配套产业和劳动力技能短板暴露，我国制造业综合竞争力进一步增强。东南亚国家逐渐认识到，只有与中国深度合作，才能更好地融入全球价值链。建议抓住机遇，因势利导，着力提升我对亚洲区域价值链的影响力，推动亚洲价值链更快更好发展。在价值链高端，推动中日韩区域倡议落实，加强与日韩产业链深度合作，减少对美欧市场依赖，以"区域小循环"带动"国际大循环"，提升我国产业链国际竞争优势。在价值链低端，顺势加强与东南亚各国经贸联系，对深陷疫情困境的国家适时提供资金和物资支持，强化我国在亚洲价值链中的核心枢纽地位，深度参与东南亚产业链重构。

二是提高价值链本土化水平。面对全球价值链必将在一段时间里存在的本土化趋势，既要向全世界发出积极声音，缓和对全球供应链安全性的不安情绪，强调全球化的普遍价值；也要保守地防范"脱钩"倾向的加深，尽快启动国内产业链"固链补链工程"。对上下游主要在国内的产业链，要加大"固链"力度，持续梳理和统计核心企业及其配套上下游企业名单，合理调整国内产能布局，促进要素集聚和效率提升。在国内劳动密集型产业外迁时，鼓励企业把产业链的核心环节留在国内。对上下游在国外、生产端在国内的产业链，要不失时机"引资补链""引资扩链"，大幅降低产业链配套成本，推动国内产业链升级。

三是加强产业集群化。疫情之后，全球价值链的产业集群化趋势会得到加强。对我们来说，产业集群化的落脚点，既是增强产业链抗风险能力，又是保护中小企业的安全。一方面，要推动一些具备条件的产业在一定地域内实现产业集群化，将研发机构、零部件生产及配套服务等不同的价值创造环节，聚集于这一地理空间内。现阶段，主要是充分利用京津冀、长三角、粤港澳大湾区及其他大城市群等优势地理空间，布局相关产业集群。另一方面，要继续引导中小企业走"专精特新"发展之路，推动中小企业顺应产业集群化趋势发展。

四是推动制造业微笑曲线向"倒U形"历史性的转变。一方面，要利用好我国世界上规模最大、结构最多元、体系最完整的工业体系基础，以及全球最大的工业品和消费品单一市场，持续推进全面深化改革和对外开放，增强我国产业链的不可替代性，坚定不移走制造业大国之路。另一方面，要不断巩固提升以人工智能、5G、大数据、云计算等为代表的数字经济优势，推动制造业向高附加值转变，实现中国制造由低端加工向高端制造转型，努力打造全球制造业强国。

四、建立财政支出的成本分担机制

无国界医生组织（Doctors Without Borders）执行董事索菲·德劳内（Sophie Delaunay）表示，2014—2016年"埃博拉疫情"未及时得到控制的原因之一是政府资金不足。应对突发事件的前期资金充足准备和及时投入至关重要，这样政府和救援机构才能在疫情控制黄金期迅速响应、集中精力挽救生命。疫情是一场社会灾难，造成的损失也应该由全社会共同分担，不能完全依赖国家财政。可以借鉴"非典"期间香港的经验，发动全社会来分担损失。以中国为例，从国家资产负债表看，成本可以由政府、非金融企业、金融机构、家庭四部门来分担。

第一，政府部门提高财政赤字率与地方政府债务限额。一是提高赤字率。2008年以来，中国政府财政赤字率平均仅为1.5%，远低于欧美日等发达经济体3.5%至7%的水平。在当前形势下，适当提高财政赤字是降低全社会风险的举措。如果2020年将财政赤字率从2.8%提高至3%，按照2019年GDP为990865亿元计算，意味着政府支出较收入要多1981.73亿元；如果从2.8%提高至3.5%，则意味着政府支出较收入要多6936.06亿元。二是提高地方政府债务限额。地方政府债务有较大的空间。根据财政部与统计局的数据，2018年全国31个省区市中，只有青海和贵州负债率较高外（青海为61.54%、贵州为59.66%），其他29个省区市地方政府负债率都在60%警戒线以内。建议2020年增加这29个省区市地方政府专项债务限额，给予他们更多项目资金支持。可以算一下这笔账：2019年29个省区市（青海、贵州除外）地方政府债务限额为228674.28亿元，如果2020年按15%的增速计算（2016—2019年债务限额增速分别为7.5%、9.4%、11.59%、14.67%），29个省区市地方政府债务限额将达到262975.42亿元，与2019年债务余额201296.62亿元相比，最大可新增61678.8亿元地方政府债务额度。此外，提高债务限额使用率也很重要。据中央党校（国家行政学院）课题组测算，债务限额使用率每提高1%，便可为地方政府带来2407.74亿元资金。2019年债务限额实际使用率为88.49%，如果从88.49%提高至95%，至少可以带来15674.39亿元资金。因此，要鼓励地方政府用足债务限额。

第二，金融机构可以通过减免利息来分担成本。统计数字显示，截至2019年底，金融业净利润突破1.14万亿元，其他行业之和仅1万亿元，金融业占全部 A 股净利润达 54%。银行可以通过减免利息来承担疫情成本。截至 2019 年 12 月底，非金融企业及机关团体贷款余额为 98.37 万亿元，如果金融机构直接免除企业贷款利息 1 个月，并适当允许中小微企业延迟 1 个月偿还本金，可产生 3357.06 亿元的流动性[1]。从整个金融体系运行情况来看，考虑到中小微企业贷款规模占比不高，银行完全可以承受。

第三，国有企业直接让利。国有企业处于产业链上游，规模大、对冲风险能力强。在疫情面前，国有企业要与广大中小微企业共渡难关。一方面，石化、交通、电力、电信等上游国有企业要直接让利给产业链中下游的中小微企业。另一方面，对那些承租国有企业所属的经营性房产的中小微企业以及个体工商户，可免收一定时间的租金（含摊位费）。

第四，家庭部门可通过减少利息收入参与成本分担。我国存款基准利率于 2015 年 10 月 24 日下调以后，再也没有调整过。截至 2019 年 12 月底，金融机构各项存款余额为 198.16 万亿元，如果央行一次性下调基准利率 0.25%—0.5%，就能释放 4954—9908 亿元资金。这些流动性可做结构性安排。

五、精准帮扶民营和中小微企业

在我国，民营和中小微企业承载着 80% 以上的城镇劳动就业，"最困难企业"也意味着"最困难人群"的存在。虽然疫情不会改变我国中长期经济走势，但突发大规模疫情，往往表现为传播速度快、冲击行业和企业相对集中。由于民营和中小微企业普遍规模较小，资金有限，抗风险能力弱，更需要精准帮扶。

第一，通过多种手段为民营和中小微企业提供流动资金贷款。一是央行

---

[1] 短期贷款利率按 1 年期 4.15% 计算，1 年金融机构需要承担 1.28 万亿元的利息损失，折合每个月 1065.86 亿元；中长期贷款利率按 5 年期 4.8% 计算，1 年金融机构需要承担 2.75 万亿元的利息损失，折合每个月 2291.2 亿元；两项叠加，每个月金融机构需要承担 3357.06 亿元的利息损失。

增加再贷款额度。在疫情防控期间,央行向主要全国性银行和湖北等重点省(区、市)的部分地方法人银行提供了总计3000亿元低成本专项再贷款资金。但根据蚂蚁金服研究院测算,如果央行定向给互联网银行和中小银行再增加2000亿左右再贷款额度,可以帮助那些受冲击巨大的民营和中小微企业渡过难关。二是发行民营和中小微专项债券。在特殊时期,建立快速绿色通道,在银行间债券市场发行民营和中小微专项债券或信贷资产证券化产品。尤其是要给予那些风控能力强的互联网银行和中小银行充足发行额度,因为其服务能广泛覆盖"长尾端客户"。

第二,落实针对民营和中小微企业的减税降费政策。国务院已经出台了众多针对民营和中小微企业的减税降费措施,比如减免社保支出,减免征收部分税收,需要将这些措施真正落实到有需要的民营和中小微企业。对就业贡献较为重要的中小微企业,当其遇到经营困难时,地方政府可直接发放专项财政补贴,央行也可对贷款进行贴息。同时,鼓励和引导特殊时期的租金减免,国有性质的业主和平台需要带头进行,用减免租金抵扣税费的方式,鼓励非国有性质的业主和平台广泛参与。

第三,降低和免除民营和中小微企业的收单手续费。疫情期间,支付机构和银行可共同研究商量,在一定时期内免除线下的民营和中小微企业的收单手续费,同时还可以进一步免除转接清算费用和资金渠道费用。

六、防控中小银行风险

新冠疫情在金融方面的风险传导存在一定滞后性,但也会对中小银行的资产端、负债端、权益端造成直接冲击。需要做好风险应对预案,防控中小银行风险。

一是以中小银行数字化经营转型化解资产端和负债端冲击。当前数字经济迅速发展,中小银行应借数字化转型的契机,将业务立足于本地和社区，打造与大型银行和金融科技公司有差异的、有特色的竞争优势。应以客户体验为核心、以海量数据为基础、以金融科技为驱动，将客户营销、场景体验、产品创新、服务优化等转化为数字形态的基础上，与优质科技公司合作，对中小银行业务、服务、风控、考评等进行重塑，以此优化中小银行资产负债表结构。资产端方面，借助"区块链+供应链金融"的技术，建设多元化的消费信贷场景，建立定向、精准服务中小企业的信贷服务和风控体系。负债端方面，以线上平台获取低成本资金，以智能投顾提供个性化财富管理方案。

二是以补充中小银行资本金应对权益端冲击。针对补充中小银行资本金，目前还存在一些制度障碍，需要通过制度创新，不断理顺体制机制，创造更加宽松多元的渠道。股权机制方面，加快注册制改革，推动符合条件的中小银行上市；债权机制方面，通过永续债、可转债、优先股、二级资本债等方式，补充中小银行资本金，同时还可以探索制定针对中小银行补充资本金的个性化方案；其他机制方面，鼓励保险、社保、职业年金等多元资金主体入股中小银行，建立中小银行补充资本金的提供长效机制。

三是提高不良贷款容忍度与中小微企业贷款可获得性的关联度。理论上适度提高不良贷款容忍度，可缓解中小微企业融资难问题。但在实际操作中，要关注三个核心问题：一是确保不良贷款容忍度调整后银行收益率仍然是上升的，风险是可控的；二是贷款确实进入了实体经济、流向了中小微企业，并促进了就业率上升等宏观经济和社会目标的实现。三是中小微企业不良贷款率容忍度应与企业实际风险水平相匹配。监管部门要明确界定中小微企业不良贷款率可高于各项贷款不良率多少个百分点，而且该项指标不能影响监管评级。

四是以激励约束机制防范政策宽松带来的风险。宽松政策具有两面性，一方面可以给各类主体带来资金，另一方面也可以带来风险，要以激励约束相容的方式，防范宽松政策带来的风险。从资产管理新规定来看，可以引入奖惩措施，对如期执行的银行，给予准入和考核等奖励，对整改不力的银行，则可通过暂停准入、降低评级等方式加以惩戒。从不良贷款容忍度看，对确有特殊情况的银行，可给予诸如三个月的确定宽限期，到期后视情况决定停止延期或继续延期，宽限期内完成整改的银行，可予以适当的奖励；同时，要敦促享受不良贷款容忍度的银行进行严格规范的信息披露。

第八章
国家金融安全防范体系设计：预警体系

党的十九大报告中明确提出"守住系统性金融风险的底线"，同年12月的中央经济工作会议将"防范与化解重大风险"放在三大攻坚战之首。可见，防范与化解金融风险将会是我国未来金融工作的关键所在。做好防范与化解金融风险的一个重要前提是需要及时、有效地识别、发现与反馈市场中存在的金融风险。如果说金融危机犹如火灾，金融风险犹如火灾隐患，那么金融预警系统就是消防设备。自2008年金融危机以来，为了更好应对系统性风险，世界各国均纷纷强化宏观经济风险预警与监测，专门成立了系统性风险预警和监管部门，如美国的"金融稳定监督委员会"和欧洲的"系统性风险委员会"，并相继出台了一些金融体系稳定评估计划，如美国的《系统性风险分析综述》报告、欧盟的欧洲系统性风险仪表盘等。现阶段，我国正处于体制转型和经济下行周期，金融安全与风险预警以及风险控制等问题，不仅需要理论上的机制创新，更需要实践上的改革创新。为了消除我国整个金融系统自身的脆弱性，必须建立健全国家金融安全预警体系，为防范与化解金融风险提供客观的、科学的信息监测与反馈。

第一节　建立国家金融安全预警体系的必要性与可行性

金融体系的系统性风险犹如"潘多拉的魔盒",一旦开启终将会爆发金融危机,不仅表现在金融系统内部的崩溃,而且还会延伸至其他各部门,甚至对实体经济造成极大的负向冲击。但是金融危机的爆发是一个风险积聚的过程,从风险产生到积聚再到爆发之间存在较长的前置时间。可见,建立国家金融安全预警机制不仅从现实基础上具有其必要性,而且从危机弱点上也具有其可行性。

一、建立国家金融安全预警体系的必要性

任何制度与机制的产生与存在必然具有其现实基础作为依据。而国家金融安全预警体系的现实基础就是系统性金融风险下潜藏的危机隐患。自20世纪70年代以来,全球经济发展所面临的一大挑战就是金融危机的爆发越来越频繁,所涉及的国家范围也越来越大。据统计,1980—2008年间共有65个国家陷入银行危机,仅发展中国家为挽救银行部门所投入的政府支出就高达2500亿美元,甚至部分国家在近12次的银行危机中所负担的救助成本已超过该国GDP的10%。以亚洲金融危机(1997年)为例,以政府部门为银行注资所支付的财政成本占GDP比重来计算,马来西亚与韩国相对较低,分别为10%与16%,而印度尼西亚与泰国相对较高,甚至超过30%,分别为58%与30%。[1]在美国次贷危机(2007年)影响下,各国为应对危机所付出的成本代价巨大,仅在危机爆发的48小时内世界各央行注资超过3262亿美元救市,美国在2007年至2011年先后向市场投放资金累计达到3.114万亿美元,而中国也启动了4万亿的投资计划。另外,全球七大央行纷纷实施量

---

[1] 董小君:"我国系统性金融风险的制度解药",《中国投资》2006年第4期,第77—79页。

化宽松政策，大规模地降低利率与存款准备金率。

除了导致极大的财政成本外，金融危机还对实体经济造成了打击。金融危机发生后，会引起房价、股价、经济产出、失业率、政府收入和负债等方面剧烈波动；而实体经济运行混乱反过来又可能进一步加重金融危机的持续范围和时间。一般而言，金融危机的持续时间通常很长，由其引发的后果通常有三个特征[1]：一是资产市场发生深度的、较长时间的下跌。通常来说，实际房价下跌35%，持续时间超过6年，股价指数下跌56%，持续时间超过3.5年。二是产出与就业的大幅度下跌。产出下降的持续时间较短，平均周期为2年，平均回落幅度为9%左右；而失业率在危机后下行周期将会平均上升7%，持续时间超过4年。三是政府债务呈现爆发性增长，相对危机前平均增幅高达86%。究其原因有两方面，一方面是为挽救危机而进行银行系统注资和援助成本下的政府支出增加，以及利率大幅上涨下债务利息负担的加重；另一方面是政府税收在危机后产出紧缩下的锐减。除此之外，金融危机还可能引发政治动荡和社会冲突。1929—1933年大危机，美国胡佛总统下台。亚洲金融危机中的印度尼西亚苏哈托总统下台，韩国总统金泳三下台，金大中上台，日本桥本首相被迫辞职。2008年全球金融危机爆发后，先后导致欧洲政坛11位国家领导人"倒下"[2]。

总之，金融危机有可能引起巨大的经济和社会成本，而金融危机所引致的成本越高，构建一个能够监督金融风险并进行预警的早期金融风险预警系统（EWS）的效益就越大。有效的EWS可以有效助力监管当局，尽早识别市场中存在的潜在风险，并采取及时、有效的应对措施，从而将经济损失降至最小。

---

1 〔美〕卡门 M. 莱因哈特与肯尼斯 S. 罗格夫：《这一次不一样：八百年金融危机史》，刘晓峰、刘丽娜译，机械工业出版社2017年，第174—175页。

2 其中包括冰岛总理盖尔·哈尔德（2009年）、英国首相戈登·布朗（2010年）、爱尔兰总理考恩（2011年）、葡萄牙总理苏格拉底（2011年）、芬兰总理基维涅米（2011年）、丹麦首相拉斯穆森（2011年）、希腊总理帕潘德里欧（2011年）、意大利总理贝卢斯科尼（2011年）、西班牙首相萨帕特罗（2011年）、荷兰首相马克·吕特（2012年）、法国总统尼古拉·萨科齐（2012）。

二、建立国家金融安全预警体系的可行性

当然，任何事物并非是绝对强大的，总会存在不同的弱点。而金融危机的弱点在于其多方面影响因素从风险传递到危机爆发之间存在较长的前置时间，一般为1—2年的前置期（Lead Time），并且这些因素可以通过一系列的量化指标反映出来。实证研究也表明，主要量化指标涉及货币变化指标、金融系统的"涨落"指标和宏观经济发展指标三类指标发生变化超过警戒值，其从危机爆发的前置期范围介于12—17个月（见表8-1）。前置期内，若可及时识别相关金融风险预警指标的异常波动与反馈并及时调控，是有很大可能规避与防范金融危机的产生与爆发。要实现这一目标的关键在于构建一个科学有效、系统完善、反馈灵敏的系统性金融风险预警指标体系。

表8-1 引发金融危机的主要量化指标前置期

主要量化指标	平均前置时间（月）	主要量化指标	平均前置时间（月）
M2货币乘数	16	国内外实际利差	14
超额M1货币余额	15	银行存款	15
放款利率/存款利率	13	股价	14
国内信用/GDP	12	进口值	16
M2/外汇储备	13	贸易条件	15
实际汇率	17	经济总产值	16
实际利率	17	出口值	15
外汇储备	15		

资料来源：作者整理所得。

第二节 国家金融安全预警体系框架的理论分析

金融风险预警体系的构建是国家金融安全预警体系的核心，是国家宏观调控信息系统的重要组成部分。这一预警体系并不只是具有单一前置期内的风险预警，还具备市场发展与企业经营状况诊断和金融管理与监督的多重作用。所

谓"金融风险预警体系",是指以现代金融经济理论为理论指导,专注于金融交易活动的微观基础,借助科学化、系统化、计量化的监测方法,构建多层次、多元化、全方位预警模型与信号系统,实现针对金融运行中宏观、中观、微观三个层面的风险识别、预警和监测,以监测结果为依据判定市场风险程度,并以此制定与实施应对风险预警的金融决策。综合来看,金融风险预警体系主要涉及四个方面:风险识别机制、信息监测系统、金融风险综合评价、风险监管与处置机制。图8-1系统描述了金融风险预警系统的运作程序。

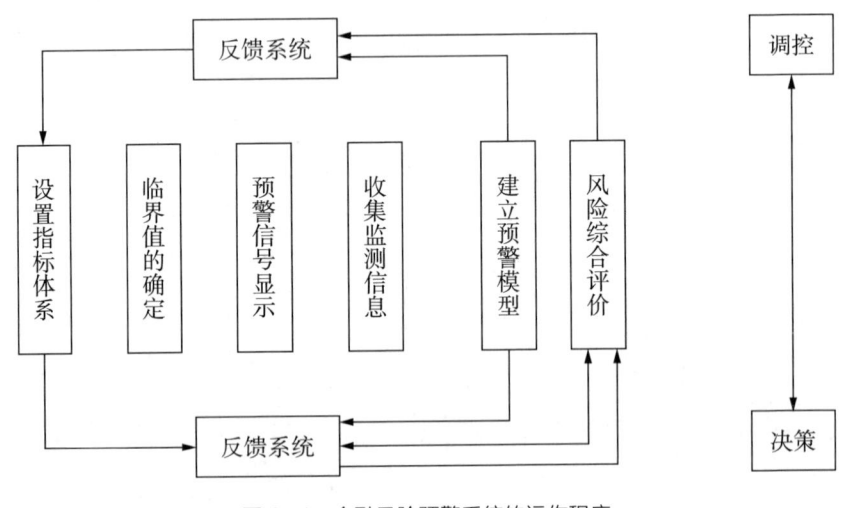

图8-1 金融风险预警系统的运作程序

一、构建与设计风险评价框架

风险评价框架是金融风险预警机制的核心部分与关键所在,其主要涉及四部分内容:

一是指标体系的构建,这是金融风险评价体系中最基础的要素,也是预警系统是否合理的关键性部分。在考虑指标选择中,根据不同的风险类型与角度差异,所要考虑的指标要素也存在差异。一般来说,风险预警的微观审慎指标选择基本并无太多差异,但是在宏观审慎指标选取上要充分考虑到一国制度因素、环境因素等方面的影响。同时也要考虑到指标的科学性、可量化性以及可获取性。

二是风险指标预警"阈值"，这是判定金融预警系统是否发出风险信号的预警监测"临界值"。通常情况下，金融风险水平低于预警"阈值"，即处于安全警戒区间；当金融风险水平高于预警"阈值"，即危险警戒区间。只有正确、合理设定预警"阈值"大小，才能避免因预警阈值过大而导致无法准确预测危机和及时发出预警信号，或者因预警阈值过小而导致频繁发出太多错误预警信号。

三是设定预警信号显示，这是为了更加便捷、直观地预报不同程度、不同类型风险预警的信号系统。一般采用蓝灯、绿灯、黄灯和红灯等类似交通管制的信号灯作为对风险预警不同程度的显示，分别代表正常状态、低风险状态、中等风险状态以及高风险状态等不同等级的风险预警。当预警系统发出黄灯和红灯信号的时候，就意味着中高风险的出现，需要监管当局采取提升警戒级别、强化监管力度，积极主动地采取动态监控和及时反馈，并实施必要的处置措施和强有力的应对之策，防控风险传递扩大化和规避金融危机事件。

四是构建风险预警评价模型，是对各类金融机构风险进行合理与准确分析、评价、预测以及预警的重要保障，也是衡量金融风险预警系统质量高低的重要部分。自20世纪90年代以来，各国金融监管当局对金融风险预警模型的重视程度不断提升，不断采取统计分析、计量经济、金融工程、人工智能技术、神经网络技术等方法创新与开发新型预警模型。

二、建立信息监测与反馈系统

信息监测与反馈系统承担信息收集、日常监测与信息反馈的工作，为预警决策与处置工作提供信息保障。在风险评价框架的构建完成后，就是要获取相关指标信息；只有保证了指标数据的获取及时性、有效性，才能保证金融风险预警机制的有效运行。金融风险预警的信息数据主要来源于金融监管当局对整个金融运行的微观和宏观活动进行监测所获取的日常监测数据，并将其进行加工处理、转换、整理成可供量化分析的时序资料，作为预警分析的信息依据。同时，该系统也承担着风险处置措施实施后的监控效果的反馈，为金融监管当局及时、合理调整与优化金融调控措施提供必要的信息反馈和决策依据。

三、金融风险预警综合评价

金融风险预警综合评价是风险处置的方案制定与执行的核心依据。在金融风险预警综合评价分析中，金融监管当局依据风险评价框架下的指标体系、预警"阈值"与风险评价模型，针对信息监测系统中获取的信息数据进行风险综合评价分析，得出相应的风险预警信号。在风险综合评价分析过程中，不仅针对单个风险指标进行侧面分析，也针对多层次、多因素的指标之间相互影响机制进行全面分析，从而得出综合评价结果。这也为多因素、多层次决策与处置措施提供了现实支持。

四、风险监管与处置机制

根据风险综合评价结果，金融监管当局可将监管机构按照风险等级划分为若干组监控类型，如美国"快速纠偏机制"的银行资本状况五级分类，英国"比率风险监管体系"中从运营风险与内控风险角度下的四级分类等。针对不同的风险类型下的金融机构，金融监管当局可采取差异化的监控与处置措施。

第三节　发达国家金融安全预警体系经验借鉴

一个国家金融安全的防御能力主要取决于是否具有一套能正确反映金融体系健康与稳定的金融预警体系。由于不同国家的金融制度存在差异化，故其金融监管制度、理念和方法也存在差异，也产生了不同的金融安全预警体系。本节针对美国、英国与欧盟等国家的金融预警体系原理和方法进行系统梳理和分析，旨在探究具有中国特色的金融预警制度的理论体系，为构建符合中国国情的金融预警框架提供实践经验。

一、美国金融风险预警体系

在所有国家中，美国监管当局构建了最为完善、复杂的金融风险预警体系。由于美国金融监管制度存在多头监管主体，各监管机构既有监管重点又有业务交叉，共同承担金融机构的监管责任，形成了自成体系又相互联系的协同预警系统。

（一）预警评价体系

金融风险评价体系是通过一系列的量化指标针对宏观经济运行中威胁市场稳定的潜在金融风险进行监测、识别和评估的预警系统。监测手段可分为两类：一类是现场监测评价，另一类是非现场监测评价。一般来说，非现场监测评价比现场监测评价更具有独特的优势，即其量化指标的信息来源更广泛，可实现持续性、频繁性和及时性的信息反馈；其缺点也很明显，即风险识别和监测评估的误差性较大。

1. 现场监测方式："骆驼评价体系"与 BOPEC 评级体系

根据监测对象不同，美国现场监测评价体系主要分为两类：一是侧重于商业银行的"骆驼评价体系"。"骆驼评价体系"（CAMELS）是公认的最为有效、显著和可信赖的评估方法，旨在对商业银行及其他金融机构的业务经营、信用状况等进行的一整套规范化、制度化和指标化的综合等级评定制度，通常每年对每家金融机构仅进行一次现场监测。该评价体系其主要涉及资本充足率、资产质量、管理水平、盈利状况、流动性以及市场风险敏感性的六个方面，即简称为 CAMELS 制度。该评价体系采用五级评分制，其中一级最高、五级最低,警戒范围为评分处于第四级与第五级以及本期评估较前期低两级的指标。但是其相关指标监测属于事后监管,评级结果使用期相对较短(仅约为6个月),难以适用银行风险的长期趋势预测。因此,监管当局也主要采用该评价体系用于监管那些需立即或特别关注的中高风险银行。二是侧重于银行控股公司的BOPEC评级体系。BOPEC评级体系与"骆驼评价体系"的监测与评级方式相类似,也采用五级评分制。但二者差别在于所监测的指标不同,BOPEC评级体系所监测的五项指标分别为:银行子公司或附属机构、其他非银行子公司、母公司、总收益以及总体资本适宜度。该评级体系通常每一年或一年半监测一次,并以此评级结果督促相关银行作出修正,以及判定是否对其加强监管力度。

2.非现场监测方式:多元化的评级体系

相比于现场监测,美国金融监管当局在金融风险监管中更多地采取非现场监测的方式。自20世纪70年代引入非现场电脑监测系统以来,美国各类金融监管主体均开发了各自的非现场风险评估及其预警系统。

(1)美联储评级体系主要有四类。首先,与最初的非现场电脑监测系统相比,美联储后来开发或升级的"统一银行监测屏幕系统"(UBSS)与"金融机构监督体系"(FIMS)的风险预警能力得到了极大的提升。其中,UBSS系统的核心优势在于拓宽了监管核心报告的数据内容,主要涉及三大类指标的30多个财务比率,一是覆盖了CAMELS评级体系的六大指标,二是监测与跟踪银行的创新业务及其发展的指标,三是进一步监测资本市场的指标。但是该系统的财务指标选取上存在明显主观性缺陷,对于金融风险水平的实际识别与测度缺乏客观性和准确性。其次,为了保障非现场监测系统的准确性与科学性,美联储又专门开发一个更加完善的监测系统,即"金融机构监督体系"(FIMS)。该体系摒弃了单纯的财务比率简单计算,引入经济计量模型,识别存在风险问题的银行以及分析和预测银行面临倒闭的可能性,强化了风险早期预警的作用。实证结果表明，该体系识别问题银行准确度非常高，被其评定为最差级别的机构，倒闭率高达97.7%。

其次，为了更好地预测与规避风险损失，美联储进一步开发了银行压力测试和监管合规成本的EPS系统。一是银行压力测试。银行压力测试主要侧重于在极端市场下各类金融结构所能承受的最大风险能力。在银行压力测试的过程中主要包括情景设定（历史情境[1]或假设情境）和重新评估，通过假定不同的市场情景来测试可能引发压力损失的风险因子变动趋势，进而重新评估金融产品或者投资组合的价值。相比于历史情境分析，假设情境分析是以历史情境为基础搭配了多种假设性或主观性的设定模型[2]，构建了各类风险因子所面临的极端事件，使得压力测试更加完善。二是监管合规成本的EPS系统。自2008年金融危机以后，美联储重点针对外资银行进行了强化监管，并于2014年出台了《对银行控股公司和外资银行机构的强化审慎监管规则》（简称EPS）。其从经营规模和复杂程度两个维度将监管要求分为四档（详见表8-2），并重点关注两类外资机构：一是在美境内设立分支机构和在美合并资产超过500亿美元的外资银行机构，二是FSOC认定的系统重要性非银行类金融结构。在监管要求方面，美联储具有制定区别化的监管标准和要求的灵活性。随着外资金融结构在美国的资产规模与复杂程度的增长，将会面临在资本、流动性、风险管理以及压力测试等方面更加严格的监管要求；甚至会在面临危机时，被美国监管当局强行资本隔离，以规避美国本土利益损失。

---

1 历史情境分析首先应清楚历史上曾经发生的重大压力事件，其次将过去重大压力事件中市场因子的波动情形加入目前整体投资组合，然后求出整体投资组合在该事件产生的损失总额。

2 自2008年金融危机以来，美国监管局对银行业进行了多次全面的银行压力测试，先后主要考察GDP增长率、失业率和房价下跌幅度、股票指标，以及国内和国际经济金融25个相关指标等，测试场景假设分别可采用一般情景和衰退情景、基准情景、银行自主设定的压力情景以及美联储设定的监管压力情景等。

表 8-2　EPS 对外资银行实施四档监管要求　　　　　　　　（单位：亿美元）

指标	第 1 档	第 2 档	第 3 档	第 4 档
全球集团并表资产	100—500	≥500		
在美合并资产	<500		≥500	
在美非子行资产	<500		≥500	
监管要求	母国监管，采用监管互认			东道国监管

资料来源：作者整理所得。

（2）联邦存款保险公司先后开发与应用了三套监测体系。一是成长性监视系统，即 GMS 系统。GMS 系统的监控对象为异常成长的金融机构，侧重于危机积累下早期高增长阶段的风险预警，认为追求高增长将会导致金融机构的内控机制弱化、贷款集中于高风险领域。该系统选取资产或贷款季度异常增长作为风险信号，其预警指标包括 9 大指标（其中 4 个财务比率和 5 个增长率），通过分组比较、加权计算出 GMS 综合值，并以 5% 为临界线，识别出高增长金融机构。二是 CAEL 评级系统。CAEL 系统是类似于现场监测的 CAMELS 评级系统，只是仅仅采用了资本充足、资产质量、盈利能力与流动性四类指标，并未涉及管理水平与市场风险敏感性的相关指标，但是在系统设计上更加复杂、评级要素更加全面。三是 SCOR 评级系统。1998 年 SCOR 系统的启用，意味着完全取代了 CAEL 非现场评级系统，其侧重于监测银行与储蓄类机构的市场风险，采用 LOGIT 概率模型估计与预测金融机构的评级水平与降级可能性。该系统通过比较最新评级结果与监测前最新申报材料之间的相关性，并采用检测后的近一年内申报材料做相关指标的变化情形比较，在据此为依据推测未来监测的评级结果可能性。其所采用的预警指标主要包括资产质量的逾期贷款与非增值贷款、盈利能力的流动性负债、资产与净收益以及投资证券等。

（3）货币监理署与财政部的预警系统分别采取"银行测算系统"（即 BC 系统）与社区银行评分系统（简称 CBSS）。一是"银行测算系统"。BC 系统自 2000 年开始实施，其以倒闭银行和"问题"银行的数量为预警目标，预警指标选取银行资产组合、内部经营状况和外部市场环境三大类[1]，能够有效实现在银行财务危机恶化或爆发之前发出预警信号。二是社区银行评分系统。社区银行评分系统是美国财政部对社区银行进行风险评估、判定其经营现状是否稳定的预警系统，若社区银行处于高风险分组，则将会采取较严格的监管，如派遣常驻监管人员、信息沟通常态化、提升风险监测频率。另外，该系统有效实现了现场监测与非现场监测的结合运用，针对现场检测为第四、第五级的社区银行列入问题银行管理范畴，针对前三评级的社区银行，则在依据 CBSS 测算的稳定状况水平进行判定是否采取项目管理，即不稳定的社区银行将采取项目管理。

（二）风险处置系统

针对问题银行的风险处置，美国监管当局建立了完善的"快速纠偏机制（PCA）"和相关处置与援助手段；并结合问题银行的风险状况，基于成本最小化、救助及时化和市场化等原则，致力于将单一银行风险有效控制为局部风险，保护存款者权益和银行信用链条，以防蔓延成全局性的系统性银行风险。

一是"快速纠偏机制"（简称 PCA）。PCA 模型是依据美国《联邦存款保险公司改进法》于 1991 年建立与开发，其以资本充足状况为主线，依据总风险资本比率、风险资本比率、一级杠杆比率三类指标的大小，将金融机构（银行）划分为五个风险等级，即资本"良好、充足、不充足、严重不足、致命不足"，其中三类指标的预警值分别为 8%、4%、4%。一般来说，监管当局根据不同等级的银行资本状况，采取不同监管与处置措施。随着金融机构的风险等级不断提升，针对其依次采取规范性监管与处置、预防性监管与处

---

1 资产组合指标包括资产和负债均衡、不良贷款、CAMELS 值等；内部经营指标包含资本金、盈利水平等；外部环境指标有失业率、银行规模、银行成立年限、管理体制变化等。

置、针对性监管与处置等措施,并督促问题银行采取立即纠偏行动,有效防控银行风险的蔓延,降低存款保险公司的风险承担水平。相应的纠偏行动主要包括强制性要求与非强制性要求,其由弱到强通常采取:一是限制业务扩展和资产增长、分红和提取管理费、接受委托贷款等,二是针对资本严重不足的机构,调整资本结构,限制关联交易、存款利率等,三是针对资本致命不足的机构,派驻监督与纠偏小组(包括财产管理人),限制其他经营活动,并停止支付次级债务本息等。

二是风险处置与援助手段。自20世纪80年代以来,随着美国金融机构破产的增加与风险发生的频率增多,美国监管当局也形成了一套较为成熟、有效的风险处置与援助手段。美国针对问题机构的处置秉持着"不可缺少"[1] "太大而不能倒"[2] 与"成本最小化"[3] 的原则,对问题金融机构的处置与援助手段主要包括:一是营业银行援助,其援助对象为濒临破产的较大投保银行,援助主体为联邦存款保险公司(FDIC),通过贷款、承担债务、购买资产或注入新资本等方式为其提供援助,以及协助财务良好的银行对濒临破产银行进行兼并收购。二是对有问题银行的整顿,监管当局一般采取撤换机构管理层,设置首席风险官,引入外部审计机制,进行全面风险审查与管理,甚至限制问题银行的部分业务活动。三是宽容政策的运用,即监管当局为初代机构创造良好的宽松经营环境。其主要涉及三个方面:(1)收入维持协议,

---

[1] "不可缺少"原则是指如果濒于破产的金融机构在当地提供全面的金融服务,是当地不可缺少的金融机构时,该金融机构可以免于破产,这是1955年美国联邦存款保险法第13条的内容。这种救助方法具有三方面的优点:救助成本低于关闭银行的成本;救助提供了一种机制,将贷款及其他资产保持在原银行系统内;救助可以将银行危机对社会的不良影响降到最低程度。

[2] "太大而不能倒"原则是指监管当局只救济那些破产后影响特别大的银行。但后来救济的对象不断扩大,以致扩展到救济小规模银行。这一原则的滥用,其后果是严重的,不仅大银行的投保存款,连小银行的投保对象外的资金也得到保护的做法有失公平性。另外,这一政策还助长银行的不正当经营,结果影响整个银行体系的健全性,增大存款保险的负担。

[3] 1991年美国的金融机构危机处理政策发生了很大变化,提出了处理成本最小化的原则。在选择处理方式时,必须选择成本最小的方式,这意味着只有在最小成本的条件下才可以选择收购继承或资金援助的方式。

即联邦存款保险公司为降低收购银行所面临的收购风险，而为其提供收入维持协议保障一定的收购回报率[1]，承担因利率波动导致的收益损失。（2）净值证明书，其针对因利率变化而暂时出现财务问题的优质储贷机构（内部管理良好且有偿付能力），证明该银行仍具备良好资本信用，旨在为及时纠正利率敏感性失衡争取时间。（3）资本暂缓，该手段是对信用担保和净值证明等措施的优化，自1985年以来允许此类储贷机构适用于较低标准的资本率水平[2]，以期其尽快恢复标准资本并正常运营。（4）农业贷款损失分期摊销方案，即依据《银行平等竞争法》，监管当局允许农业信贷低于1亿美元且占总贷款25%以下的储贷机构，可在7年内进行农业信贷亏损分摊。

（三）预警信息系统

美国的预警信息系统存在三种类型。一是全国检查数据库系统。该系统主要服务于美联储的监管职能，仅对美联储监管机构授权与应用，是其国家信息中心的重要组成部分，其预警范围是美联储下辖的所有监管对象。其他的监管机构，如货币监理署以及州银行监管厅（30家左右）等部门，通过与该系统进行部分联网，实现信息部分共享。二是银行机构全国桌面系统。该系统的监管对象涉及三类机构：（1）在美营业的外资金融机构，（2）100亿美元以上资产规模的金融机构，（3）资产规模100亿以下且所属美联储监管的金融机构。其预警指标数据由EDS信息技术公司进行采集，采集标准（如指标、内容以及格式等）由美联邦金融结构检查委员会制定实施，通常被监管机构每季度报送一次核心数据报表给EDS公司，随

---

[1] 在银行收购中，因利率风险而导致的收购盈利资产的收益与收购平均成本之间的差额由联邦存款保险公司支付给收购银行。

[2] 目前，资本暂缓政策的适用范围进一步拓宽了：对所有因经济条件而出现困难的银行都实行了资本暂缓；取消了资本与资产最低比率为4%的要求。20世纪80年代中期，那些贷款于能源和农业部门而陷入困境的银行甚众，为了救助这些银行，联邦存款保险公司和货币监理署于1986年联合宣布，贷款集中在农业和能源方面而且经营状况良好的银行，不要求把资本与资产的最低比率提高到低于7%、高于4%的标准。

后 EDS 公司按照监管权限将信息分类传送至美联储数据处理中心与联邦存款保险公司数据处理中心，最后由这两个中心编制最终核心监管报表。该系统有效弥补了其他系统在数据随时编辑、存储、查询等方面的技术不足，也有效实现监管信息的共享机制、强化了部门间的信息交流与合作。三是从"从摇篮到坟墓"的金融市场法人识别码信息系统，即 LEI 系统。LEI 系统由美国 2010 年首次提出，并于 2012 年 G20 集团达成构建决议。该系统开辟了金融数据统计与监管标准的新一轮革命，实现了微观金融数据收集与共享的全球性开放式标准化，为各国实现宏观审慎监管与金融风险预警提供了可靠的数据支持。

二、英国金融风险预警体系

英国的金融监督管理体制以自律式监管为特点，监管主体为英格兰银行，其具有较为宽泛、灵活的自主决策权。在巴林银行倒闭事件（1995 年）爆发之前，英国尚未形成统一的风险预警体系，大部分银行均具有自我独立的内部监控机制。这一事件完全暴露了英格兰银行在金融预警与监管方面的缺陷。自此，英格兰银行开始重视金融风险预警体系的建设。整体来看，英格兰银行较少采取现场监测，而主要是采用非现场监测的方式。

（一）英国系统风险调查的问卷

英国系统风险调查的问卷是从金融市场参与主体的视角，通过统计对当前金融体系所存在或面临的风险与信心的看法，以此来判定风险水平与市场情绪。通常每半年进行一次问卷调查，调查主体为风险管理和财政职能机构管理人员[1]。该调查问卷涉及四个方面问题：

一是英国金融体系中高冲击事件的可能性。该问题又细化为短期冲击可

---

[1] 英国系统风险调查问卷的调查主体主要为英国银行和建筑业、大型外资银行、资产管理公司、对冲基金、保险公司、养老基金、大型非金融企业和中央交易对手。

能性、中期冲击可能性、过去六个月短期可能性变化情况以及过去六个月中期可能性变化情况的四个小问题。其中前两个对应的 5 个备选方案为"很高、高、一般、低、很低",后两个对应 3 个备选方案为"增加、不变、减少"。二是对英国金融体系的信心。受访者被问及对未来三年英国金融体系整体稳定有多大信心。净百分比余额是通过加权响应来计算的:完全自信(1)、非常自信(0.5)、相当自信(0)、不是非常自信(-0.5)和没有信心(-1)。三是英国金融体系风险来源。受访者需要指出影响英国金融体系最严重的五大风险。四是影响企业管理的最严重的风险。受访者被要求指出,在他们确定的五种风险中,哪三种如果成为现实,将是最难管理的。其中,第三个与第四个问题的答案以免费文本格式提供,但被分成英国政治风险、地缘政治风险、网络攻击、围绕货币或财政政策的风险等 22 个类别[1]。

(二)英国风险评价指标

英格兰银行风险预警评价体系主要选取三类指标,即资本充足性、外汇持有风险以及资产流动性,对金融机构进行风险监测并给予风险警示信息。其中,英国金融风险预警体系主要侧重于资本充足性的监测,也会采取其他两类指标的考核;同时通过类比方式,针对经营业绩、资本状况、风险性质相类似的金融机构进行比较分析。

第一类是资本充足性。该指标由英格兰银行于 1980 年的"资本测定"文件中提出,主要考察两个资本比率:杠杆比率和风险资产比率。其中,1)杠杆比率是银行自有的调整资本与对外债务水平指标之比,表示银行所承担的债务风险水平大小,即杠杆比率越大,债务风险越小。一般来说,杠杆比率

---

[1] 英国金融体系的风险来源:英国政治风险、地缘政治风险、网络攻击、围绕货币或财政政策的风险、英国经济衰退的风险、全球/海外经济衰退的风险、关于监管或税收的风险、房价下跌风险、家庭或公司信贷风险、金融市场混乱或错位的风险、金融机构破产或困境风险、主权风险、操作风险、通货膨胀风险、基础设施中断的风险、丧失对当局信心的风险、低利率环境下的风险、信贷条件紧缩的风险、对评级估值和披露缺乏信心的风险、筹资风险、风险围绕着公众对金融机构的愤怒或不信任及其他等。

保持在10%左右是最为合适的。2）风险性资产比率是银行自有调整资本与风险性资产总和之比，旨在评估一家金融机构持有资产遭受资产损失的风险可能性大小，进而确定最低抵御风险的资本水平。该指标监管侧重点是防备风险资产而非总资产风险，并针对不同风险程度的风险性资产设定不同权重，权重区间为0—2.0，其中不动产风险最高为2.0。与小银行相比，英国央行对全国性多元化业务的大型银行在资本充足性要求方面相对较宽松。另外，英格兰银行在1990年依据《巴塞尔协议》进一步制定银行资本测定的原则，采用"核心资本"和"补充资本"的定义以执行自由资金指令。

第二类是外汇持有风险。该风险主要涉及两大类：一类是长期性衍生风险，即结构性风险；另一类是日常操作风险，即交易性风险。为更好地应对外汇持有风险，需要强化两类措施：一是银行机构对各类外汇的结构性风险所承担的资产净额（即外汇的资产与负债的差额）要求低于银行资本的10%；二是银行机构所承担的各类外汇风险的总负债净额（即期与远期的之和）要求低于资本的15%。

第三类是资产流动性指标。该类指标反映银行把资产转换为现金的能力，旨在监测金融机构债务偿还能力和资产变现能力。英格兰银行主要采用"到期日梯度"来评估银行机构的资产流动性水平，其中测定期间主要为12个月以内的各类存款（通知存款、即期支付存款、定期存款等）和贷款承诺，并按季度向监管机构提交核心报表，最终由英格兰银行从资产与负债两个角度进行测定、分析与判定流动性水平。

（三）比率风险监管体系

比率风险监管体系，即RATE体系，是1997年英国央行在《银行法案》（1987）的授权下制定的，旨在对涉及金融机构发展和宏观经济环境相关的潜在风险的系统评估，并采取及时有效的监管措施。在一个预警与监管周期内，RATE体系主要分为三个阶段。

一是风险测评[1]（Risk Assessment）。风险测评旨在科学系统地识别和评估潜在的金融风险，测试其风险识别、控制与处置的有效性和充足性，明确其组织架构、管理制度以及处理机制等。其主要监测金融机构两个方面的九大因素：一是运营风险，涉及六大因素：资本充足性、资产状况、市场风险、盈利能力、债务水平，即 CAMELB 指标；二是内控风险，涉及三大因素：控制能力、组织结构、管理体制，即 COM 指标。依据运营风险与内控风险的大小，可将金融机构分为四类监控对象（如图 8-2 所示），即低监控类、温和监控类、高监控类、高危风险类。

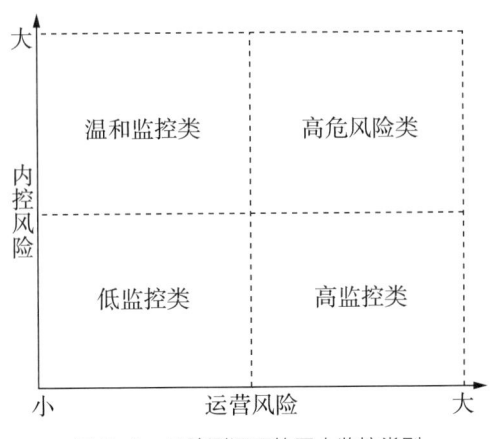

图 8-2　风险测评下的四大监控类别

二是监管措施（Tools of Supervision）。在风险处置中，英国金融监管当局并非采取强制性调控措施，而是以"道义劝说"与"君子协定"等方式为主，但也会获得监管对象的积极配合并取得良好效果。对于低监控类机构，采取适当的监管关注；对于温和监控类机构，需采取措施迅速降低其风险（特别是管理风险）；对于高监控类机构，强化风险的关注度和监控度，但无

---

[1] 风险测评分为八个步骤：(1)确认风险评估的重点方向；(2)取得事前信息（包括与跨国银行的母国监管者联络）；(3)做出初步的风险测评；(4)现场检查；(5)做出最终的风险测评；(6)建立初步监管体系；(7)保持监管的一致性（包括建立 RATE 专题小组和质量保证会）；(8)向银行反馈信息。

需采取必要应对措施；对高危风险类机构，则集中监管力量，及时采取应对、救治措施，并强化业务经营管理的全面性监控，以实现整治反馈与措施调整。值得一提的是，英国监管措施存在两大有价值的特点：一是监管措施并非独立制定，而是以风险测评的结果为依据，实现了监测与救治的一致性、连续性与及时性；二是更加注重利用外部专业机构资源（如会计师报告、审计师报告及其他专业报告等），强化监管机构与其他专业机构的协调配合。

三是"监管评价"（Supervision Evaluation）。监管评价，与美国的信息反馈系统相类似，主要是对本预警周期下的测评结果与监管措施进行价值评估，一方面判别是否符合"许可"的最低要求和"巴塞尔协议"等监管要求，另一方面判别监管措施是否达到预期效果；如果必要将会采取调整修正、整改措施，以更好地防范风险与提升监管能力。这一监管评价主要通过英国于2000年正式运行的金融预警信息系统来实现。该系统的预警和监管评价数据是由英国金融监管当局同一设计与制定，通常分为月度、季度、半年度与年度四类报告组成。根据监管机构的性质、规模以及稳定性等因素差异，其提交监管数据的频率也存在差异。一般来说，依据风险测评划分的四类监控对象，按照风险由小到大，提交频率也随之增加。

三、欧盟金融风险预警体系

危机前，欧洲注重微观审慎监管，而宏观审慎监管是松散的，由不同国家、不同层次的监管机构独立开展，极易引发风险累积。为应对2008年金融危机，欧盟于2010年启动了新一轮金融监管改革，从宏观审慎监管[1]角度，强化对系统性金融风险的防范、预警、处置机制的改革，完善欧洲系统性风险预警制度。

---

[1] 宏观审慎监管（Macro-Prudential Supervision）指降低系统性风险，防止金融不稳定对经济造成影响的监管。

（一）欧洲系统性风险"仪表盘"

在2010年，欧盟正式设立欧洲系统性风险委员会（简称ESRB），为更好地监测与预防金融风险，欧洲系统性风险委员会对跨国金融机构进行统一的风险评估，建立分级制度，并定期发布欧洲系统性风险"仪表盘"。欧洲系统性风险"仪表盘"是欧盟金融系统性风险的一套定量和定性指标，具有以下特点：一是权威性较强，其是由欧洲央行支持，欧洲系统性风险委员会集欧盟各成员国监管机构共同参与制定、审核与发布的权威性预警报告。二是涉及领域较广，其业务范围包括银行、保险公司、资产管理公司、影子银行、金融市场基础设施以及其他金融机构和市场。三是多元化、多层次的指标体系，其由系统性风险的相互联系和综合措施、宏观风险、信用风险、资金和流动性、市场风险、盈利能力和偿债能力、结构性风险、国家主权风险等8个方面组成。四是风险预警的全面性、及时性，实现欧盟区域在宏微观、各领域风险信息的全面收集，以及监管效果反馈信息的共享。

欧洲系统性风险"仪表盘"是在总务委员会通过一周后每季度印发，并附有最近各项指标发展情况的概览说明，以及说明方法和说明各项指标的两份附件。为了利用现有和兼容的结构，并尽可能减少其开始业务的任何延迟，欧洲央行向欧洲系统性风险委员会提供分析、统计、行政和后勤支持，并从各国央行、监管机构和一个独立的科学委员会获得技术建议。该"仪表盘"并非是欧盟关于系统性风险的政策声明，而仅仅是风险评估与预警的分析报告。

（二）风险监管与处置框架

在风险监管与处置方面，欧盟采取了以下措施：

第一，构建了以欧洲央行为主导，欧洲系统性风险委员会为核心、"银行、证券、保险"三大泛欧监管机构相配合的"1+1+3"的宏观审慎监管框架。一是欧洲央银被赋予更为广泛的监管权力，主要负责对系统重要性银行进行监管，必要时可接管对全部银行的监管，并向欧洲系统性风险委员会提供分析、统计以及数据管理等方面的支持，协助对欧洲系统性风险进行监测。二是欧洲系统性风险委员会负责监测并评估欧盟宏观经济与金融体系发展过程中威胁金融稳定的各种风险，识别、确定系统性风险并发布预警信号，并提出针对相关风险的应对方案以及执行预警后的相关监控与信息反馈，同时协调欧洲央行以及各成员央行有效实施宏观审慎预警与监管的政策。其通过增强金融体系弹性与解决金融失衡的操作目标，进而实现防范或降低系统性金融风险威胁。三是成立三大泛欧兼监管机构：欧盟银行监管委员会（EBA）、欧盟证券监管委员会（ESMA）、欧盟保险与职业养老金监管局（EIOPA），分别负责对银行业、证券业和保险业系统性风险的宏观审慎监管，共同维护整个金融市场稳定。

第二，由国家层面上升至欧盟层面的监管规则制定、执行、协调与风险预警及危机应对，强化欧盟金融风险识别和处置的协调性与统一性。一是建立银行业单一监管机制，即 SSM 机制。SSM 机制扩大了欧洲央行直接监管权与调查权，并从体系上严格分离了货币政策与银行监管职能，确保监管独立性。自 2014 年 11 月以后，欧洲央行不仅承担占欧元区总资产 82% 的 120 家系统重要性银行的直接监管职能，其他银行授权各国监管局监管，但其有权对系统重要性次类银行实施直接监管。二是建立单一处置机制，即 SRM 机制。这一机制依据"银行恢复和处置指令（BRRD）"，要求欧盟各成员国按照"单一处置理事会（SRB）"统一制定的银行处置规则，实施对问题金融机制的风险监管与处置。而银行处置机制主要通过"单一处置基金（SRF）"来实现。SRF 为 SRM 参加国银行处置资金，主要来源于各国银行预先收费，资金目标总额为欧盟各国银行存款的 1%（550 亿欧元），旨在出现偿付不足时弥补股东和债权人无法偿付损失的余额。

第三，修订存款保险计划，即 DGS 计划。DGS 计划是欧盟议会于 2014 年 7 月启动，旨在保障存款人权益和银行体系稳定，其要求欧盟各成员国需建立存款保险基金，继续保护10万欧元以下的储户，且不纳入银行"自救"范围；该基金向银行征收，目标为未来10年内受担保存款总额的0.8%；支付时限由20个工作日逐步降至2024年的7个工作日。

第四，建立欧洲金融稳定机制（ESM），确保欧洲地区的金融稳定。欧洲金融稳定基金于2011年1月启动，以欧盟预算为担保发行债券融资，通过向申请援助并得到批准的欧元区成员国提供紧急贷款，以确保欧洲金融稳定。ESM连同国际货币基金（IMF）、欧洲央行（ECB）构成欧债救助铁三角，是遏制欧债危机蔓延不可或缺的防火墙。

第四节　我国金融安全的预警指标体系构建

预警依赖于监测，监测离不开指标。作为金融风险的"报警器"，金融风险预警指标在金融安全预警体系中发挥着至关重要的"地基"作用。因此，本节从微观、中观和宏观三个层次构建金融风险预警指标体系，并结合国内外评价分析方法与模型旨在为我国金融安全的预警体系提供借鉴经验。

一、金融风险预警指标体系构建的合理逻辑

自2008年金融危机以后，我国金融安全预警体系已初具规模与成效，但是其预警指标体系仍存在缺乏层次性、全面性与及时性且适应性较差等问题。在层次性方面，目前国内尚无涵盖金融机构各个层级和宏微观层面的风险预警指标体系。在全面性方面，国内主要侧重于流动风险、资本风险和信贷风险，忽视了利率风险和管理风险；同时每一风险指标选取也仅注重对资产质量的评估，而缺乏对资产结构与盈利性的评估。在及时性方面，商业银行压力测试计划评估的频率较低，不能及时发现问题。在适应性方面，预警指标中资本项目的风险评估集中于银行总行，而各层级分支机构因无资本项目而

无法评估。因此，有必要构建一套科学完善、高效灵敏的多层次、多因素的金融安全评估系统。

完善的金融安全评估系统应至少由微观、宏观及中观三个层次的指标组成。一是银行内部稳定子系统，即微观指标，其是一国金融安全预警系统中的核心指标。银行体系是整个金融体系发展的最初形式也是其最基本形式，故其微观指标也是。二是宏观经济稳定子系统，即宏观指标，是一国金融安全预警系统的基础指标，不仅涉及宏观经济波动的综合指标，也包含反映金融风险和危机特征的敏感指标。三是市场环境风险子系统，即中观指标，其是一国金融安全预警系统中的传导指标。中观指标的变化是由微观和宏观指标通过改变市场参与者的预期和行为以及相互作用所导致的。综合来看，单一指标的"黄灯"亮起，并不意味着风险的恶化；而一旦多个指标"黄灯"同时亮起，尤其是微观、中观和宏观三类指标均亮出"黄灯"，将意味着金融体系面临着自身脆弱化与外部冲击，风险将进一步恶化，甚至爆发危机。同时，在构建指标体系时，应根据各指标组的地位而授予不同的权重。按照对风险影响关系，可将三类指标组分为直接影响指标和间接影响指标，其中银行内部稳定微观指标是最能直接反映一国金融风险水平的指标组，而宏观经济稳定宏观指标与市场环境风险中观指标则是通过影响银行内部稳定微观指标进而对风险变化产生影响。故对微观指标组赋予更大的权重，而对宏观指标与中观指标依据对微观指标的影响大小与具体时期特点来决定权重大小。

二、金融风险预警评价方法与模型的应用

国内外实务界均采用了不同的预警评价方法与模型，进一步提升风险评价效果，进而为风险预警、监管与处置提供强有力的技术支持。但是每一种预警评价方法与模型既有其优点也存在不足。

（一）国际对EWS方法与模型的应用

国际所采用的EWS方法与模型可以划分为四大类：

一是"提炼信号法"，即KLR模型。信号分析法是卡明斯基（Kaminsky）等[1]首次用于分析金融危机，其以多次发生金融危机的国家为样本，将样本时间段分为平静期和危机期，对比危机前一年内与平静期的宏观经济指标变化情况，通过设定一个"指标预警阈值"，即"噪音/信号比"（Noise-to-Signal），超过该阈值则发出"危机信号"，若在2年内出现危机，则认定为"正确信号"，否则为"噪音"。

二是"概率分析法"，即FR模型[2]。为弥补传统计量经济模型风险预测的时效性与准确性的缺陷，学术界提出了"概率分析法"，其旨在通过筛选出风险恶化的关键因子，并考察各因子间的相互作用及变化趋势，探究金融风险生成的内在机理，进而为金融风险管理决策提供理论依据。和"信号提炼法"不同的是FR模型主要采用Probit或Logit计量经济模型进行分析，以此来判断金融危机爆发的概率。

三是横截面回归方法，即STV模型[3]。STV模型很好地融合了无论是KLR模型还是FR模型的分析优势，并且很好地解决了模型假设的两个问题：一是所有危机均适用于同一理论模型的假设，二是危机模型中解释变量众多无法全部考虑的缺陷。

四是主观概率法。该方法是以墨西哥为样本，采用综合模糊评价方法，

---

1 Kaminsky, Graciela, Saul Lizondo, and Carmen Reinhart, "Leading Indicators of Currency Crisis", *IMF Staff Papers*, Volume 45, Number, 1998.

2 Frankel 和 Rose（Frankel, Jeffrey A., Andrew K. Rose, "Currency Crashes in Emerging Markets: Empirical Indicators", National Bureau of Economic Research, working paper No. 5437, January, 1996.）根据100多个发展中国家1971—1992年的数据，利用概率单位模型来估计金融危机发生的概率。国际货币基金组织以及世界银行等国际组织使用类似的系统来监控金融风险并发布金融危机预警。

3 Sachs 等（Sachs, Jeffery D., Andres Velasco and Aaron Tornell, "Financial crises in emerging markets: The lessons from 1995", *Brookings Papers on Economic Activity*, January, 1996.）采用STV模型，集中分析起因类似的一小组危机，同时主要分析对说明危机的原因至关重要的一些变量。

选取十项经济和金融指标，采用较差指标占全部指标的比重作为一国金融危机发生的主观概率，观察了从1985—1995年东亚国家或地区的经济金融爆发危机的概率程度，认为中国和新加坡不存在发生"墨西哥式危机"的可能性，而菲律宾、韩国和泰国等国家面临爆发金融危机的潜在威胁。

从方法论上来看，所有上述四种方法一般都遵循同样的建模程序。首先，需要一个金融危机定义；其次，划分所考察的国家与时间范围；再次，选择合适的指标。指标的选取要考虑两个因素，一是经济理论，二是数据的可获得性。最后，建立预警模型，并调试模型。根据上述方法和程序建立起来的预警模型在金融风险的预警方面效果还是不错的，例如根据信号提炼法建立的预警模型在对墨西哥金融危机和亚洲金融危机的预警上面获得较好的效果，概率分析法对20世纪90年代金融危机的预警也取得了较好的成绩。不过上述方法也同样存在明显的缺陷：一是在选取指标时，较少考虑各个国家的政府干预、制度结构、经济体制以及法律体系等方面的影响和差异，然而，近年来无论经济学的研究还是实践经验均说明，这些被遗漏掉的因素恰恰可能是导致金融危机的最重要的因素。之所以存在这种缺陷，主要在于以下原因：首先，如何规划政府干预是一个技术难度相当大的工作；其次，关于制度方面的指标获取也同样难度颇大。二是现有的预警方法，较少考虑管理当局根据模型发出的预警信号进行行动所需要付出的成本。预警模型发出预警信号，管理当局会据此采取行动，使可能发生的危机成本最小。然而，预警系统本身也有可能发出错误的信号，而管理当局据此采取行动就会导致无效成本。三是所有的预警系统都依赖于历史信息，反映了过去的经验和结构特征。但是，在新的历史条件和经济结构下，原有的预警模型不一定会有效。尤其是所谓的新兴国家，这些国家无论是经济体制还是经济结构都处于迅速变化过程中。

（二）国内对 EWS 方法与模型的应用

国内对 EWS 的研究和开发和国外相比仍处于探索阶段，国内金融预警模型主要分为三类：一是 BP 神经网络模型，即 BP 模型。在 BP 模型中具有最优化处理、函数逼近、模式识别的特点,是现代金融风险预警体系中最欠缺的,这也是能够将其应用于金融风险预警系统中的关键所在。在模型应用中,首先通过历史数据进行训练检验的方式构建一个可行的纳入 BP 模型的金融风险预警模型(符合误差要求的模型),然后输入样本值进行实际输出与期望输出比较,判断是否符合误差要求。

二是基于案例推理 CBR 模型。案例推理 CBR 模型是基于过去的实际经验或经历针对现实问题所进行的逻辑推理,其通过对比当前经济金融发展状况与金融危机案例框架下的相似度,采用框架内知识表示方法来表示金融危机案例,并采用关系数据库技术作为其案例推理应用中的挂件技术,最后给出了利用原型系统进行金融危机预警的结果。

三是动态信息融合模型。动态信息融合模型是基于系统工程视角,通过构建一套 m 个监控子系统的市场经济金融的量化指标体系,且各监控子系统是相互独立的;然后将同一时刻下的 m 个监控结果进行融合,即"决策级融合";其次,将该时刻与下一时刻的决策级融合进行再融合,即"动态融资"。对此,多次监测结构就构成了一个多时刻下的动态风险融合曲线,若该曲线超过风险阈值,则启动风险预警系统;若该曲线呈现持续上升趋势,则给予风险预警提醒信息。

以上三类预警模型有所突破和创新但也存在不足:一是目前我国金融风险预警模型主要采用计量经济的评级方法和线性分析,虽然具有便于理解、计算与操作,但是也存在经济社会复杂化下风险因子量化指标的不全面性和评判标准下较强的主观性,故其预警结果缺乏准确性与客观性。二是 BP 神经网络模型的应用,无论是在思想上还是技术上,均有效突破了传统风险预警模型在非线性关系、适用范围、信息获取等方面的局限性,从而为预警走向实用化奠定了基础。但其也存在一些不足,如收敛速度的控制,网络拓扑结构与套利局部极小值点的方法确定以及学习因子 N 的选择等方面。三是

CBR模型作为人工智能领域的推理方法，适用于历史经验丰富、描述半结构化的领域，将其引入经济金融风险预测领域，一方面拓宽与发挥了案例推理方法的有效性，另一方面既弥补了传统计量模型求解非线性问题的不足，又初步验证了计量模型中指标体系的准确性。四是动态信息融合模型为有效实现在复杂金融环境中识别风险提供了必要的动态分析方法，不仅融合了定量标准下指标体系的模型构建，而且在一定程度上也改善了BP神经网络方法下专家知识库不足的问题，其仿真分析结果表明该方法是有效的。

三、金融风险预警指标的具体选取

在预警指标选取中，要秉持规范性、灵活性、可操作性、代表性以及互补性等原则，综合考虑风险指标性质（即风险单调型和风险非单调型）、指标警戒"阈值"大小以及指标间的相互影响等因素。

（一）微观指标：反映银行内在稳定性子系统

在微观指标选取中，可参考美国的"骆驼评价体系"和英国的"比率风险监管体系"与"风险评价指标"等，从五个层次共计17个具体指标，综合监测与评估金融机构的经营风险程度。如表8-3所示，系统展示了微观指标组下的具体指标、计算公式、预警"阈值"。

表8-3 微观指标组下预警指标、计算公式、预警"阈值"

监控层次	核心指标	计算公式	预警"阈值"
资本充足性	资本充足率	资本总额/权重风险资产总额	8%（《巴塞尔协议Ⅲ》） 11.5%（系统重要性银行） 10.5%（非系统重要性银行）
	核心资本充足率	核心资本/风险加权资产总额	不低于4%（《巴塞尔协议》）
	资本与总资产比率	资本总额/总资产	不低于3%
资产质量	不良贷款率	不良贷款余额/全部贷款余额	规定值≤15%，预警值≥12%
	次级贷款率	次级贷款余额/全部贷款余额	规定值≤8%，预警值≥8%
	可疑贷款率	可疑贷款余额/全部贷款余额	规定值≤5%，预警值≥3%
	损失贷款率	损失贷款余额/全部贷款余额	规定值≤2%，预警值≥1%
	贷款欠息率	应收未收利息/应计利息收入	规定值≤20%，预警值≥15%

续表

监控层次	核心指标	计算公式	预警"阈值"
资产质量	贷款展期率	已展期贷款余额/各项贷款余额	规定值≤30%，预警值≥20%
	同一贷款客户贷款比例	同一客户贷款余额/资本总额	规定值≤10%，预警值≥10%
	前十家客户贷款比例	前十家客户贷款余额/资本总额	规定值≤50%，预警值≥50%
盈利能力	资产利润率	利润总额/资产总额	预警值≤0.75%
	资本收益率	当期收益/资本总额	预警值≤15%
流动性水平	备付金比率	（存放央行款项+库存现金）/各项存款余额	预警值≤7%
	存贷比	贷款余额/存款余额	预警值≥70%
	资产流动性	流动性资产/流动性负债	预警值≤30%
	中长期存贷比	中长期贷款余额/中长期存款余额	预警值≥90%
管理质量	难量化		主观性较强

资料来源：作者整理所得。

一是资本充足性，是衡量金融机构稳健性水平的关键指标。该类指标数值越小，说明金融机构稳健性就越低。二是资产质量，是衡量银行贷款质量风险程度的重要指标。该类指标数值越大，说明银行资产质量越低。三是盈利能力，是衡量银行依靠资产与资本实现利润与收益的能力。该类指标数值越低，说明银行盈利能力越低。针对此类指标应慎重分析，收益或利益持续一般警示金融机构的经营状况逐渐恶化；但收益或利益若发生快速增长，也在一定程度上警示金融机构将面临潜在风险，需进一步考虑其他相关指标加以综合分析与评估。四是流动性风险，是衡量企业流动性资金转换能力的重要指标。该类指标中，若存贷款比例越高而资产流动性比例与备付金比例越低，说明金融机构流动性风险越高。五是管理质量，是衡量金融机构内控机制是否完善健全有效指标。其相对较难量化，衡量结果主观性较强。但可采取替代指标，如支出结构、收入支出比、金融机构准入与退出量以及违规违法数量与金融等。

（二）宏观指标：反映宏观经济环境稳定性子系统

宏观经济环境指标选取，不仅涉及宏观经济波动的综合指标，也包含反映金融风险和危机特征的敏感指标。可从五个方面的 11 个指标，综合监测与评估宏观经济环境稳定性程度。表 8-4 系统展示了宏观指标组下的具体指标、计算公式、预警"阈值"。

表 8-4 宏观指标组下预警指标、计算公式、预警"阈值"

核心指标	计算公式	警戒值
GDP 增长率	实际 GDP 比上年规模的增长幅度	6.5%—9.5%
通货膨胀率	消费品价格指数 × 消费率 + 投资品价格指数 × 投资率	2%—5%
失业率	失业者 / 劳动力总额	10%
货币化程度	M2/GDP	1%
经常项目差额	经常项目逆额 /GDP	<5%
外汇储备所能支持进口额月份数	外汇储备 / 年进口额 × 12（个月）	>3（月）
短期外汇储备占短期外债之比	外汇储备 / 短期外债余额	>100%
短期外债比重	短期外债 / 外债总额	<25%
外债负债率	外债余额 /GDP	20%—25%
外债偿债率	当年外债还本付息额 / 当年商品和劳务出口收入	<20%
外债债务率	当年外债余额 / 当年货物和服务项下外汇收入	<100%

资料来源：作者整理所得。

一是 GDP 增长率，反映一国经济总体发展趋势的增长速度。二是失业率，反映了一国就业市场中充分就业情况；据发达国家判断，可将失业率划分为三个类型，即劳动力供给型（3%—4%）、劳动力供给宽松型（5%—6%）、失业问题严重型（7%—8%）；而就我国经济转型升级阶段，低于 5% 的失业率被看作充分就业，超过 10% 的实际失业率，则会威胁社会稳定，被看作失业警戒线。三是通货膨胀率，反映了一国物价水平波动幅度。四是货币化程度，该指标的提高可能是金融深化的标志，也可能是金融风险增长的征兆。五是国际收支平衡指标，在特定的时间段内衡量一国对所有其他国家的交易支付，也是判定一国在一定时期是否爆发金融危机的主要因素之一。主要包含三个方面：1) 对外经济部门竞争力，即经常项目逆差占 GDP 比重；2) 外汇储备支持进口能力，其反映一国的金融状况与支付能力；3) 外债结构，反映了一国承担对外债务风险能力,一是外汇储备占短期外债的比重,即反映了一国承担债务风险与偿还短期债务能力。该类指标数值越大,其外部债务风险水平越低。二是债务期限结构,一般采用短期外债占对外债务总额的比重,衡量了一国所面临的偿债压力大小。三是偿债能力指标,包括外债负债率、外债偿债率、外债债务率,衡量一国偿债能力与承担外部冲击的风险状况的主要参考指标。该类指标越大,其债务偿还能力就越低,面临的外债风险也越大。

(三)中间指标:反映市场风险子系统

市场风险中间指标的选取主要体现了市场波动性下的风险传导影响,其实介于微观指标和宏观指标之间重要的风险参考指标。可从五个方面的6个指标,综合考察市场波动下的风险预期、风险传递、泡沫程度等方面的程度。如表8-5所示,系统展示了中观指标组下的预警指标、计算公式以及预警"阈值"。

一是利率风险指标。作为资金价值外在体现,利率水平将会影响金融机构的货币与信贷供给能力,这一影响大小是由金融机构资产与负债对利率变动的敏感程度所决定的。主要涉及两个指标:(1)利率敏感性分析,其是衡量金融机构资产与负债对利率敏感程度的重要指标,基于二者敏感性的差别大小决定了缺口的大小。一般来说,资产与负债对利率敏感程度的缺口越大,则银行所面临的利率风险也就越大。(2)利率期限分析,即衡量金融机构的资产与负债期限错配程度,该指标等于0或接近0说明利率风险几乎不存在。二是汇率风险指标。一般采用实际汇率缺口来评估本币的价值偏离程度。三是股价指数,即衡量股票市场波动幅度大小的重要指标。按照股价指数的波动幅度大小,可将风险水平分别划为金融安全阶段、金融危险阶段、局部危机阶段。四是股票市盈率,衡量一定时期内股票投资效益程度,该指标越低,则股票投资回收成本越短,市场风险也越低。五是证券化率,衡量一国证券市场发展程度的重要指标,证券化率高将导致证券的供大于求,股票价值降低,市盈率相对较低。

表 8-5　中观指标组下的预警指标、计算公式以及预警"阈值"

指标	公式	警戒值
利率敏感性比率	利率敏感性资产规模/利率敏感性负债规模	<1% 或 >1%
期限分析	商业银行的资产负债期限差=资产平均期限－负债平均期限	≥0
汇率	真实汇率偏离度	<20%
股价指数	股价指数的稳定程度	10%—20%
股票市盈率	当日每股收盘价/每股收益	35（倍）
证券化率	股票市价总值/GDP（%）	>90%

资料来源：作者整理所得。

我们通过从微观、宏观和中观的三个层次，共计 34 个监测指标，构建了一套科学完善、高效灵敏的多层次、多因素的金融风险预警指标体系。

$$\begin{cases} R=F(S_1, S_2, S_3) & \cdots\cdots(8.1) \\ S_1=X(G_1, G_2, \cdots G_{17}) & \cdots\cdots(8.2) \\ S_2=Y(G_{18}, G_{19}, \cdots G_{28}) & \cdots\cdots(8.3) \\ S_3=Z(G_{29}, G_{30}, \cdots G_{34}) & \cdots\cdots(8.4) \end{cases}$$

其中：式（8.1）S1，S2，S3 分别从宏观、微观及中观三个层面综合金融风险程度，其中 S1 方程的权重最大。同时，R 与 S1，S2，S3 是呈正向变化关系。

式（8.2）宏观指标中，G1，G2，…，G17 的相关量化指标与宏观金融风险 S1 之间存在负向效应关系。同时，由于宏观指标都是通过微观指标来间接影响金融风险，所以 S1 和 S2 又具有很强的相关性。

式（8.3）微观指标中，不良贷款率指标与金融风险 S2 之间存在正向效应关系，若不良贷款率指标越大，则微观金融风险水平就越高。其他指标的变化方向与它决定的金融风险 S1 呈反向变化关系，指标越小（超过警戒线），S2 越大。

式（8.4）中观指标中，G29，G30，…，G34 的相关量化指标并非越大越好，而越接近于均衡发展的合理预期值最好，则金融风险 S3 越小。

第九章
国家金融安全防范体系设计：微观机制

除了预警体系，防范系统性金融风险还需要设计微观机制，包括从美元指数波动识别外部冲击风险、建立让美国独自承担美债风险的特殊机制、开征"金融交易税"以遏制国际短期资本流动的冲击、将资产价格稳定目标纳入系统性金融风险监管框架、建立科学合理长效的房地产政策框架和调控机制、以制度建设铲除地方债务风险的土壤等。

第一节 从美元指数波动识别外部性冲击风险

美元是美国国家金融战略的载体，是全球贸易结算、储备资产的重要货币，是全球经济社会变化的风向标。回顾1971年以来世界经济的升腾和沉沦，我们意外地发现美元指数是一条可以将之串联起来的线索。因此，研究美元变动的客观规律，是中国把握全球发展重大战略机遇期，强化国家发展战略动态适应性的关键参数，认识和把握美元客观变动规律，对于识别、预测中国潜在系统性金融风险具有重要的参考价值。

一、美元的价值与价格

（一）如何给美元定价？

美元与黄金脱钩后，也就是布雷顿森林体系瓦解之后，国际货币体系面临两大任务：一是重建国际货币体系；二是如何给美元定价？

任务一：重建国际货币体系——"牙买加体系"。

1972年，即布雷顿森林体系终结前夕，国际货币基金组织（IMF）成立了一个专门委员会，具体研究国际货币制度的改革问题。1976年1月，国际货币基金组织理事会国际货币制度临时委员会在牙买加首都金斯敦举行会议，讨论国际货币基金协定的条款，签定达成了"牙买加协议"，同年4月，国际货币基金组织理事会通过了《IMF协定第二修正案》，形成了新的国际货币体系，即牙买加体系。

牙买加协议的主要内容：1.实行浮动汇率制度的改革。牙买加协议正式确认了浮动汇率制的合法化，承认固定汇率制与浮动汇率制并存的局面，成员国可自由选择汇率制度。同时IMF继续对各国货币汇率政策实行严格监督，并协调成员国的经济政策，促进金融稳定，缩小汇率波动范围。2.推行黄金非货币化。协议作出了逐步使黄金退出国际货币的决定。并规定废除黄金条款，取消黄金官价，成员国中央银行可按市价自由进行黄金交易；取消成员国相互之间以及成员国与IMF之间须用黄金清算债权债务的规定，IMF逐步处理其持有的黄金。3.增强特别提款权的作用。主要是提高特别提款权的国际储备地位，扩大其在IMF一般业务中的使用范围，并适时修订特别提款权的有关条款。4.增加成员国基金份额。成员国的基金份额从原来的292亿特别提款权增加至390亿特别提款权，增幅达33.6%。5.扩大信贷额度，以增加对发展中国家的融资。

牙买加体系的运行：1.储备货币多元化。由美元垄断外汇储备的情形不复存在。西德马克、日元、欧元成为与美元相抗衡的新的国际储备货币。2.汇率安排多样化。浮动汇率制与固定汇率制并存。不同汇率制度各有优劣，浮动汇率制度可以为国内经济政策提供更大的活动空间与独立性，而固定汇率制则减少了本国企业可能面临的汇率风险，方便生产与核算。3.多种渠道调节国际收支。主要包括：（1）运用国内经济政策。改变国内的需求与供给，从而消除国际收支不平衡。（2）运用汇率政策。在浮动汇率制或可调整的盯住汇率制下，汇率是调节国际收支的一个重要工具。（3）国际融资。利用市场比较优惠的贷款条件融通资金，调节国际收支中的顺逆差。（4）加强国际协调。主要体现在：①以 IMF 为桥梁，各国政府通过磋商，就国际金融问题达成共识与谅解，共同维护国际金融形势的稳定与繁荣。②新兴国首脑会议达成共识，多次合力干预国际金融市场，促进国际金融与经济的稳定与发展。

任务二：给美元定价——美元指数（USDX）

布雷顿体系瓦解之后，美国推出了美元指数（USDX）和美元贸易加权指数（TWEX）。但是这两种测算方法各有侧重，如果单以美元指数为标准，则很可能得出背离美元真实价值的结论。

美元指数（US Dollar Index，USDX）它类似于显示美国股票综合状态的道琼斯工业平均指数（Dow Jones Industrial Average），美元指数显示的是美元的综合值，一种衡量各种货币强弱的指标。

美元指数是美元对六种货币汇率的几何平均加权值（geometric weighted average）。这六种货币分别为欧元、日元、英镑、加元、瑞典克朗和瑞士法郎。它们的比重为欧元占 57.6%、日元占 13.6%、英镑占 11.9%、加元占 9.1%、瑞典法郎占 4.2%、瑞士法郎占 3.6%。美元指数的具体计算公式为：

$$USDX = 50.14348112 \times EURUSD^{-0.576} \times USDJPY^{0.135} \times GBPUSD^{-0.19} \times USDCAD^{0.091} \times USDSEK^{0.042} \times USD^{0.036}$$

美元指数以 1973 年 3 月为基数 100，每日开市后开始更新。以点为基准来衡量其价值，如 105.50 点的报价，是指从 1973 年 3 月份以来其价值上升了 5.50%。1973 年 3 月份被选作参照点，是因为当时是外汇市场转折的历史性时刻，从那时起主要的贸易国允许本国货币自由地与另一国货币进行浮动报价。美元指数（USDX）的货币篮子自诞生以来只做过一次改进，即 1999

年欧元的诞生。

美元指数虽然只采用了六种货币，但包括了世界上17个主要的国家，因为有12个国家使用欧元，而且另外有很多国家的货币也紧跟这个指数，所以在汇市是美元强弱的一个重要参考指标，但是欧元在其中占的比例超过一半以上，有时美元指数并不能明确显示除欧元外其他货币的强弱程度，因此1998年，美联署又计算了另一种美元指数，就是贸易加权美元指数。

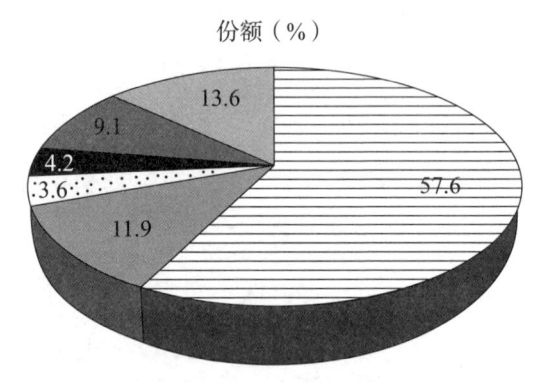

份额（%）

欧元 57.6 英镑 11.9 法郎 3.6 克朗 4.2 加币 9.1 日元 13.6

图9-1 美元指数（USDX）的"货币篮子"

贸易加权美元指数（Trade Weighted U. S. Dollar Index，TWEX）根据比较美国和他国商品的竞争力能更精确地反映美元的价值。它根据每年美国和其他国家的贸易额来修订各国的加权比重。之所以推出贸易加权美元指数，主要原因有二：其一，欧元的诞生，使得原有的衡量系统需要改进；其二，随着美国贸易结构的变化（中美贸易的飞跃），"货币篮子"需要改进。相对于美元指数（USDX）广义货币指数的篮子货币扩充到了26个，包含当今主要的经济体，能够相当充分地反应美元在全球结算中的地位。

（二）美元价格与价值

如果说美元指数反映美元的"金融属性"的话，那么贸易加权美元指数反映的是美元的"商品属性"，是美元基本面的真实反映。价值规律是商品生产和商品交换的客观规律。它不是整个人类社会所共有也不是某一特定社会形态的产物，而是商品经济所特有的规律。只要存在着商品生产和商品交换就存在价值规律。价格的变动是以价值为轴的，无论价格怎样变动都不会偏离价值太远。也就是说价格是由价值决定的。由于受供求关系的影响，价格围绕价值上下波动，但同时供求关系反过来也影响价格，使价格不能偏离价值太远。

根据历史观察，贸易加权美元指数可以看作美元的价值中枢，美元指数围绕这个中枢上下波动，换句话说，贸易加权美元指数反映长期价值，美元指数反映短期价格。

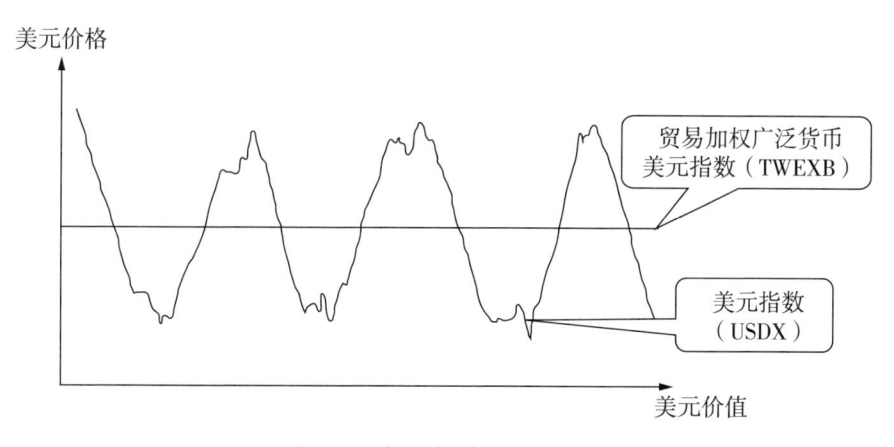

图 9-2 美元价格与价值关系图

近 20 年以来的贸易加权美元指数表明，美元价值与美国的收支状况（而非经济状况）有紧密的关联。

这其中的内在逻辑是：收支良好表明国际贸易状况良好（有盈余或赤字小），同时国内财政均衡意味着没有大量的额外支出，例如战争；美元在国际收支中的价值自然就高，例如克林顿执政时期；收支状况恶化表明国际贸易失衡（贸易赤字增大），国内财政赤字严重，例如战争支出剧增；美元在国际收支中的价值下降，例如小布什执政时期。这意味着，即便国内经济状况不错，但是如果财政赤字严重，美元价值一样会下跌。小布什时期便是明证，虽然两场反恐战争使美国经历了战时经济的繁荣，但是巨量的战争拨款造成的财政赤字，使得美元在国际收支中的价值严重下降，克林顿时期坚挺的美元价值被挥霍一空。从中我们得出一个重要的启示：如果美国决心恢复美元的价值（而非价格），美国政府就必须大力整顿财政。那么，作为其中最关键的因素，美国将在未来若干年内不会大规模对外用兵。[1]

二、美元霸权下的世界经济特殊循环体系

在布雷顿森林体系下，世界经济形成了一个特殊循环体系。这一体系正好解释了到底是什么动力支持美国能够实行长期低储蓄高消费的发展模式，也很好地诠释了美元霸权是全球金融危机的源头。

在布雷顿森林体系下，20世纪五六十年代，美国经常项目一直保持顺差，资本金融项目一直是逆差。这个时期美国经济的对外循环方式是：通过资本项目逆差输出美元，如，美国对外贷出美元和对外美元援助，得到美元的国家再用美元购买美国制造业生产的产品。这种经济运行方式和美元循环方式导致外部需求对美国实体经济的持续依赖，刺激美国实体经济的不断发展。

美国输出美元（资本项目逆差）→得到美元的国家→用美元购买美国制造业生产的产品→刺激美国实体经济的不断发展（经常项目顺差）。

在牙买加体系下：从20世纪70年代开始，美国对外贸易从经常项目顺差的循环方式向经常项目逆差的循环方式演变。美国用美元买回其他国家的产品和资源（经常项目逆差）→得到美元的国家→购买美国的债券和其他金融资产（资本金融账户）→不断回流的美元支撑其银行大举放款→美国人似乎不用储蓄就可以靠借债来开支和消费（高消费/低储蓄）→刺激了美国虚

---

[1] 胡祥辉："美元故事"，《中国首席财经》，2011年6月21日。

拟经济的发展→实体经济的衰落。从全球视野来看，牙买加体系让美国存在一种特殊的动员储蓄机制。

结果：一种奇特的世界经济增长图景。世界经济增长有两大"火车头"：一头是（美国）经济靠消费驱动（不断消费别人的产品和资源），另一头（新兴经济体、资源出口国）靠出口拉动（不断积累美国的债券和其他金融资产），在这一搭一档的增长模式下，美国和新兴经济体的生产力和企业利润都高速增长。西班牙、英国和澳大利亚是美国的迷你版；德国和日本则是当代中国的成熟版。于是就形成了一种奇特的世界经济增长图景：美国的贸易逆差成为世界经济增长的决定性条件，二者共荣同衰。发达国家：增加了消费，得到了社会福利；发展中国家：增加就业，发展了经济，提高了收入。

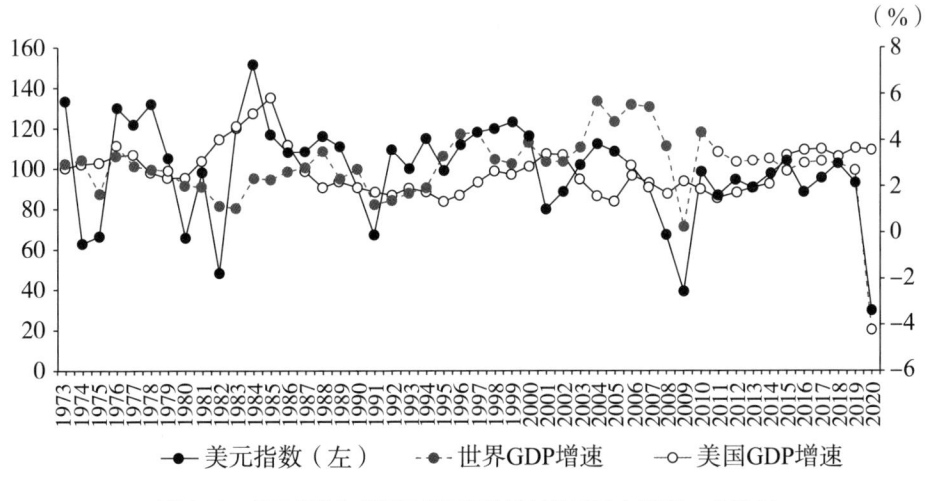

图 9-3　美元指数与美国及世界经济增长关系图（1973—2020）

对于现行国际经济格局，学术界有不同认识。蒙代尔认为："美国贸易逆差来自于美国的自愿借贷和其他地区的自愿放款"；"如果世界各国一直在积累美元余额，并且它们希望获得美元余额，那么，这说明不存在非均衡"。劳伦斯·萨默斯认为目前美国与东亚之间的经济关系是一种"金融恐怖平衡"。一旦平衡被打破，唯一可能的结果，就是一场席卷全球的金融危机。

三、从美元变动五大规律中识别外部性冲击风险

1971年当美元与黄金脱钩以后，尼克松政府财长康纳利说过这样的话："美元是美国的货币，但是是你们的问题。"他为什么说美元是全世界的问题呢？美元是美国国家金融战略的载体。二战以来，美国通过美元这个主权货币达到了在全球运转财富的目的。仅就直接收益看，美国通过发行国际货币可以获得铸币税收入。经典意义上的铸币税，为货币面值与铸币成本之差。由于发行纸币成本的边际成本很小，铸币税就相当于国家投放的基础货币量，即国家几乎可以无成本地获得发行货币的购买力。另外，借助美元的国际货币地位，美国兼具融资的便利性和经济性，可以非常容易地以低成本融资。问题是，美国在获得直接收益的同时，却给世界带来风险。回顾美元汇率走势，我们发现美元指数的每一次大的升值和贬值，都恰巧对应着世界经济的升腾和沉沦。

通过1973—2021年48年间美元汇率走势的周期性特征分析，可以得出**与美元变动相关的四个基本规律**：

规律一：美元贬值是"印钞机"，美元升值是"提款机"。在金融资本主义阶段，全球资金关键不在总量，而在流向。

一方面，新兴经济体相对于发达经济体来说，美元贬值是"印钞机"，给我们带来的是"输入性通货膨胀"。1974年布雷顿森林体系解体以来，美元经历了三轮10年贬值周期，与此相对应的是全球发生了三次通货膨胀。第一次美元贬值（1970年1月—1979年12月）制造了"滞胀"的20世纪70年代；第二次美元贬值（1985年9月—1995年6月），制造了80年代日本泡沫和90年代拉美恶性通胀；第三次美元贬值（2001年7月—2008年7月）造成美国从互联网泡沫快速过渡到房产泡沫。2008年次贷危机期间，美元贬值（从2009年3月18日开始），美国再次向全球输出大量美元，造成世界范围内的流动性过剩（见图9-4）。

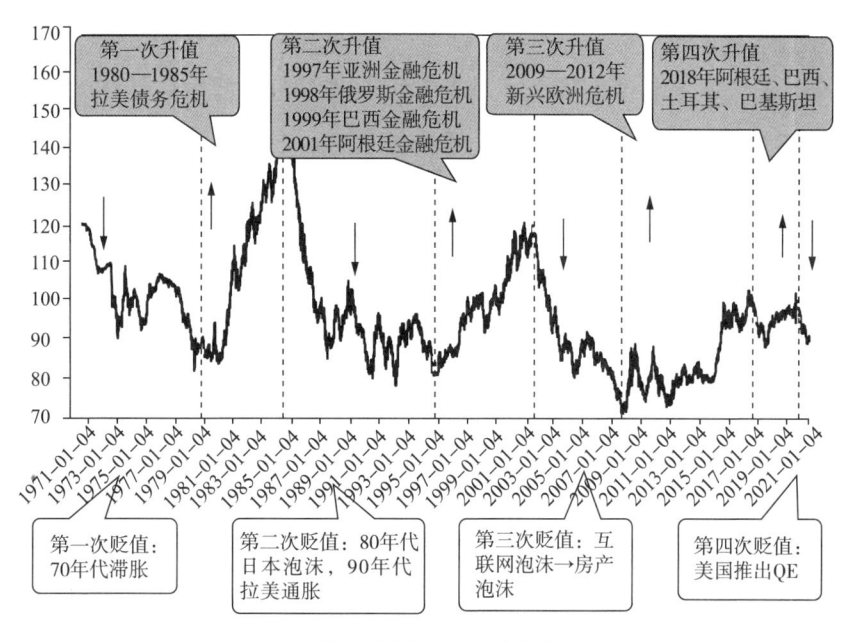

第九章 国家金融安全防范体系设计：微观机制 261

图 9-4 美元升值与新兴经济体金融危机

资料来源：根据历年数值绘制而成。

另一方面，美元升值是"提款机"，给我们带来的"输入性通货紧缩"。美元历次升值都给新兴经济体带来了灾难性打击。1974年布雷顿森林体系解体以来，全球性经济共发生了四次大的危机，与此相对应的是美元有四次升值周期。

第一次世界性经济危机与第一次美元升值：1979—1982年西方世界爆发了第一次经济危机，此次危机开始于1979年7月的英国，接着波及欧美大陆和日本各主要资本主义国家。1980—1982年，全球GDP增长率分别降至1.99%、2.18%和0.89%。与此次危机相对应的是美元第一次升值，1979—1985年，美元对欧元、英镑和日元累计升值幅度分别达到115.5%、125.8%和44.5%。

第二次世界性经济危机与第二次美元升值：1990—1992年西方世界爆发了第二次经济危机，此次危机开始于1990年7月的美国，危机很快波及加拿大、日本、欧洲和澳大利亚等西方国家。直到1992年底，美国才走出低谷，而西欧、日本等国仍蒙受严重阴影。此次危机中，德国深受"统一经济"之苦，美国受"债务经济"之苦，日本受"泡沫经济"之苦。1990—1992 年，全球 GDP 增长率分别降至 2.94%、1.46% 和 2.03%。与此次危机相对应的是美元第二次升值，1988—1990 年间，美元对欧元、英镑和日元大幅升值，累计升值幅度分别为 24.9%、20.1% 和 30.9%。

第三次世界性经济危机与第三次美元升值：2000—2002 年美国爆发新经济危机。从 2000 年初到 2001 年上半年，美国企业对高科技设备的投资由增长 20% 转为 -10%。由于网络泡沫破灭和"9.11"恐怖主义袭击，美国经济衰退迅速波及全球。2000—2002 年，全球 GDP 增长率分别降至 4.69%、2.21% 和 2.82%。与此次危机相对应的是美元第三次升值。1999—2001 年，美元对欧元、英镑和日元累计升值幅度分别达到 37.9%、18.7% 和 31.8%。

第四次世界性经济危机与第四次美元升值：2007—2011 年爆发了全球第四次金融危机。此次危机发端于美国的次贷危机，很快蔓延到全球。危机初期（2008 年上半年），美元汇率非但没有因为金融危机的深化而走低，反而呈现出上扬势头。

为什么危机期间美元总是走强？深入研究，我们发现有以下共性原因：

（1）避险资金将美元当成安全的避风港。美元的广泛性、安全性和高流动性，使得美元在同等条件下，无论是个人、投资机构还是政府货币当局都更愿意持有美元资产。全球大量金融资产转化为美国短期国债，在改善了美国外部失衡的同时，也促使美元升值。

（2）美国相对财务和强势国力支撑着美元走强。历次全球经济危机，美国虽然也受冲击，但其相对财务却比其他经济体较好。美国在全球的经济主导地位反而得到巩固和提高。从 1974 年以来的前三次全球经济危机可以看出：第一次 1980—1982 年全球经济危机中，美国遭受冲击较大，GDP 增长率分别下降至 -0.23%、2.52% 和 -1.94%，同期英国下降幅度超过美国，德国出现负增长；第二次1990—1992年全球经济危机中，美国GDP增长率最低点为-0.17%，同期英国、德国和法国GDP增长率最低点分别为-1.39%、-0.79%和-0.91%，都低于美国水平；第三次2000—2002年经济危机中，美国GDP增长率最低点为0.75%，同期英国、德国和法国最低点分别为2.10%、-0.23%和1.03%。美国GDP占全球的比重反而得到提高。此次危机中，欧洲与日本经济下滑程度亦超过美国，2008年第二季，欧元区、日本、英国GDP增长率分别为-0.8%、-3%、0.8%；而美国则为3.3%。不难发现，虽然全球经济危机大多是从美国爆发再蔓延到全球，但对美国的冲击往往小于全球其他国家，美国在全球的经济主导地位反而得到巩固和提高。

规律二：美元是大宗商品波动风向标

（一）美元与石油等大宗商品关系

从历史角度来看，全球"布雷顿森林体系"瓦解后，作为全球主要大宗商品石油的锚定货币，美元与石油等大宗商品的价格表现出明显的负向关系，美元升值与石油价格下降之间的关系更为显著。技术上，用美元指数来反映一篮子美元汇率变化程度，可以有效地反映美元相对程度。2008年金融危机期间，以2009年3月18日为界（美国出台第一次量化宽松货币政策）之前美元涨，之后美元贬。在美元波动持续延伸时期，石油以及其他以美元计价的大宗商品价格也表现出同振波动的现象（见图9-5）。

但国际油价与美元指数并非一直都是完全负相关的。当美国经济表现出持续的增长态势时，国际石油价格也表现出上涨态势、美元相应升值加快。但是，美元短时期内的升值表现，并不意味着美元指数能够持续地走强。正如上文指出，美元指数是美国一揽子货币汇率变化的集中表现，美元相对其他货币走弱，那么美元指数也会随之表现出下降的趋向。在这种情况下，国际油价和美元指数之间的关系却是相反的。但是，当美元相对其他货币表现出走强趋势时，美元指数也会表现出强劲的势头，在这种情况下国际油价与美元指数之间的趋势就表现出趋同性特征。此外，由于美元具有避险功能，当全球大多数国家选择美元作为风险规避型货币时，将会导致全球原油市场中资金流失，从而使得美元持续走强而石油价格下跌。由此可见，美元指数与国际油价之间并不是单向的正负相关关系。

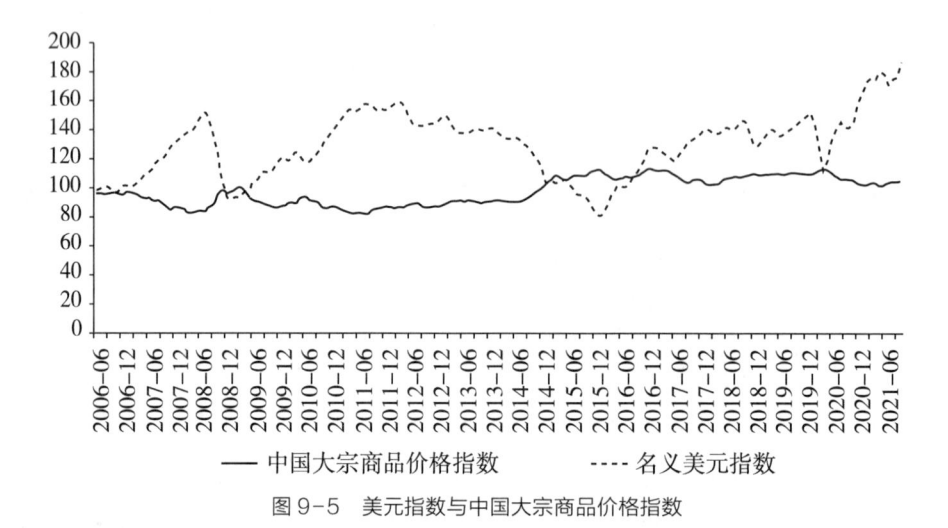

图9-5 美元指数与中国大宗商品价格指数

资料来源：Wind数据库。

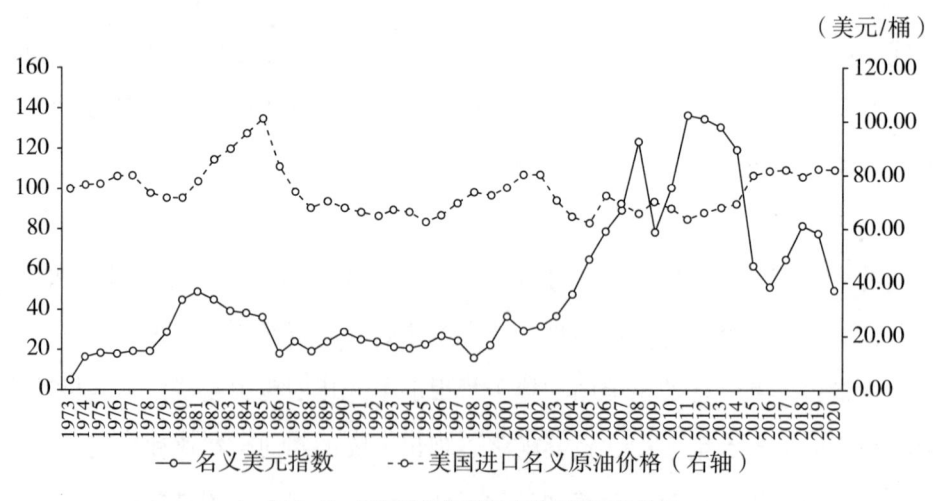

图9-6 国际油价与美元走势呈负相关关系

资料来源：Wind数据库。

（二）美元与黄金的关系

在所有的商品中，美元指数无疑对金价的影响最大，这其中既有历史因素，也有黄金本身的商品特征。由于黄金具有货币和商品的双重属性，黄金价格与美元的变动关系略有别于大宗商品：当地缘政治稳定、经济正常运行的情况下，黄金与其他大宗商品一样，更多呈现商品属性，与美元走向呈强关联性，即金价与美元走势呈负相关关系（如在过去十多年时间里，美元汇率贬值是黄金价格上涨的主要驱动因素）；但在经济危机和地缘政治不稳定的情况下，黄金则更具货币属性，金价走势与美元走向呈弱关联性。由于资金避险的需求和投资工具稀缺，反而还会增加黄金的吸引力，如1929年大萧条开始后的十年，黄金从每盎司20.67美元上升到40美元。根据资料显示，美元与黄金自1985年至今均呈相反关系性，指数为-0.3291，正相关性只在几个很少的年份出现过，如1993年下半年、1994年及2006年等，其余大部分时间属负关系性的（见图9-7）。

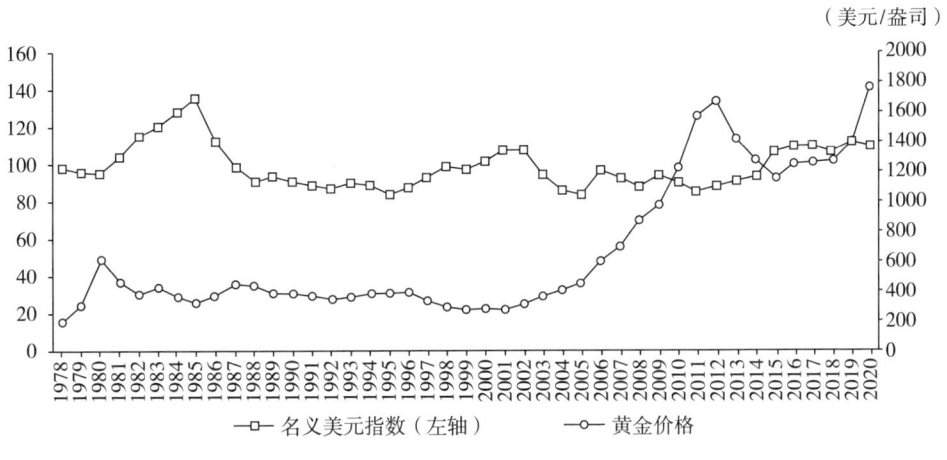

图9-7 黄金价格与美元走势

资料来源：Wind 数据库。

历史上来看，金价出现最大幅度上涨的时候是20世纪70年代。自1972年开始，美国通货膨胀率就以4%的基准逐步上扬，到1974年美国通货膨胀率高达 12%，并在随后的时间内逐步下降。在美国通货膨胀率波动较大的 1972—1975 年间，全球黄金价格由 60 美元/盎司左右升至接近 180 美元/盎司，国际金价上升了 3 倍多。在 1977 年至 1980 年间，美国通货膨胀率由 5% 上升至最高点 14%，同期，国际金价也由最低的 130 美元/盎司附近升至 660 美元/盎司，上涨了 5 倍多。20 世纪 70 年代金价的上涨不仅仅是由于通胀的原因，还有布雷顿森林体系的解体。在这两点上，目前的局势与 20 世纪 70 年代有些相似。

如果我们认为美元的地位在未来几年都不会受到实质性挑战，无论其是升值还是贬值，那么黄金的货币属性就不应当作为主要矛盾。短期内，还是需要更加关注黄金的商品属性，即避险和保值的作用。目前，金价的连创新高无疑将进一步强化通胀预期，而这种预期将反过来推动金价走强。因此，即便通胀形势在 10 年得以不断确认，美元指数的波动依然能够很大程度上左右金价走势。

规律三：美元是资产波动的指挥棒

由于美国股市也是以美元作为市值计算标准的，美元指数与纳斯达克指数、道琼斯指数以及标准普尔指数均表现出明显的负相关关系（见图 9-8）。从全球来看，美元指数与全球资本市场也呈负相关关系（见图 9-9、9-10）。

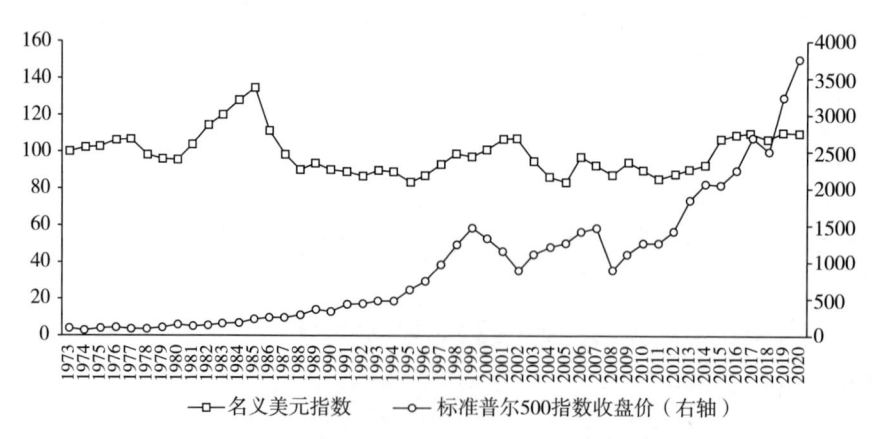

图 9-8　美元指数与美国标准普尔 500 指数收盘价关系

资料来源：Wind 数据库。

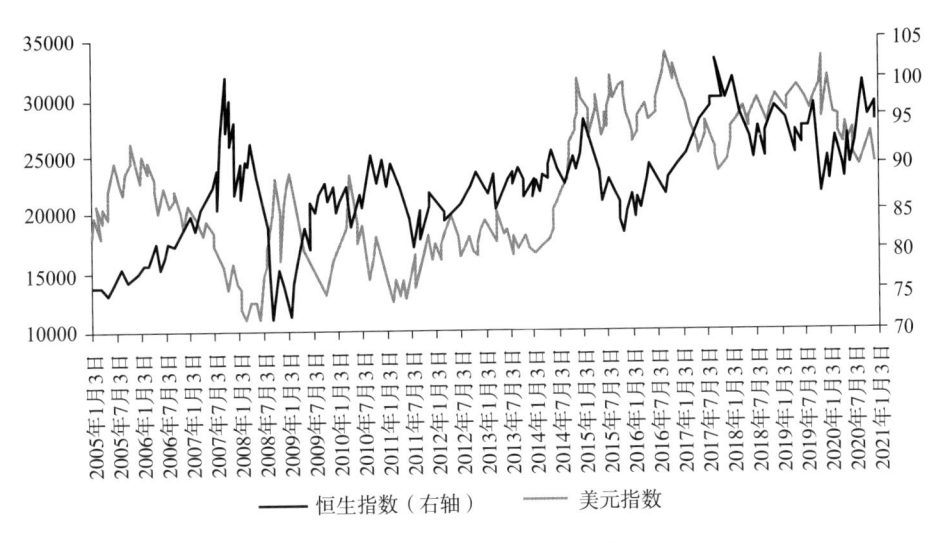

图 9-9　美元指数与恒生指数关系

资料来源：Wind 数据库。

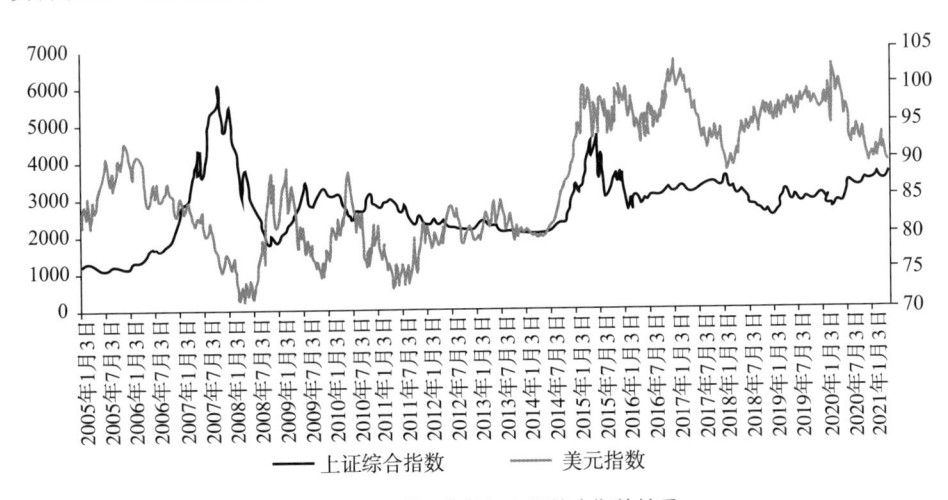

图 9-10　美元指数与上证综合指数关系

资料来源：Wind 数据库。

规律四：美元呈周期性波动特点

自 1971 年以来，美元一般经历 10 年左右的下跌，7 年左右的上涨。美元贬值，意味美国债务消失，符合美国长期利益。美元走强，往往是美国"新经济"需要资本流入。即每次美元走强都与美国新经济到来高度相关。20

世纪 80 年代初期，里根时代的个人电脑革命，推动美元上涨了 93%；20 世纪 90 年代中后期，克林顿时代的互联网新经济，推动美元上涨了 46%；次贷危机期间，奥巴马时代的页岩气和第四次工业革命，推动了美元上涨 36%。具体见图 9-11。

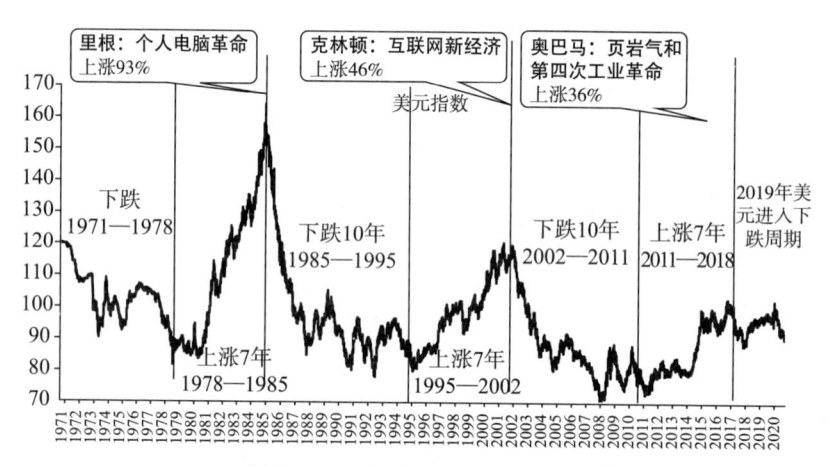

图 9-11 美元波动呈周期性特点

资料来源：Wind 数据库。

规律五：美元呈政治经济周期

历届大选之前美元走强，之后美元呈贬值态势。自从 1971 年美元与黄金脱钩以后，美元长期虽然趋贬，但美国历届总统选举前，保持美元走强是竞选成功的重要因素。如 1973 年尼克松就职前，美元相对德国马克上升了 24%，但上任后三个星期美元开始贬值。1977 年卡特总统竞选前，美元兑德国马克的汇率是 2.4，当卡特总统上任后，美元汇率一年内就下跌了 11.7%；在克林顿上任前，美元呈超强态势，美元汇率在他就职的 8 个月内就下跌了 19%；小布什执政期间，2004 年大选前，市场做多美元，但小布什当选后，市场开始做空美元，美元指数创下 9 年来的新低。2008 年奥巴马竞选前，美元汇率在政治周期与市场避险双重力量的推动下，美元指数从 71% 上升到 89.62%，上任后，从 2009 年 3 月 18 日量化宽松货币政策开始，美元开始下跌。因此，可以预测，这一轮美元走势：在2012年美国大选前，美国政府会采取减税、增加政府支出来刺激本国经济增长，造成美国经济复苏的良好态势，为赢得大选造势，美元将走出前一轮强势；大选后，美国需要通过汇率政策消化已经上升的政治成本，有可能进一步采取量化宽松货币政策，必然推动美元进入新一轮贬值周期。具体见图9-12。

从美元变动五大规律中可以发现：50年的世界经济的升腾和沉沦，与美元指数波动高度相关。从1971—2021年50年美元汇率走势的周期性特征分析，我们可以得出一条基本经验判断：每当全球经济发生危机时，美元对主要货币汇率呈升值状态；危机之后，美元对主要货币汇率呈贬值状态。美元的每一次贬值，都为美国经济的复苏奠定了基础，同时为世界的某个角落带来了泡沫；而美元的每一次升值都挤破了世界某个角落的泡沫，为美国带来了繁荣。然而，也正是在强势美元和美国的繁荣中，美国的贸易赤字又给世界的某个角落奠定了繁荣的基础，等待美元再次衰落的时候，这种繁荣又被推向泡沫，等待着下一次美元升值的时候被再次挤破。

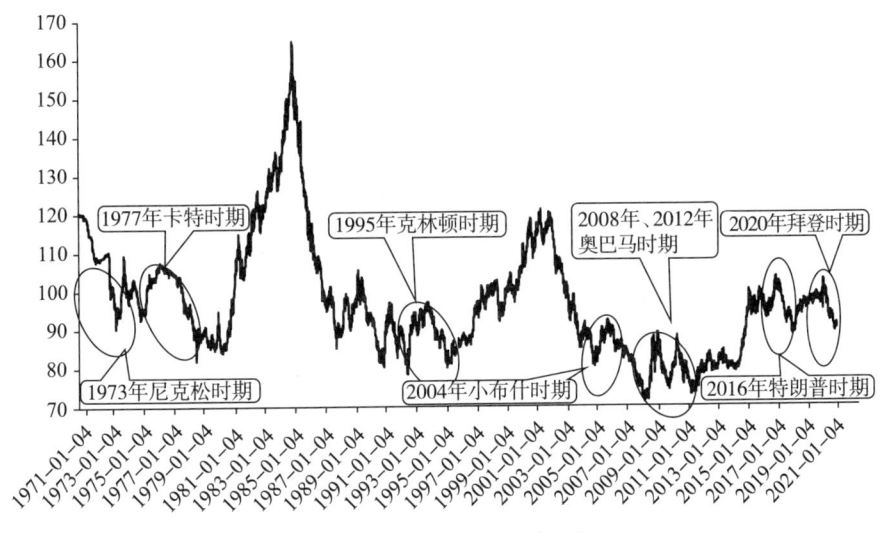

图9-12 美元呈政治经济周期

资料来源：Wind数据库。

掌握美元在历次危机中的变动规律，其重大意义在于通过美元升贬的窗口了解世界经济的变化趋势。基于对美元变动规律的认识，我们提出如下风险防范对策建议：(1) 美元走强期间，保持人民币兑美元汇率稳定，以防资金大量外流。(2) 在美元走强与石油价格下跌时期，加大国有石油储备。尤其要充分利用民间资本加快我国石油储备。(3) 在美元走强与大宗商品大幅下跌的战略机遇期，大力收购俄罗斯等国家的能源和资源类企业股权。(4) 在美元贬值与美国国家主权违约风险加大之时，中国应首选黄金及相关性投资作为货币保值品种。

第二节　建立让美国独自承担美债风险的特殊机制

关于如何化解美债风险的探讨，目前业界提出的思路均是一些"常规"之策，或是短期技术调整，或是遥远的理想模式，并不能从根本上解决美债安全问题。如根据美元短期走势来合理配置外汇储备的建议，这只是规避短期风险的技术调整；加大以美元计价的战略资源国家储备，的确是中国的追求，但国际社会竞争激烈；人民币国际化的确是解决美债安全的最高境界，但路途十分遥远，从地域上来看，人民币国际化是一个周边先行、区域扩散以及全球发展的渐进式发展过程；实现以消费主导型的经济增长方式，取代出口导向型经济增长方式，这是走出"美元陷阱"的长期之策，但在教育、医疗及社保等体系上未出现根本性改善的前提下，难以一蹴而就。

在化解美债风险问题上，中国要为美元的长期贬值做好准备。中国有可能沦为美国"人质"，需要探索摆脱约束的路径。要解决好美国债券的风险干扰，最为关键的是，设计出能让美国独自承担通货膨胀风险及汇率风险的有效机制。

一、持有美债的两大系统性风险

中国持有美国国债的风险包括两个方面，一是美国借钱不能还，二是美国的债券错过了最佳时期而贬值。从历史角度来看，自美国政府成立以来，美国政府未出现"借钱不还"的倒债事件。因此，对于中国面对的更多是美国国债在美元变动过程中而产生的不值钱，也即美元贬值的风险。实践中，美元贬值分为对外贬值以及对内贬值两种不同的状态，其中，美元对外贬值是由于汇率下跌引发的，具体表现为汇率风险导致投资者面临损失；美元对内贬值由于资产泡沫以及通货膨胀持续高涨等多重要素导致的美元购买力下降导致，具体表现为投资者债权权益的下降。可见，通货膨胀风险以及汇率风险持有美国国债面临的两大系统性金融风险。中国政府应该借助"中美战略与经济对话"机制，向美国政府提供让美国独自承担美债风险的两大机制，即以"奥巴马债券"对抗汇率风险；以"通胀联动国债"规避通胀风险。如果美国需要钱，又不刻意逃避责任，就应该接纳这样的方案。

二、机制一："奥巴马债券"抗汇率风险

汇率风险是持续持有美国国债面临的最为直接的风险。2008 年次贷危机以来，美国政府表现出容忍美元贬值而刺激美国经济恢复增长的内在动机。从长期来看，美元有节奏地逐渐贬值，是当前符合美国国家利益的重要选择。从国际贸易角度来看，美元贬值有利于美国刺激出口，缩小美国与其他国家的贸易赤字，尤其是与中国等国家的贸易赤字，改善美国经常账户长期失衡的现状。同时，美元贬值，以美元计价的美国国债也会出现缩水，美国承担的其他国家的债务也将大幅下降，从而减轻美国的实际债务水平，改善美国赤字财政政策的持续存在的可能性。来自美联储的宏观经济模型估计结果显示，美元贬值 10 个百分点，美国经济增速将上升 1.2 个百分点。实践中，2002 年至 2007 年的美元贬值，美国实现了 1.3 万亿美元的财富增益。实际

上，从历史数据来看，1971年美国与黄金脱钩以来，美国贬值幅度已经达到96%，美元贬值对美国经济发展发挥了重要作用。

针对美元不断贬值之势，中国可以与沙特等石油输出国以及日本等持有大量美债的国家，利用美国信用降级之机，迫使美国政府坐到谈判桌前，提出发行"总统债券"的诉求。

"总统债券"是一种以"非美元计价"的新型"卡特债券"。美国发行"卡特债券"有其重要的历史背景。20世纪60至70年代的美苏冷战以及越南战争，庞大的资金需求，在美国经济滞胀持续高涨的背景下，冷战争霸以及战略使得美国卡特政府的资金需求明显上升，政府的财政赤字规模明显扩大，财政赤字在1975年就达到532亿美元，美国国债在1980年就高达1万亿美元。从国际收支来看，非美元国家的外汇储备主要是以美元资产为主，美国则累积了巨额的经常项目逆差，1974—1978年美国贸易赤字高达850亿美元，美元对主要货币发生了恐慌性暴跌。从全球来看，20世纪70年代在石油危机的冲击下，全球步入"滞胀"周期，为了刺激美国快速恢复同时减缓国防压力，卡特政府采用了积极的货币政策和扩展性的财政政策，也进一步导致了美国通货膨胀率的上升，1974年9月到1978年1月物价累计上涨23.9%。从国际金融体系改革来看，20世纪70年代开始，欧洲货币共同体就逐步开展建立过程。在当时的全球经济金融体系下，卡特政府意识到美元持续贬值导致的给美国经济及全球经济带来的巨大负面影响，认为美元持续贬值也将导致美国错过全球经济发展的关键期。在此背景下，美国出台了"拯救美元计划"，其中就包括"卡特债券"。在美国的"拯救美元计划"中，美国还需要得到除了美国以外的以欧盟为主的其他国家的支持，同时，为了得到这些国家的支持，美国还必须承担由于汇率变动导致的汇率风险。1978年，卡特政府发行了以德国马克和瑞士法郎计价的美国债券，总价值为52亿美元。卡特债券为美国拯救美元提供了一种新的融资渠道，同时，也有效地促进了美国干预外汇市场的国际合作。从历史来看，20世纪70年代和2008年美国金融危机时，美国面临的国际经济金融环境具有高度相似性。2008年前后，长期陷入伊拉克和阿富汗战争，以及长达4年之久的金融危机，使得美国财政预算状况陷入75年以来最差的状态。2015年，美国国债占GDP比重、财政赤字占GDP比重分别达到105.15%、4%，远高于同期欧元区的90.7%、2.1%。

2011年以后的美国财政挑战，更是令人触目惊心，在国际收支方面，美国经常项目贸易逆差规模持续扩大，2006年至2009年美国贸易赤字规模分别为7881亿、7312亿、6733亿和3807亿美元，相应地贸易赤字占GDP的比重分别为5.98%、5.30%、4.72%和2.67%。与20世纪70年代美国的所处的环境不同，2008年美国经历的是金融危机，而金融危机对美国及全球经济的危害程度远超过能源危机的影响。也正是美国次贷危机对全球经济发展的深刻影响，在2008年美国次贷危机发生的同时，国际社会一致认为美元过度依赖是当前国际货币体系的根本问题。

因此，如果能够促成美国"总统债券"，将有利于美国转变长期依赖借贷和过度消费的经济增长模式，同时，有利于提高美元储备持有国提高资产的多元化，美国以承担汇率风险为代价促进美国经济结构调整和增长模式转变是值得的。

目前发行"总统债券"时机已经具备。因为尽管美国总统特朗普2016年上台后美元指数有所上升，但根据美元变动规律，美元兑主要货币将处于贬值状态。而且，美国政府干预外汇的资源较为充足，美国黄金储备一直是全球之首，当金价飙升至每盎司1800美元时，其黄金资产也大幅度升值。

如果美国有发行"总统债券"的意向，中国可提供两套方案进行选择：

第一套方案：发行"人民币债券"。发行人民币债券，主要是由境外机构在中国发行以人民币计价的债券，人民币债券与"武士债券"、美国的"扬基债券"类似均属于外国债券。1998年亚洲金融危机后，亚洲国家普遍认识到发展本币债券市场的重要性。"人民币债券"可以包括两种发行主体：第一种是美国直接发行。美国政府可以选择上海及香港作为"人民币债券"发行的主要市场。第二种是依托其他机构的间接发行。美国政府可以依托国际货币基金组织、金砖开发银行、亚洲开发银行等国际金融组织。从第一种模式来看，直接在中国发行债券，可以为中国提供规避汇率风险、促进人民币国际化的有效途径。从第二种发行模式来看，如亚洲开放银行分别于2005年、2009年12月在中国市场分别发行总值10亿元的10年期"熊猫债券"；2005年世界银行下属的国际金融公司也获准在中国发行11.3亿元的"熊猫债券"，同时，这两种债券的发行并未有违约事件发生，同时，对中国最为有利，能够有效地防止美国违约。

第二套方案：美国以英镑、欧元等其他国家货币来发行债券，中国购买美国发行的债券。这种以非美元计价的美国国债，可以提高中国持有美国国债的多元化水平，持续完善外汇储备结构。当前，从全球货币稳定来看，从币种安全性考虑，建议美国发行以瑞士法郎计价的债券。

那么，现实中，美国政府是否同意发行"总统债券"呢？一个最基本的客观事实是，如果美国没有利用美元贬值来逃避美元国债持有国的债务水平，那么美国就存在发行"总统债券"的可能。同时，美国发行"总统债券"对全球金融市场的重要影响在于：向全球释放了美国政府无美元贬值的主观意愿，从而使得美国更加赢得全球投资者的青睐。

三、机制二："通胀联动国债"以规避通胀风险

美国实行量化宽松政策后，美国基础货币上升幅度接近1倍，同时，美国广义货币供应量的年均增长率也高达15%，远超过美国名义GDP增速16个百分点，并且持续突破美国经济历史指标值。实际上，美国量化宽松政策引发全球出现通货膨胀的机制存在六种链条，也即"量化宽松政策→美元贬

值→大宗商品价格上涨→股价上涨→房价上涨→CPI上涨"。美国国债中外国投资者的持有比例越高，那么企图通过高通货膨胀率来减轻自身债务负担的意愿就会更加强烈。但是，约有31%的美国国债卖给了外国人，进一步出台新的"量化宽松"货币政策将是美国摆脱债务的现实选择。如果美元持续处于贬值状况，那么将持续遭受来自输入性通胀的压力。

虽然，2009年8月美国政府就向中国承诺将继续发行通货膨胀保值债券（TIPS），但是仅能解决通胀的增量问题，并不能化解中国持有的大量美债的贬值风险。为了解决好由于美元贬值引发的全球性通货膨胀风险，中国坚决要求美国政府将中国持有的存量美债置换成"通胀联动国债"，防止美债泡沫破灭的风险。

"通胀联动国债"（Inflation-Linked Bonds，ILBs），又称"通胀保护债券"（Inflation Protected Bond）或"通胀指数化债券"（Inflation-indexed Bonds），是美国财政部发行的一种根据通货膨胀指数调整收益率的债券类型，能够有效排除债券投资者因为美元通货膨胀蒙受的损失。"通胀联动国债"利息按照国债拍卖中竞标确定的固定票面利率每半年支付一次，但债券本金和实际利息却与通货膨胀指数相关联。"通胀联动国债"在设计上存在特殊性，它是一种有效规避通货膨胀的工具，同时，它的收益率波动幅度小且与其他资产的关联性较低，因此，该类型国债成为国际投资者的重要资产来源。但是，不同于"名义收益债券"等其他债券，"通胀联动国债"能够有效地保证投资者在规定的时期内获得有保证的真实收益，因而被视为一种较为安全的投资种类。因此，相对美国国债的投资安全性，"通胀联动国债"是一种投资安全性较高的品种之一。目前全球养老基金和部分中央银行在投资中有严格的"AAA"限制。当美国主权信用评级下调AA+时必然导致资金流向的一些变化，市场有可能选择那些长期国债信用水平高于美国的其他币种，如英国、德国、法国、加拿大等。如果美国允许债权国将存量债券转换成"通胀联动国债",便能继续吸引全球养老金基金的投资。

从国际上来看,最早发行"通胀联动国债"的国家主要是,20世纪70年以智利、巴西等为代表的全球通货膨胀率较高的国家,此外,发达国家也发行过"通胀联动国债",如美国(1981年)、法国(1998年)以及日本(2004年)等。从现有统计数据来看,美国发行的"通胀联动国债"占到全球的比重超过50%,美国成为全球"通胀联动国债"的主要发行地。在全球通货膨胀预期风险下,将美国国债的收益率与美国通货膨胀率挂钩,能够有效保护我国外汇财富不因通胀上升而缩水。

也正是美国"通胀联动国债"的特殊性,如果美国能够将中国持有的美国国债逐步转换为"通胀联动国债",将充分表明美国的一个金融诚意信号,即如果因美元贬值引起的通胀压力进一步加大,美国政府不会让投资者承担全部的损失。

第三节　开征短期资本交易税

国际资本流动的实质是资本在收益性、安全性和流动性之间的平衡。判断国际资本流动趋势时应考虑长期因素和短期因素。短期国际资本流动与一个国家的财政货币政策以及国际的套利投机等因素有关;而影响国际资本长期因素,则与全球政治经济以及贸易格局调整有关。正确认识和把握后危机时代国际资本流动新的特点,是提高中国国际竞争力的关键。

一、在历史规律中把握影响国际资本流动的共性因素

20世纪70年代以来,国际资本流动具有明显的周期性特点。根据1970—2016年的《世界投资报告》统计数据分析,国际资本流动从最初在主要发达经济体间流动,到加速流向发展中国家,再到回流至发达国家,经历

了四个演变阶段。

第一阶段（1970—1980年）：美欧资本对流阶段。20世纪70年代美苏冷战时期，社会主义国家几乎被排除在国际资本流入之外。统计数据显示，1970—1980年10年间，整个西方发达国家的对外直接投资流出占全球总流出的99%以上。其中，1970年美国占比高达60%。美欧之间的资本流动加速了彼此之间的经济融合，为欧洲摆脱战后危机和美国经济的腾飞奠定了基础。

第二阶段（1980—1991年）：美日欧"三元对外投资"阶段。20世纪80年代，随着日本经济迅速发展，日本作为资本输出大国，呈现出与美欧并驾齐驱的局面。1980—1991年10年间，欧美日三巨头国际资本流入和流出分别占全球70%和80%。到1985年，日本取代英国，成为全球最大债权国，美国则沦为世界最大的债务国。

第三阶段（1992—2014年）：国际资本加速流向发展中国家。随着苏联解体、日本经济陷入低谷以及越来越多的发展中国家加入国际产业链，国际资本从集中于欧美日三巨头，逐步转化为分散投资，并加速流向发展中国家。截至2014年底，全球流入外资最多的前10个国家和地区中，发展中国家就占据一半席位。其中，中国在全球外国投资中的地位和作用不断上升，并成为海外最大债权国。

第四阶段（2015年至今）：国际资本回流发达国家。随着发达国家逐步走出危机，发展中国家却增长乏力，国际资本自2015年始呈现回流发达国家趋势，2015年中，虽然发展中国家吸引对外投资仍保持环比9%的高增速，并达到7650亿美元的历史峰值，但流入发达国家更为抢眼，吸引对外投资额几乎翻番，至9620亿美元，占全球份额从2014年的41%上升至55%，扭转了发展中经济体占主导地位的态势。其中美国的增势最为明显，2015年全年FDI流入量是2014年的近4倍。

那么，影响近半个世纪国际资本流动的决定性因素是什么？

从长期看，主要有四大推动力：

一是世界制造业中心的转移与变迁。在世界经济史上，先后出现过英国、美国、日本、中国四个世界制造业中心，制造业中心需要有庞大的资金流入和流出。从国际资本流向上可以明显看出世界制造业中心转变的趋势，18—19世纪的英国、二战前的美国、20世纪50—60年代的日本和德国以及20世纪末的中国，就是凭借世界制造业中心的地位吸引全球资本流入与流出的。

二是国际货币体系的演变。在金本位下，英国是国际资本流动的中心。在布雷顿森林体系下，全球经济和贸易的增长需要更多的美元作为支付手段，国际资本流动呈现以美国为主的单中心局面。从70年代中期开始，随着牙买加体系的建立，美国对外投资流出占世界总量的比例持续萎缩，欧洲、日本等拥有主权货币的国家对外投资量日益增大，以美国为单中心的资本流动开始向美日欧三中心互流转变。

三是超大型区域集团联盟的形成。20世纪80年代以来，随着全球化进程加快，区域经济合作越来越受到重视。尤其是近20年，国际投资协议剧增，欧盟、北美自由贸易区、亚太经合组织、东盟自由贸易区等超大型区域级别联盟的形成，直接影响全球直接投资新格局。其中，亚太经合组织是目前最大的区域经济集团，占全球资本流入量的54%左右。

四是跨国公司的主体作用。20世纪90年代是跨国公司大发展的时期，跨国公司通过并购（而非传统"绿地"式外国直接投资）进入新的市场。20个世纪80年代，跨国并购几乎是美国跨国公司的专有领地，但从90年代以后，欧盟跨国公司已成为主要角色，到21世纪的前三年，在跨国并购中，欧盟跨国公司占全球61%。

二、后危机时代国际资本流动新的特点

国际金融危机对全球造成了严重冲击，发达国家为扭转局面，加快了在

全球战略布局，无论是再工业化，还是新的贸易规则，其背后实际是对资本的争夺。在这些长期因素的影响下，国际资本流动将呈现以下几个新的特点。

（一）在4.0工业革命的推动下，高端制造业中心崛起，推动着国际资本向发达国家回流趋势。在过去20年间，新兴市场一直是吸引国际资本投资的价值洼地，危机后，这种趋势有可能随着高端制造业中心的崛起而有所改变。目前，发达国家加速布局新一轮工业技术创新，强化高端领域竞争优势和全球价值链掌控能力，吸引资本回流。金融危机后，日本的FDI流入呈现大幅增长。美国页岩气跨境并购占2013年石油和天然气行业80%以上，美国能源信息署估计2040年页岩气将占到世界天然气供应量的30%。高端制造业中心的崛起将对低端制造业的资本流入形成挤压局面。

（二）伴随大型区域贸易集团的崛起，国际资本流动将进一步呈现多中心化、分散化的特点。从地区看，贸易圈内国家，由于交易成本降低和资本回报率的提高，自然成为资本流入的目的地，而贸易圈外国家则会受到明显冲击。从性质上看，资本有可能成为超越主权国家控制的力量。在WTO规则下，资本开拓海外市场需要主权国家的支持，这时的主权国家扮演着重要的角色。在"T三角"新的贸易规则下，通过"投资者-国家"争端解决特殊机制，资本有能力脱离本国政治和社会的控制，成为超越主权国家控制的力量，是一个更高层次的资本帝国。

（三）随着新兴市场资本账户开放，证券投资尤其是债权投资呈加快增长趋势。长期以来，外国直接投资是国际资本流动的主要形式，在1991年以前占比接近100%。后危机时代，随着新兴市场资本管制的放开，证券投资占比预期将呈现上升趋势。这种趋势在过去十来年中，已有所呈现。统计数据显示，从2005—2013年，FDI净流入占资本总流入比从56%下降到49.03%。在证券投资中，股权投资从12.79%下降到5.40%，而债权投资从10.85%提高到15.86%。因此，后危机时代，新兴市场受利率、汇率以及流动性突变的风险也必然加大。

（四）美元已进入长周期升值阶段，新兴市场资本流出风险加大。自1973年美元指数建立以来，美元已经历了三轮下跌和三轮上涨周期。历史上，美元上涨周期与美国新经济到来需要国际资本流入高度相关。危机后，美国的再工业化和页岩气革命必然推动美元再次进入长周期上涨。全球化时代，全球资金的关键不在总量，而在流向。新兴市场相对于发达经济体来说，美元贬值是"印钞机"，美元升值是"提款机"，即历次美元贬值，都给世界带来通货膨胀；而历次美元升值，新兴市场货币都会面临"攻击性贬值"而带来灾难性打击，甚至爆发危机。

三、开征"金融交易税"是国外管理短期资本的国际经验

针对短期资本频繁流动，国际上的普遍做法是征收"金融交易税"，以达到将短期投机资本转变成长期投资资本的目的。"金融交易税"的思想源于"托宾税"，是诺贝尔经济学奖得主、美国经济学家詹姆斯·托宾在1972年首次提出的。金融交易税是以金融交易为课税对象的税收，其初衷是通过征收金融交易税减少短期资本流动的规模和金融市场的波动性，减轻金融市场中的羊群效应。托宾形象地将其比喻为"往飞速运转的国际金融市场这一车轮中掷些沙子"，降低国际资本流动规模和速度，缓解国际资本流动尤其是短期投机性资本流动规模急剧扩张造成汇率不稳定。

历史上发达国家通过"托宾税"，基本实现了短期资本长期化的目标。"托宾税"作为间接调控经济的一种手段，管理成本相对较低，能够平抑金融市场的汇率波动，曾在多个发达国家取得良好效果，不仅降低了央行外汇冲销成本，还控制了外资流入的规模，基本实现了短期资本长期化的目标。美国在20世纪60年代征收的利息平衡税；1977—1978年，德国政府为控制马克升值，提高了非居民在德国的存款准备金率。1977年，日本对多数非居民

存款征收50%的准备金率，1978年更是将这一比率提高到100%。而欧洲货币体系机制本身就隐含托宾税（当实际汇率偏离目标汇率区间后，就可对目标汇率与实际汇率的差额进行征税）。

20世纪90年代新兴市场国家普遍采用"托宾税"来抑制资本短期流入。20世纪90年代哥伦比亚实行无息准备金等资本管制政策。1996年新加坡政府为遏制房地产泡沫，规定在购房三年内，如要卖出必须缴纳100%资本收益税。1991年智利政府为抑制资本短期流入，规定金融投资或证券投资进入的短期外国贷款，必须交纳10%的非补偿准备金。从实践来看，"托宾税"有助于引导资金流向实体经济。如智利90年代实行托宾税后，有效地将一部分短期资本转化成了长期投资。中长期资本流入在全部资本流入中的比例，由1990年的23%上升到1997年的62%。智利的短期对外负债占整体对外负债的比重从政策实施初期的19.4%下降到政策执行期末的5.4%。同时，智利对外负债的总量（亦即外资流入智利的总量）保持了稳步增长。

次贷危机期间，较多国家倾向征收金融交易税，以规避市场剧烈震荡。在金融危机期间，巴西的金融交易税曾变动多次。2009年10月，为了控制热钱流入，缓解汇率升值压力，巴西对进入该国购买股票或固定收益债券的外资课以2%的金融操作税（IOF）。2010年10月，该税率对债券投资提高到6%、对股票基金投资提高到4%，同时对一些潜在的漏洞进行了封堵，例如通过存托凭证（ADR）市场试图避免此税的交易。2010年12月，韩国对银行的非存款类外币负债额外收费。期限一年以内的，征收0.2%；1—3年的征0.1%；3年以上的征0.05%。2011年初韩国开始对外国人购买国债和货币稳定债券的利息征收14%的预提税。这些政策的主要动机是抑制国际短期资本投机韩元升值。2012年8月1日，法国成为欧盟第一个引入金融交易税的国家。截至2012年10月17日，已向欧盟递交有关金融交易税合作官方申请的国家有德国、法国、比利时、奥地利、斯洛文尼亚、葡萄牙、西班牙、意大利和希腊等九个国家。

国际货币基金组织也支持征收托宾税。在金融危机的冲击下，国际货币基金组织对国际资本流动管理的理念也有质的变化。危机之前，国际货币基金组织主张资本流动管理开放市场。2011年4月5日，IMF通过了一份支持资本管制的政策性框架文件，建议：如果一国经济出现"货币没有低估、外汇储备超出合理水平或央行冲销成本过高、通胀压力或资产泡沫等经济过热现象，同时财政和货币政策收缩空间有限"，即可采取资本流入管制措施。这些措施包括针对外国短期资本和外资贷款征收托宾税和无息准备金等措施。

总之，发达国家和新兴市场国家所采用的各种审慎手段在短期内都在一定程度上达到了其抑制资本流动的目的，否则也不会反复、持续地被使用。

四、中国"金融交易税"方案设计

现阶段，我国可依据"托宾税"原理，开征"金融交易税"，以实现短期资本长期化的目标。具体实施框架如下：

（一）在征收范围上，重点是对短期外债征收交易税。目前，中国资本项目实行管制，没有必要对所有的资本交易征税。从外管局的监控数据来看，当前我国压力主要是短期外债增长较快，截至2012年末，我国短期外债余额高达73.39%，为自2001年以来的最高水平。其中有相当一部分"热钱"并不满足于汇率套利，而是盯住利润更为丰厚的房地产市场和资本市场。因此，可以考虑对短期外债（包括外资企业与外资银行的外债）征收交易税。

（二）在税率设计上，实行"基本流动税"和"多级惩罚性税率"两级体系。（1）零"基本流动税"不影响正常资本流动。由于"金融交易税"是全球性税种，若单一国家启用，将对该国FDI等合法资金流动造成影响。对此，我们可以将税率设置成两级"金融交易税"。即以一定资本流入量和资本流出量为分界线，实行0%基本流动税和0.2%—1%的多级惩罚性税率。在资本流动正常情况下，0%的"基本流动税"，不会影响正常资本流动，而且通过此操作，监管部门可以摸清人民币炒家的真实情况。（2）多级惩罚性税率可迅速抑制资本过度流动。国际市场上往往长期资本与短期资本并存，投资与投机力量相伴，在一定条件下，长期资本可能会转化成短期资本；反之，短期投机资本也有可能转化为长期投资资本。当资本流入量迅速增加，出现投机冲击时，实行0.2%—1%多级惩罚性税率，以增加短期交易成本。比如，在税率为0.2%时，如果每交易日交易一次，一年累计税率达48%；若每周交易一次，一年累计税率将达10%；若每月交易一次，一年累计税率将达2.4%。高昂的惩罚税成本，可迅速抑制资本过度流动，平抑人民币升值预期，也能达到鼓励国际资本作长期投资的目的。

（三）征收机关：由外汇管理局征收较为合适。由于短期外债、境外抵押借款的每笔结汇，都会在外汇管理局形成交易备案记录，由外汇管理局征收"短期资本交易税"，便于及时监控。为此，监管部门应尽快建立一个真正有效的统计体系，明确且真实地反映"热钱"数量。目前，中国的监管框架很难完全监控"热钱"。比如，对贸易项下的"热钱"流动，负责监控"热钱"的是外管局，但监测进出口价格变动的却是中国海关。对于外管局来说，很难清楚掌握类似"转移定价"的猫腻。

（四）用途。将征收来的金融交易税用于建立"国家金融稳定基金"，达到对抗金融市场的动荡，强化"金融安全网"的目的。征收"金融交易税"可达到两个目的。一是有利于国际短期资本流向实体经济。税收手段直接影响投机者获得的回报率，因此能直接制约其投机的动机。建议在实体经济中开辟出"池子"接受外来资金，让短钱安分地转化为中长期的投资资金，引导"热钱"流入中国经济亟需的领域，将是应对"热钱"的积极思路。二是对资本项目管制，从数量型管制向价格型管制转变。当前，我国对于资本项目中短期资本流动的管理，主要是通过设立境外合格机构投资者（QFII）的审批制度，由国家外汇管理局批准 QFII 可投资境内资本市场的投资限额，这是一种数量型的管制措施。随着国际资本流动呈现越来越多的多样性和复杂性，这种数量型资本管理的有效性也会随着时间的推移而有所下降。而金融交易税的特点是通过提高资本频繁流动的成本，是一种价格型的管制措施，能够充分发挥市场机制在调节跨境资本流动中的基础性作用。

第四节 将资产价格稳定目标纳入系统性金融风险监管框架

2008 年发生的金融危机将各国中央银行置于全球舆论热点中心。一方面，人们认为全球次贷危机的爆发主要源于各国中央银行的政策及行为，另一方面，又普遍认为中央银行是带领各国走出金融危机的主力。客观上讲，上述两种论调都是公正的，中央银行既是风险的来源，也是风险的处理者。随着危机的结束和复苏的来临，中央银行面临一系列问题，其中中央银行面临的一个重要问题就是如何面对潜在的资产泡沫。

2008 年金融危机后，是否需要将资产价格纳入中央银行的货币政策框架，成为学界和政界关注的一个焦点。金融危机前，只是理论探索阶段，金融危机后，中央银行如何面对潜在的资产泡沫这一问题，从后台走向前台。具体来看，这个问题可以裂变为两个问题：货币政策对资产泡沫是否有效？央行如何监管资产价格？

一、金融危机前的争论

可以说，对资产价格失衡的判断是个世纪性难题。欧洲中央银行行长特里谢曾经提出，"资产价格泡沫和货币政策关系问题，是进入 21 世纪以来，现代中央银行面临的最大挑战之一"。自 20 世纪 90 年代以来，资产价格波动幅度更加明显，对经济运行及金融稳定影响较大。这对理论界和中央银行提出挑战：衡量币值时是否需要考虑资产价格，或者以其他方式应对资产价格膨胀？2008年金融危机前，各国央行和学术界关于央行货币政策在资产价格中的作用主要有两大派：

一是以格林斯潘为代表的"不干预论"。他们认为资产价格不应被纳入货币政策目标。主流的看法是，货币政策应坚持传统的物价稳定目标，主张在泡沫破灭后再采取行动阻止其对实体经济的影响。这便是所谓的"格林斯潘原则"。

不干预论的存在有三个方面的依据：一是无法识别资产泡沫，尤其难以区分资产泡沫有何种因素影响，是中央银行面对资产价格政策决策的重要障碍。二是在识别出资产泡沫及其风险程度的情况下，货币政策在干预资产价格的过程中仍然存在钝化效应，对资产泡沫的遏制效果相对有限，因此，在不确定性加大的情况下，相对比于泡沫的自然消亡，货币政策干预的社会危害性相对更大。具体来看，货币政策对资产价格泡沫作出反应时，利率会逐步提高，社会融资成本相应提高，实体经济产出将明显下降，但是，高利率对资产泡沫未造成可测的或者直接的影响，那么将难以评估实体经济损失的代价。三是在推动经济增长的过程中，资产价格的作用逐渐加重，中央银行应该逐步关注资产价格。以格林斯潘为首的美联储非常清楚，美国必须利用资产泡沫为自己服务。鉴于证券行业和房地产行业对美国经济金融的巨大影响，最近十多年来美联储在政策选项上一直是尽量延长资产价格泡沫。美国坚持延长资产价格泡沫自有它的一套逻辑，美国必须严格守住它在金融领域的相对优势，即作为全球资金调度中心的地位。美国要充分利用这种优势地位使美国的利益最大化。

二是以学者居多的干预派。货币政策应当关注资产价格的变动，主张有效遏制资产价格泡沫问题。具体来看，按照干预程度的情况，干预论的观点可以划分为两种：第一种是温和干预观点。"逆泡沫行事"（Lean Against the

Bubble）是温和干预观点的主要变现，突出表现为中央银行在设定宏观目标中，应该充分结合资产价格变化的现实情况，并且及时作出如何应对资产泡沫变化程度的举措，同时，中央银行要相对温和地引导资产价格，尤其是要防止资产价格泡沫偏离原有价值路径。因此，在资产价格快速上升阶段，货币政策不仅要关注紧缩的情况，抵消货币政策对潜在产出以及物价指数的影响，同时，要加大追加力量，严格遏制资产价格[12]。这种货币政策的逻辑主线在于：资产价格的变动将对经济金融产生非对称性的影响。当资产价格处于下跌趋势时，资产价格的担保价值会明显下降，整个金融体系将面临通缩困境。因此，中央银行利用利率工具来遏制资产价格变动带来的风险时，实际上是为金融体系上保险。此外，更为激进的干预政策在于，中央银行应积极主动地去硬着陆"泡沫"，抑制潜在"泡沫"。

　　争论的结果是，不干预论占上风，并在货币政策实践中得到了充分体现。在"格林斯潘原则"的影响下，各国央行采取以物价稳定为目标的货币政策，消极应对资产价格泡沫，不界定资产价格泡沫，也不用对资产价格泡沫进行干预，更加关注在"事后清理"泡沫，亦即在泡沫破裂后，中央银行及时向金融体系注入充足的流动性，以缓解泡沫破裂对经济的冲击。实施"事后救助"政策过程中，中央银行将无视资产价格的上涨，等待资产价格泡沫的破灭再进行处理。这种政策操作，将会导致投资者产生明显的资产价格上涨的正向预期，资产价格泡沫持续加大，资产价格风险持续上升。2008年的次贷危机对全球经济社会发展的破坏性，进一步印证了"事后救助"政策的不利影响。2008年的金融危机也导致了"格林斯潘原则"的重要支撑跌落，亦即"资产价格泡沫破灭后清理成本很低"的论点。相反，人们普遍认为金融危机

---

1 Borio, Claudio and Philip Lowe, "Asset prices, financial and monetary stability: exploring the nexus", BIS Working Papers, No 114, July, 2002.

2 Bordo, Michael D., Olivier Jeanne, "Boom-Busts in Asset Prices, Economic Instability, and Monetary Policy", National Bureau of Economic Research, working paper No. 8966, May, 2002.

的清理成本非常高。资产泡沫后较高的清理成本，也使得中央银行应该反思清理政策的合理性和有效性。2008年美国次贷危机后，以瑞典、日本、英格兰等国家或地区在内的中央银行逐步反思货币政策与资产价格间的关系，货币政策对资产价格泡沫会产生一定的抑制作用，需要将金融周期纳入货币政策的基本框架内，并以此来调整。

二、危机后面临的现实难题

政策争论背后的各种困境，是如何界定与识别"资产价格泡沫"。泡沫尽管难以界定，难以识别，但是，它们在历史上确实是存在的，而且是反复出现的。伴随着全球流动性的膨胀，低通胀与高资产价格的同时出现并非偶然。20世纪20年代后期美国的资产价格膨胀和20世纪80年代后期日本的"泡沫经济"恰恰出现在一般价格水平比较稳定的环境中。"虽然资产价格的波动并不是什么新现象，但是多数工业化国家过去20多年中，一个显著的特点是资产价格的持续上升和急剧下跌发生在消费物价下降和宏观经济稳定的环境中"。从历史上几次大的资产价格泡沫形成来看，也都是出现在消费者价格指数稳定的环境下[1]。因此，传统的货币政策是以物价稳定为首要任务的，但是，物价稳定与中央银行的另一项任务，即保持金融体系的稳定并不总是一致的，两者之间可能存在冲突。由于金融市场的发展，银行信贷资金可以通过多种渠道流入资产市场，造成借款人与中央银行"捉迷藏"的局面：央行原本希望进入实体经济的低成本融资被动员到资产市场；宽松的货币政策未推动消费者价格指数走高，但资产泡沫化成为事实。这造成中央银行的政策两难。资产价格上涨与消费者价格指数走高之间存在时滞，因此，以消费者价格指数为目标的货币政策只能放任资产泡沫发展，直到金融危机发生。

---

[1] Borio, Claudio and Philip Lowe, "Asset prices, financial and monetary stability: exploring the nexus", BIS Working Papers, No 114, July, 2002.

Filardo, Andrew, "Monetary policy and asset prices", *Economic Review*, vol. 85, 2000.

这就是一种"马后炮"。

货币政策能够抑制资产泡沫的基本前提是，需要将资产价格纳入居民消费价格指数中。但是，在实践中，世界各国的物价指数中并没有包括资产价格。原因在于物价是流量分析，可以反映不同时点上商品消费成本的变动，资产不应包括存量资产。比如，物价指数中就不包括住宅价格指数，但是却可以将房租纳入物价指数中。但现有的通货膨胀指标不能全面准确反映货币购买力的变化，必然导致资产价格泡沫周期。伴随居民财富积累的增加，除了房地产和股票等银行存款外的资产占比逐步加大，实体经济受到资产价格波动的约束也逐步加大。

三、针对资产价格特征探索新的解决方案

针对资产价格泡沫问题，传统货币政策的影响效果不佳，中央银行应控制资产价格，需要打破传统思维，探索符合资产价格现实的解决途径。

（一）央行应把货币政策视野从居民消费价格指数扩至物价总水平

现有研究成果，主要是以消费者价格指数来衡量通货膨胀状态，并未纳入反映居民和社会购买力的货币指标，因此，通货膨胀率并未反映货币购买力变化情况，而是低估了货币购买力的变化实际。用消费者价格指数衡量当前的物价是有偏差的。在美国消费者价格指数的体系中，住房类支出的权重占到42%左右，在中国只占15%左右。租房价格的上升，反映到消费者价格指数综合水平中是比较小的。房价上升人们都变穷了，但是整体的物价还在下降。中国在制定货币政策的过程中不应只监控消费者价格指数的上升，还应关注资产价格，特别是房地产及股票价格的变化。央行应把货币政策视野从消费者价格指数扩至物价总水平，将包括资产价格在内的广义价格指数作为货币政策关注的目标，货币政策调控也需要更多地关注资产供应和需求。

针对上述观点，林毅夫认为，中央银行在制定货币政策时，应该关注资产价格以及股票市场，将二者纳入到消费者物价指数，从而抑制新的资产价格泡沫，严防新的金融风险。国际清算银行和美、日、欧等国的中央银行，也在重新检讨货币政策应关注何种口径的消费物价指数。上述分析表明，我们似乎有必要更加关注消费物价指数之外，更为广泛的物价变动。

但是，如果物价指数中纳入资产价格将会面临诸多问题。央行官员张晓慧指出了三个方面的困难：第一，如何将资产价格变化纳入物价指数的统计体系，本身就是一个较为复杂的问题。第二，资产价格表现出波动幅度大、影响要素复杂的客观特点，判断资产价格的趋势难度加大。资产价格纳入价格指数后，货币政策也较难根据价格指数选择调控的时点和力度。第三，资产价格纳入后存在国际协调方面的问题。当前，全球尚未形成具有统一性的物价衡量标准，这导致各经济体难以对非消费价格指数的变化作出及时有效的反应，同时，也缺乏反应的动力。故而，在其他经济体未作出应变资产价格变化的举措下，单一经济体实施紧缩性货币政策将遭受来自内部经济发展的压力，尤其是面临抑制本地经济增长的客观现实。

虽然，存在上述三个方面的问题，但是探索如何让货币政策更加对资产价格、初级产品价格变动的适应性更强，更为客观、精准地衡量物价指数，切实提高宏观经济金融政策的有效性和前瞻性，有利于促进经济的健康持续发展，改善国民的整体福利。现实中，在货币政策中纳入资产价格，有顺应全球经济周期和通货膨胀机理变化、促进金融经济稳定的积极一面。但是，在实践中，如何有效考虑资产价格的变化，依然是货币政策设计过程中面临的深刻问题，需要进一步探索。

（二）建议用"资产价格膨胀"取代"资产价格泡沫"

当前，价格失衡和资产价格失衡的衡量方式是完全不同的。一般而言，对于价格失衡的主要衡量方式是通货膨胀率，而不是通货泡沫，而膨胀是指价格指数的加速上升状况，判断的标准是价格超过某一特定值（如2%），且不追究其形成要素。但是，资产价格失衡的主要衡量方式是资产价格泡沫，资产价格泡沫尚无统一、标准的量化标准，从而加重了全球不同中央银行衡量资产价格泡沫的难度。

为此，有必要参考一般价格在衡量通货膨胀率状态的方法，来制定资产价格泡沫的衡量标准，一方面，将资产价格膨胀用来衡量资产价格失衡的状态，而不是资产价格泡沫。另一方面，将资产价格膨胀设定一个绝对基准值，如过去35年里美国房价指数的季度环比平均增长率为1.26%，美国可以此作为资产价格失衡的基准值，从而监控房地产市场的稳定性，并作为货币政策干预的标准，提高货币政策执行的效率和透明度。

（三）货币政策采用第三只眼睛看资产价格

将通货膨胀和资产价格同时作为货币政策目标，在两者背离情况下会造成货币政策顾此失彼或经常变动，误导市场预期。如果货币政策不直接以资产价格为目标，而在消费者价格指数正面目标中涵盖资产价格因素，就可以避免失误。

以伯南克为代表的"有弹性通货膨胀目标"模型就是典型的第三只眼睛看资产价格方法：将价格稳定及金融稳定看作经济社会发展的两个基本目标，并置于同一分析框架之中。弹性通货膨胀目标中包含了通胀预期，可以反映金融失衡和资产价格失衡要素，从而能够在金融失衡或资产价格失衡状态下通过利率机制来调节通胀水平，可以为稳定金融市场和资产价格提供必要环境。该模型设计能够保证央行利率提升幅度总是大于预期通货膨胀率，以确保实际利率水平随未来通货膨胀上升而稳定增长，从而发挥货币政策的稳定器功能。在机制中，中央银行要对通胀预期作出先发制人、积极及时的反应，但不需要将货币政策锚定资产价格变化，除非资产价格变化已经对通胀率的变化产生直接反应。

伯氏机制更合理和可行。伯氏机制发现了未来通胀预期与资产价格变化之间的关系。一方面，资产价格对未来通胀率具有明显的传导机制。如，我们可以观测到，当股票价格上升时，企业将获得更为充足的资本，从而有利于企业增加投资，提高相应的消费及劳动力成本支出。同时，房价和股价的上升，也会通过财富效应刺激居民增加消费支出，但是，投资以及消费支出增长也会导致通胀率的上升。另一方面，投资者对资产未来预期价值的现值是资产价格的决定要素之一，其他，就包含了投资者对未来价格预期。从观测数据来看，资产价格，尤其是房价变化对 1—2 年后的通胀率具有经验性的预期功能。如，中国 2006—2018 年以及美国 2000 年以后的两个通货膨胀周期中，均表现出"股价涨—房价涨—物价涨"三部曲特征，如图 9-13 所示。在这个环环相扣的节奏中，货币政策不及时调整，那么将导致物价指数的持续上升，导致超级通货膨胀的发生。

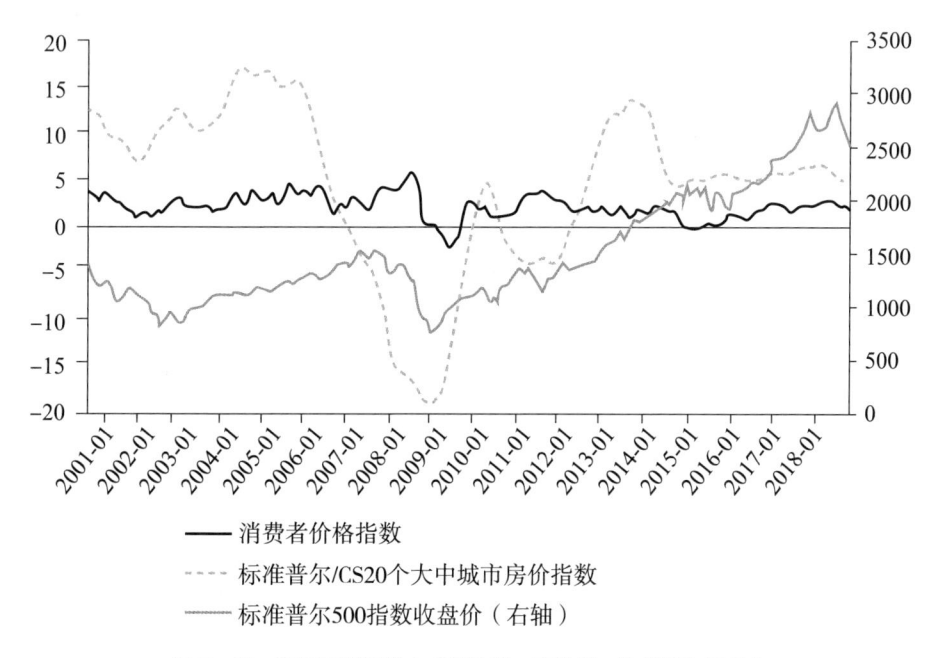

图 9-13　美国通胀周期中"股价涨—房价涨—物价涨"三部曲

资料来源：Wind 数据库。

控制通胀预期是中央银行货币政策控制资产价格变动的主要目标之一。基于上文中的经验值，通胀目标控制也需要延长 1—2 年。这种动态利率决策模式的优越性正在被证实，某些央行已计划采用这种模式，如欧洲、英国等国家已经开始制定旨在维持价格稳定的长期目标，在货币政策设计中就已经包括资产价格变动的风险要素。

（四）在实践中探索灵活的政策规则

在货币政策制定过程中，中央银行会根据经济社会发展的客观实际来考虑金融稳定以及物价稳定政策目标的先后顺序，因此，采用刚性货币政策规则将不利于上述政策目标的实现，而需要根据经济社会发展实际采用灵活的政策规则。

在正常情况下，货币政策不对资产价格波动直接反应，但是依然需要通货膨胀预期中纳入资产价格波动要素。在货币政策的这种变化中，实际上是通过物价水平的变化来间接对资产价格的变化作出反应，而不是直接将资产价格指数作为货币政策的反应函数。因此，货币政策在常规操作中仍然要遵循泰勒规则，只是在货币政策反应中需要考虑资产价格变动对通胀的影响，从而依据本国资产价格波动影响通货膨胀的实际程度完善货币政策的反应函数。

建立资产价格风险监测体系，视情况对资产价格波动进行事前反应。事前政策反应，是资产价格波动对金融体系的稳定发展产生威胁时在央行货币政策纳入资产价格变动的政策反应。事前反应的存在具有重要的必要性，原因在于：一方面，可以产生中央银行会对资产价格进行干预的政策预期，从而减少投机心理，另一方面，可以直接减少资产价格波动，维持金融稳定性。难点在于中央银行如何有效地发现事前反应的最佳时机和反应的政策程度，关键在于中央银行建立资产价格风险监测体系，从而为资产价格冲击金融稳定的程度提供客观依据。尤其是在设立风险监控体系中要通过多维度、广结构的指标体系建立风险区间，设立风险异动标准区间，并建立相应的风险异动政策库。但是，资产价格风险监测指标设计的科学性、系统性仍然依赖于央行对资产价格波动及其影响的研究和量化的程度，对央行专家的能力提出了更高的要求，同时，也对央行的独立性提出了更高的要求。

资产价格波动导致金融风险出现后，有效进行事后反应。事后反应对减少金融体系的资产价格冲击具有重要价值，原因在于：央行在对资产价格波动冲击的事后反应政策设计中会存在诸多要素约束，同时，资产价格波动具有非对称性，事后处理及时得当能够有效地减少资产价格波动带来的经济损失。为此，需要发挥好央行"最后贷款人"的功能与作用，及时救助处于困境中的金融机构，加大金融市场流动性注入，快速恢复市场信心，减少资产价格波动对实体经济以及金融稳定性的冲击，推动金融体系快速恢复发展。但是，我们还需要考虑到，央行的事后政策反应还需要考虑救助机构的义务和收益的统一性，防范金融机构的道德风险，提高中央银行事后反应的有效性。

第五节　建立科学的房地产政策框架和调控机制

党的十八大以来，国家就十分重视房地产市场的健康持续发展。结合历年国家房地产政策设计，我们认为"居者有其屋"以及"抑制泡沫"应是我国房地产市场调控的两大基本目标。为此，我们将从四个方面来完善我国房地产政策框架。

一、近期做好"三个引导"工作

本轮房地产市场调控的政策重点是遏制部分城市房价快速上涨的趋势，而不是为了打压房地产投资。只要政策合理得当，将能够有效抵消房地产政策调控的负向影响，继续发挥房地产市场对经济增长的正向拉动作用。针对当前房地产投资表现出的"市场细分"良好趋势，决策层要做好"三个引导"工作，顺势助推房地产企业实现战略性转型。

一是继续引导住宅房企向"保障地产"转型。面对住宅销售的困境，有一定实力的大型房企,如万科、保利、中建、绿地、远洋、富力、首开等出现了积极转向介入保障房建设的倾向。据住宅开发企业分析,虽然政策规定的保障房利润只有3%—5%,不到商品房的1/10,但是建立保障房的收益政策风险较低,是快速回笼资金的有效方式。建立保障性住房是未来一个值得深入关注的新动向,决策层要明确鼓励房企参与地方的保障性住房建设,如果引导成功,未来数年间保障房建设规模必将呈持续扩大趋势。一旦资金实力雄厚的商业性房企大规模保障房建设,将可以解决政府主导的保障房建设资金严重短缺问题。

二是继续引导住宅房企向具有消费和服务性质的"商业地产"转型。作为国家政策调控的中间地带,住宅和商业住宅的此消彼长是房地产市场发展的基本趋势。资料显示,在住宅企业未能完成业绩时,商业地产却保持较高收益。如果维持调控政策,或者在现有的情况下,大中型开发企业将会无一例外地加强在商业地产或者其他行业的投资比重。这既是企业未来规避政策风险的天然选择,也是中国逐渐向消费型、服务型经济转型的必然结果。

三是继续引导住宅房企向具有"调结构"性质的"工业地产"转型。当前,我国已经开始进行战略性调整,突出区域振兴发展,以及加快培育战略性新兴产业的政策导向,这必然要带动更多的总部园区、高科技园区等建设。但是,长期以来,工业地产并未受到房地产业界的关注。需要注意的是,当前对房地产市场住宅市场的调控已经将部分投资挤入工业地产中。因此,国家应出台相关政策鼓励和支持相关具备资产的房地产企业涉足工业地产领域。

二、中期实行"保低放高、实物建房为主"模式

新加坡和日本在解决中低收入家庭的住房问题上的经验值得借鉴。在新加坡,居民住宅包括商品住房以及政府组屋等两种类型。其中,商品房的购买者主要是外国公民、投资者以及二次置业者;组屋是由新加坡政府投资统

一修建，价格同样由政府按照社会福利价格制定，主要用于解决国内中低收入群体的住房问题。相关统计资料显示，过去40年内，新加坡共建设了超过100万套组屋，约有54%的居民受益。与新加坡相似，日本政府十分注重中低收入者的住房问题，采用遵循"保低放高"的原则，对中低收入群体提供廉价住房以及优惠房贷，高收入者的住房问题则由市场解决。日本的实际措施是，中央政府通过财政鼓励和支持地方政府收购或新建商品房，再以低价出售（租）给中低收入人群。大量低价房和廉租房在日本政府的努力下成功填充了市场，既解决了大部分国民的住房问题，也有效平抑了房价。

"十四五"时期，中央明确提出"居者有其屋"的战略目标。为保障中低收入群体的居住诉求，在借鉴国际经验的基础上，我们也持续坚持市场和政府兼顾的路径，采取"保低放高、实物建房"政策。一是逐步提高保障住房的规模。对于低收入家庭，以租住租赁房和公共租赁房为主；中等偏低收入家庭，以经济适用房、共有产权房以及限价房为主。争取用10年左右的时间，将保障性住房占比从目前的10%提高到40%。二是持续降低保障性住房价格。建议从以下三个途径降低保障性住房的房价：①将经济适用房的目标价格控制在家庭年收入的6倍以内；②廉租房的目标租金水平控制在市场租金的30%—40%左右；③将家庭可支配收入的25%作为低收入家庭"可支付性"的判断标准。

三、长期建立稳定的房产税收制度

房地产市场具有很强的市场属性，供需关系是房价的决定性要素，不能忽视房地产市场的经济规律。为此，解决房价问题，需要从房地产市场供给与需求角度入手，在抑制需求方面要建立系统、科学、长效的政府调控框架。

从经济手段来看，调控房价的落脚点是税收问题，因此，解决好税收问题是解决房地产市场供需失衡的要点。房产税是任何国家或地区搞市场经济都实行的税种，只要是市场经济，就必须实行房产税，否则市场经济就像"重要器官缺陷"的残疾人一样。房产税是以房屋为征税对象，按房屋的计税余值或租金收入为计税依据，向产权所有人征收的一种财产税。税收制度的完善和建立有利于让社会建立一种符合实际的、长远的心理预期。早在2007年4月27日，温家宝总理主持召开的常务会议，提出八项措施引导和调控房地产市场。八条措施之中特别提到了"运用税收等经济手段调控房地产市场，特别要加大对房地产交易行为的调节力度"。目前，我国房地产税制设计仍处于起步阶段，税制不合理，难以有效地适应我国房地产市场快速发展的客观现实。

从实际操作来看，房地产税收管理包括交易、保有及继承等三个环节，大部分西方国家已经建立起了包含上述三个方面的房产税制体系，而我国除了交易环节的税收外，其他环节的税收制度仍处于探索阶段。也正是在房产税的强力调节下，英国等房产税健全及政策适应性强的发达国家的房地产市场保持了较为平稳的发展态势，较少出现暴跌和暴涨的现象。

（一）征收房地产交易税

在交易环节上，我国税收制度仍以"放行"或"宽松"为主，税制仍不健全。从实际操作来看，我国房地产税在交易环节中的征收重点，仍然是以营业税为主的流转税，但是，流转税的实际缴纳主体是购房者，对于抑制居民的购房需求起到了一定的积极作用，但是，对于房价投机者的抑制作用并不是十分明显。实际上，打击投资在房地产市场的投机行为，需要征收更为严格的交易税，尤其是征收非自住房交易的所得税。如英国采取分档征收交易印花税：房价所得税1%税率，对应的房产价值是17.5万—25万英镑；3%—4%的税率，对应的房产价值在买25万—50万英镑；零税率，对应的房产价值低于17.5万英镑。不同交易税的设置，既不会对大众购房者的购房造成过高的经济成本，同时，又可以严厉打击购买豪宅及高端住房的投资者。

增加二手房交易税也是抑制投机性的手段。如韩国是采用重税及累计税制来整治房地产市场过度投机的典型国家代表。具体来看，自 2006 年开始，韩国对居民出售的第二套及以上住房交易征收 30% 的资本增值税，2007 年开始第二套住房出售交易资本增值税上升至 50%，第三套住房交易增值税上升至 60%。同样，在英国，居民的唯一住房出售无需缴纳资本增值税，其他类型的房产交易征收 10%—40% 的增值税。从实践效果来看，资本增值税的征收是遏制房地产投资行为的有效方式。

近年来，我国尽管在政策上规定，要按照交易所得交纳个人所得税，但在具体执行方面又网开一面，比如可以按照较低比例的交易额来代替交易所得税，再加上普遍盛行的"阴阳合同"问题，使得个人房地产交易所得税征收完全走样了。2010 年 3 月 25 日起，济南对二手房交易按买卖差价 20% 的个人所得税率征收，原来执行的按总价 1% 的税率政策废止，一旦向全国推广济南的做法，将对炒房者造成沉重打击。

(二) 保有环节征税

从保有环节来看，房产税是最具可操作性的税种。对个人住房保有环节征税则是对房价的一种中长期"调理"，是有效抑制房地产投资的一种重要手段。对第二套及以上的房屋征重税，是全世界大多数国家的通常做法。英国、韩国等国家对保有环节征以重税的税收制度，不仅客观上起到了抑制投机、稳定房价的作用，而且还把房价上涨的很大一部分收益以税收形式纳入国库和地方财政，扩大了各级政府增加保障性住房的财源，维护了社会公平。

在保有环节上，我国目前主要是在一些城市搞试点，现在已有上海和重庆两种模式。上海模式主要目的就是打压楼市中的投机炒作，其保有环节税收政策仅针对新增住房，没有实现真正意义上对保有环节征税。重庆模式尽管在税收政策方面包括存量房，但征收范围主要是针对高端的物业，则重点放在调节贫富差距上，更加符合底层劳动者的心理诉求，与真正意义上保有环节征税相差甚远，而且税率很低，根本没有起到抑制房价的作用。如重庆将对部分"高价房"收取1%的房产税,而上海版房产税的税率,一般在0.4%—0.8%之间。

（三）征收遗产税

迄今为止世界上已有100多个国家和地区征收遗产税。征收遗产税的主要目的在于,抑制国家或地区财富的过度集中,以及财富过度集中导致的社会贫富差距加大。美国、欧盟等发达经济体中阻止富人阶层购买房地产的主要做法,就是开征高额的遗产税。从世界各国的实际来看,遗产税的税率普遍设置在1%,日本等国家的相应税率在70%及以上,英国则是对超过一定金额的房产征收遗产税。遗产税的征收对象是房主去世后的房产以及在世时赠与或由子女继承的房产。2009—2010年,在英国超过32.5万英镑的房产都需要缴纳40%的遗产税；美国则是各州采用不同的税率计算方式,在公平的房产价值基础上来计算评估价格,同时,美国的房产税具有累进制特点,最高者的税率超过80%。此外,中国台湾地区遗产税的征税税率为50%。

在继承环节上,中国还没有起步,这也是推高房价预期的主要原因,一些人将子女甚至是"子女的子女"的房子都预先买下了,反正不需要征税。中国城市化进程和房地产均价比发达国家还有很大差距。中国还应该放水养鱼,让城镇化率快速上升到发达国家的水平。唯有缓征遗产税和房产税,慢半拍向富人开刀,才更加有利于吸引投资者在不动产上消费。

当前我国房地产泡沫的不断膨胀与我国当前在房地产开发和建设环节税种多、税负重,而交易和保有环节税种少、税负轻的税制结构有很大关系,导致居民购房中的"高杠杆化",即能以较少的资金进行投资性或投机性购房。因此,税收政策调控的重点应由投资开发环节向交易和保有环节转移。一是大幅提高房地产资本增值税比例。对居民出售二套及以上住房收益,按照年限及面积大小征收20%—50%不等的资本增值税。二是适时推出物业税。在居民第三套及以上住房需求上的物业征收物业税。财政部已将完善房产税制度作为

2010年的工作要点。由于开征物业税需要的政策准备和技术准备都较为复杂，作为新税种又须获得全国人大表决通过，短期内推出的可能性不大，因此，适当扩大房产税范围，以替代实现"物业税"的功能成为学界共识。

四、建立健全房地产风险宏观监测指标体系

建立房地产市场风险宏观监控指标体系具有现实必要性。一是建立商品和经济适用房价格的网络监测评估体系。通过价格网络化，使得购房者能够真实了解所购房产的市场真实价值，明晰不同物业小区的空置率。所有二手房及新房上市之前必须要通过房地产宏观监测提醒上报价格，明确配套设施、地理位置等关键信息。具体可以参考墨西哥房地产市场管控经验案例。二是建立"租售缺口比"监控指标。运用房产抵押贷款率与租金收益率之间来表示"租售缺口比"，"租售缺口比"值越大，表明地方房地产市场泡沫越大，具体可以参考香港管控经验。三是建立"房地产业抵押贷款集中度"监测指标。具体是监测房地产抵押贷款占银行贷款的比例，集中度越高，地区的银行资产房地产化越严重，房地产泡沫越大。

第六节 以制度建设铲除地方债务风险土壤

地方政府债务"滋生"有其内在的原因，需要通过制度建设，铲除地方政府债务风险的土壤。

一、地方债务风险源于债务人与债权人间"错配"

"不合格的"债务人——各级地方政府无破产清算之忧。在我国，地方和中央政府在债务方面具有统一性。现行制度下地方政府不存在破产倒闭的法律基础。从这个意义上说，中国的各个地方政府无论如何都没有所谓的债务风险。这是因为，中国是一个政治上的单一制国家而非联邦制国家。地方

政府的合法性既来自辖区公众的拥护，更来自上级政府的授权。无论是财政关系还是人事安排，在中国，某一个政府因债务过大而破产，并无法理基础。中国中央政府总体上来讲是最终的债务人。中国地方政府高度依赖于中央政府获得财政收入和偿还未来债务。1994年税改时，中国以新的集中化分税制取代了包税制，有效降低了地方政府收入在总体政府收入总的占比。因此，目前地方政府收入变得更加依赖于中央政府的财政转移支付（过去3年占到地方政府资金来源的45%）和地方土地拍卖收入（过去3年占到地方政府收入的36%），只有25%的主要税种（增值税和所得税等）收入分配给地方政府。由于地方税收不足，地方政府的偿债能力也取决于中央政府的财政转移支付及其未来的总体土地政策。

"不合格的"债权人——中国银行系统同样无破产清算之忧。中国的银行业改制重组，庆功宴酒香犹在，前后已经剥离的几万亿不良资产还在消化中。若干年以后，中国的银行体系是否再制造出一堆令人咋舌的不良资产，让全国人民再买一次单，现在看还是未定之数。从个别访谈中，不难发现，银行系统对于民营企业的借款需求常常不感兴趣，对于各种政府项目扎堆争抢，似乎并不在乎其风险。在应对国际金融危机、大幅增加信贷规模的前两年，有的国有银行在内部甚至提出"尽职免责"，即只要为配合投资刺激计划把贷款放出去，就算尽到了影响国家政策的职责，至于今后的风险，自会免责。这说明，进入新世纪以来，通过剥离不良资产、引进多元投资者和股份化改制，中国的银行，尤其是国有银行机构，离真正的市场主体仍存在相当远的距离。通过地方融资平台的借款来源及其使用方向可以看出来，银行机构在完善治理结构、建立有效的内部风险控制方面，要做的作业杂而且多。

当前，我国各级地方政府以及国有银行体系并无破产风险，两种"不合格的"债务人与债权人形成坚固的"错配"，却支配了中国借贷资源的大部分份额。从历史来看，新中国成立以来，中国银行不良资产中，大部分是来自民间借贷，其中，不负责任的公共信用需求与不负责任的银行信用供给应承担主要责任。因此，不管是"城投债""银信政合作"及贷款平台等机构，在无线信贷环节中，最终将破坏整个市场金融体系，尤其是信用体系，从而不利于国家振兴。

与上述局面共生的制度环境，即国有资源＋国有资产＋国有银行，在政府（包括各级地方政府及其所属的企业）作为经济发展引擎的体制环境下，财政危机金融化解和金融危机财政化解，具备了与此相匹配的制度条件。所谓化解财政危机，面对地方政府的财政困难，政府总可以通过各种金融创新来解决财政问题，如债务展期、建立融资平台等。面对财政危机导致的金融危机，中央银行扮演的最终贷款人角色，既可以救地方政府，又可以救金融机构。但是，中央银行的主要方式还是增发货币，而不是改变金融资产的市场价值，又会产生潜在的金融危机。

二、重新构建央地间政府收入分配模式

如何重新定义地方政府的公共服务角色并发展跨省财政转移支付体制的问题需要在财政改革中得到解决。

降低财权的集中度，建立一个"强中央、强地方"的财税关系。中央应果断放权，坚定不移地走"分权"之路，将税收立法权、税基税率选择确定权、减免权、解释权等税收管理权限在央地间建立分权机制，而不是全部集中在中央政府。具体来看，对于地域特色鲜明、不宜全国管理的税种立法、解释及征收权限可全部划归地方政府，由地方政府依据自身情况实际进行处理；对于需要在全国范围内统一调整的纲领性、顶层设计类的相关立法、管理及征收权限由中央政府统一管理。其中，对于全国统一开征、对宏观经济有较大影响的地方税，如营业税、个人所得税等，可由中央制定基本法规和征收办法，相应给予地方一定的征管权、税率确定权和政策调整权等。

厘清政府事权。即要对政府应当承担的责任作出更为清楚的界定。应该由中央负责的事（职责）就全部收归中央，应该由地方负责的事（职责）就全部下放地方，真正做到各行其是，各负其责。在此基础上，来调整支出方面的做法。比如，公共产品的支出重心不能只是一味下移，或可选择适当上移的安排。政府保障性住房的提供是一个合适的例子。如果说稳定楼市价格是整个社会的共同期盼，则将提供保障性住房的责任，过多（比例过大）由地方来承担，就显得有些错配。借鉴国外经验并结合我国国情，可考虑将义务教育、公共卫生、社会保障、环境保护等方面的公共服务主要由中央和省级政府共同承担；公共基础设施、廉租住房保障、社区服务等方面的公共服务主要由省级以下地方政府承担。

合理配置中央与地方的税种。要使财力与事权匹配，首先要在制度安排层面解决好一个重要问题，即分税制中的财权配置（税基配置）问题。我国复合税制中的20多个税种，哪些应归中央，哪些应给省，哪些应放在市、县，哪些在一定历史时期内应处理为共享税和如何处理，以及地方必要的税种选择权、税率调整权、收费权，都属于这个层次的问题。县级政府应获得其主体税种。比如重新划定增值税地方分成比例，该比例应高于25%，同时取消税收返还，简化收入划分，省政府不从增值税地方分成部分集中收入。

从政府层面上对收入分配职能进行重新定位。针对政府间收入分配职能的不规范与市场经济的改革要求不相符的状况，进行彻底改革。收入分配改革的方向，应该是将在央地之间进行收入分配职能的最佳组合，而不是维持、加大现有的地方政府的职能，其中，地方政府更应承担效率责任，中央政府主要承担收入分配责任，部分问题同样需要央地之间密切合作。同时，还必须考虑到地方政府的财政实力，简单地认为由中央政府统一管理收入分配职能是认识上的错误。收入分配需要多级政府的决策组合，通过最优转移支付函数的设计，来进行有效率的分配。实践中，实行财政联邦制国家，累进个人所得税等再配分制度，可以由中央政府制定；教育、医疗等社会福利性制度，保障性由中央政府来管理，教育医疗等则有地方或者联邦政府共同承担。

三、加强地方债务制度建设

自20世纪80年代开始，我国就对地方政府举债问题进行了数次摸底，虽经历了数次分析，尤其是，2013年国家审计报告中明确指出，禁止地方政府的部分举债行为，但是地方政府的债务问题依然持续存在。伴随2008年次贷危机，以及中美贸易摩擦等多重问题的干扰，地方政府债务问题具有极其复杂的一面，仅靠单一的行政化举措以及临时性政策难以起到化解债务危机的目的，更加需要运用机制化、规范化的政策工具体系来系统解决好地方政府债务问题。

（一）对地方政府的融资行为有明确的法律约束

明确中央政府与地方政府在债务管理过程中的权责范围、地方政府进行债务融资的条件、募集资金的具体用途、上级政府具有审批、监管、代为管理的权力，等等。例如，加州法律规定，地方政府因债务危机可以破产。1994年12月，加州橙县就是在向州政府和联邦政府寻求救助失败后，宣布破产。加州政府拒绝援助的理由是，橙县破产的根本原因是县政府管理不善，如果州政府为其操作失误买单，会给其他地区带来不良导向，引发道德风险。除了日本地方公债发行条件由中央政府有关部门确定外，大多数国家市政债券的发行利率、规模数额等均由市场确定，风险越高、信用评级越差的举债项目，融资成本就越高。

（二）建立地方债务风险预警体系

为防止地方政府规避管制，西方国家还利用量化指标和制度安排来控制债务风险。

设计衡量地方债务负担能力的指标。通过负债率（债务余额/当地GDP

总额)、债务率(债务余额/年度财政总收入)、偿债率(债务支出/经常性财政收入)、债务依存度(债务收入/财政支出)、偿债准备金率(偿债准备金余额/债务余额)等指标综合测算地方政府的债务负担能力,进而确定适当的负债规模。根据美国全国州预算官员协会(NASBO)的统计,目前美国有37个州要求将地方政府债务率控制在90%—120%,负债率控制在13%—16%。英国政府则致力于将地方负债率控制在4%以内。

表9-1 债务需求控制主要指标

指标	公式	国际公认的一般警戒线
负债率	年末政府债务余额/当年地方GDP	10% 美国:13%—16% 英国:4%
债务率	年末政府债务余额/当年财政收入	100% 美国:90%—120%
新增债务率	当年新增债务额/当年财政收入增量	18%(巴西),9%(日本)
偿债率	当年债务还本付息额/当年财政收入	15%
担保债务比重	年末担保债务余额/当年财政收入	——
债务依存度	当年利息支出额/(当年财政收入+当年债务还本付息额)	20%—30%(日本) 15%(俄罗斯)
资产负债率	年末政府债务额/年末政府资产额	8%(美国) 10%(新西兰)

建立地方债务规模监控机制和风险预警体系。地方债务预警体系是依据风险管理的基本目标,识别地方各项债务风险,且对相应风险进行定量和定性结合性分析,作为系统反应的客观依据。相关部门依据风险等级及相应情况说明,结合事前制定的预警举措,对出现风险的机构进行风险预警,找出风险根源并及时予以纠正,从而化解地方债务风险。从实践来看,美国俄亥俄州模式和哥伦比亚的"红绿灯"预警系统比较典型。其中,美国俄亥俄州规定,对全州的财政资金进行全程监控和应急处置,尤其是对财政赤字规模超过当地财政收入50%的地方重点予以关注,着力削减或清除地方政府债务风险,实现财政收支平衡。同时,哥伦比亚红绿灯预警系统也值得借鉴。哥

伦比亚将每个地方政府的偿债及债务能力挂钩，有两个突出的约束性指标，一是债务率，用来评估长期债务的持续性问题；二是地方政府利息支出率，用来评估地方政府资金得到流动性状况。

表9-2　哥伦比亚地方政府债务预警指标体系

控制指标	绿灯区	红灯区
利息支出率	小于40%	大于40%
债务率	小于80%	大于80%

（三）建立偿债准备金制度

部分国家还通过简历偿债准备金制度来减少债务违约风险，缓解地方政府偿债压力。例如，印度在其14个邦政府建立起统一性的政府偿债基金，由印度储备银行及中央政府联合制订基金的筹资计划。美国则是按照债券发行额的10%，或者付息总额的100%—120%，来建立偿债准备金资金池，相比印度更为直接，覆盖面更广。当前，我国政府举债需要向财政部门申请，并报人民政府审定，流程与其他国家略有不同。同时，遵循"谁举债、谁偿还"的基本原则，要严格明确偿债责任主体，以及偿债资金来源及构成，地方政府应该建立相应的政府偿债准备基金。一方面，资金可以来源于地方政府财政资金，地方政府可从财政收入中拨付资金用于偿债基金。另一方面，可以在相关部门的专项支出中，按一定的标准落实好偿债准备金，作为资金他出的一种方式。

（四）加强地方债务信息制度建设

一是预算审计要机制化和常态化。从2011年开始，国家审计署组织全国审计机关4.13万名审计人员，对31个省区市和5个计划单列市本级及所属市（地、州、盟、区）、县（市、区、旗）三级地方政府的债务情况进行了全面审计，并于2013年12月底公布了《全国地方政府性债务审计结果》。审计中做到"见账、见人、见物，逐笔、逐项审核"。这次盘点对于我国建立现代审计体系具有十分重要的现实意义，虽然这次审计只是对现有法律制度的贯彻执行，但是，中央政府及地方各级政府定期举行类似的审计报告，可以切实有效地推动审计常规化、制度化，更好地发挥财政监督职能。

二是强化政府债务的信息披露。一直以来，中央财政预算的信息透明化程度较高，尤其是自2011年开始，2011年中央公共财政预算的部分重点支出和2010年度中央财政总决算公开到"项"级科目，并经全国人大审查批准的部门预算和部门决算向社会公开。但是，地方政府收支财政信息的公布具有时滞性。地方政府财政收支活动基本涉及国防外交事务，涉密性相对较低，公民有权利知晓政府财政收支的基本情况。既然没有什么不可告人之处可隐藏，那种动辄将地方政府收支信息定为"机密"不对公众公开，不仅与社会主义政治文明背道而驰，而且直接违反了已经实施的政府信息公开条例。因此，地方政府部门应当将地方财政收支作为信息公开的政务信息向社会公开，这样可以有效避免社会各界对地方政府债务状况的猜测，从而有利于政府及企业等及时做出发展决策。

三是强化各级人大对政府举债行为的监督。监督政府财政预算是议会的重要职能之一。从近现代国际经济发展历史来看，也是在议会制度的有效监督下，政府财政收支才相对地合理，并且也促成了现代财政制度及现代金融制度体系的逐步建立和完善。新中国成立以来，在人民代表大会制度体系下，人大较好地履行了对公共财政收支的监督职能，但是，监督的范围还主要以公共预算收支为主，并未将地方政府债务收支作为重点监管内容。因此，需要适时将地方债务收支作为人大监管的议题。在地方政府直接举债受到法律限制的情况下，政府所属企业的资本金预算中应该明确列示其债务融资情况，以便各级人大监督。

四是借助外部评级提高地方债务透明度。美国和澳大利亚还要求地方政府应对举债项目进行信用评级，借助评级机构的专业判断向市场揭示风险。

由于发行主体并不是纯粹的营利机构，因此涉及地方债务的信用评级方法也和商业债务不同，一般来说，需要额外评判发行主体总的债务规模和结构、遵守稳健预算政策的能力和行政纪律、可获得地方财政收入的具体款项和相关税收的征收率，以及发行主体所处的社会经济环境和发展趋势。

我国建立地方政府信用评级可解决下述问题：一是可以为投资者提供衡量期间收益和风险的标准，消除地方政府与投资者之间的信息不对称。二是信用评级可以成为地方债务在银行间债券市场利率定价的依据。三是加强地方债务外部监督，有利于推动地方政府行为的公开化、透明化，提高地方政府的执政能力。

（五）建立金融机构破产清算制度

建立金融机构市场退出机制，是陷入困境的金融机构合理有序地退出金融市场，是保证金融市场保持良性竞争状态，维护稳定发展的重要举措。为此，一是要明确金融机构不允许运用公共信用来补充自有资本金的不足。银行不良资产只能通过银行系统自我净化。尤其是地方政府与银行之间的债权债务关系，要按照法律履行相关破产清算程序。二是商业银行，尤其是国有商业银行要逐步完善不良贷款终审追责制度体系，强化对政府融资项目的监测力度。三是逐步完善存款保险制度体系，为居民存款上保险，为金融机构清算退出机制的完善提供有效保障。

四、谨慎对待"地方政府发行债务"

当前，有不少学者支持政府举债行为，但是，我们又不可否认地方政府举债过程中及事后又面临不少潜在问题，因此，需要谨慎思考、周密计划。

一是需要思考地方政府举债的前提条件设置。1993年《中华人民共和国预算法》和《担保法》立法时，中国已经正式开始建立社会主义市场经济体制，但是，并未考虑地方政府举债行为，尤其是地方政府举债的担保主体，禁止性条款等内容。当前，从政府职能转变以及国有企业改革的方向来看，上述思考更需要谨慎。

二是地方政府举债相应的金融及资本市场改革问题。政府举债相当于政府自行融资，而不需要从银行处获得贷款，势必对银行及金融市场产生挤出效应，对此，银行及债券市场对政府举债在风险控制以及融资效率上存在何种异同，相应的金融体制改革及效率提升更需要谨慎思考。

三是有序区别不同地方政府的举债行为。当前，社会各界存在支持政府举债的论点，新预算法也明确了省级政府具有适度举债的权利。但是，在实践中，政府举债的重点在于债务信用，而不是政府威权层级。省级政府可以适度发行债券，并不意味着省级政府具有更高的信用等级，或者更高的债务收益率。因此，应该有序区别地方政府的举债行为，更多从债权人角度，从维护"出钱人"权益上考虑怎样安排"用钱人"负责任的规则，而非考虑行政级别。在市场机制的培育和建立过程中，要从重视行政级次转向重视债权人权益的保护上来。

第十章
国家金融安全防范体系设计：中观机制

2008年国际金融危机期间，金融风险呈链式传导，即从单个金融机构传导至多个金融机构，从单个行业传导至多个行业，这意味着防范金融风险必须要有系统性视角。多年来，我国渐进式改革取得了显著的成效，但也累积了一些深层次矛盾，如果不采取及时有效的措施，可能诱发金融危机。为提升金融系统抗风险能力，防止出现系统性金融危机，要从预防金融危机出发，构建有效的金融风险宏观防范体系。

第一节 形成防范系统性金融风险的"补短板"监管理念

党的十九大报告提出要"坚决打好防范化解重大风险攻坚战"，并明确指出从"突出抓重点、补短板、强弱项"入手。那么，防范系统性金融风险，构建现代金融监管体系，要从哪些方面补短板？2008年国际金融危机后，各国金融监管或多或少都暴露出一些问题，加强统一监管、宏观审慎监管、双峰监管和功能性监管，成为各国金融监管改革的四条主线。在2017年第五次全国金融工作会议上，习近平总书记提出了要从统一监管、宏观审慎监管、功能监管和行为监管四个方面"补监管短板"，不断增强防范系统性金融风险的监管能力和水平。

一、补"统一监管"短板

从监管体系看，金融监管分为统一监管体制与多边监管体制。多边监管体制以美国为代表，统一监管体制以英国为代表。

美国是一种典型的"多边监管"模式。从表面看，2007年美国次贷危机源于银行利率上涨导致的房地产价格下跌，不具备购房资格但举债购房的群体突然"断供"，引发了资金链的断裂；从深层次看，这场危机源于美国"多边监管"体制的缺陷。美国的多边监管体制，纵向上是联邦政府与州政府的双重监管，特别是在联邦层面，监管机构众多，主要包括美国联邦储备系统、证券交易委员会、货币监理署、商品期货交易委员会、联邦存款保险公司、储蓄管理局、信用合作社管理局等七个机构；横向上则是各专业机构的分业监管，美国联邦储备系统、货币监理署、联邦存款保险公司三家机构共同负责对商业银行的监管，证券交易委员会负责对证券业的监管，商品期货交易委员会负责对商品期货和金融期货的监管，储蓄管理局负责对储蓄贷款协会和储蓄贷款控股公司的监管，储蓄管理局负责对信用合作社的监管。2008年国际金融危机极大地暴露出美国多边金融监管体制的缺陷，即监管疏漏与监管重叠并存。一些跨机构、跨市场、跨部门的穿透产品（如次贷证券化）拆除了各类市场之间的藩篱，形成了一体化的联动市场和产品链，多边金融监管难以对这样的产品进行有效监管。面对这一情况，美国专门成立了金融稳定监督委员会（Financial Stability Oversight Council，简称为FSOC），这一委员会采取跨部门的方式，旨在解决监管漏洞、协调不力和监管职权受限等问题。

英国经历过从多边监管向统一监管的转型。1997年之前，英国实施分业金融监管，9家金融监管机构九龙治水，不仅协调成本高，而且缺乏一个足够权威的机构来应对危机。1995年，英国巴林银行新加坡分行投资业务失控，监管部门就因协调困难错过了应对危机的最佳时机。1997年，英国开始实施统一的金融监管，设立英国金融服务管理局（FSA）；2000年英国通过了《金融服务与市场法》，标志着英国金融统一监管体系的正式形成。该法堪称英国金融业的一部"基本法"，规定英格兰银行不再兼有银行监管职能，只承担货币政策职能，对金融行业的监管职能由金融服务管理局全面承担。2009年英国在《改革金融市场》中提出，拟建立金融稳定理事会，负责防范系统性风险，以维护金融整体稳定。英国的统一监管模式对全球金融改革产生了广泛的影响，据统计，目前世界上采用统一监管机构模式的国家有56个。2008年国际金融危机中，采取统一监管的英国、日本和德国受损较小，这也充分说明了统一监管模式的优越性。

我国现行的金融系统，与美国以及英国早期（1997年之前）有较多相似之处。20世纪90年代以来，我国逐渐形成了"分业+分段"的监管模式，"一行三会"（人民银行、银监会、证监会、保监会）各司其职，缺乏政策协同性，协调成本高，容易形成政策叠加或政策背离。如2010年9月，为有效盘活信贷资源，中国人民银行指导银行间同业拆借中心推出全国银行间市场贷款转让平台，但同年10月份，银监会以规范银行业金融机构信贷转让业务为由加以干预，造成该业务实质停滞。2014年8月，时为银监会又单独打造，推出功能相同的银行业信贷资产登记流转中心，人为造成信贷转让市场分割。不同金融行业在金融业创新和交叉监管上缺乏协作和配合，监管套利层出不穷。此前的"一行三会"之间，虽然有"金融监管部际联席会议"制度，但各监管部门之间协调难度大，一旦出现跨机构、跨市场、跨行业的交叉金融风险时，很难确定由哪个监管机构来负责。这种分业监管体制与国际上金融监管已形成的统一监管趋势相背离。为了克服在分业监管体制下的弊端，有必要建立统一监管体制，统一监管符合金融机构混业经营发展趋势。成立国务院金融稳定发展委员会，协调金融监管机构之间的关系，从根本上解决了"铁路警察，各管一段"的弊端，实现了真正意义上的监管协调统一。国务院金融稳定发展委员会与原有的金融监管协调部际联席会议相比，在统筹协调方面的职能更为完整，这标志着中国的金融监管基本框架实现了从分业到统一的转型。

二、补防范"系统性金融风险"短板

在监管方法上，金融监管分为宏观审慎监管（Macro-prudential Supervision）与微观审慎监管（Micro-prudential Supervision）。

传统监管理论认为，单个金融机构的微观审慎监管，就能防范系统性金融风险。2008年国际金融危机以来，国际社会普遍认识到，单个金融机构的稳健性并不意味着系统稳定，缺少宏观审慎监管难以应对系统性风险，这也是2008年国际金融危机的重要诱因。金融体系与实体经济的风险防范要有一个有效连接点，在微观审慎监管制度安排下，监管机构过度划分，各家监管机构"各人自扫门前雪"，只关注自身职责范围内的风险，然而从宏观视角看，金融体系内却产生了负外部性。这意味着，必须要从宏观审慎视角进行金融监管。

早在20世纪70年代，国际清算银行就提出了"宏观审慎"的理念。1997年亚洲金融危机后，"宏观审慎"开始广泛运用到金融领域。2008年国际金融危机后，则在制度上将"宏观审慎监管"引入国际金融监管框架。2009年以来，历次二十国集团峰会都将宏观审慎政策纳入公告文件。宏观审慎政策理论已经成为全球范围内金融监管和宏观调控框架改革的重要依据，并成为国际金融监管的主要发展趋势。

"宏观审慎监管"的目标在于维护整个金融体系的稳定。根据国际清算银行的有关界定，宏观审慎监管不仅是从系统性角度出发，对金融体系进行风险监测，而且对单一金融机构的风险敞口也起到防范作用。宏观审慎监管是微观审慎监管的拓展和互补，不是简单的加总（二者区别见表10-1）。[1]

---

[1] 苗永旺、王亮亮："金融系统性风险与宏观审慎监管研究"，《国际金融研究》2010年第8期，第59—68页。

表 10-1 宏观审慎监管与微观审慎监管的不同特点

功能分类 \ 监管分类	微观审慎监管	宏观审慎监管
监管目标	防范单一金融机构风险	防范金融体系风险
监管的主体	各专业监管机构	或中央银行承担或成立专门机构
监管方式	静态的监管、事后控制	动态地监管、全程控制
功能作用	在金融体系内易产生负外部性	可将负外部性内部化
风险模式	认为风险是外生的	认为风险是内生性
机构之间的风险关联性	不相关	密切相关
监管范围	每家监管机构关注自身职责范围内的风险	游离于金融监管体系之外的风险，如金融衍生品和影子银行
校准方式	采取自下而上的校准方式	采取自上而下的校准方式

那么，谁来行使宏观审慎监管呢？国际上有两种模式：第一种模式是成立专门的机构来行使宏观审慎监管职能。国际货币基金组织的调查样本中，有 1/3 的国家成立一个专门协调中央银行与其他监管机构的协调委员会。如美国成立金融稳定监督委员会（Financial Stability Oversight Council），主要负责监测美国金融体系的稳定性和潜在的风险；英国成立一个新的金融政策委员会（Financial Policy Committee），是将微观审慎监管整合进英格兰银行，负责监测系统性风险；欧盟也成立了欧洲系统性风险委员会（European Systemic Risk Board），负责监测整个欧洲的金融体系稳定性。

第二种模式是由中央银行承担宏观审慎监管的职能。从历史演进看，中央银行是在不断应对金融危机中产生的，具有天然的稳定金融体系的责任。2010 年，国际货币基金组织对 50 个国家进行了调查，有 50% 的国家对微观审慎监管与中央银行进行了整合，专门成立了宏观审慎监管机构。美国尽管成立了金融稳定监督委员会，但美国的宏观审慎监管职责主要集中在美联储，美联储在金融稳定监督委员会中有其独立的席位。在韩国、瑞士、爱尔兰、秘鲁则没有专设金融稳定委员会机构。

在国内，中国人民银行是否应该成为宏观审慎监管的实施部门，一直是个争论的焦点。《中国人民银行法》规定，中央银行有维护金融稳定和防范系统性金融风险的职责，但该法律并没有明确授权中国人民银行实施宏观审慎监管。而中国人民银行下设金融稳定局，又说明中国人民银行完全拥有进行宏观审慎监管的条件。理论上，"三会"是负责微观审慎监管，是控制金融机构个体风险，"一行"负责宏观审慎监管，是为了确保整个金融体系的稳定；但在实践中，央行作为名义上的监管协调者，与发达国家相比，我国的央行暂不具备对金融市场进行全方位监管的职能，在与"三会"协调的过程中，常有冲突。因此，有必要强化中国人民银行在宏观审慎管理方面的突出地位和作用。2017年第五次全国金融工作会议，明确了由中国人民银行实施宏观审慎监管，这对于识别、评估、处置系统性金融风险具有深远意义。

三、补"双峰"监管理念短板

从国际监管改革趋势看，行为监管的作用日趋重要，行为监管与审慎监管相结合，形成了"双峰"监管，即审慎监管负责维护金融体系稳定，行为监管负责保护消费者。

"双峰"（Twin Peaks Model）理念是英国经济学家迈克·泰勒在1995年提出的。泰勒形象比喻，审慎监管像医生，目标是治病救人，发现了问题会积极采取措施加以医治；而行为监管则类似于警察执法，发现违法、违纪行为后会立即处罚，对当事人严肃问责。[1]"双峰"监管模式的概念起源于英国，却由澳大利亚率先实践。在2008年以前，澳大利亚就成立了两个跨部门的监管机构：一是"消费者保护委员会"（Consumer Protection

---

[1] 王敏："'双峰监管'模式的发展及对中国的启示"，《陕西行政学院学报》2016年第30（02）期，第82—85页。

Commission），负责监管金融机构商业行为规范；二是"金融稳定委员会"（Financial Stability Commission），负责监管金融领域系统性风险。与澳大利亚专门成立两个独立双峰机构不同，荷兰则选择中央银行来行使审慎监管职能，行为监管则继续由金融市场管理局负责。由于权力配置与机构设置完全契合双峰理论的特征，故称之为"经典双峰"。2008年国际金融危机后，在全球33个发达国家中，澳大利亚和荷兰的金融机构盈利水平保持稳定，没有出现任何金融机构倒闭或需要政府救援的状况，这与其最早采取"双峰监管"有着密不可分的关系。鉴于澳大利亚、荷兰等实行"双峰监管"的国家在金融危机中的出色表现，如何体现"双峰"监管理念，各国都在探索。2007年英国政府开始对金融危机所作反应进行反思，英国财政部认为，三方金融监管模式（Tripartite Model of Financial Regulation）的缺陷是英国未能预测金融危机的一个重要原因[1]。英国于2013年4月开始启动双峰监管改革。与澳大利亚和荷兰"经典双峰"模式（机构设置与权力配置模式完全契合双峰理论的要求）不同的是，英国实行的是"准双峰"模式，即以中央银行为主导，在英格兰银行内下设审慎监管局（PRA），并单独设立金融行为监管局（FCA）直接向英国财政部和议会负责，即PRA与FCA双峰的机构层级低于英格兰银行，其最终确定的监管机构设置与权力配置方式有别于澳大利亚。2008年国际金融危机后，美国也朝着一种修改的双峰监管模式改进，成立全新的消费者金融保护署（Consumer Financial Protection Agency，简称为CFPA），其职责在于保护消费者和投资者免受金融不当行为的侵害。有人甚至提出"双峰监管"模式可能会是未来最理想的监管结构（见表10-2）。

---

[1] 英国财政部："一个新的金融监管方向：改革蓝图"，https://www.gov.uk/government/uploads/system/uploads/attachment_data/file/81403/consult_finreg_new_ap-proach_blueprint.pdf.

表 10-2 审慎监管与行为监管的不同特点

功能分类＼监管分类	行为监管	审慎监管
监管目的	保护消费者的合法权益	以金融机构稳健发展为目标
监管对象	对金融机构交易行为的监管	金融体系是否能稳健运行
监管出发点	降低交易中的信息不对称	动态地监管、全程控制
监管的重点	金融市场的需要方（即金融消费者）	金融市场的供给方

"双峰监管"的优势是职责权限划分明确，将行为监管主体和审慎监管主体分离。由一个金融监管机构负责相关金融机构的审慎监管，即"左眼监管安全"；由另外一个独立的机构负责商业行为和消费者保护问题，即"右眼监管服务"。既避免功能重复，又消除监管漏洞，在很大程度上减少了监管机构之间的监管冲突和恶性竞争。当金融稳定目标与消费者保护目标发生冲突时，双峰监管模式明确规定，审慎监管机构首先应该以金融稳定为主。

从国内实践看，2011 年以后，"一行三会"都在各自领域设立了金融消费者权益保护部门，形成一种分业体制下"内双峰"监管体制。在这种"内双峰"监管体制下，监管当局与金融机构关系密切程度远甚于监管当局与金融消费者，消费者保护目标仍是弱于审慎监管，很难从根本上保证消费者的权益。发生在 2015 年的中国股灾说明，单一行业的消费者保护部门没有能力来维护和稳定市场信心。当银行资金流入股市，场外配资快速增长，风险集中爆发时，监管部门却无法全面掌握融资的真实状况，也就无法及时采取有效的应对策略。

2017 年第五次全国金融工作会议提出加强行为监管，但并没有提到要成立新的部门来落实。建议可整合目前"一行两会"的金融消费者权益保护功能，在金融监管制度安排上将审慎监管与行为监管区别对待，确保金融消费者的合法权益。随着国务院金融稳定发展委员会的设立，我国并不需要像英国一样对金融监管框架做出大调整，可以考虑在中国人民银行内部设立行为监管部门。由于央行不负责金融机构的微观审慎监管，能着眼于整个系统、系统内各方关系，在行为监管方面具有天然的优势。

四、补"机构监管"短板

从监管职能划分，金融监管分为"机构监管"和"功能监管"两种方式。"机构监管"是以金融机构法律地位（Legal Status）来区分监管对象，是由不同的监管当局对不同的金融机构分别实施监管，是由企业的法律属性决定其相应监管机构。在历史上很长一段时间内，"机构监管"对一家金融机构实行从生到死的全过程"纵向"监管，由于设置了"防火墙"（Great Wall），避免了各金融机构间的风险传导，这是金融监管的主要方式。但"机构监管"由于缺少权威部门监控系统性金融风险，单个监管部门无法掌握全部信息，监管标准难以统一，无疑会造成监管差异，甚至诱发监管套利，不利于公平竞争。由于机构监管模式很难对跨行业的金融创新产品实施有效监管，监管部门往往用行政手段来限制金融创新的发展。另外机构监管对于金融控股公司不能实行有效的监管，由于受各个机构的法定授权的限制，监管只能在母公司层面行使。对于金融控股公司拥有较多跨行业子公司，则由不同部门监管，这样实际上是分割了金融控股公司的经营。

与"机构监管"相比，"功能监管"能够弥补一些不足。在美国经济学家罗伯特·默顿看来，从机构监管转向功能监管，具有必然性。功能监管是以商业行为（Business）来判断监管边界，是以金融产品的性质及金融体系的基本功能来设计的，不论这种功能由何种性质的机构行使，不必考虑企业的法律地位。功能监管能够对穿透式产品实行"横向"全链条式监管，这在很大程度上防止监管套利，实现公平竞争。与"机构监管"模式相比较，功能监管的优势在于，不仅能够有效地判断金融创新产品监管权责的归属问题，而且由于标准的统一，提高了监管的公平性。但是，功能监管会提高管理成本,加重监管负担。而且,"良好区分产品边界"是功能监管的前提,随着创新产品不断增加,越来越难以界定产品的边界。因此,功能监管与机构监管各有其优势和局限性。随着混业经营的发展,为加强功能监管提供了合理逻辑,但机构监管仍有存在的必要。

20世纪80年代,美国最早提出了"功能监管"概念,但第一个付诸实践的是新加坡。巴西、法国、意大利和西班牙也是功能监管的典型代表。美国直到1999年才确定功能监管的框架,但采取的是"机构性监管+功能性监管"的伞形监管模式,即美联储负责监管整个金融体系的稳定,同时又根据功能特点划分不同监管机构的职能范围,由于保留了较多"机构监管"的痕迹,这种监管体制不是完全意义上的功能型监管。在"伞形监管模式"下,美国的监管仍是各自为政,其弊端在2008年国际金融危机中得到了充分的暴露。2008年以来,美国在《美国金融监管体系现代化蓝图》和"金融白皮书"中,提出"伞+双峰"的新型监管模式,由审慎金融监管、保护消费者权益和整个金融市场稳定监管三个部分构成。其中,美联储作为市场稳定监管者,充当"伞骨",两个监管机构充当"双峰",来执行目标型监管职能。

目前我国仍以机构监管为主,但随着金融走向综合经营,对于一些横跨不同金融领域的"穿透式产品",由谁审批、由谁监管,划分不清容易出现监管真空地带。而功能监管能有效避免"监管真空"与"交叉监管"同时并存的现象(见表10-3)。

表10-3 功能监管与机构监管的不同特点

监管分类 功能分类	机构监管	功能监管
监管对象	金融机构原则	金融产品原则
监管方式	对一家金融机构从生到死的全程"纵向"监管	对穿透式产品的"横向"全链条监管
监管标准	监管标准不统一,容易出现监管套利	监管标准统一,公平竞争
监管成本	监管成本相对较低	增加合规成本,加重监管负担
监管效果	很难对跨行业的金融创新产品实施监管	有效地解决金融创新产品的监管权责归属问题

综上所述，任何一个国家金融监管体系选择，要与其经济金融发展阶段相适应，做到风险全覆盖。世界多个国家已经证明加强综合监管、宏观审慎管理、功能监管以及行为监管，是一种有利于系统性风险防范的金融监管基本框架（见图10-1），这也是中国在金融开放进程中亟须补强的制度基础。

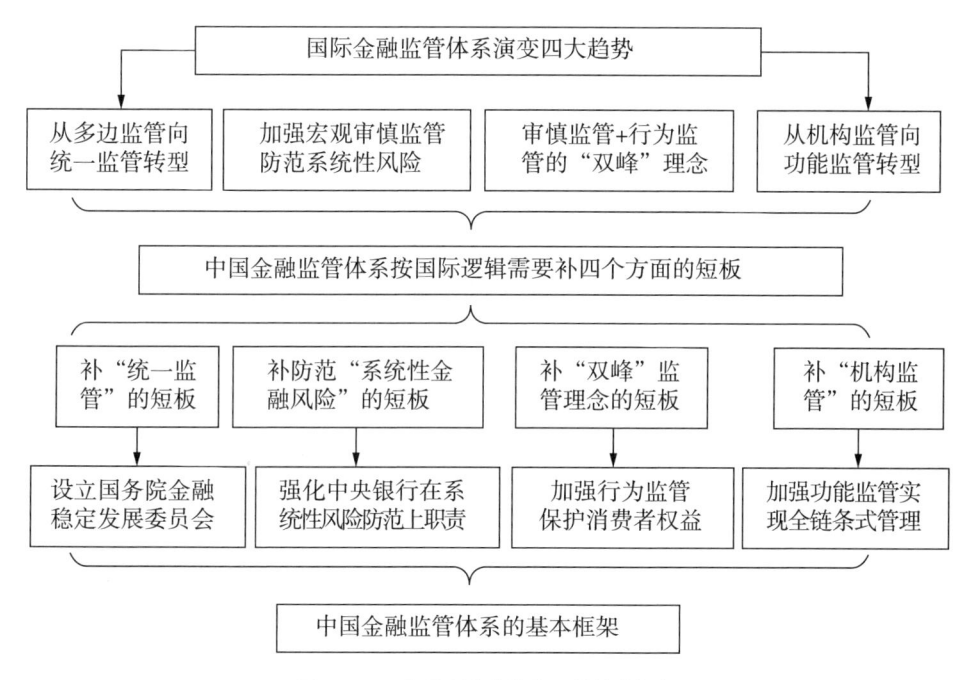

图 10-1 中国金融监管体系的基本框架

资料来源：作者绘制。

但是，制度变迁是有路径依赖性的，我国从分业分段监管到加强统一监管、从注重微观审慎监管到加强宏观审慎监管、从只注重维护金融体系稳定到兼顾消费者权益保护、从机构性金融监管到功能性金融监管等转型，不会一蹴而就，需要经历一个过程。在这个过程中，金融系统要按照党的十九大以及第五次全国金融工作精神，进一步深化改革，建立健全支持实体经济发展的金融服务体系和现代金融监管体制，防范潜在的系统性金融风险，促进经济健康发展。

第二节 健全国家金融安全网系统

金融安全网，顾名思义，是由纵横交织的精密机构共同编织的防风险体系，这一体系由一系列保护措施组成，在金融危机的各个环节设置关卡，是阻碍金融危机蔓延的有效手段。

一、建立金融系统内部的安全网

早在1999年5月，国际货币基金组织就开始实施"金融部门评估计划"（Financial System Assessment Programme，简称为FSAP），旨在评估成员国金融体系的稳健程度。此后，这一评估成为国际货币基金组织监测工作的组成部分，并于2003年推出金融稳定指标。我国可以借鉴这一系统来评估金融体系与金融稳定指标。国务院于2001年批准我国在3—5年内参加，即最晚2006年参加。2003年11月，时为银监会推出的商业银行压力测试就是"金融部门评估规划"的一个组成部分。2011年11月，中国正式圆满完成第一次评估，2017年又完成了第二次评估。宏观经济变量的变动可能对金融体系稳健性带来影响，通过压力测试进行评估，可以获知金融部门的风险和潜在脆弱性。测试方法包括敏感性分析（Sensitivity Analysis）、情景分析（Scenario Analysis）和扩散性分析（Contagion Analysis）。据时为银监会介绍，自评是正式参加FSAP的第一步，目前中国人民银行牵头成立了FSAP银行业自我评估小组，银监会参与其中部分内容，包括压力测试工作。此前，时为银监会让各大银行提交了各类风险的压力测试建议方案，其中信用风险由中国工商银行提供，汇率风险由中国银行提供，利率风险由中国建设银行和中国银行提供，流动性风险由中国农业银行和深圳发展银行提供。

二、建立金融风险评估体系

金融机构是高风险的企业组织,风险管理在金融机构中具有至关重要的地位。风险评估是风险管理的前置条件,只有科学的风险评估,才可能准确识别风险、精准衡量风险、靶向防范风险、有效化解风险。尽管目前我国也有一些风险评级机构,也制定了一些风险评级指标体系,但这些机构和指标体系的独立性、客观性、公正性和专业性仍不足,需要进一步改进提升。为了进一步建立和完善金融风险评估体系,必须做好以下几项工作:一是健全科学的金融预警指标体系。定期考核商业银行资本充足率、逾期贷款率、贷款利息收回率、资本效益率、资金效益率、综合费用率等等,通过指标体系的动态变化来反映商业银行的资产分配情况和风险分散程度,对风险变化的可能因素进行跟踪关注,及时发现不利变化的预警信号,以制定抑制风险的可行措施,防止风险的发生和恶化。二是开发金融风险评测模型。完善的金融风险分析、预警及监测体系是美国金融预警系统的一大特色。可以参考美国等发达国家金融预警系统的经验,充分利用好人工智能等现代化技术,建立智能化金融风险评测模型,有效地发现潜在的金融风险,提高金融监管的准确性、科学性和有效性。三是对银行实行分类监管。对国有银行主要考察资产质量和风险管理能力;对股份制银行使用骆驼评级法进行考察;农村商业银行、农村合作银行和农村信用社的管理权交给地方政府,但地方政府不能参股、不能介入日常管理;对外国银行在华的经营机构,用 L+S 两套系统代替"骆驼评定法"来进行检测和监管。L 主要是风险的合规性监管,资产和质量监管;S 的尺度主要是看它的母行对在华作业风险的支持力度和它自己的抗拒风险的能力。

三、建立快速预警纠偏机制

从我国的情况来看,提前发现并及时处置金融风险是我们监管工作中的薄弱环节。尤其是在及时处置方面，很多时候受资金、政策及其他方面的制约而无法采取有效措施，使本已相当严重的问题久拖难决。对此，我国有必要尽快完善与风险处置相关的配套政策，如对合并、重组关闭的金融机构制定减免法律诉讼费、财产过户费及税收优惠政策，为及时处置风险创造条件。我国可以借鉴美国的做法，建立和完善以资本充实率（CAR）为主线的快速预警纠偏机制。近年来，中银信托、海南发展银行、广东国投等一些金融机构相继关闭或破产，我国问题金融机构的样本已增加，应系统地分析不断出现的问题金融机构的财务资料，指出导致其发生问题的原因，以作为预警纠偏的样本。

四、建立灵敏、及时、畅通的预警信息系统

一个完整的信息体系是有效监管的重要前提。我国金融市场统计体系在历经十几年的发展后，目前已经形成较为完整的市场统计指标体系。我国的金融监管信息体系主要侧重于对市场总体概况的描述和对市场运行若干重要方面的分类统计，对风险监测和预警的支持作用比较有限，远未达到《巴塞尔有效银行监管的核心原则》所提出的"准确、有意义、及时且具有透明度"的标准，这严重制约了监管当局及时发现金融体系中所存在的问题。因此，建议在现有的统计体系中逐步增加描述市场总体风险和金融机构风险的指标，一方面使得整个市场统计指标体系更加完整，另一方面也为风险监测和预警提供更有利的信息依据。尤其是，应建立完善的数据采集体系，确保数据的可得及真实性。金融机构所上报的资料，必须经过专业会计师或审计师的审计，如发现金融机构有蓄意拖延和弄虚作假行为，监管部门将给予其重罚。

五、建立健全预警信息的共享、传递机制与监管协调机制

一是完善宏微观监管机构的信息采集、交流、反馈机制。既要完善"自下而上"的信息传递机制，赋予宏观审慎监管机构从微观审慎监管当局等渠道获取金融市场的全面、细致信息的权利；也要完善"自上而下"信息反馈机制，确立宏观审慎监管机构对微观审慎监管当局及金融机构的风险预警提示及预防、处置方案的反馈机制，最大限度用好风险监测和评估结果。二是构建监管部门"横+纵"向协同的预警信息系统。建立权威准确的风险预警信息库，包含但不限于金融统计数据、监管数据与信息、金融业务交叉性信息等，保障信息传递的灵敏性、及时性、畅通性，实现风险预警的预防处置的及时性、有效性、协调性。三是强化中央银行与国际监管机构的协调合作。促进中央银行与国际监管机构沟通，加强二者的协调合作，在国际金融监管协调合作、维护我国金融主权等方面，确立中央银行的主导地位，防范国际金融风险溢出效应，以及新一轮国际金融监管规则变化对我国金融稳定的冲击。

六、构建复合型金融监管体制

以国务院金融稳定发展委员会与中国人民银行为核心，银保监会、证监会、金融消费者保护机构为监管主体，机构内控为基础，行业自律为纽带，社会监督为补充，构建"五位一体"的复合型金融监管体制。

第一，由中国人民银行负责全行业、全系统的宏观审慎监管，同时银保监会和证监会在与宏观审慎监管有关的方面都将接受人民银行的指导；赋予中国人民银行对全球系统重要性银行和国内系统重要性银行开展现场评估、收集信息、风险提示和行政处罚的法定职责，以保障金融体系持续稳健运行。再者，由国务院金融稳定发展委员会对各机构部门间的"审慎监管＋行为监管"的统筹与协调，负责系统性风险的识别、评估、预警、处置及监控，加强监管机构间的信息交流与共享，完善监管协调合作机制。

第二，构建以银保监会、证监会、金融消费者权益保护机构为主体的监管组织机构。要改进现有监管主体的层次及权责制度，塑造具有真正独立和自主执法权的监管主体，摆脱其他部门的干预。一是全面修订金融监管法律法规文件，明确界定各监管机构的权利与义务。二是建立一套有效的对监管者监管的权力约束机制。为平衡监管者的权利与义务，要建立相应的权力约束机制，既要赋予监管者独立的权力，又要约束这种权力。三是加强监管主体之间的协调，实现协同监管制度化。

第三，健全我国金融机构的内部控制制度。为弥补法定监管主体的局限性，要借助银行机构内控制度补救现有法定监管的不力。一是合理设置内控机构。在系统内，建立跨地区的监管分局、稽核中心或特派员办事处，保持内控机构的相对独立性和权威性，避免被查单位对内控机构的制约。二是不断完善内控制度。内控制度的建立与完善是一个动态过程，要根据环境变化、业务发展等因素动态调整完善，不断适应业务发展、金融创新、风险防控等多元需求。三是充实和改善内控设施。在硬件上，探索建立内控系统网络和相对集中的数据处理中心，充分运用大数据、云计算等技术手段，综合观测、监测，为非现场监测创造有利条件。

第四，建立金融同业自律机制。目前我国金融业主要有两个自律组织，一个是1991年成立的证券业协会，另一个是2000年成立的银行业协会。尽管行业协会对金融监管起到了一定的作用，但由于证券业协会行政色彩较浓，银行业协会采取自愿入会，这都在某种程度上限制了自律组织作用的发挥。现阶段，银行业协会要透过行业自律，努力营造公平的金融市场环境，促进公平竞争；在进一步加大金融对经济发展支持力度的同时，继续大力消化不良资产和防范化解金融风险，努力为我国银行业的改革发展服务。

第五，充分发挥社会中介机构的社会监督作用。中介机构是金融监管的重要组成部分，中介机构包括但不限于会计机构、审计机构、法律机构等，以及社会舆论监督。应充分发挥中介机构的第三方监督作用，确保金融机构信息披露的真实性、及时性，同时需要对中介机构进行严格的监管，确保中介机构的独立性、权威性。

第三节　加强系统性金融风险监管区域合作

经济全球化加快了金融风险全球扩散的范围和速度。仅靠一国或单一地区的宏观经济管理，难以化解全球金融风险外溢，同时，也难以阻止自身金融风险向全球其他地区传导。一国或地区发生的金融风险，会通过全球联动的利率、大宗商品价格、汇率等多种渠道，将风险或者危机向其他地区外溢，从而导致区域性或者全球性金融问题。因此，加强全球经济金融风险治理的跨区域合作，建立起风险预警监管制度体系，可防微杜渐，避免全球金融体系的大面积恶化。

一、加强区域间宏观经济政策合作

为了维护经济稳定与发展，现实可行的办法，就是加强区域间经济合作，尤其是加强宏观经济机制及相应政策的深度合作。其中，全球主要发达经济体及重要发展中国家的区域间合作尤为重要。跨区域的全球宏观经济政策合作，在合作内容上包括货币政策、财政政策等，尤其是汇率机制、宏微观政策协调性等方面对治理全球金融风险具有重要作用。在合作形式上，在"尊重主权、平等协商、互助共赢"的合作原则上，可以采取由初级合作向高级合作模式逐步升级的方式。具体而言，跨区域的宏观经济政策合作，可以从跨区域的信息交流、政策对话等方式，逐步转向政策磋商，再到政策协调、政策制定及政策执行等形式转变。合作的目标在于，重在建立宏观经济政策机制和制度，表现为金融风险预计制度、金融风险通报机制、风险政策对话和磋商机制以及紧急协同支援机制（含货币互换）等。

二、探索区域间金融预警制度最佳运作模式

一是建立存款保险制度。存款保险制度是旨在维护存款人利益的制度设

计，是西方国家实践中金融预警制度执行的有效模式。存款保险制度是指吸收存款的商业银行对吸收的存款进行逐一投保，一旦该商业银行因挤兑等多种原因导致破产，投保公司将依据存款投保额度对存款人进行赔付。20世纪30年代出现的全球性经济危机，使得美国等西方国家认为，建立存款保险制度，对维护以银行业为轴心的金融信用体系，稳定金融市场有着重要意义。1933年《联邦存款保险法》确立了美国联邦存款保险制度的基本特征，对稳定美国银行制度体系发挥了重要作用。20世纪60、70年代以后，欧洲、亚洲等国家逐步加快建立存款保险制度。尤其是2008年金融危机之后，各国纷纷对存款保险制度进行重新修订，以适应新时代的金融风险要求，如欧洲议会于2014年7月启用"存款保险计划指令"，要求欧盟各国建立存款保险基金的存款保险计划，继续保护10万欧元以下的储户，且不纳入银行"自救"范围。

二是建立区域性最终贷款人制度。区域性最终贷款人是全球最终贷款人金融体系的重要组成部分。尤其是，区域性金融行为主体对区域性的经济、金融发展情况更为熟悉，所提的区域性制度体系更加符合区域特点，能够更好地防范区域性金融危机的传导。1998年亚洲金融危机对亚洲经济社会秩序的冲击，加深了亚洲各国对建立区域性最终贷款人的认识。当前，东亚地区的外汇储备已经超过1万亿美元，建立起区域性最终贷款人基金，将能够充分发挥好区域外汇储备资源的效能抵御货币危机。

三是建立区域汇率联动机制。僵化的固定汇率制度是导致亚洲金融危机的重要原因。当前，东亚各国或地区以对外开放程度较高的发展中国家为主，汇率的频繁波动将不利于这些国家的出口及外资吸引，因此，面临浮动汇率制度和固定汇率制度的双难选择。从历史来看，阿根廷曾经实行了盯住美元的固定汇率的货币局制度，但是在阿根廷爆发金融危机时，美国并未进行汇率调整以化解阿根廷金融危机。货币局制度的缺陷在于，中央银行将失去货币发行者和最后贷款人功能。欧洲货币联盟提供了一种可行选择。欧盟通过建立一种跨区域的汇率联动机制，消除了欧盟内部的汇率波动，同时，保持了欧盟内部货币与外部货币间的自由调节，有效发挥出了固定汇率制度和浮动汇率制度的优势。

四是建立货币联盟，实现区域货币一体化。在政治经济条件适宜的情况下，通过区域性合作的方式建立货币联盟，实现区域货币一体化，对于加强区域经济，抗击金融危机冲击的能力是非常重要的。正式的货币区域同盟可避免金融危机的发生，并且区域协定可在各国当局与全球性金融机构间作为沟通的渠道。例如，随着金融危机影响的逐步深入，墨西哥民间主张以美元取代墨西哥比索的呼声日渐高涨。目前包括环境、经济与社会研究中心（CEESP），以及墨西哥最大的银行（Banamex 银行）在内的多家民间重要机构，均对于墨西哥仿效欧盟方式与美国形成货币同盟持正面的看法。然而，货币区域一体化需要区域内各国具备相应的政治经济条件，容易使一些经济总量较小的国家的货币政策受制于大国经济。因此，在当今仍然强调国家民族利益的时代，除欧盟之外的大多数地区难以满足上述条件。

三、建立区际信息交流及信息共享制度

建立区域性金融风险监管体系，开发预警体系，强化经济金融信息的区域间共享以及政策执行的联合监督，提高金融风险早期预警度，最大化降低风险。但是，建立区域性金融风险预警制度也将面临诸多问题：一是区域内不同国家或地区的会计准则、统计体系及统计标准等金融相关实务制度存在较大差异，需要建立起区域统一标准的金融制度体系。二是区域内不同国家或地区的对外开放程度及金融发展程度不同，在贸易保护主义以及本位主义倾向下，部分国家在金融相关信息披露及政策执行上存在迟缓，难以满足金融预警要求，也将约束金融预警制度的效能。三是技术上的配合，尤其是各

国计算机化程度有别，系统整合的兼容及数据传输的安全管控等问题也亟待解决。为排除前述障碍，可采用渐进的方式：（1）建立国际信息交流制度。不同国家间应先抛弃本位主义，彼此共享相关信息，由一般整体信息的共享运用到个别敏感信息的交换，循序渐进相互交流，逐步进行更深一层的合作。（2）建立参与国的金融统计、会计等标准定义。可参照国际通用之相关原理原则或惯例，订定一套区域合作共同准则供参与国参考比较，并由专责单位将之加以整合。（3）建立金融预警制度的统一准则。参与国应建立金融预警制度或配合修改金融预警制度的参考准绳，其后再透过局域网络的连结建置一个区域合作的金融预警制度。

第四节 建立合理的国际金融体系

从全球层面上看，应该建立更合理的国际金融体系。百年来，全球金融体系的变化可以划分为五个阶段：一是古典金本位时期（1870—1914），二是前布雷顿森林体系时期（1915—1945），三是布雷顿森林体系时期（1945—1975），四是以全球浮动汇率制度为主的后布雷顿森林体系时期（1975年至20世纪80年中期），五是以金融全球化为背景的货币区域化和美元化时期（20世纪80年中期至今）。

经历百年变化，国际金融体系伴随全球经济发展变化而逐渐变化，当前国际金融体系的特征表现在四个方面。一是后布雷顿森林体系弱化了国际金融体系的内部约束。一方面，在浮动汇率制度机制的调节下，汇率变动由金融市场自我调节完成，另一方面，不同国家间的收支问题由国际金融市场完成，不再作为国际货币基金组织的主要职责。二是国际货币制度多样化发展，资本流动频繁。当前，全球基本形成了以浮动汇率制度为主、多种汇率制度并存的国际汇率体系，私人资本流动已经成为汇率变动的关键要素，同时，发达经济体间、国际机构间为稳定国际货币体系，减少全球主要国家货币变动而进行国际协调以化解矛盾。三是防范风险和潜在危机仍是国际金融体系发展的焦点。各国能否建立起货币合作的机制，或建立一个什么层次的货币合作机制，成为一个相当现实而具有挑战性的问题。四是目前国际金融体系开始呈现某种新格局。全球化令人瞩目，区域汇率协调安排和货币区域化趋势抬头，欧元面世，在美国经济保持了长周期景气的背景下，美元化引人注目。

20世纪80年代中后期，随着世界各地的金融危机愈演愈烈，国际金融体系持续动荡。从拉美债务危机（20世纪80年代）、欧洲货币机制危机（20世纪90年代）、墨西哥金融危机（1994）、亚洲金融危机（1997）、俄罗斯金融危机（1998）、巴西金融危机（1999）等金融危机中，可以看出金融危机明显具有传染性和突发性。脱离实体经济增长而发展的金融资产，尤其是资金流动的易变性及短期化，对发生地及国际金融体系造成了严重威胁。当前，国际社会普遍认识到，金融危机的爆发不仅与一国或地区的经济社会问题相关，同时，也与国际金融体系的内在缺陷相关。时任英国首相布莱尔在纽约证券交易所发表讲话时指出，"1944年布雷顿森林会议倡导成立的国际货币基金组织和世界银行，在2008年金融危机中已经暴露出缺陷，现在是对它们进行改革的时候了"，"布雷顿森林体系已经不能适应现代国际资本的运作规律，国际社会应当为新世纪准备一个新的布雷顿森林体系"。美国财政部长鲁宾也发表过此类观点，说要建立世界金融体系的"新大厦"。总之，建立适应21世纪全球经济发展现实要求的国际金融新体系是国际社会的新共识，也即建立"新的布雷顿森林体系"。

历史表明，一个理想的国际金融体系能够促进国际金融运行的协调和稳定，促进国际贸易和国际资本流动的顺利发展，并使各国公平合理地享受国际经济交往的利益；反之，则成为国际经济发展的阻碍因素。目前，各国政府、国际组织和学术界对国际金融体系改革已经做出种种设计。

一、改革国际金融组织体系

国际金融组织体系改革涉及世界各国的政治经济利益,并且会对世界贸易产生重要影响。国际社会对国际金融体系改革方案进行了广泛的讨论,并且提出了多种思路和方案。比如改革现有国际金融组织的职能。近年来对国际金融体系的改革还包括世界银行、国际货币基金组织等,国际货币体系的改革要与国际金融机构的改革紧密相连。富有建设性的典型改革思路有四:一是将国际货币基金组织转型为以统一世界货币发行权的真实的世界中央银行,统一的世界货币取代美元,稳定汇率,为发展中国家提供"在增长中调整"需要的清偿能力。有人建议世界中央银行作为最终贷款者并不必要真正提供资金,只要做好危机管理的工作即可。比如美国政府在1998年对美国长期资本管理公司(LTCM)的行动里,只是集合该公司所有债权者进行联合贷款行动,让该公司继续存活;当李森拖垮了贝凌银行,英国央行只是帮它找到新的所有主,自己并不出钱。同样地,像国际货币基金组织这样的最终贷款者,也不必然要有饱满的口袋,只要有优秀的协调能力即可。不过,这并不是什么创新改革的建议,国际货币基金组织及七国集团现在也都这么做,而其他的改革建议也主要是想找出一些方法,以减轻国际危机管理者的负担。二是把世界银行转型为专业的基金机构,尤其是使得世界银行能够从日本、德国等国家吸收国际资本,并将资金投入到发展中国家建设中,而不是美国。三是将世界银行与国际货币基金组织优化重组为一个全新的国际金融监管机构。金融监管者和放款人必须对大量的跨国资金进行更适宜的评估,从而根据贷款的风险程度更合理地定价。按照布莱尔的设想,将国际货币基金组织与世界银行的部分部门合并成一种新的职能部门,并不是为了弱化世界银行与国际货币基金组织的权利和职能,而是创新建立系列满足全球经济社会发展需要的金融操作与运营规则，严格成员国自律，从而起到强化两大国际金融机构职能的效果。这种意在推动发展中国家经济增长的资本流动调节同时会迫使美国减少其巨额的经常项目赤字。四是重新建立联合国体系，旨在使其成为经济和政治谈判的场所，从而便于建立起协调世界主要地区的货币政策和金融活动的机制。

以上构想的实质反映了一些国家对不合理的国际金融秩序的呼声，但货币体系背后也同样是国力的对比。发展中国家要求分享更多的对国际金融体系的引导和发言权仍然需要时间。

二、建立专门的国际金融监管机构

一是成立国际最终贷款者。美国克林顿总统在1998年10月七国集团集会所提出的建议，就有这样的味道；国际货币基金组织提出的新紧急信用贷款计划，也是类似的功能。不过，实现难度很大。国际货币基金组织今天可以动用的总资金大约为两千亿美元，以其占全球国民生产总值（GNP）的比例来看，还不到它在第二次大战末期初创时的五分之一，可见七国集团并未准备提供充足的资金。另外，过大的国际货币基金组织可能只会激励工业国家银行追求高风险利润。同时，由于大部分管制金融的权利还是握在各国政府手里，如果有一个口袋饱满的世界最终贷款者，各国将会放松管制措施，因为它们知道国内银行陷入困境，永远有一个老大可以依赖。这当然还是可以解决，譬如可设计一个依据风险计算各国贡献程度的制度，只不过效果如何，难以预知。

二是成立国际破产法庭。这种国际破产法庭与上述以暂停提款的方式防止银行挤兑，是一样的道理。同时，它也可以避免诸如政府保险所造成的道德危险问题。不过，国际破产法庭毕竟不是国家破产法庭，后者可以没收公司资产，或开除公司董事，国际破产法庭显然不能贸然进入一个国家没收其资产，或是开除其企业法人。当然，有人会认为，国际破产处置与若干国家处理地方政府破产的方式极为类似，比如20世纪70年代美国纽约市的债务危机，就确实委由一个外部的管理委员会来暂时处理日常的财务事宜。不过，无论如何，国家与地方政府还是有极大差异。我们只能说，如果国际破产法庭具有与国家法庭相当权力的话，国际银行贷款将会大大降低。同时，国际破产法庭也将有助于提高各国对本身名誉的重视。

三是成立国际存款保险公司。这是索罗斯有名的建议，国际借款者必须先缴纳保险费，才能获得贷款。这个提议值得争议的是，即使七国集团同意不对无保险者予以贷款，仍无补于防止金融危机的发生，毕竟各国政府几乎都已隐含地保证银行存款的安全；国际货币基金组织很难确定贷款的限度，也不易制定保费的额度；与国际破产法庭及金融管理者相同的道理，很难赋予此国际保险公司有效的管制执行权力。不过，索罗斯的提议也有重要的涵义，也就是从事高风险行为而产生负面效果者，应予以适当的课税。不论是变动资本适足率的要求，或是保费的课征，都是现代存款保险的趋势，也是《巴塞尔协议Ⅱ》希望前进的方向。

三、建立国际金融行为准则

在亚洲金融危机爆发之后，国际货币基金组织开始从长远考虑，建立防范类似金融危机的制度安排。其中，对IMF成员国提出了一定的具有约束力的条件。1998年，《财政透明度良好行为准则》在国际货币基金组织决策机构临时委员会获得通过，同时，国际货币基金组织临时委员会还希望继续制定一些其他方面的准则，比如要求政府披露更多的国内金融、货币政策、资本流动以及其他方面的信息。

1988年的《巴塞尔协议》及1999年的《巴塞尔协议Ⅱ》，都试图建立规范国际金融的软法律（Soft Law），以调和国际的银行标准。巴塞尔银行监管委员会修改了其坚持10年之久的关于银行最小资本比例要求的协定，并代之以更为灵活的规则。巴塞尔委员会于1998年1月公布了《（银行）内部控制评估框架》，这项文件可以作为监管者评估银行内部控制系统的工具。它根据成员国的经验和该委员会已经建立的原则，描述了作为银行内部完善的控制系统的基本要素，指出了监管者在评估银行内部控制系统时，所使用的一系列准则。巴塞尔协议最重要的，是要求银行必须有一定的资本适足率（Capital Adequacy），主要目的是在防止银行从事单向赌注的操作：银行若押注高风险而获胜，它就大赢；反之，若输了的话，一般纳税老百姓必须承担其损失。提高资本适足率将迫使银行必须承担部分风险成本。

七国集团在1998年10月30日提出的世界金融改革的联合声明中提出了三条声明，其中，就包括建立国际监管的金融体系，制定金融机构及高管信息的国际监管标准，以及对外国贷款的金融审查等。为了使国际标准和健康行为准则得以有效实施，还必须做出如下努力：首先，为了提高国际资本市场的效率，公共和私营部门必须以实际行动贯彻国际标准；其次，市场机制必须能够降低那些遵守准则的参与者的交易成本，激励金融体系的各种参与者积极贯彻标准；同时对于那些恶意投机行为进行制裁。

四、改革国际汇率体系

国际货币关系的失衡是造成金融危机爆发的重要原因之一，在全球经济一体化过程中，民族利益和国家利益并没有融合成共同利益，即便是作为国际金融体系监管人的主要国际金融机构，从总体上也是代表发达国家的利益。作为金融自由化"旗帜"的美国，更是在任何事情上都要首先考虑本国的最高利益。因此，任何一项国际性的金融交易活动都是在各种民族和国家利益的"博弈"之下实现的。在国际货币的总安排中，应当寻求一种既考虑国际社会的共同利益，也承认各主权国家局部利益的合理的国际货币体系。

汇率体系改革是整个国际货币体系保持稳定的关键。当前，国际货币体系中最为主要的币种以美元、欧元及日元为主，三者间的汇率变化将影响全球金融体系的稳定状态。为了规避浮动汇率制过于灵活及固定汇率制过于僵化间的不足，魏福德·依塞尔和亚·布龙菲尔德提出的汇率目标区是当前普遍认可的方式，也即，将美元、欧元及日元的汇率固定在一个目标区中，成员国有义务在汇率达到目标边界中采取干预举措，来减少汇率变化过度对全球金融体系的影响，同时，继续保持汇率机制的灵活性，从而减少局部性金融危机产生的惯性和信心崩溃现象。1992年以前，欧洲货币体系（European Monetary System，EMS）实践汇率目标区成效显著，因此，可以充分借鉴EMS的经验，以成员国均能接受的汇率稳定机制，从而保持上述三大货币汇率相对稳定。汇率的国际协调需要主要国家通过自身的宏观经济政策，以及必要的外汇干预来实现汇率的稳定，从而使得经济政策成为影响汇率国际协调的重要一面。因此，在国际汇率协调机制中，对成员国的经济政策及国际协调能力提出了一定要求，但是，在实践中，由于成员国间政府治理效能及政策工具箱间的差异，经济政策及国际协调能力的国际差异较大，加重了实行汇率目标区机制的难度。

此外，对于其他弱势货币，更需要此类货币在自身状况基础上，在可调节、盯住和浮动间选择。从1998年和2008年两次全球金融危机的影响来看，对于新兴市场经济体系，汇率制度改革可能是货币风波的导火线。实践中，汇率制度并不具有同一性，更多的是国家依据自身的通货膨胀率、经济规模、劳动力市场灵活调整性能、经济规模、对外开放程度、制度体系等诸多因素进行的切合自身发展实际需要的制度。因此，笔者认为，由英国经济学家哈罗德提出的蠕动盯住汇率制尽管并非十全十美，但意义深刻，原因在于大多数国际储备货币以发达国际货币为主，发展中国家货币相对较少且难以接受国际汇率过度浮动，通过蠕动盯住制度就能够保持全球汇率的稳定，同时又允许平价调整或一定的自由波动幅度保持汇率的可变性，以利于吸引国际投资和调整国际收支等。

五、建立国际金融危机救援机制

2008年美国次贷危机后，如何减少危机对全球的影响，尤其是引入何种援助方式来帮助受害国家走出危机，是急迫的现实问题。金融援助机制是国际货币基金组织的重要功能。依据国际货币基金协定第一条第五款，为了缩减成员国间收支不平衡的时间并减轻不平衡的程度，将在充分保证下为成员国提供资金，从而纠正成员国间的国际收支失衡现象，防止采取不利于本国利益以及国际经济发展的策略。当前，国际金融危机的援助机制需要解决的问题主要体现在三个方面。

一是国际援助资金的来源问题。当前，国际金融危机的救援资金来源包括货币基金组织的援助资金、世界各国在IMF外的援助资金、其他国际金融组织（如世界银行、亚洲银行、金砖银行等）的援助资金以及各国提供的援助资金等四种渠道。在1997年国际货币基金组织和世界银行年会上，日本曾提出建立独立型地区货币基金——亚洲基金的观点，旨在解决亚洲当前及未来的金融危机。亚洲基金的想法得到了亚洲国家的积极响应，但受到美国及国际货币基金组织的反对而未能成立。1998年4月，在亚欧第二次首脑会议上，欧洲也提出了亚欧会议信托基金等区域性货币基金的观点，由此可见，探索更多的金融危机救援资金渠道和来源将是国际社会进一步探索的方向。

二是国际救援资金的功能。1997年亚洲金融危机抛出了一个重要问题，也即，国际救援资金到底该发挥何种功能。作为全球两个重要的国际金融组织，世界银行和国际货币基金组织在资金援助方面存在较为明显的分工，其中，世界银行主要是解决受援国基础性和长期性的发展问题，国际货币基金组织主要是解决受援国间短期的国际收支问题。但是，在对亚洲金融危机的援助过程中，国际货币基金组织的援助前提是要求受援国必须接受系列长期结构改革，追求短期内彻底解决一揽子问题。这种作法的用意也许是"长痛不如短痛""下狠手方能治大病"。但是，对于受援国而言重要的是短期内恢复经济金融秩序，在解决好短期问题的基础上再解决好发展的长期问题。因此，国际救援资金的援助功能应该更为注重短期性，而对于受援国的长期性问题，更应该通过其他方式进行化解。

三是国际救援机制的程序问题。烦琐的程式化问题也是国际救援机制面临的突出问题，尤其是在救援条件申请、资金组织和安排、救援效果检验等形成有效程序，从而使得在金融危机发生时，能够对危机进行快速响应。实践中，IMF已经开始进行了系列保障机制，尤其是包括各国破产法等债务处理办法，强化政府与私人财团的合作，以便更有利于国际债务问题解决。

一直以来，我国呼吁建立一个公平合理、切合国际社会经济发展实际的国际金融新体系。这样的姿态体现出我国对现行国际金融体系的三点判断：第一，经济全球化是一个自然历史过程，在全球化浪潮面前不能回避。在经济全球化趋势下，各国更需要加强经济交往的国际合作，更要遵循循序渐进的基本原则，尤其是要注重提高自身风险防范能力。故而，我国对国际金融体系的改革，所持的是现实和开放的姿态。隐含着我国以正视开放和多边协调，尊重各国国情为国际金融体系改革的前提。第二，国际金融体系的深化意味着各国货币金融领域的相互依赖和影响不断加深。在经济全球化背景下，一国或地区发生金融危机，发达国家和发展中国家均会受到危机的冲击。全球化的经济需要全球性的合作。因此，我国对国际金融改革的看法，隐含着要求风险共担、共同履责、推动全球经济监控持续发展的深刻含义。第三，国际金融体系的频繁危机，暴露出国际金融体系的缺陷和不公正性。更广义地说，经济全球化趋势，是在不改变现有国际经济旧秩序的现实下发生的，而现有国际经济秩序并未有效反映全球经济发展的客观现实，将必然加大不同国家间的发展差距。因此，我国对世界各国发出努力推动建立公正合理的国际经济新秩序的呼吁，隐含着对现行金融秩序的建设性批评和渐进改革的姿态。

为了推动国际金融稳定发展和建立国际金融新秩序，在亚太经合组织第六次领导人非正式会议上，江泽民主席曾提出了三项主张。一是要加强国际合作，创造有利于经济恢复的外部环境。一方面，发达经济体要遏制贸易保护主义的倾向，积极履行大国责任，通过货币政策及财政政策调节，推动经济快速恢复。另一方面，需要增加对受金融危机冲击国家的资金援助，安排适当的债务减轻计划，恢复金融经济秩序，从而推动全球经济步入良性循环，既有符合发达国家自身利益，又能及时帮助受灾国家渡过难关。二是改革和完善国际金融体制，推动国际金融市场安全运行。在平等互惠互利的原则下，通过南北对话等多种机制，建立符合全球经济发展实际的国际金融新秩序。同时，加强对国际金融秩序中有重大影响国家采取必要举措，尤其是强化对国际游资的监管力度，提升金融风险监测预警效率。三是尊重不同国家对自身风险的认识及危机处置举措。金融危机发展的区域性差异较大，治理危机的措施将会明显不同。因此，国际经济和世界各国应该在平衡协商原则上，尊重危机发生国及受害国的客观实际，依据这些国家危机发生的要因及经济社会发展现状的基础上，进行必要的国际资金援助，逐步恢复经济金融秩序，增强经济恢复动能。

第十一章
国家金融安全防范体系设计：宏观机制

  自从2008年全球金融危机爆发之后，维护全球金融市场的稳定性、完善全球金融治理体系、构建全球金融新秩序成为如今各国重点关注的问题。我国是世界第二大经济体，也是全世界屈指可数的金融大国，在我国迈入新时代、进入经济转型关键时期、金融业由高速增长转向深度调整的大背景之下，金融治理体制变革成为亟待探究的问题之一。2020年，新冠疫情的冲击蔓延全球，我国实体经济和金融市场的运行都遭受重创，在此影响之下，中国不仅应当高度重视国内金融治理体系的改革与完善，防范化解潜在的金融风险，实现我国后疫情时代金融市场的平稳过渡与发展，还应当积极参与后疫情时代的全球金融治理体系的构建，预防国外金融风险倒灌对我国金融市场稳定性造成冲击。

  以党的十九届四中全会为标志，我国国家治理体系和治理能力现代化建设已经迈入了崭新的阶段。金融治理体系现代化建设是国家治理体系现代化进程中的重要组成部分，不断完善金融治理体系、构建现代化的金融治理新秩序也是提高我国金融治理水平的核心目标之一。在国内外经济金融持续调整、全球经济形势波诡云谲的背景之下，新时期我国金融治理体系现代化建设成为一个亟须探讨的问题。金融治理作为现代经济金融的核心，也是国家治理的核心内容[1]。完善金融治理体系、推动金融治理现代化进程、不断提升金融治理能力是维护我国金融稳定性以及金融市场良性发展的必经之路，也是新时期我国经济健康发展的重要保障。立足于金融治理的内涵，介绍金融治理的演进历程和历史沿革，梳理我国金融治理政策体系的演进脉络，构建完善的金融治理评估框架，准确地对我国现阶段的金融治理水平进行评估，分析探讨影响金融治理的因素并对加快推进我国金融治理体系与治理能力现代化展开思考，有助于进一步提高我国金融治理水平、完善金融治理体系，维持我国金融市场的稳定运行，防范系统性、区域性金融风险的发生，对于新时期中我国经济的健康持续发展同样具有重要的意义。

第一节　加强金融治理

早在新民主主义革命时期，中国共产党就开始了金融风险治理工作。党的十九届五中全会提出加强国家金融治理体系建设，当前，国家金融治理已经具有了新的时代内涵和时代价值。

一、金融治理的内涵

在国内外经济金融持续调整、全球经济形势波诡云谲的背景之下，新时期中国金融治理体系现代化建设成为一个亟须探讨的问题。对金融领域的治理作为现代金融业的核心工作之一，也是国家治理工作的重心所在。[2]进一步完善我国金融治理体系、推动金融治理体系与金融治理能力现代化进程、优化金融治理结构、不断提升我国的金融治理水平是维护金融稳定性以及金融

---

[1] 徐忠："新时代背景下中国金融体系与国家治理体系现代化"，《经济研究》2018年第53（07）期，第4—20页。

[2] 同上。

市场良性发展的必经之路，也是新时期中国经济健康发展的重要保障。

在内涵上，金融治理必然包含金融管理以及金融监管的范畴，一般认为，金融治理主要是指通过金融市场的规则、制度和机制等对一般金融活动进行有效的管理[1]。金融治理与传统的政府管制不同，它具有社会化、专业化、透明化特征和要求[2]。而金融治理的模式也并没有普适的范式，各国实施金融治理关键在于摸索出一套适合本国的治理体系。目前各国的金融治理体系之间也存在着诸多的差异，举例而言，传统的英美法系的国家侧重于金融市场方面的治理，中央金融治理与地方金融治理之间存在普遍的分权现象，而大陆法系的国家则更加注重于对金融机构自身的治理，侧重于中央对整个金融体系统一的领导与治理。

很多人常常难以在金融治理与金融监管之间做出区分，认为金融治理就是金融监管，这是不对的。金融监管是一个实践性很强的概念，从整体角度来讲，"金融监管"意味着某国政府或政府代理机构对金融体系中的金融机构所施加的各类监督与管制，这其中涵盖了对金融机构市场准入、业务范围、市场退出等方面的各种限制性条款，也包括对金融机构内部组织结构、风险管理以及风险控制等方面所提出的合规性、达标性的要求以及一系列的相关立法与执法体系的过程[3]。完整的国家金融治理体系应该包括金融监管体系却又不限于金融监管，金融市场规制、监管框架体系等都应该包含在内。

而许多人同样容易混淆"金融治理"与"金融管理"两方概念，金融管理是一个宽泛的概念，它泛指国家对金融领域活动的管制与指导，"金融治理"这一概念本身就是从"金融管理"发展而来，它在金融管理的范畴之上

---

[1] 陆岷峰、徐博欢："金融乱象与金融治理——基于改革开放40年金融整治经验"，《财经科学》2018年第10期，第60—72页。

[2] 魏革军："金融治理若干问题的思考"，《中国金融》2020年第9期，第21—23页。

[3] 白宏宇、张荔："百年来的金融监管：理论演化、实践变迁及前景展望（续）"，《国际金融研究》2000年第2期，第77—79页。

做出了更精准的完善，目前世界各国已经基本建立起了相对完善的金融治理体系，从金融管理上更进一步朝着金融治理进行转变。

二、国内外金融治理的历史演变

金融治理在国外历经了长足的发展，1944年，布雷顿森林体系成立，建立起了以美元为中心的国际货币金融体系，国际货币基金组织、世界银行相继成立，全球金融治理初具规模；20世纪70年代初，布雷顿森林体系瓦解，美元与黄金脱钩，西方主要发达经济体之间成立了"七国集团（G7）"，本意上想替代布雷顿时期的"硬制度"，以一种"软制度"来协调管理国际金融体系，在此治理模式下，全球性的金融危机并未爆发，但是各种区域性金融危机，诸如拉美主权债务危机、墨西哥金融危机、亚洲金融风暴等层出不穷，到了20世纪90年代，新兴市场经济体接连崛起，G7模式的金融稳定器作用日渐式微；1999年，二十国集团（G20）在柏林成立，G20模式为应对1997年亚洲金融危机与俄罗斯金融危机而促成，成员国中吸纳进了中国、印度、巴西、澳大利亚等新兴经济体；2008年，G20部长级会议被发达经济体升格为首脑峰会，2010年，首脑峰会又在匹兹堡峰会上被确立为国际经济合作的核心平台，由此，当前的国际金融治理体系正式建立。

金融治理在社会主义市场经济体制改革中占有重要的地位[1]。金融治理这一概念涵盖着方方面面的内容，包括金融机构、金融市场运行、金融监管架构以及金融领域制度建设，等等[2]。"金融治理"不是单一途径的策略，而是一个纵横交错、互为联系的完整的体系，是一个规范运行的系统，金融治理体系也是国家治理体系的重要组成部分[3]。在当前的阶段之下，我国的国家金融

---

[1] 洪银兴、刘伟、高培勇、金碚、闫坤、高世楫、李佐军："习近平新时代中国特色社会主义经济思想"，《中国社会科学》2018年第9期，第4—73页，第204—205页。

[2] 中国社会科学院金融研究所课题组、王国刚、董裕平："完善中国金融市场体系的改革方案研究"，《金融评论》2015年第3期，第1—16页，第123页。

[3] 陈四清："完善金融治理体系提升金融治理能力"，《中国金融》2020年第1期，第14—16页。

治理可以这样来定义：在国家治理体系的框架之下，各方面的金融活动参与者一同维持金融市场的运行秩序、保障金融市场的安全性和稳定性、推进金融业进一步发展、完善国家金融体系的制度设计以及内部之间的作用关系。在这其中，金融活动的参与者涵盖着金融机构、金融投资者、金融消费者、第三方中介、金融管理部门，等等，而制度安排则还要包括金融法律法规以及行业约定，等等[1]。

在我国，从新中国成立以来，金融治理的演进主要表现为金融监管体制的变革，并且中国每一次金融监管的重大变革总是与人民银行职能或机构的调整息息相关。自从1949年新中国成立以来，我国的金融监管已经历经了五个阶段的发展历程。在改革开放之前的计划经济时代，金融监管集中统一[2]；改革开放之初，中央银行制度正式确立，全国金融宏观调控体系慢慢形成；1993—1997年，南方谈话过后，国内市场经济体制改革运动如火如荼，经济发展与金融稳定之间的关系得到了全新认识，货币政策开始独立于地方政府的行政干预，中央银行货币政策的权威性正式确立，现代金融监管制度粗具雏形；1998—2003年，中国分业监管体制正式落成，金融监管得到了质的转变和飞跃；2004年直到如今，随着全球化、信息化时代的到来，金融体系创新能力不断被拓展，金融机构混业经营成为大势所趋，在中国经济持续稳定发展的客观要求之下，金融监管体制领域不断改革，构建现代化的金融治理体系逐渐成为整个时代的需求。

三、我国金融治理政策梳理

我国经济进入新常态之后，经济金融运行中浮现出种种问题。为了应对当前的这些现实问题，2012年党的十八大会议召开时，以习近平总书记为核

---

1 宋军：《中国金融治理体系改革探析》，中国金融出版社2016年版。
2 崔鸿雁：《建国以来我国金融监管制度思想演进研究》，复旦大学，2012年。

心的党中央做出了"全面深化改革"的战略部署[1]。2013年，党的十八届三中全会上通过的《中共中央关于全面深化改革若干重大问题的决定》中明确指出，"全面深化改革的总目标是完善和发展中国特色社会主义制度，推进国家治理体系和治理能力现代化"，这份决定的提出也标志着我国国家治理现代化战略在中国特色社会主义制度框架之内的正式确立[2]。同时决定中指出，"全面深化改革的重点就是经济体制改革，其核心就是处理好政府和市场之间的关系，使市场在资源配置中起决定性作用以及更好地发挥政府的作用"。[3] 党的十八届五中全会和"十三五"规划纲要进一步明确指出，在"十三五"阶段，我国经济社会发展的主要目标之一就是"国家治理体系和治理能力现代化建设取得重大进展"。[4] 2019年，党的十九届四中全会上，以习近平总书记为核心的党中央对国家治理体系和治理能力现代化这一时代课题再次做出了全面深入部署，并进一步对目前我国国家制度以及国家治理体系的发展、成就以及显著优势做出了全面的概括。习近平总书记在全会上发表了重要讲话，全会中一致审议通过了《中共中央关于坚持和完善中国特色社会主义制度、推进国家治理体系和治理能力现代化若干重大问题的决定》，这项决定也是我国在国家治理进程中的一项重大进展，决定中对我国经济社会发展"坚持和巩固什么""完善和发展什么"这一系列重大经济政治问题做出了深度回答，由此来看，目前我党对我国国家制度以及国家治理体系演进的方向已经达成了深度把握[5]。

---

1 洪银兴、刘伟、高培勇、金碚、闫坤、高世楫、李佐军："'习近平新时代中国特色社会主义经济思想'笔谈"，《中国社会科学》2018年第9期，第4—73页，第204—205页。

2 宋军：《中国金融治理体系改革探析》，中国金融出版社2016年版，第12—20页。

3 韩保江："论习近平新时代中国特色社会主义经济思想"，《管理世界》2018年第34（01）期，第25—38页。

4 李宏瑾、孙丹、苏乃芳："中国金融治理能力：评价模型与应用"，《宏观质量研究》2016年第4（04）期，第88—100页。

5 陈四清："完善金融治理体系提升金融治理能力"，《中国金融》2020年第1期，第14—16页。

而国家治理现代化立足于中国社会主义初级阶段的基本国情，它具有鲜明的中国特色，是根植于国内经济、政治、社会制度存量基础之上的治理现代化[1]。由此可见，金融治理就是国家治理在金融领域上的呈现形式，金融治理也是目前我国社会主义市场经济体制改革中举重若轻的部分。进一步完善金融治理体系不仅仅可以加快金融大国向金融强国的转变，也是推进国家治理体系现代化建设的关键一环[2]。2019年，党的十九届四中全会上，国家治理体系和治理能力现代化建设被重点聚焦，就我国金融领域，从中央银行制度、资本市场基础制度、现代金融体系建设、金融风险防范机制、基础货币投放机制的完善、普惠金融、绿色金融的发展等角度作出要求，为新时代的金融领域建设工作以及推进金融治理体系和金融治理现代化建设进程燃起了前行灯塔[3]。

多年以来，国内关于金融治理的研究也如雨后春笋。李宏瑾等梳理了金融治理的概念、内涵与发展，并进一步开创性地构建起了金融治理水平评价指标体系，从宏观、中观、微观三个层次上进行评价，证实了2007年到2015年间中国金融治理总指数大体上升的趋势[4]；陆岷峰分析了地方金融所存在的种种问题，提出了强化党委对地方金融机构全面领导的治理、依法治理、市场机制治理等共计六大体系建设，推进政策制度执行、重大风险事项处置、金融服务实体经济和履行社会责任四个现代化是当前提升地方金融治理水平的主要路径[5]；冯永琦和于欣晔认为，中国应当积极参与后

---

1 陈亮、王彩波：ّ"创造发展型意识形态：国家治理现代化与主流意识形态的逻辑定位和建构路径——基于主流意识形态与社会结构契合性的分析视角"，《探索》2015年第3期，第60—65页。

2 宋军：《中国金融治理体系改革探析》，中国金融出版社2016年版。

3 王小艳："金融治理体系和治理能力现代化与高质量发展"，《岭南学刊》2020年第3期，第124—128页。

4 李宏瑾、孙丹、苏乃芳："中国金融治理能力：评价模型与应用"，《宏观质量研究》2016年第4期，第88—100页。

5 陆岷峰："关于新时期地方金融治理体系和治理能力现代化研究"，《区域金融研究》2020年第6期，第15—21页。

疫情时代全球金融治理体系的构建，具体策略诸如积极倡导"命运共同体"理念、推进国际金融机构的改革与新兴国际金融机构的兴起等[1]；王小艳的研究以马克思货币金融理论为指导，她提出，中国目前应当通过均衡发展直接和间接融资、平衡金融防控风险与服务实体经济运行之间的关系、精确匹配金融市场供需等举措来推进金融治理体系与治理能力现代化，为我国经济的高质量发展贡献推动力[2]；陈四清（2020）认为，金融治理本身就是一个互为支撑、处处衔接的系统。以国有大型银行为代表的金融机构积极在完善国家金融治理的进程中发挥正向的作用，要通过不断完善自身治理体系、提升自身治理能力为健全中国现代金融治理体系、提升国家金融治理水平添砖加瓦。[3]

第二节 金融治理的全球经验

"金融治理"这一概念虽然并不古老，但是在国外已经历经了长足的发展。金融监管是金融治理的重要组成部分，也曾经是西方各国对金融领域进行监管的核心所在。本章根据时间顺序对国外由金融监管到金融治理的演变进行了系统梳理，阐释了百年来的金融监管变迁，致力于为当下的金融治理体系现代化进程提供一些启发。

一、20世纪金融监管理论百年变迁

金融监管这一概念最早可以追溯到1720年英国政府所颁布的《泡沫法》，

---

[1] 冯永琦、于欣晔："后疫情时代全球金融治理体系建构与中国策略选择"，《东北亚论坛》2020年第29（06）期，第51—64页，第124—125页。

[2] 王小艳："金融治理体系和治理能力现代化与高质量发展"，《岭南学刊》2020年第3期，第124—128页。

[3] 陈四清："完善金融治理体系提升金融治理能力"，《中国金融》2020年第1期，第14—16页。

这是当年英国政府为了防范证券市场上的过度投机行为而推行的法令，是政府对金融领域活动最早的监管，也标志着全球金融史上政府对金融活动实施监管的开始[1]。而金融监管真正地广泛开展则是以现代中央银行制度的确立为标志的，从整个19世纪来看，西方各国自由主义盛行，但是中央银行制度也就是在这个时代逐渐普遍化，因为其建立的初衷并不直接在于管理一国金融体系，而仅仅是管理货币，而"货币中性论"则一直被古典和新古典经济学奉为圭臬，他们认为货币对经济不会造成实质的影响，因而此时的中央银行一直被排除在"看不见的手"范式之外。

然而，数次银行危机的爆发逐渐使"货币中性论"难以立足，因此，中央银行的职能从起初的货币监管上向外延展，开始承担类似"信用保险""最后贷款人"的职能，但这与真正的金融监管还并不相似。事实上，直到20世纪30年代经济大危机之前，主流经济学都顽固地遵循"看不见的手"的信条，所谓的"金融监管"往往止步于"货币监管"以及"防范银行挤提"的层面上。

直到20世纪30年代的金融危机爆发之后，市场不完全性开始逐渐占领主流经济学的认知，金融监管也开始从新的角度徐徐展开。在这一时期，人们逐渐认识到了金融体系的负外部性，这种负外部性表现为金融机构的破产、倒闭及其一系列连锁反应将经由货币信用紧缩的渠道对经济增长造成打击，如果不以一种市场外的力量对其加以干涉，那么金融机构活动与社会经济运行之间可能会产生极大的不对称性；除此之外，金融体系本质上而言还是一种公共产品，其自身也具有一定的公共产品特性，由此其会难以避免地陷入一些公共产品自身的问题中，譬如"搭便车"问题。当人们对金融体系产生搭便车的心理时，就会乐于享用金融体系为自身带来的便利，而忽视了自身

---

1 白宏宇、张荔："百年来的金融监管：理论演化、实践变迁及前景展望"，《国际金融研究》2020年第1期，第74—77页。

对金融体系做出的贡献。正因为金融体系具有公共产品这一特性，这就决定了它只能由政府来提供并想方设法地维持，如果政府不能出手来维护金融市场的良性、健康运行的话，单凭市场经济是无法做到的；除此之外，自由竞争对金融机构的活动来说其实并不适用，一旦金融市场由自由竞争发展到高度垄断的状态，整个金融市场的运行效率将会受到巨大的拖累，金融参与者的经济福利会面临极大的损失，甚至会直接影响到一国政治体系和国民经济的稳定性。在这种情形之下，不出手干预金融体系的竞争就意味着忽视风险；最后，随着西方主流经济学的进一步易主，"信息不对称"问题也逐渐被大众所熟知。凯恩斯主义上台之后，人们逐渐意识到，市场经济并不是能够完美运转的，经济中的各类信息也不是完全公开透明的，市场中普遍存在着信息的不完备性以及不对称性，而这种现象在金融体系中更是广泛存在。信息问题可能会导致巨大的经营困境，如果交由市场自身去处理还会意味着高昂的成本，这是很多金融机构自身所无法承担的，由此也进一步体现出了政府干预的必要性。

以上论据的出现成为20世纪30年代之后西方各国开始加强对金融领域管控的主要理论依据。在这一时期之内，先前中央银行的货币管控职能已经转化为货币政策，加入了政府对国民经济进行宏观调控的"工具箱"，取而代之的是政府对金融市场上金融机构的具体干预，这也演变为当年金融监管的主要行为内容，但当时的金融业发展并不如今天丰富，也并没有区分于其他行业的鲜明的独特性。

20世纪70年代以来，伴随着凯恩斯主义的黯然失色，经济自由主义思想复兴并占据主流位置，与此同时，金融自由化理论也随之冉冉升起。最初，金融自由化理论是以抵触对金融业过度监管的面貌现世的，一方面，金融自由化理论认为，一国政府对金融机构活动的过度监管与辖制会不可避免地削弱金融市场自身的运行效率；另一方面，金融自由化理论认为政府对金融领域监管的出发点未必公平客观，其干预过程可能受到政治自身的影响而有所偏颇。总而言之，金融自由化理论虽然提倡恢复金融业的自由竞争，但是这种自由竞争是要以提高金融业自身的运行效率为前提的。其推崇的主要是"效率优先"原则，这是顺应了时代需求的，虽然这意味着自由主义的复苏，但是这并不是一种"矫枉过正"，更不是对过去几十年的否定，而是金融监管发展到一定时期时对同时兼顾金融市场的效率与安全的探索，这个时期的金融监管也对金融业自身的独特性有所反省，也更加侧重于对金融活动风险的管制，众多金融体系模型也在此时期兴盛起来。

而进入 20 世纪 90 年代直至如今，一系列金融危机频频现世，金融自由化理论因此饱受质疑。伴随着经济全球化进程的不断深入，金融全球化的发展趋势不断展现，全球金融治理初露苗头，尤其是自 1997 年亚洲金融危机之后，全球金融治理开始受到广泛关注。2001 年，兰德尔·杰曼（Randall Germain）正式将"全球金融治理"定义为一个完整的概念，此后国内外学者关于全球金融治理的研究多如春笋，全球金融治理也作为一个独立的概念，从各国各自的金融监管、金融治理中独立出来，其研究在新世纪不断得到进一步发展。

二、全球金融治理研究概况

全球金融治理的实践远远比其理论要展开得早得多，综合国内外研究，全球金融治理体系的演进可以被划分为以下阶段，即自 1944 年布雷顿森林体系确立开始直到 20 世纪 70 年代初期的"国际货币体制监管时期"、自 20 世纪 70 年代初期直到 80 年代末期的"国际银行业监管"时期、自 80 年代末期直到 1997 年的"金融全球化和自由化"时期，以及自从 1998 年直到如今的"全面监管"时期。在布雷顿森林体系之下，以美元为中心的国际货币体制构成了全球金融治理体制的核心，其主要目的是维护"二战"之后全球经济发展的稳定性以及国际货币体系的稳定。20世纪70年代，布雷顿森林体系瓦解，银行业的国际监管开始逐渐延展放大，资本在国际流动的限制不再在全球金融治理中占据核心位置，对银行业的监管开始逐步提上议题，诸如《巴塞尔协议》等一系列重要监管规则也在这个时期逐步形成。在此时期，维护基于浮动汇率制度的国际金融体系的稳定性便成为全球金融治理的核心关注点。

20世纪70年代初期，伴随着新自由主义的复兴，金融自由化开始逐渐成为国际金融发展的一个新趋势。20世纪80年代末期直到90年代，金融自由化的风气攀升顶峰，这一时期之中，全球金融治理的首要目标逐渐向推进金融自由化的进程有所转化。在这个时期中，随着"华盛顿共识"的进一步达成，IMF以及世界银行开始以施以贷款和援助的条件性胁迫换来对象国家进行以经济开放以及金融自由化为核心内容的内部改革。而进入20世纪90年代之后，伴随着经济全球化进程进一步推进，金融危机频频现世对全球经济造成了巨大的冲击。1997年的亚洲金融危机、2008年的全球金融危机为各国敲响了全球金融治理的警钟，全球金融治理的目标逐渐开始演化为维护全球金融体系的稳定性以及对世界性金融危机的防范和化解，金融治理也逐渐迈入了一个全面监管的阶段。本章借鉴张发林的研究，将全球主要金融机构的成立时间以及我国加入的具体时间在此呈现。

表 11-1　全球主要金融机构成立以及中国加入时间

年份	金融机构
1944—1968 年	IMF（1944, *1980*） 世界交易所联合会（WFE）（1961, *2002*） 市场委员会（1962, *2009*）
1969—1973 年	国际清算银行（BIS）（1969, *1996*） 欧洲货币常设委员会（1971） 国际会计准则委员会（IASC）（1973, *1997*）

续表

年份	金融机构
1974—1983 年	巴塞尔银行业监管委员会（BCBC）(1974, *2009*) 证券会美洲协会（1974） 国际会计师联合会（IFAC）(1977, *1997*) 国际审计实务委员会（1978, *2000*) 支付系统专家组（1980） 国际金融协会（IIF）(1983)
1984—1993 年	国际证券会组织（IOSCO）(1983, *1995*) 国际掉期与衍生工具协会（ISDA）(1985, *1999*) 国际证券业协会理事会（ICSA）(1988, 非会员) 金融行动特别工作组（FATF）(1989, *2007*) 支付结算体系委员会（CPSS）(1990, *2009*)
1994—1998 年	国际保险监督官协会（IAIS）(1994) 欧文·费雪中央银行统计委员会（IFC）(1995, *2007*) 全球金融委员会（CGFS）(1999, *2009*)
1999—2008 年	金融稳定论坛（FSF）(1999, 非会员) 国际会计准则理事会（IASB）(2001) 国际信贷组合经理人协会（IACPM）(2001) 国际存款保险机构协会（IADA）(2002, 非会员) 国际审计与鉴证准则理事会（IAASB）(2002) 国际金融理财标准委员会（FPSB）(2004, *2006*) 国际养老金监督官协会（IOPS）(2004, *2015*) 国际资本市场协会（ICMA）(2005)
2009 年至今	金融稳定理事会（FSB）(2009) 全球金融市场协会（GFMA）(2012, *2012*) 支付与市场基础设施委员会（CPMI）(2014)

注：本表内容主要参考于张发林于 2018 年发表的"全球金融治理体系的演进：美国霸权与中国方案"[1] 一文。表格中括号内的非斜体数字为该金融治理机构成立的年份，右侧斜体数字为我国加入年份，右侧为空则说明我国并未参与。

分析过理论变迁之后，本章继续对全球金融治理体系演进的具体内容进

---

[1] 张发林："全球金融治理体系的演进：美国霸权与中国方案"，《国际政治研究》2018 年第 39 (04) 期。

行研究。从金融治理体制为研究对象出发，跨越近百年，全球金融治理的演进历程大致历经了三个阶段，即以国家为对象的货币体制监管时期、以单个金融机构为对象的微观审慎监管时期，以及以金融体系为对象的宏观审慎监管时期。1994年，布雷顿森林体系落成，现代化的国际货币体系初次形成，美元成为位居中心的国际储备货币，直接与黄金挂钩，在这个体系之下，各国普遍认为国家间汇率制度的协调程度会直接影响到国际金融体系的稳定程度。在布雷顿森林体系得以维持的几十年中，各个成员国家或者经济体一直是国际货币体制所监管的对象，直到70年代布雷顿森林体系崩溃，美元与黄金脱钩；而随着20世纪后半叶电子计算机的广泛流行，金融领域也因此得到了更广阔的发展渠道，国际金融业务也在此时蓬勃发展，国际之间的金融交流日益深化，证券业、银行业、保险业等金融机构纷纷踏出国门开始走向国际化的道路。而在这个时期的金融监管的重心逐渐由国家货币体制转向单个金融机构，此时的金融监管也进一步细化，银行业、保险业、证券业等不同部门纷纷衍生出了不同的具体化的监管规则，各国金融监管体系在一定程度上都纷纷得到了完善。而2008年的全球金融危机也成为金融治理史上的一个重要转折点，这场由次贷危机引起的全球性的金融危机也给了现有金融治理体系一个重大的教训，那就是一贯遵循的以单个金融机构为对象的微观审慎性监管体系没有办法保证系统性金融安全，也就说在先前的监管制度下，系统性金融风险并不能得到有效的防范，因此，新的监管体系亟待架构。由此，在历经数次金融危机之后，全球金融治理开始更注重于向宏观审慎性监管的方向进行探索，而不是仅仅局限于实施对单个金融机构的监管。进入21世纪20年代，全球金融治理的宏观审慎性政策框架已经被初步建立起来，关于整个金融体系的系统性风险的监管已经逐渐成为全球金融治理的核心内容。

第三节　我国金融治理水平的测度与影响因素分析

为了准确地评估近年来中国金融治理能力水平以及金融市场的稳定程度，应当构建科学合理的金融治理水平评价指标体系。除此之外，还需要对影响我国金融治理的因素做出深入探讨，由此可为加快推进我国金融治理体系与治理能力现代化进程提供思考依据。

一、金融治理水平的测度

本节将基于现有学者的研究成果，构建金融治理水平的测度体系，并基于自 2008 年 1 月至 2020 年 12 月的月底数据对中国金融治理水平进行综合评价。

（一）中国金融治理能力评价指标体系

借鉴李宏瑾等的研究方法[1]，从宏观层面的物价和经济稳定、中观层面的金融发展水平、微观层面的个体金融风险防范等多个角度出发构建起金融治理能力评价指标体系，并且全方位、多角度来展现我国金融市场的稳定程度，如表 11-2 所示。

表 11-2　中国金融治理能力评价指标体系

	总体指标		分指标	具体指标	属性
宏观	物价和经济稳定（货币政策）		经济增长	GDP 增长率	负向
			通货膨胀水平	CPI 增长率	正向
			货币供应量	M2 增长率	负向
中观	金融发展水平	金融市场化程度	政府对金融机构的管制	大型存款机构存款准备金率	负向
			利率市场化程度	金融机构存款基准利率占比	负向
			资本自由流动水平	对外直接投资额占 GDP 比重	正向
		金融组织体系的发育程度	金融部门的市场集中度	大型商业银行总资产占银行业总资产比重	正向

1　李宏瑾、孙丹、苏乃芳："我国金融治理能力：评价模型与应用"，《宏观质量研究》2016 年第 4（04）期，第 88—100 页。

续表

	总体指标	分指标	具体指标	属性
		金融机构贷款投向集中度	人民币贷款余额中主要金融机构房地产贷款占比	正向
	金融市场体系的完善程度	社会融资总规模中直接融资占比	（企业债券＋非金融企业境内股票融资）/社会融资总规模	正向
		金融发展的深度	货币化率：M2/GDP	正向
		金融发展的广度	资本化率：股票、基金累计成交金额/GDP	正向
微观	个体金融风险防范（基于巴塞尔协议的微观审慎监管）	资本充足率	资本充足率	正向
		不良贷款率	不良贷款比例	正向
		拨备覆盖率	拨备覆盖率	负向
		流动性比例	流动性比例	正向

表 11-3　中国金融稳定性评价指标

综合指标	一级指标		二级指标	属性
金融稳定性	经济运行状况		经济景气指数	正向
			GDP 增长率	正向
			货币和准货币 M2 增长率	负向
			城镇储户未来物价预期指数	负向
	金融运行状况	金融机构	金融机构当月新增人民币贷款	负向
			不良贷款比例	正向
			同业拆借利率	正向
			存贷比	正向
			人民银行对金融机构贷款利率：1 年（月）	正向
		金融市场	社会融资规模	负向
			债权市值/GDP	正向
			股票平均市盈率	正向
			国房景气指数	正向
		金融体系	实际人民币有效汇率指数	负向
			M2/GDP	负向
	国际收支状况		外汇储备	负向
			外汇储备/外债	负向
			当月贸易差额	正向

（二）数据来源及说明

未经特殊说明，本节所有数据均来自 Wind 数据库。需要特别说明的是：第一，本章的数据截取自 2008 年 1 月至 2020 年 12 月以来的经济数据，为了提高分析的准确程度，本章首先对各变量的时间序列数据进行定基化处理以使各个变量在量纲上统一；第二，本章采用 Eviews10 对所有指标进行季节性检验，并对相关指标进行了 Census-X12 季节性调整，以剔除季节性因素的影响；第三，现有的统计手段中为指标降维的方式林林总总，选择不同的方法很有可能会影响最终的结果走向。本章采用主成分分析法，主成分分析法是由 IMF 所推荐的降维方式之一，它是最为简单与直接的降维方法，主成分分析法对所有变量一视同仁，不会因为指标间的相关性等因素的存在而赋予某些变量过于高的权重[1]。主成分分析法（Principal Component Analysis，PCA）可以通过投影的方法来实现数据的降维，将多个指标重新转化为一组互相无关、有代表意义的综合指标，并且损失尽量少的数据信息[2]；第四，由于数据的区间存在差异，导致不同变量的起始日期有所不同，因此不能在全部的时间区间上来进行一次主成分分析。

借鉴张晓晶和刘磊的研究方法[3]，首先根据不同时间段分开分别逐段进行主成分分析，再将指标的一阶差分进行合成，以此将不同时间段的指数通过合并差分的方式合并成为同一个指数。就具体操作来说，假设某次所需要降维的共有 7 个基础性指标，其中，4 个指标的起始时间为 t1，其余指标的起始时间为 t2，结束时间都为 T，并且 $t_1<t_2$。以此来看，从 t_1 到 t_2，有 4 个指标可用；从 t_2 到 T，有 7 个指标可用；从 t_1 到 T，有 4 个指标可用。由此，

---

1 张晓晶、刘磊："宏观分析新范式下的金融风险与经济增长——兼论新型冠状病毒肺炎疫情冲击与在险增长"，《经济研究》2020 年第 55（06）期，第 4—21 页。
2 王海雷：《面向高维数据的特征学习算法研究》，中国科学技术大学，2019 年。
3 张晓晶、刘磊："宏观分析新范式下的金融风险与经济增长——兼论新型冠状病毒肺炎疫情冲击与在险增长"，《经济研究》2020 年第 55（06）期，第 5—21 页。

本章首先在 t_1–T 时间段内利用 4 个指标构建起第一主成分 S_1，再在 t_2–T 时间段内利用 7 个指标构建起第二主成分 S_2，最终的主成分得分指数在 t_2–T 时间段中等于 S_2，而在 t_1–t_2 这一时间段内，令相邻的时点中的指标变动幅度与 S_1 一致，即令 $\Delta S = \Delta S_1$，由此不断向前推进，便可以得到整个区间的总指数。各项指标的起止年月如表 11-4 所示。

表 11-4 各个指标起止年月时间表

金融治理水平		金融稳定性	
指标	起止时间	指标	起止时间
GDP 增长率	2008.01—2020.12	经济景气指数	2008.01—2020.12
CPI 增长率	2008.01—2020.12	GDP 增长率	2008.01—2020.12
M2 增长率	2008.01—2020.12	货币和准货币 M2 增长率	2008.01—2020.12
大型存款机构存款准备金率	2008.01—2020.12	城镇储户未来物价预期指数	2008.01—2020.12
金融机构存款基准利率占比	2008.01—2019.06	金融机构当月新增人民币贷款	2008.01—2020.12
对外直接投资额占 GDP 比重	2008.01—2019.06	不良贷款比例	2008.01—2020.12
大型商业银行总资产占银行业总资产比重	2008.01—2019.06	同业拆借利率	2008.01—2020.12
人民币贷款余额中主要金融机构房地产贷款占比	2009.07—2020.12	存贷比	2010.10—2020.12
（企业债券＋非金融企业境内股票融资）/社会融资总规模	2008.01—2020.12	人民银行对金融机构贷款利率：1 年（月）	2008.01—2020.12
货币化率：M2/GDP	2008.01—2020.12	社会融资规模	2008.01—2020.12
资本化率：股票、基金累计成交金额/GDP	2008.01—2019.06	债权市值/GDP	2008.01—2020.12
资本充足率	2009.07—2020.12	股票平均市盈率	2008.01—2020.12
不良贷款比例	2008.01—2020.12	国房景气指数	2008.01—2020.12
拨备覆盖率	2009.07—2020.12	实际人民币有效汇率指数	2008.01—2020.12
流动性比例	2009.07—2020.12	M2/GDP	2008.01—2020.12
		外汇储备	2008.01—2020.12
		外汇储备/外债	2008.01—2020.12
		当月贸易差额	2008.01—2020.12

（三）中国金融治理水平的测算

由表 11-4 可见，金融治理水平应分为上中下三段分别做主成分分析，再运用差分模型进行合并，而金融稳定性的评价则需分为上下两段。在主成分分析中，通常当抽取的前 m 个主成分累积贡献率大于 80% 时，或选出特征值大于 1 的因子作为主因子。表 11-5 汇报了各部分主成分的累计方差贡献率以及提取的主成分的个数，由表可见，各段主成分分析中所提取的公因子个数对总方差的解释均超过了 80%，符合主成分分析的一般条件。

表 11-5　各段主成分相关结果表

	分段	总方差的解释	提取的主成分个数
金融治理水平	上段	86.636%	3
	中段	80.505%	3
	下段	83.688%	3
金融稳定性	上段	87.871%	3
	下段	82.173%	4

图 11-1 报告了我国金融治理水平与金融稳定性总得分的走势。由图 11-1 可见，我国金融治理水平在这十余年之间总体来看，呈现出了先下降后上升的趋势。从 2008 年初一直到 2011 年年中，金融治理水平持续走低，在历经 2008 年金融危机之后，我国的金融治理体系一直在调整修葺，随着金融监管的不断完善，金融治理水平在短短数年内不断回升；2011 年之后，金融治理总指数一直呈现出波动上升的态势，并且自 2015 年之后开始回正。2015 年是我国金融市场上大事件频发的一年，股市行情大起大落、跌宕起伏，也暴露出了种种问题，国内产生了激烈的讨论与应对；2015 年 11 月 13 日，国务院办公厅印发《关于加强金融消费者权益保护工作的指导意见》[1]。在此之后，金融消费者权益保护加强，顺应了我国次贷危机后建立金融行业完善、健全法律法规以及政策制度的趋势；同时，2015 年 12 月，人民币加入 SDR，人民币国际化将会推动中国金融体系的改革；同年还有央行 4 次降准 5 次降息、金融反腐大幕已开、"互联网+"概念井喷、"811 汇改"等一系列转折性事件，在我国金融体系与金融监管愈加完善的大背景之下，2015 年之后的

---

[1] "十八大以来的金融发展"，《中国金融》2017 年第 20 期，第 9—23 页。

金融治理能力在波动中逐渐上升，2020年疫情暴发之后，我国金融治理水平反而出现了抬升，这与疫情冲击之下我国积极应对，不断加强金融监管力度、防范化解潜在危机密切相关。

图11-1呈现出了我国金融稳定性的相关走势状况，我国金融稳定性指数从2008年开始快速走低，到2009年年初跌至谷底，直到2015年年末方才彻底回正，这说明2008年金融危机对我国金融市场的稳定性冲击巨大，绵延多年。并且由图中可见，2020年第一季度我国金融稳定性出现了骤降，对应当时新冠疫情的暴发，我国的实体经济运行与金融市场的稳定性都受到了巨大的冲击，但是随着我国积极防控疫情、稳步推进复工复产、实体经济逐渐复苏，我国金融稳定性水平也逐渐回升，说明疫情对经济的冲击是短暂的，我国经济长期稳定向好的基本局面并未改变。

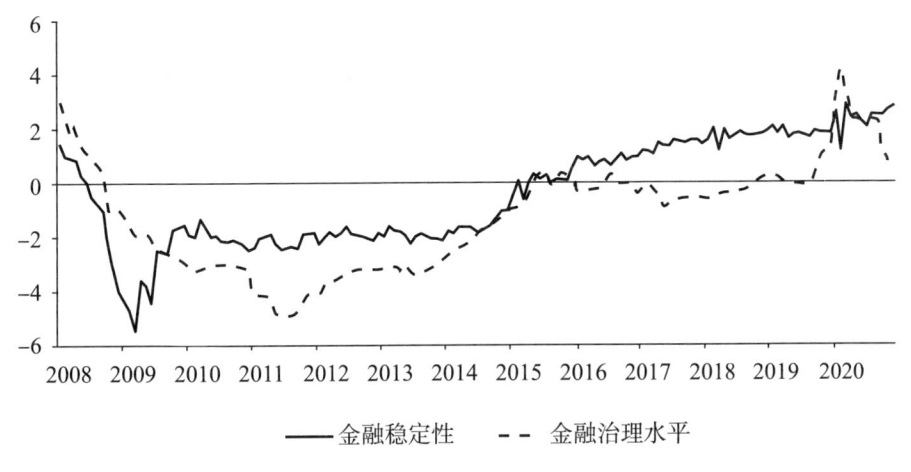

图11-1 中国金融治理水平与金融稳定性总得分走势图

综合图11-1分析，我国的金融稳定性与金融治理水平都大致历经了一个先下降后上升的趋势，二者的曲线呈现出了一定的相似性。由此，也对本章指标构建的准确度做出了一定验证，金融稳定本身是指一种状态，在这种状态之下，一国金融体系不会出现较大的波动，金融可以有效地发挥作为资金流动媒介的功能，金融业本身也能保持有序、协调，得到良性的成长与发展。关于金融稳定性的定义，欧洲央行对其的表述具有一定的代表性，其概括为："金融稳定是指，金融机构、金融市场以及金融市场基础设施健康、稳定运行，能够正常抵御各种风险冲击，并且不会拖累储蓄向投资转化效率的一种状态，是金融系统能够承受外部冲击并且化解金融失衡的一种条件"[1]。当前，有关金融治理能力与金融稳定性之间关系的研究还存在着相当大的空白，但是经由现有文献分析，不难探讨出两者之间的关系。金融治理体系必然涵盖着金融监管、金融管理、国家金融相关政策等方方面面的问题，在我国，金融治理与金融稳定性之间存在着众多作用机制。举例而言，金融治理涵盖金融监管的概念，一国的整个金融体系都可能被视为金融监管的对象，当我国面对外资的融资约束收紧、国际资本流动自由度下降时，势必会对金融稳定性造成一定影响。再者，金融治理还包括对金融市场活动的规范与干预，一国的货币政策变动势必会对融资活动造成影响，也是施行金融治理的手段之一。同时，货币政策的松紧也会通过对物价稳定的影响从而会对金融稳定性产生一定冲击，这是在浩如烟海的现有结果中能得到证实的。因此，随着金融治理水平的提升，我国金融市场理应进一步趋于稳定，而图12-1的结果恰好验证了这种趋势，进一步佐证了指标构建的科学性与准确性，也进一步佐证了我国多年来金融治理水平总体上升的趋势。

二、我国金融治理影响因素探析

金融治理是一个纷繁复杂的概念，探究影响金融治理的因素也不能一概而论。实际上，在我国，影响金融治理水平的因素众多，本章从国家经济政策与制度特色、总体经济意识、政府行为、资本市场行为、经济环境、全球

---

[1] Fell, J., "Assessing Financial Stability: Exploring the Boundaries of Analysis", *National Institute Economic Review*, Vol. 192, No. 1, 2005, pp. 256–265.

金融治理方略六个角度展开，来探究我国金融治理的影响因素，为加快推进我国金融治理体系与治理能力现代化进程提供思考路径。

(一) 国家经济政策与制度特色

不同国家会构建出不同的金融治理方略。中国特色社会主义经济制度，是以公有制为主体、多种所有制共同发展的基本经济制度[1]。在我国，现行的金融体系包括中央银行、金融监管机构、国家外汇管理局、国有重点金融机构监事会、政策性金融机构以及商业性金融机构这六种结构。其中，就中央银行而言，我国的中央银行是中国人民银行，于1948年12月1日成立。中央银行在我国金融治理体系中位于重要的核心地位，中央银行也是我国金融体系治理的基石；而我国的金融监管机构主要包括银监会、证监会和保监会。依法分别对我国银行业金融机构及信托投资公司等其他金融机构、证券和期货、全国商业保险市场进行监督管理，并且我国中央银行也保留部分金融监管职能。金融监管是金融治理的重要组成部分，也是我国金融监管机构的主要职能；而国家外汇管理局是依法进行外汇管理的行政机构，对金融资本的国际流动起到了一定的监管职能；国有重点金融机构的监事会是金融监管体系中不可或缺的一环，它代表国家对国有重点金融机构的资产质量、国有资产的保值增值状况来实施监管；政策性金融机构在我国也特指政策性银行，它由政府设立，不以营利为目标，政策性银行所进行的经济活动一般是为了配合政府特定的经济政策。在我国，政策性银行包括国家开发银行、中国进出口银行以及中国农业发展银行。执行经济政策是金融治理的重要内容，政策性金融机构中业务的开展也要受国家经济政策以及中央银行的指导和约束；最后，中国的商业性金融机构主要涵盖银行业金融机构、证券机构以及保险机构三大类。我国金融市场的主体部分由商业性金融机构构成，商业性金融

---

[1] 胡亚莲："中国特色社会主义基本经济制度的发展与创新"，《党政干部学刊》2020年第2期，第4—13页。

机构也是金融治理的主要对象之一。理清我国关于金融体系的制度架构，对我们客观分析金融治理的运行机制以及影响因素具有重要的意义。

（二）总体经济意识

一个国家的经济意识是在长期中逐渐形成的，它是文化、历史乃至传统习俗相结合的产物。一般是居于主流地位的经济学家主导一个国家总体经济意识的走向，他们的言行深深影响着居民部门对现有经济政策的理解，同时，也会为政策制定者提供反馈的途径。金融是经济的血脉，我国的金融治理方略顺应时代发展大潮，也与全国上下的总体经济意识相得益彰。

举例而言，就中美两国进行对比。美国居民部门的储蓄率相比较中国而言较低，两国居民部门的消费习惯也有所不同。由于美国经济发展较早，信用机制在20世纪中期就较为完善，再加上其社会保障制度较为完善，所以其居民部门一直都盛行"举债消费"，即先消费、后还信用卡的消费模式。除了消费之外，美国居民的保险意识浓厚，在多方面会投入许多收入来购买保险，以保证自身的生活质量和水准。数十年来，美国的居民储蓄率在最高的年份也难以超过20%，最低时则仅仅有2%左右。与低迷的储蓄率相对应的是美国银行普遍偏低的存款利率，根据Bankrate的数据显示，美国最大的银行富国银行的存款利率仅为0.01%上下，美国银行的利率也仅有0.03%上下。而中国居民部门的状况却与此正好相反，自古以来，中国"安土重迁"的思想根深蒂固，再加上诸如"勤俭节约""克己奉公"之类传统美德，中国人向来擅于将收入转化为储蓄，而后购置固定资产、为后辈积累财富等。除此以外，近代以来中国饱经磨难，虽然经济在改革开放之后获得了迅速的腾飞，但是筚路蓝缕的时代并未消失在众人的记忆里，再加上目前我国社会保障制度并未完善到一些西方发达国家的程度，所以提高储蓄率以"未雨绸缪"的想法也是我国大众广泛的经济意识之一。我国居民储蓄率也高达60%以上。不同的经济意识会对消费、投资造成不同的影响，也会形成不同的经济运行风格，每个国家的金融体制的形成都与历史传统和经济意识的影响息息相关，不同的金融体制应该对应不同的金融治理方略，在一个国家的不同时代，经济意识有所不同时，金融治理也应做出调整。

（三）政府行为

政府行为在金融治理的总体进程中起到了不可替代的基础性作用，政府干预的作用与市场机制的作用是相对应的，都是分配资源的一种方式，不同的政府行为也代表了不同的金融治理模式。

在资本市场上，通过市场的供求、价格以及竞争的相互作用可以有效地配置金融资源，在市场失灵出现的时候，政府的行为取向一般而言是通过宏观调控手段来调解资本市场中短期的非均衡的现象，从而矫正资本市场失灵、实现金融资源的合理配置。政府干预是需要成本的，并且政府干预也是需要把控在一定程度之内，如果政府干预过度，也会导致金融资源配置效率的低下以及配置不合理。

我国政府行为的取向也决定了金融治理的模式，就我国而言，资本市场的发展还不够成熟，新中国成立以来最早发行股票是在 80 年代中期，1990 年上海证券交易所、深圳证券交易所方才相继宣布开业，直到 1992 年中国证券监督管理委员会方才正式成立，到如今也不过 30 年。而美国的纽约证券交易所早在 1811 年就由经纪人按照《梧桐树协议》正式成立，到如今已历经两百多年，英国伦敦的证券交易所成立于 1773 年，历史久远。尽管改革开放之后，我国经济得到了迅猛的发展，金融业在各方共同努力之下蒸蒸日上，但是这仍旧是个年轻的市场，是个各方面亟待成熟与完善、在努力摸索的市场。与股票市场类似，保险市场、期货市场等至今也年份尚短，并未发展成熟，因此在这种前提下，政府出手干预是必要的保证市场公平、合理、稳定运行的一种途径。

政府对金融业的干预风格也决定了一国金融治理的风格。在我国，证券发行市场、企业重组并购行为、资本市场参与主体与行为有时都要根据规定受到政府的行政管控。举例来说，2015年9月7日，上海证券交易所、深圳证券交易所以及中国金融期货交易所同步发布了《关于就指数熔断相关规定公开征求意见的通知》，三大交易所拟以在保留目前个股涨跌幅制度的背景之下，引入指数熔断机制。此次所引入的熔断机制借鉴了国外的制度成果，主要以沪深300指数为基准，开设5%、7%两档熔断阈值，并且无论涨幅跌幅突破于此，都会触发熔断机制。如果触发5%熔断阈值，股票交易就会被暂停半个小时，熔断结束之后再进行集合竞价，竞价结束再继续当日交易，如果当日交易在任何时点上触发7%的熔断阈值，当日的股票交易将被暂停直到收市[1]。

"熔断机制"的引入是近年来国家对金融市场进行治理的典型手段之一，尽管2016年初熔断机制正式实行时，历经了4天重复上演两次熔断的怪象，最终只能草草收场，成为我国股市最短寿的政策之一。但是其出发点依旧是好的，这是一场我国在金融治理方略上、在完善金融市场、优化股票交易机制上的一次良性探索，也是政府干预行为影响金融治理的表现之一。

（四）企业与社会组织行为

企业和社会组织的行为有时也会对金融治理方略产生一定影响。当某项经济政策实施或是某条金融制度新规颁布时，其结果总会是一部分群体受益，或者是一部分群体受益更多，但是在大部分情况之下，一部分人会受益，而另一部分人的利益会受到损害。所以每次政策实施的结果都很难实现帕累托最优。因此，各类企业会建立一种联合反馈机制以向政府提供信息沟通的渠道，而政府也会通过这种沟通反馈来调整金融治理方略。举例而言，2010年之后，电子支付开始逐渐取代纸币支付成为当下的潮流，与此相对应的是，人们手中所持有的现金大大减少、传统的银行业务受到了极大的冲击。为此，商业银行纷纷开始向互联网金融方向做出业务延伸以适应时代发展的需要。

---

[1] "'熔断'影响A股几何"，《资本市场》2016年第1期。

而这种业务拓展长此以往就会给中央银行一种反馈信号，使政策制定者开始应对这种变化，为我国金融业治理规划新的方向。

除此外，社会组织行为有时也会影响金融治理的方略。影响金融治理的国内社会组织主要有金融行业社会组织，诸如上海金融业联合会、广西银行业协会等。这类社会组织只要在合法合规的前提下，都是可以正常表达自身诉求、维护自身权益的。但是其自身行为对整个金融市场的影响既可能有积极作用，也可能有消极作用。金融企业不论大小，都应履行自身社会责任，积极维护全行业的稳定和良性、健康发展，不能只追逐自身利益的最大化而忽略整个行业的共同利益。除此之外，当前的国际社会组织也会对全球金融治理产生影响从而影响到国内的金融治理方略，为国内金融政策治理提供参考。例如IMF国际货币基金组织作为举重若轻的国际金融社会组织，其举动对社会各国的金融政策制定都影响巨大。

（五）经济环境

经济环境对金融治理方略选择的影响是巨大的，可以说不同时期的金融治理方略就是为了顺应不同时期的经济风向。西方经济学中有个名词叫做"相机抉择"，是指政府为了实现宏观调控目标，维持国民经济的健康、平稳运行，根据市场目前的状况和特征，机动灵活地采取某种宏观调控措施来进行需求管理，以保证经济正常运行的一种手段。相机抉择政策分为相机抉择的财政政策和相机抉择的货币政策，相机抉择的财政政策又分为两种："汲水政策"和"补偿政策"[1]，"汲水政策"也被称为"财政政策汲水"，是指在经济走势萧条时，政府扩展公共投资、刺激社会有效需求、助力经济复苏；而补偿政策则要求政府应从当下的经济环境状态特征出发，从反方向调节经济变动，逆向发力以平稳经济运行。

---

[1] 周世愚："相机抉择政策、经济增长与地区产出波动"，《经济理论与经济管理》2018年第8期，第103—112页。

由此可见,"相机抉择"所体现的是一种反周期逆向刺激的干预风格,对金融治理而言,除却金融治理应当遵循的时代目标以及对金融体系不断完善的要求以外,我国对金融市场的治理原则也带着一些逆周期性的色彩,这种规则也是受当下的经济金融环境深深影响的。在金融业低迷甚至受到外部冲击产生危机时,政府大力投入积极救市,在金融市场过热时,便未雨绸缪提前预防崩溃的产生。这也是各国进行金融治理的重要原则之一。

举例而言,2008年美国次贷危机爆发时,全球金融市场动荡,中国的经济与金融也受到了一定影响。面对这次国际金融危机,我国政府果断出手稳定国家经济运行,迅速做了一系列崭新有力的决策部署,提出了"一揽子刺激经济计划"以应对危机,其中,在金融市场上,我国政府根据经济形势的变化,迅速调整货币政策,为金融体系注入了充足的流动性并确保货币信贷的稳定增长。主要措施有调减公开市场对冲力度、三次下调存款准备金率、扶持房地产业、取消对商业银行信贷规划约束、鼓励金融机构增加对灾区重建、"三农"、中小企业等贷款等措施,审时度势地应对危机。此外,2015年股灾风波开启之后,我国政府相继出台了一系列金融治理措施来完善股市制度乃至整个金融市场,修正我国股票市场目前存在的制度缺陷以及一系列不匹配的问题。譬如熔断机制(虽然并未坚持)、敦促上市公司分红并降低分红税收鼓励长期持股、改善社保基金等。各种救市措施迅速落实,有效地稳定了指数波动、切割了金融风险,避免了股市进一步下跌和崩盘,制止了潜在的金融危机的爆发,最终稳定了金融市场,也体现出了我国金融治理的及时性、高效性。还有,2020年新冠疫情的冲击蔓延全球,我国作为首个承受疫情冲击的国家,秉持"生命无价,生命至上"的原则,倾举国之力,万众一心,在应对疫情方面缔造了世界瞩目的成绩。但是疫情对一个国家的影响不仅仅是在人民的生命层面上,其对国民经济的冲击同样巨大,我国在积极应对疫情、稳步复工复产的同时,也高度重视疫情过后潜在经济危机和金融风险的化解，采取了一系列重要措施来实施金融治理，以进一步减税降杠杆、加大住房租赁金融支持力度、保持房地产金融政策连续性、一致性与稳定性，多方面为刺激经济复苏、保持疫情冲击后实体经济与金融市场的稳定保驾护航。由此可见，我国某一个时期的经济环境是影响金融治理决策的重要因素，在不同的经济环境之下，金融治理的风格可能会有所不同。

（六）全球金融治理

2020年11月，党的十九大报告指出："这个世界，各国相互联系、相互依存的程度空前加深，人类生活在同一个地球村里，生活在历史和现实交汇的同一个时空里，越来越成为你中有我、我中有你的命运共同体。"习近平总书记也多次在外交场合提及"人类命运共同体"的概念，对于金融治理而言，我国的金融治理也会受到全球金融治理方略的影响。我国的金融治理方针的制定不仅要考虑我国国情与时代目标，还要参考各国对金融市场的监管方略与政策走向，更要积极跟进全球金融治理风向，积极参与全球治理，展现大国担当与使命光辉。

近年来，全球金融治理的格局正悄无声息地发生着巨大的变化。第一，当前世界各国中央银行的作用被史无前例地放大，对全球经济形势的参与度也在不断提高；第二，不少西方资本主义国家的非常规性货币政策逐渐表现出长期化规模，并且货币政策的溢出效应也越来越显著，溢出效应对他国经济的影响也愈加深度化、复杂化；第三，各个主要经济体的金融监管力度有所上升，但是平衡加强金融监管与鼓励金融创新的关系仍前路漫漫；第四，疫情冲击过后，全球的债务杠杆率如今已经上升到了从未见过的高度，足以引起世界各国警惕；第五，全球跨境资本的流动在总量和结构上发生了巨大的转变，由此产生的影响会渐渐蔓延各国；第六，全球经济格局正在逐渐洗牌，新兴市场国家与发展中国家经济体在全球金融体系中的位置获得了前所未有的上升；最后，有关金融科技的命题应当引起足够的重视，各类金融科技的发展对全球金融体系与金融生态正产生着划时代的影响。

当前,全球金融体系的这些重大变化会使国际货币体系的内在矛盾进一步加剧,削弱全球金融稳定性。放眼当下,全球金融体系的脆弱性被这些变化不断放大,发达国家长期施行的"量化宽松"政策造成了大量资产泡沫,全球债务堆积造成一系列潜在的经济风险,美元本位的地位被侵蚀,国际金融机构领导结构由此会发生一系列转变,面对纷繁复杂的国际金融形势,中国作为世界第二大经济体,全球金融市场的重要参与者之一,也必然要承受全球金融形势变化的巨大影响,需要正确调整金融治理方略,做好潜在金融风险的预警和防控工作,维持国内金融市场的稳定性。

我国金融治理工作不仅应当以维持国内金融市场的稳定性为己任,还应当积极参与全球金融治理工作。当前,世界各国所共同面临的全球性问题一直在源源不断地增长,在此背景之下,各国要积极研究解决国际金融治理的架构问题,以及国际货币体系、数字货币、数字税、金融安全网、普惠金融、主权债务重组、反恐怖融资等全球性金融问题。我国应当积极参与全球金融治理架构,认真从全球金融治理和世界各国的金融治理方略中汲取经验,为国内金融治理工作提供参考,对全球金融治理的改革提出具有开创性意义的"中国方案"。

第四节　新时代应加快推进我国金融治理水平与治理能力现代化

2013 年,推进国家治理体系和治理能力现代化这一重大历史命题在中共十八届三中全会上被首次提出[1],由此,"国家治理"这一任务正式成为新时代全面深化改革的关键所在。继"新型工业化、信息化、城镇化和农业现代化"

---

[1] 张文显:"国家制度建设和国家治理现代化的五个核心命题",《法制与社会发展》2020 年第 26(01)期,第 5—30 页。

之后，国家治理体系和治理能力现代化已上升至"第五化"的高度。金融业是国民经济的血脉，是现代经济的核心与重要支撑力，一国金融实力也是国家经济实力的重要构成部分，金融业的实力也是一个国家重要的核心竞争力。金融治理体系和治理能力现代化是推进中国国家治理体系和治理能力现代化的关键一环，也是推进国家治理体系和治理能力现代化的重要推动力[1]。这个时代是金融发展进入到全新阶段的新时代，机遇和挑战并存，既要谋求发展又要防控风险。在这种背景之下，对我国而言，进一步加快推进金融治理体系与治理能力现代化建设无论在理论维度上还是现实发展中都具有重大的意义。加快推进中国金融治理体系和治理能力现代化，是关系到新时代金融市场稳定性、金融体系建设、金融事业发展的长期性、全局性、根本性的问题。在此背景之下，本章为加快推进我国金融治理体系与治理能力现代化的建设展开了如下思考。

一、完善金融监管体系建设

党的十九大召开以来，我国的金融体系改革日渐提速，政府机构改革与监管体制改革也迅速提上日程，获得了空前的发展。从一方面来看，中国金融监管工作正在致力于配套相关制度、补齐制度短板、补足监管空缺，对金融监管的范围相应扩张、内容相应丰富、力度相应强化，并且将金融监管的标准进一步地统一。举例来说，2018年，我国银行业监督管理委员会与保险业监督管理委员会进行了第一次合并，合并之后的中国银行保险监督管理委员会，即"银保监"。而这次合并，对我国金融业统一金融监管的标准、消除监管体系中的套利现象、进一步优化我国金融体系的运行效率、提高整个金融市场甚至金融体系的稳定性都具有重要的意义[2]；从另一个角度来看，

---

[1] 宋立："推进金融治理体系和治理能力现代化"，《中国金融》2020年第3期，第12—14页。

[2] 徐玖玖："协调与合作：中国金融监管模式选择的重估"，《现代经济探讨》2018年第11期，第35—41页。

2017年以来，众多金融领域新政相继出台，这些新政致力于打破"刚性兑付"的桎梏，从而挤出无风险利率中虚高的水分，进一步提高金融体系的效率。在这一趋势之下，在加快推进金融治理能力与治理体系现代化的进程之中，金融监管也应不断提速优化，不断得到完善，由此实现从金融市场的追随者到金融市场的引导者的转变。

完善金融监管，一方面要不断创新金融监管思维，以此匹配金融市场化的改革方向。首先就要明确金融监管动态化的思维，当今世界全球金融形势波诡云谲、起伏不定，中国金融市场也不会一成不变，加之中国持续深化改革的大背景，中国的金融体系也不能一直保持静态。金融监管的存在就是为了促使市场有序发展，根据不同时期、不同经济环境的特征，不断调节整体运行机制，不断达到新的金融市场平衡点。由此可见，金融体系监管要不断深化改革、顺应时代需求，要以动态均衡为金融监管思想，加大创新力度，鼓励监管创新；从另一个方面来看，应当强化金融监管的底线思维，规范金融监管框架。近年来，以习近平同志为核心的党中央反复强调要"守住不发生系统性金融风险的底线"[1]。而金融监管的目标也会很大程度地影响市场的定位底线，当下，我国金融风险总体可控，但随着国内经济逐渐进入新常态，疫情冲击过后经济渐渐复苏，金融体系中的各类潜在的金融风险仍不容小觑，因此金融监管的定位也要以坚守不发生系统性、区域性的金融风险的底线为原则；除此以外，金融市场监管更应当坚守法律底线，确保市场上各类金融机构合规经营。金融活动的进行要懂法守法，要坚决杜绝任何有可能触碰到法律风险的违规操作，任何时候都不能去触碰法律的高压线；另外，还要坚持守住消费者保护的底线，金融消费者也是金融市场的重要组成部分之一，维护消费者就是在维护大众对金融机构与金融市场的信心；最后，金融不是

---

[1] 韩心灵："习近平新时代金融思想述论"，《上海经济研究》2018年第9期，第22—30页。

脱离实体经济而独立存在的，金融监管的发展应当坚守金融支持实体经济发展的底线，金融业的发展不应当一味"脱实向虚"，而是应当更好地服务于实体经济的发展。

当前，在现有金融监管体系框架的基础之上，应当继续加快补齐金融监管的短板，尽量与金融领域高水平开放与发展的要求相适应。还要进一步完善货币政策调控机制以及宏观审慎政策框架，使货币政策的工具箱丰富化、多样化，增加货币政策选择和施用时的协调性。不仅如此，还要尽快构建起科学、完整、系统的金融风险检测、评价以及预警体系，牢牢守住不发生系统性金融风险的底线。结合中国国情，目前中国金融科技监管的领域内仍旧存在较大的空白，因此当下要致力于加快补齐金融科技监管领域的短板，将目前所有的金融产品、金融业务、金融机构都完整地纳入宏观审慎监管框架之内，进一步提高金融监管的系统性、科学性、专业性、完整性、高效性，进一步加强金融监管的深度，扩大金融监管的广度。除此之外，还要正确协调金融创新与金融监管之间的关系，金融创新可以为金融市场注入新的活力，探索新的发展方向，但是一切都要在金融监管的规范之内进行，要保持合理的金融创新步伐。完善金融监管还要加强宏观审慎管理，不断丰富宏观审慎的评估手段，进一步架构起更加完善的宏观审慎监测体系，协调好宏观审慎政策与货币政策、微观金融监管之间的关系，为金融市场的良性、健康发展保驾护航。

二、以金融体系改革带动中国经济改革全局

如今，我们已经走完了本世纪的前两个十年，正式迈入了21世纪20年代。在这个时期，我国的经济增长已经实现了由高速增长向中高速增长的转变，这是经济发展的"新常态"时期。在此背景之下，中国经济新一轮的改革开放大潮风云涌动。新一轮的改革应当完善国家激励机制，明确市场与政

府之间的关系，实现从释放红利到创造红利的升华；在生产改革的方面，要不断提高全要素生产率，以此来促进经济的内生增长，使经济增长实现由要素驱动到创新驱动的转变；在经济增长方面，要平衡好经济增长速度与经济增长质量之间的关系，要坚持顶层设计和底线思维并重，实现经济从增量调整到结构调整的转变。而对于新时代的金融开放而言，也应当涵盖着如下的转变：要推动形成金融全面开放的新格局，逐渐完成从较低层次的开放向更高层次的开放的转变；要促进完成金融领域的深度开放，实现从商品输出到信用输出的转变，从各个市场上获取全方位的经济位置；要积极参与全球化的进程，实现从被动跟进全球发展到主动引领全球发展的良性转变，为经济全球化的发展以及全球经济秩序的重塑贡献出中国力量，实现大国担当，展现大国风采。持续稳步推进金融改革开放，是加快推进我国金融治理体系与治理能力现代化建设进程中的重要一环，同时也会为我国经济高质量发展提供强劲的助力。

首先，从全局来看，金融体系的改革开放不仅顺应着新时代的需要，还是我国全面深化改革的重中之重。从历史发展的角度来看，中国的改革开放一直坚持着"实践是检验真理的唯一标准"这一原则，表现出"三步走"的特征[1]。直到如今，中国改革开放的前两步都已经取得了重大的时代性进展，从1978年家庭联产承包责任制的诞生，到国企改革与民营经济的崛起，再到2001年中国正式加入世贸组织、2016年人民币正式纳入国际货币基金组织（IMF）特别提款权（SDR）货币篮子，成为新的SDR五种构成货币中唯一的新兴经济体货币。在现如今新时代全面推进改革开放的进程中，中国金融领域的改革与开放将成为重要的源头活水。一方面，金融业将成为服务业改革的中心点，金融业在发展高端制造业的过程中将起到关键性的作用，对

---

[1] 戴佳朋：《中国社会主义改革的创新与启示》，中共中央党校，2019年。

中国乡村振兴战略的发展也将起到重要的支撑作用;从另一方面来看,金融开放将引领全面推进改革开放的新格局,成为主权货币信用输出的重要渠道,为中国全面参与全球化的进程提供有力的抓手。中国也将进一步发挥好金融的"天职",与政治、经济、文化、社会、生态的"五位一体"建设相结合,引导金融更好地服务实体经济,更有效地规避金融风险。

其次,金融开放要积极为中国的经济转型服务。金融领域的深层次开放不单单要推动金融业自身的发展,还要为中国经济整体转型的需要提供服务。通过在金融领域的活动接轨全球市场的流动,还可以倒逼国内金融体系的创新与改革,推动国内金融机构加强风险意识与竞争意识,促使其完成新一轮的进步与转型。除此之外,金融领域的开放也可能会有助于解决中国历年来对外开放所遗留的历史性问题。自1978年直到如今,中国改革开放已经走过了四十余年的岁月,回顾整体改革历程,中国经济腾飞过程中所浮现出的技术落后、资本稀缺等问题已经被对外开放逐渐解决,"中国制造"已经一跃而成为全球产业链中的重中之重并且无可替代,但是在这其中浮现出来众多的结构性矛盾。"金融活、经济活;金融稳、经济稳",将金融开放作为整体开放的抓手,是中国金融业深层次融入全球金融业的重要途径。"811"汇改之后,人民币的波动挣脱了单一美元汇率的影响,从"单锚"转向了"双锚"[1]。由此,人民币汇率便被更好地赋予了调节内外部经济均衡的功能,伴随着以后汇率市场化改革的逐渐深入,在长期中,人民币汇率将基本在均衡汇率水平附近上下波动。如此一来,便可以更为准确地对国内外两个市场中的商品、要素的相对价格进行反应,从而对中国对外开放提供良多助力,也可以有助于中国经济更高效地参与全球市场上的各类资源配置。伴随着金融领域改革开放的进一步深入,中国原有的国际贸易模式将逐渐转变,取而代之的是国

---

[1] 袁薇、王培辉:"中美金融市场信息溢出效应检验",《金融论坛》2020年第25(07)期,第43—52页。

内资本对外输出以及金融市场国际交易。金融业的深度开放将成为中国深度参与经济全球化、与世界深度融合的棋眼，也是中国崛起之路上的重要抓手和助力。中国将在这种深层次开放中逐渐获得全球的认可，在世界洪流中站稳脚跟，以大国姿态，更好地为人类命运共同体的建设添砖加瓦。

三、进一步完善金融领域基础设施和制度建设

金融领域的基础设施和金融制度是金融市场运行的基石，进一步完善金融市场的基础设施建设以及金融体系运行的制度建设是推进中国金融治理体系与治理能力现代化的前提条件，也是保障金融市场良心、健康运行的基石。完善金融领域的基础设施建设首先要进一步完善金融业基础设施的硬件铺设，从技术方面保证金融系统运行的时代性以及金融市场信息安全。还要积极构建金融市场的信息传导机制，打造金融市场信息共享、交流的平台，完善金融市场综合性数据的统计机制。除此之外，金融科技创新也是目前金融发展的重要指标之一，要充分利用当下新兴的技术手段，将区块链、云计算、人工智能等与金融创新有机结合，不断创新金融服务的模式与机制，促使金融业更好地服务实体经济。此外，近年来数字货币的兴起在一定程度上影响着金融业的运行，因此国家应当拓展对数字货币的研究与对外交流，紧跟国际上数字货币的发展潮流，积极争取全球数字货币发展的主动权。最后，中国还应继续加强金融市场标准化、高质量架构，健全金融监管，进一步为金融业的改革开放提供高质量的法律制度保障。

四、进一步完善党对金融工作的集中领导

2018年，习近平在庆祝改革开放四十周年大会上强调："坚持党的领导，必须不断改善党的领导，让党的领导更加适应实践、时代、人民的要求。[1]"

---

[1] 周琳娜："关于坚持党对经济工作集中统一领导的研究"，《经济研究参考》2019年第10期，第33—38页。

而中国金融领域所开展的工作可以称得上是政策性极强，如今伴随着中国迈入新时代、国内外经济形势波诡云谲的背景之下，党对金融工作的牢牢把握、正确引导显得格外重要。因此，要进一步加强和完善我党对金融领域工作的领导，任何金融工作的动向应同以习近平同志为核心的党中央的领导保持鲜明的一致性，中央关于金融业的任何政策安排、决策部署都应高效率贯彻落实。除此之外，还要正确处理好政府与市场之间的关系，充分发挥金融市场在金融资源配置中的决定性作用，并且更好地发挥政府的宏观调控职能。同时，也要不断研究和总结金融市场的发展运行规律，坚守我党对金融领域工作统揽全局的地位，进一步完善"三会一层"的充分履职，进一步完善我党对国家金融工作的领导。

五、坚持金融服务实体经济和发展普惠金融

金融领域发展最终要以服务实体经济为归宿，而不是一味地追求虚拟经济的繁荣，否则就会造成一系列风险。习近平总书记曾经多次强调，"经济发展任何时候都不能脱实向虚"，"实体经济是一国经济的立身之本、财富之源"。由此可见，虚拟经济的发展不能脱离实体经济的根基，实体经济才是一国经济发展的基石，要牢牢地坚持金融发展服务实体经济这条基本原则不动摇，就要进一步发展金融业的普惠性。而普惠金融这一概念自2005年首次被提出以来已经历经了长足的发展，如今，普惠金融已同开发性金融、政策性金融、商业性金融一起共同构成了中国特色社会主义金融体系的四根支柱，也彰显着如今中国特色金融制度的优势。当前我们首先要进一步认识到普惠金融的内涵和本质，进一步完善有关普惠金融的政策设计，致力于弥补普惠金融的发展短缺之处，使普惠金融更好地服务于经济社会发展。发展完善普惠金融要进一步优化金融服务的结构、提高金融服务的质量，要不断创新金融服务的机制模式，进一步深化金融服务的深度、扩展金融服务的广度，加大对薄弱环节的攻坚克难以及对重点领域的持续关注。发展普惠金融要进一步贯彻落实"创新、协调、绿色、开放、共享的新发展理念",以使金融资源进一步得到最优化配置,引导金融领域更好地为实体经济提供服务。

六、持续深化金融供给侧结构性改革

在经济领域的供给侧结构性改革之后,金融领域的供给侧结构性改革也逐渐成为中国当下刚需以及社会各界所广泛关注的问题。2019年2月23日,习近平总书记明确提出"金融供给侧结构性改革"这一理念;2019年4月19日,中央政治局会议上正式提出"金融供给侧结构性改革"这一政策命题。而金融领域的供给侧结构性改革要引导金融市场在金融资源配置中起到决定性的作用,更好地发挥国家的宏观调控作用以及引导性作用。要不断激发我国金融体系自身的活力,进一步推动金融要素价格市场化改革,优化金融资源的配置,推动利率体系逐步"两轨并一轨"。从我国国情来看,新时代金融领域的供给侧结构性改革要持续开展,还要围绕着防范系统性金融风险、深化金融领域的改革开放以及进一步引导金融业服务实体经济这三个方面持续开展。除此之外,中国还应在金融监管的范围之内继续鼓励金融市场创新的发展,进一步丰富金融产品的供给与多样化,完善金融机构市场化路径,提高金融市场的运行效率。最后,金融供给侧结构性改革不能一概而论,要聚焦于现阶段所存在的金融市场中的主要结构性矛盾,不断健全金融市场基础性制度,以进一步完善金融市场的运行机制。

七、深化金融开放及全球金融治理

在新的形势之下中国经济已经走上了高质量发展的道路,因此也要实施高水平的对外开放,对金融领域来说也是如此。进一步深化金融领域的对外开放不仅仅是加快推进我国金融治理体系与治理能力现代化建设进程的重要途径，也是新时代对金融业发展所提出的必然性的要求。深化金融对外开放要不断完善相关制度，完善准入前国民待遇加负面清单管理制度，不断深化金融领域对外开放的系统性和制度性，激发金融市场的自身活力，防控国外金融风险倒灌，维护好国家金融安全。除此之外，还要不断优化金融领域对外开放的监管政策，为金融领域的对外开放铺设好良性的运行环境。同时，为了适应金融领域高水平对外开放的要求，还要不断地提升开放条件之下的金融管理能力，扩大人民币的国际影响，积极推动人民币国际化。进一步完善中国货币政策的调控体系以及宏观审慎政策框架，不断优化外汇市场的监管体系，防范国际金融风险影响到中国的经济金融运行。最后，中国是名副其实的金融大国，在后疫情时代更应向国际上展现大国担当，积极参与全球金融治理，推动全球金融治理体系的不断改革和完善，也能更好地整合国内外市场金融资源，统筹国内外两方经济环境因素，进一步提升中国经济的国际地位，为国内经济金融发展乃至全世界的和平演进缔造出良性、健康的环境。

参考文献

昌忠泽："流动性冲击、货币政策失误与金融危机——对美国金融危机的反思"，《金融研究》2010年第7期，第18—34页。

陈梦根、牛华："购买力平价变动影响因素研究：国际视角"，《金融研究》2016年第9期，第82—98页。

陈平："国际资本流动与汇率决定"，《国际金融研究》2000年第9期，第11—16页。

陈强：《高级计量经济学及stata应用》（第二版），高等教育出版社2013年版。

陈献东："国家审计在管理区域金融风险中的功能定位及实现机制研究"，《审计研究》2015年第4期，第33—38页。

成思危："虚拟经济的基本理论及研究方法"，《管理评论》2009年第1期，第3—18页。

程定华："金融的国际化现象及其本质"，《社会科学》1996年第7期，第19—23页。

戴志敏、王海伦："外资参股国内银行及其对金融安全的影响"，《浙江大学学报（人文社会科学版）》2008年第2期，第108—115页。

邓向荣、曹红："系统性风险、网络传染与金融机构系统重要性评估"，《中央财经大学学报》2016年第3期，第52—60页。

丁纯、李君扬："德国'工业4.0'：内容、动因与前景及其启示"，《德国研究》2014年第29（04）期，第49—66+126页。

范小云、方才、何青："谁在推高企业债务融资成本——兼对政府融资的'资产组合效应'的检验"，《财贸经济》2017年第38（01）期，第51—65页。

方意、和文佳、荆中博："中美贸易摩擦对中国金融市场的溢出效应研究"，《财贸经济》2019年第40（06）期，第55—69页。

房林、邹卫星："多种单位根检验法的比较研究"《数量经济技术经济研究》2007年第01期，第151—160页。

封北麟："精准施策缓解企业融资难融资贵问题研究——基于山西、广东、贵州金融机构的调研"，《经济纵横》2020年第04期，第110—120页。

冯永琦、于欣晔："后疫情时代全球金融治理体系建构与中国策略选择"，《东北亚论坛》2020年第29（06）期，第51—64+124—125页。

高杰英、王婉婷："国际金融治理机制变革及中国的选择"，《经济学人》2016年第08期，第 65—71 页。

苟文均、袁鹰、漆鑫:"债务杠杆与系统性风险传染机制——基于 CCA 模型的分析",《金融研究》2016 年第 03 期,第 74—91 页。

顾海兵、夏梦:"基于国家经济安全的金融安全指标的选取研究",《国家行政学院学报》2011 年第 05 期,第 52—56 页。

顾海兵等:"中国金融安全指数动态监测比较分析",《福建论坛(人文社会科学版)》2012 年第 03 期,第 11—17 页。

郭周明、田云华、王凌峰:"'逆全球化'下建设国际金融新体制的中国方案——基于'一带一路'研究视角",《国际金融研究》2020 年第 01 期,第 44—53 页。

韩廷春:"结构变动与经济增长",《湘潭大学学报(社会科学版)》2000 年第 04 期,第 41—45 页。

何德旭、郑联盛:"金融危机:演进、冲击与政府应对",《世界经济》2009 年第 32(09)期,第 82—96 页。

何建雄:"建立金融安全预警系统:指标框架与运作机制",《金融研究》2001 年第 01 期,第 105—117 页。

何其春、邹恒甫:"信用膨胀、虚拟经济、资源配置与经济增长",《经济研究》2015 年第 50(04)期,第 36—49 页。

洪正、胡勇锋:"中国式金融分权",《经济学(季刊)》2017 年第 2 期,第 545—576 页。

胡坚:"亚洲金融危机与国际金融体系三大机制的建立和完善",《经济问题》2000 年第 05 期,第 36—40 页。

胡立君、薛福根、王宇:"后工业化阶段的产业空心化机理及治理——以日本和美国为例",《中国工业经济》2013 年第 08 期,第 122—134 页。

黄琪轩:"资本项目自由化与金融安全的政治",《东北亚论坛》2016 年第 05 期,第 28—39 页。

黄玮强、范铭杰、庄新田:"基于借贷关联网络的我国银行间市场风险传染",《系统管理学报》2019 年第 28(05)期,第 899—906 页。

黄晓龙:"全球失衡、流动性过剩与货币危机——基于非均衡国际货币体系的分析视角",《金融研究》2007 年第 08 期,第 31—46 页。

黄孝武、柏宝春、徐昕:"国外系统重要性金融机构监管的实践及借鉴",《中南财经政法大学学报》2012 年第 6 期,第 54—60 页。

黄益平:"防控中国系统性金融风险",《国际经济评论》2017 年第 05 期,第 80—96+5 页。

江茜茜、姜枫:"基于 VAR 模型的通货膨胀与经济增长及生产价格的关系研究",《市场研究》2019 年第 08 期,第 25—30 页。

江涌:"金融安全是国家经济安全的核心——国际金融危机的教训与启示",《求是》

2009年第05期，第60—62页。

蒋海、苏立维："中国金融安全指数的估算与实证分析：1998—2007"，《当代财经》2009年第10期，第47—53页。

卡门·M.莱因哈特、肯尼斯·S.罗格夫：《这次不一样：八百年金融危机史》，刘晓峰、刘丽娜译，机械工业出版社2017年版。

蓝庆新："美国（次贷危机）与我国金融风险防范"，《理论探索》2008年第02期，第92—94+114页。

李成、王建军："金融危机传染效应的资产动态组合视角解析"，《统计与信息论坛》2010年第25（10）期，第61—64页。

李稻葵、陈大鹏、石锦建："新中国70年金融风险的防范和化解"，《改革》2019年第05期，第5—18页。

李广众、陈平："金融中介发展与经济增长：多变量VAR系统研究"，《管理世界》2002年第03期，第52—59页。

李宏瑾、孙丹、苏乃芳："我国金融治理能力：评价模型与应用"，《宏观质量研究》2016年第4（04）期，第88—100页。

李欢丽、王晓雷："传导机制扭曲与日本量化宽松货币政策失灵"，《现代日本经济》2015年第01期，第33—42页。

李健旋："美德中制造业创新发展战略重点及政策分析"，《中国软科学》2016年第09期，第37—44页。

李力、王博、刘潇潇、郝大鹏："短期资本、货币政策和金融稳定"，《金融研究》2016年第09期，第18—32页。

李若愚："我国国际收支新阶段、新问题及对策建议"，《宏观经济管理》2019年第09期，第32—37页。

李世美、沈丽："货币'脱实向虚'与虚拟经济繁荣：基于金融业与房地产业的实证"，《西南金融》2019年第11期，第1—10页。

李思龙："企业"脱实向虚"的动机及系统性金融风险影响——来自上市公司金融业股权投资的证据"，《广东财经大学学报》2017年第32（04）期，第45—57页。

李向阳：《动态随机一般均衡（DSGE）模型：理论、方法和Dynare实践》，清华大学出版社2018年版，第340—348页。

李璇、黄冬冬："基于ARIMA模型的CPI实证分析及预测"，《沈阳大学学报（社会科学版）》2013年第15（03）期，第306—310页。

李雪、王文举："货币金融危机发生与传播机制模型分析与应用"，《经济与管理研究》2009年第02期，第95—101页。

李雪松、罗朝阳："金融周期、美联储加息与金融危机"，《财贸经济》2019年第11期，第1—15页。

李扬:"'金融服务实体经济'辨",《经济研究》2017年第52(06)期,第4—16页。

梁琪、李政、郝项超:"中国股票市场国际化研究:基于信息溢出的视角",《经济研究》2015年第50(04)期,第150—164页。

林文生:"美国是如何应对次贷危机的——美联储适应性货币政策的背景、特点和未来局势",《理论视野》2012年第03期,第33—36页。

刘传春:"我国防范国际风险的国际合作路径——基于合作应对国际金融危机的思考",《求实》2011年第05期,第44—47页。

刘辉煌:"内在货币竞争均衡与时间不一致问题分析",《财经理论与实践》2006年第01期,第13—17页。

刘家松:"外资参股银行业与金融安全的新兴市场国家比较研究",《宏观经济研究》2013年第09期,第39—45页。

刘骏民、王国忠:"虚拟经济稳定性、系统风险与经济安全,《南开经济研究》2004年第06期,第32—39页。

刘骏民:"虚拟经济的理论框架及其命题",《南开学报》2003年第02期,第34—40页。

刘磊、刘健、郭晓旭:"金融风险与风险传染——基于CCA方法的宏观金融网络分析",《金融监管研究》2019年第09期,第35—50页。

刘磊、王亚星、潘俊:"经济政策不确定性、管理层治理与企业债务融资决策",《山西财经大学学报》2019年第41(11)期,第83—97页。

刘莉亚:"主权评级、债务困境与货币危机:对新兴市场国家的经验研究",《世界经济》2006年第12期,第18—27+96页。

刘明礼:"美元霸权与欧洲金融安全",《国际安全研究》2017年第35(06)期,第91—107+154—155页。

刘曙光、张金:"国际金融合作新发展:背景、特点与中国因素",《国际经济合作》2008年第12期,第34—38页。

刘晓光、刘元春:"杠杆率、短债长用与企业表现",《经济研究》2019年第54(07)期,第127—141页。

刘阳:"相对购买力平价与人民币均衡汇率",《管理评论》2004年第06期,第28—33+15—64页。

刘英:"我们应当怎样看德国",《前线》2019年第11期,第30—33页。

娄飞鹏:"我国家庭部门杠杆率的形成、风险与防范",《金融与经济》2019年第08期,第42—46页。

陆岷峰:"关于新时期地方金融治理体系和治理能力现代化研究",《区域金融研究》2020年第06期,第15—21页。

吕劲松:"关于中小企业融资难、融资贵问题的思考",《金融研究》2015年第11期,第115—123页。

马恩涛、陈媛媛："源于我国银行业的政府或有债务：一个规模测度"，《财政研究》2019年第09期，第78—93+129页。

马九杰、郭宇辉、朱勇："县域中小企业贷款违约行为与信用风险实证分析"，《管理世界》2004年第05期，第58—66+87页。

《马克思恩格斯全集（第16卷）》，人民出版社2007版。

《马克思恩格斯选集（第1卷）》，人民出版社1995版。

马理、彭承亮、马威："美联储利率频繁调整与贸易摩擦对中国金融市场的影响与风险防范"，《上海经济研究》2020年第09期，第92—105页。

马勇、田拓、阮卓阳、朱军军："金融杠杆、经济增长与金融稳定"，《金融研究》2016年第06期，第37—51页。

马勇："基于金融稳定的货币政策框架：理论与实证分析"，《国际金融研究》2013年第11期，第4—15页。

茅倩如："金融危机处理与国际金融监管的合作和协调"，《世界经济与政治论坛》2009年第03期，第54—57页。

梅冬州、杨友才、龚六堂："货币升值与贸易顺差：基于金融加速器效应的研究"，《世界经济》2013年第36（04）期，第3—21页。

苗永旺、王亮亮："金融系统性风险与宏观审慎监管研究"，《国际金融研究》2010年第08期，第15—21页。

彭一扬、罗光强："中美贸易摩擦冲击背景下人民币汇率变动影响因素的实证研究"，《上海立信会计金融学院学报》2019年第04期，第9—20页。

钱崇秀、宋光辉、许林："信贷扩张、资产多元化与商业银行流动性风险"，《管理评论》2018年第30（12）期，第13—22页。

阮建青、石琦、张晓波："产业集群动态演化规律与地方政府政策"，《管理世界》2014年第12期，第79—91页。

桑会丽：《利率平价理论在我国的适用性研究》，山西财经大学硕士论文，2018。

沈丽、张影、李文君、刘媛："我国区域金融风险的时空演化及驱动机制——基于经济四部门视角"，《南方经济》2019年第9期，第1—18页。

沈悦、张珍："中国金融安全预警指标体系设置研究"，《山西财经大学学报》2007年第10期，第89—94页。

宋军：《中国金融治理体系改革探析》，中国金融出版社2016年版，第12—20页。

孙会霞、陈金明、陈运森："银行信贷配置、信用风险定价与企业融资效率"，《金融研究》2013年第11期，第55—67页。

孙立坚："金融的本质是服务实体经济"，《光明日报》，2013年07月05日第11版。

孙攀峰："基于状态空间模型的中国金融稳定性评估"，《统计与信息论坛》2019年第34（11）期，第44—49页。

孙少岩、王奕璇、王笑音："基于国际收支视角的人民币汇率与利率联动机制分析"，《经济纵横》2019 年第 07 期，第 101—112 页。

孙艳霞、鲍勤、汪寿阳："房地产贷款损失与银行间市场风险传染——基于金融网络方法的研究"，《管理评论》2015 年第 27（03）期，第 3—15 页。

孙勇："资本监管能影响城市商业银行区域性金融风险吗？——基于面板分位数回归模型的检验"，《投资研究》2017 年第 36（09）期，第 34—59 页。

谭政勋、王聪，"中国信贷扩张，房价波动的金融稳定效应研究：动态随机一般均衡模型视角"，《金融研究》2011 年第 8 期，第 57—71 页。

陶彦辰：《我国外商直接投资对人民币汇率的影响分析》，山西财经大学硕士论文，2013 年。

田利辉："制度变迁、银企关系和扭曲的杠杆治理"，《经济学（季刊）》2005 年第 S1 期，第 119—134 页。

万福江、张涛、吴梦颖："中小企业负债率和负债成本'双高'特性研究"，《西南金融》，2013 年第 8 期，第 33—35 页。

王楚明："影响我国金融安全的国内外因素分析"，《金融理论与实践》2006 年第 1 期，第 14—17 页。

王道平、范小云、陈雷："可置信政策、汇率制度与货币危机：国际经验与人民币汇率市场化改革启示"，《经济研究》2017 年第 52（12）期，第 119—133 页。

王芳、李霄阳："全球经济失衡：来自国际货币失衡的解释"，《中国软科学》2016 年第 5 期，第 143—153 页。

王国刚："防控系统性金融风险：新内涵、新机制和新对策"，《金融评论》2017 年第 9（03）期，第 1—20+123 页。

王海雷：《面向高维数据的特征学习算法研究》，中国科学技术大学博士论文，2019 年。

王俊、洪正："央地分层金融管理体制构建研究——基于金融分权视角"，《贵州社会科学》2016 年第 5 期，第 133—138 页。

王敏："双峰监管模式的发展及对中国的启示"，《陕西行政学院学报》2016 年第 30（02）期，第 82—85 页。

王擎、吴玮、黄娟："城市商业银行跨区域经营：信贷扩张、风险水平及银行绩效"，《金融研究》2012 年第 1 期，第 141—153 页。

王睿、李连发：中国货币政策调控与房地产价格波动——基于拔靴分样本滚动窗口因果检验的新证据"，《上海经济研究》2019 年第 8 期，第 86—97 页。

王森、王贺："区域金融风险、风险暴露维度与风险防范考量——基于山西省的数据分析"，《经济问题》，2019 年第 5 期，第 46—57 页。

王永钦、陈映辉、杜巨澜："软预算约束与中国地方政府债务违约风险：来自金融市场的证据"，《经济研究》2016 年第 51（11）期，第 96—109 页。

王玉泽、罗能生、刘文彬:"什么样的杠杆率有利于企业创新",《中国工业经济》2019年第3期,第138—155页。

王元龙:"关于金融安全的若干理论问题",《国际金融研究》2004年第5期,第11—18页。

王元龙:"我国对外开放中的金融安全问题研究",《国际金融研究》1998年第5期,第33—39页。

吴清婷、彭贤伟、简萍:"房地产泡沫的空间分布及其传染性分析——以中国35个大中城市为例",《当代经济》2019年第8期,第12—16页。

吴婷婷、王岑伊:"阿根廷经济困局的由来及启示",《西南金融》2020年第2期,第77—87页。

武志:"金融发展与经济增长:来自中国的经验分析",《金融研究》2010年第5期,第58—68页。

肖崎、廖鸿燕:"企业金融化对宏观经济波动的影响——基于杠杆率的中介效应研究",《国际金融研究》2020年第8期,第13—23页。

肖育才、谢芬:"全球公共产品融资:基于国际公共财政的视角",《经济体制改革》2012年第5期,第138—142页。

谢圣远、谢俊明:"系统性金融风险的成因及防范:币值波动视角",《经济纵横》2019年第9期,第114—120页。

徐明东、刘晓星,"金融系统稳定性评估:基于宏观压力测试方法的国际比较",《国际金融研究》2008年第2期,第39—46页。

徐明棋:"欧债危机的理论评述与观点辨析",《国际金融研究》2013年第6期,第36—43页。

徐珊:"金融资产持有对非金融企业经营绩效的影响",《山西财经大学学报》2019年第41(11)期,第27—39页。

杨海生、杨祯奕:"把握'脱虚向实'力度——房地产与实体经济的风险传染机制研究",《中山大学学报(社会科学版)》2019年第59(04)期,第184—196页。

杨子晖、李东承,"我国银行系统性金融风险研究——基于'去一法'的应用分析",《经济研究》2018年第53(08)期,第36—51页。

杨子晖、周颖刚,"全球系统性金融风险溢出与外部冲击",《中国社会科学》2018年第12期,第69—90+200—201页。

叶茜茜:"基于金融脆弱性理论的区域金融风波形成机制与防范研究——以温州为例",《管理世界》2016年第6期,第170—171页。

易纲、范敏:"人民币汇率的决定因素及走势分析",《经济研究》1997年第10期,第26—35页。

于雪:"房地产价格泡沫与拐点研究——基于日本东京和中国上海的对比分析",《管评论》2019年第31（09）期，第58—69页。

张斌彬、何德旭："金融显性集权、隐性分权与区域金融风险——基于kmv和空间面板杜宾模型的实证研究"，《福建论坛（人文社会科学版）》2019年第5期，第42—53页。

张帅、秦梦、张少萍："中国金融稳定性与土地价格动态关系研究"，《金融发展研究》2020年第8期，第20—27页。

张涛、龚六堂、卜永祥："资产回报、住房按揭贷款与房地产均衡价格"，《金融研究》2006年第2期，第1—11页。

张晓晶、刘磊："宏观分析新范式下的金融风险与经济增长——兼论新型冠状病毒肺炎疫情冲击与在险增长"，《经济研究》2020年第55（06）期，第4—21页。

张晓朴："系统性金融风险研究：演进、成因与监管"，《国际金融研究》2010年第7期，第58—67页。

张元萍、孙刚："金融危机预警系统的理论透析与实证分析"，《国际金融研究》2003年第10期，第32—38页。

张振家、刘洪钟："中东欧国家银行主导型金融结构的形成与调整"，《金融理论探索》2019年第1期，第54—63页。

赵然："汇率波动对货币国际化有显著影响吗？"，《国际金融研究》2012年第11期，第55—64页。

甄炳禧："透视美国次贷危机及对我国的启示"，《经济与管理研究》2007年第11期，第9—16页。

郑春荣："从欧债危机看德国欧洲政策的新变化"，《欧洲研究》2012年第30（05）期，第1—16+1页。

郑联盛、张明："国际货币体系改革与全球金融安全机制构建：关联与问题"《国际安全研究》，2015年第6期，第3—23+151—152页。

钟震："系统重要性金融机构的基本特征与审慎监管——基于金融危机视角的反思"，《江海学刊》2013年第2期，第92—97+238—239页。

周莉萍："影子银行体系的信用创造：机制、效应和应对思路"，《金融评论》2011年第3（04）期，第37—53+124页。

《资本论（第1卷）》，人民出版社2004年版。

Alev Yildirim, "The Effect of Relationship Banking on Firm Efficiency and Default Risk", *Journal of Corporate Finance*, Vol. 65, No. 4, 2019.

Allen, F., Gale, D., "Optimal Financial Crises", *The Journal of Finance*, Vol. 53, No. 4, 1998, pp. 1245-1284.

Allen, W. A., Wood, G., "Defining and Achieving Financial Stability", *Journal of Financial Stability*, Vol. 2, No. 2, 2007, pp. 152-172.

Altunbas, Yener, Mahir Binici, Leonardo Gambacorta, "Macroprudential Policy and Bank

Risk", *Journal of International Money and Finance*, Vol. 81, 2018, pp. 203-220.

Bangake, C., Eggoh, J. C., "Further Evidence on Finance-growth Causality: A Panel Data Analysis", *Economic Systems*, Vol. 35, No. 2, 2011, pp. 176-188.

Beck, Thorsten, Levine, Ross, "Stock Markets, Banks, and Growth: Panel Evidence", *Journal of Banking & Finance*, Vol. 28, No. 3, 2004, pp. 423-442.

Bhabra, H. S., Liu, T. and D. Tirtiroglu, "Capital Structure Choice in a Nascent Market: Evidence from Listed Firms in China", *Financial Management*, Vol. 37, No. 2, 2008, pp. 341-364.

Blot, C., Creel, J., Hubert, P., Labondance, F. and Saraceno, F., "Assessing the Link between Price and Financial Stability", *Journal of Financial Stability*, Vol. 16, 2015, pp. 71-88.

Botev, Jaroslava, Balázs Égert, Fredj Jawadi, "The Nonlinear Relationship between Economic Growth and Financial Development: Evidence from Developing, Emerging and Advanced Economies", *International Economics*, Vol. 160, 2019, PP. 3-13.

Boyd, J. H., Levine, R. and Smith, B. D., "The Impact of Inflation on Financial Sector Performance", *Journal of Monetary Economics*, Vol. 47, No. 2, 2001, pp. 221-248.

Calvo, G. A., "Explaining Sudden Stop, Growth Collapse, and BOP Crisis: the Case of Distortionary Output Taxes", *IMF Staff papers*, Vol. 50, No. 1, 2003, pp. 1-20.

Caprio, G., P. Honohan, "Restoring Banking Stability: Beyond Supervised Capital Requirements", *Journal of Economic Perspectives*, Vol. 13, No. 4, 1999, pp. 43-64.

Carlstrom, C.T., Feuerst, T.S. "Agency Costs, Net Worth, and Business Fluctuations: A Computable General Equilibrium Analysis", *American Economic Review*, Vol. 87, No. 5, 1997, pp. 893-910.

Carmichael, Benoît, Alain Coën, "Real Estate as a Common Risk Factor in the Financial Sector: International Evidence", *Finance Research Letters*, Vol. 32, No. C, 2020.

Cheng, Chih-Yang, Mei-Se Chien, Chien-Chiang Lee, "ICT Diffusion, Financial Development, and Economic Growth: An International Cross-country Analysis", *Economic Modelling*, Vol. 94, 2021, pp. 662-671.

Christiano, L. J., Motto, R., Rostangno, M., "Risk Shocks", *American Economic Review*, Vol. 104, No. 1, 2014, pp. 27-65.

Claessens, Stijn, Kose, Ayhan, "Financial Crises: Explanations, Types, and Implications", *CEPR Discussion Papers 9329*, 2013.

Demirgüç-Kunt, A, Detragiache, E., "Does Deposit Insurance Increase Banking System Stability? An Empirical Investigation", *Journal of Monetary Economics*, Vol. 49, No. 7, 2002, pp. 1373-1406.

Diamond, D. W., Dybvig, P. H., "Banking Theory, Deposit Insurance, and Bank Regulation", *The Journal of Business*, Vol. 59, No. 1, 1986, pp. 55-68.

Diamond, D.W., Dybvig, P. H., "Bank Runs, Deposit Insurance, and Liquidity", *Journal of Political Economy*, Vol. 91, No. 3, 1983, pp. 401-419.

Duan, Jin-Chuan, Baeho Kim, Woojin Kim, Donghwa Shin. "Default Probabilities of Privately Held Firms", *Journal of Banking and Finance*, Volume 94, 2018, pp. 235-250.

Eatwell, John, Murray Milgate and Peter Newman. *The New Palgrave: A Dictionary of Economics*, New York, Stockton Press, 1987, p. 281.

Favara, Giovanni, Giannetti, Mariassunta, "Forced Asset Sales and the Concentration of Outstanding Debt: Evidence from the Mortgage Market", *The Journal of Finance*, Vol. 72, No. 3, 2017, pp. 1081-1118.

Fell, J., "Assessing Financial Stability: Exploring the Boundaries of Analysis", *National Institute Economic Review*, Vol. 192, No. 1, 2005, pp. 102-117.

Fernández-Gámez, Manuel Ángel, Soria, Juan Antonio Campos, Santos, José António C. & Alaminos, David, "European Country Heterogeneity in Financial Distress Prediction: An Empirical Analysis with Macroeconomic and Regulatory Factors", *Economic Modelling*, Vol. 88, No. 1, 2020, pp. 398-407.

Fisher, I., "The Debt-deflation Theory of Great Depression", *Econometrica*, Vol. 1, 1933, pp. 337-357.

Giannetti, M., "Financial Liberalization and Banking Crises: The Role of Capital Inflows and Lack of Transparency", *Journal of Financial Intermediation*, Vol. 16, No. 1, 2007, pp. 32-63.

Goldstein, M., Kaminsky, G., Reinhart, C., "Assessing Financial Vulnerability: An Early Warning System for Emerging Markets", *Foreign Affairs*, Vol. 79, No. 6, 2000, p. 176.

Gomez-Gonzalez, Jose E., Wilmer Rojas-Espinosa. "Detecting Contagion in Asian Exchange Rate Markets Using Asymmetric DCC-GARCH and R-vine copulas", *Economic Systems*, Vol. 43, 2019, 100717.

Goodhart, Charles, "The Definition and Control of Systemic Financial Risk", *DNB Working Paper*, 2009.

Henderson, D.A., Courtney, B., Inglesby, T.V., Toner, E., Nuzzo, J.B., "Public Health and Medical Responses to the 1957-58 Influenza Pandemic", *Biosecur Bioterror*, Vol. 7, No. 3, 2009, pp. 265-273.

Hicks, John, *A Theory of Economic History*, Oxford, Clarendon Press, 1969.

Hsueh, Shun-Jen, Hu, Yu-Hau, Tu, Chien-Heng, "Economic Growth and Financial Development in Asian Countries: A Bootstrap Panel Granger Causality Analysis", *Economic Modelling*, Vol. 32, 2013, pp. 294-301.

Hyman, P. M., "Can 'it' Happen Again? Essays on Instability and Finance", *Journal of Economic Issues*, Vol. 18, No. 4, 1984, pp. 1260-1262.

Ibrahim, Mansor H., "Oil and Macro-financial Linkages: Evidence from the GCC Countries", *The Quarterly Review of Economics and Finance*, Vol. 72, 2019, pp. 1–13.

IMF, BIS and FSB, "Guidance to Assess the Systemic Importance of Financial Institutions, Markets and Instruments: Initial Considerations - Background Paper", *Report to the G20 Finance Ministers and Central Bank Governors*, 2009.

IMF, BIS and FSB, "Macroprudential Policy Tools and Frameworks", *Progress Report to the G20*, 2011.

Irina Bunda, A., Javier Hamann, Subir Lall, "Correlations in Emerging Market Bonds: The Role of Local and Global Factors", *Emerging Markets Review*, Vol. 10, No. 2, 2009, pp. 67–96.

Kane, E. J., "The Unending Deposit Insurance Mess", *Science*, Vol. 246, No. 4929, 1989, pp. 451–456.

Kaufman, G. G., "Lender of Last Resort: A Contemporary Perspective", *Journal of Financial Services Research*, Vol. 5, No. 2, 1991, pp. 95–110.

Khan, M. S., Senhadji, A. S., "Financial Development and Economic Growth: an Overview", *IMF Working Paper*, 2000, p. 12.

Kindleberger, C. P., *Manias,Panics,and Crashes: A History of Financial Crisis*, 1st edition, New York: Basic Books, 1978, p. 163.

Kliman, Andrew, Shannon D. Williams, "Why 'Financialisation' hasn't Depressed US Productive Investment", *Cambridge Journal of Economics*, Vol. 39, No. 1, 2015, pp. 67–92.

Koetter, M., Poghosyan, T., "Real Estate Prices and Bank Stability", *Journal of Banking and Finance*, Vol. 34, No. 6, 2010, pp. 1129–1138.

Leviner., "Financial Development and Economic Growth: Views and Agenda", *Journal of Economic Literature*, Vol. 2, 1997, pp. 688–726.

Lotfali Agheli, Golnaz Hadian, 2017. "Financial Development, Commercial Development, and Economic Growth in the Selected Emerging and the Middle Eastern Countries," *International Journal of Economics and Financial Issues*, Vol. 7, No. 3, pp. 362–370.

Luísa Farinha,Marina-Eliza Spaliara,Serafeim Tsoukas. "Bank Shocks and Firm Performance: New Evidence from the Sovereign Debt Crisis", *Journal of Financial Intermediation*, Vol. 40, 2019, 100818.

Mathonnat, Clément, Minea, Alexandru, 2018. "Financial Development and the Occurrence of Banking Crises", *Journal of Banking & Finance*, Vol. 96, No. C, pp, 344–354.

Merton, R. C., "An Analytic Derivation of the Cost of Deposit Insurance and Loan Guarantees an Application of Modern Option Pricing Theory", *Journal of Banking & Finance*, Vol. 1, No. 1, 1977, pp. 3–11.

Minsky, H. P., "Longer Waves in Financial Relations: Financial Factors in the More Severe

Depressions", *American Economic Review*, Vol. 54, 1964, pp. 324-335.

Minsky, H., "The Financial Instability Hypothesis: A Clarification", in M. Feldstein, ed., *The Risk of Economic Crisis*, University of Chicago Press: Chicago, 1991, pp. 158-170.

Mishkin, Frederic S. 1999. "Global Financial Instability: Framework, Events, Issues", *Journal of Economic Perspectives*, Vol. 13, No. 4, 1999, pp. 3-20.

Mitton, T., "Stock Market Liberalization and Operating Performances at the Firm Level", *Journal of Financial Economics*, Vo.20, No. 1, 2006, pp. 15-34.

Morrison, A. D., White, L., "Crises and Capital Requirements in Banking", *American Economic Review*, Vol. 95, No. 5, 2005, pp. 1548-1572.

Partha, G., "A New & Simple Model of Currency Crisis: Bifurcations and the Emergence of A Bad Equilibrium", *Physica A: Statistical Mechanics and its Applications*, 2020, Vol. 538, 122860.

Pesaran, M. H., Timmermann, A., "Small Sample Properties of Forecasts From Autoregressive Models Under Structural Breaks", *Journal of Econometrics*, Vol. 129, 2005, pp. 183-217.

Reinhart, C., Rogoff, K. S. "Is the 2007 Subprime Financial Crisis So Different? An International Historical Comparison", *American Economic Review*, Vol. 98, No. 2, 2008, pp. 39-44.

Rünger, S., Niemann, R., and Haring, M., "Investor Taxation, Firm Heterogeneity and Capital Structure Choice", *International Institute of Public Finance*, Vol. 26, 2019, pp. 719-757.

Salvatore, Dominick, "U.S. Trade Deficits, Structural Imbalances, and Global Monetary Stability", *Journal of Policy Modeling*, Vol. 29, No. 5, 2007, pp. 697-704.

Schwartz, A. J., "Systemic Risk and the Macroeconomy", in G. Kaufman, ed., *Banking, Financial Markets, and Systemic Risk, Research in Financial Services, Private and Public Policy*, Greenwich, Connecticut, Jai Press, Vol. 7, 1995, pp. 19-30.

Schwartz, A. J., "Financial Stability and the Federal Safety Net", in W. S. Haraf and R. M. Kushmeider (eds) *Restructuring Banking and Financial Services in America*, Washington, DC: American Enterprise Institute for Public Policy and Research, 1988, pp. 34-62.

Song, Chang-Qing, Chun-Ping Chang, Qiang Gong, "Economic Growth, Corruption, and Financial Development: Global Evidence", *Economic Modelling*, Vol. 94, 2021, pp. 822-830.

Stiglitz, J. E., Weiss, A., "Credit Rationing in Markets with Imperfect Information", *The American Economic Review*, Vol. 71, No. 3, 1981, pp. 393-410.

Stulz, R. M., "Globalization of Equity Markets and the Cost of Capital," NYSE Working Paper, 1999.

Sylvester, C.W., Eijffinger, Bilge Karataş, "Together or Apart? The Relationship between Currency and Banking Crises", *Journal of Banking and Finance*, Vol. 119, 2020, 105631.

Tarishi Matsuoka, Makoto Watanabe, "Banking Crises and Liquidity in a Monetary Economy", *Journal of Economic Dynamics and Control*, Vol. 108, 2019, 103724.

Wahed, M. S., "China's Financial System: Resolving the Constraints for Sustained Growth", *Strategic Change*, Vol. 26, No. 3, 2017, pp. 243-250.

Wen, Danyan, Gang-Jin Wang, Chaoqun Ma, Yudong Wang, "Risk Spillovers between Oil and Stock Markets: A VAR for VaR Analysis", *Energy Economics*, Vol. 80, 2019, pp. 524-535.

Wu, JunJie, Steven Sexton, David Zilberman. "Energy Price Shocks, Household Location Patterns and Housing Crises: Theory and Implications", *Energy Economics*, Vol. 80, 2019, pp. 691-706.